"粤派教育"丛书　熊焰　高慎英　于慧　主编

◎ 广东省中小学新一轮"百千万人才培养工程"第二批初中理科名教师培养项目

找寻"初中名师成长群落"基因之二

高慎英 主编

版权所有　翻印必究

图书在版编目（CIP）数据

找寻"初中名师成长群落"基因之二/高慎英主编．—广州：中山大学出版社，2020.9

（"粤派教育"丛书/熊焰，高慎英，于慧主编）

ISBN 978-7-306-06679-4

Ⅰ.①找… Ⅱ.①高… Ⅲ.①初中—中学教师—师资培养 Ⅳ.①G635.12

中国版本图书馆 CIP 数据核字（2019）第 174939 号

ZHAOXUN "CHUZHONG MINGSHI CHENGZHANG QUNLUO" JIYIN ZHI ER

出 版 人：	王天琪
策划编辑：	张　蕊
责任编辑：	张　蕊
封面指导：	李冬梅名教师工作室
封面设计：	林绵华
责任校对：	赵　冉
责任技编：	何雅涛
出版发行：	中山大学出版社
电　　话：	编辑部 020-84111997，84113349，84110779
	发行部 020-84111998，84111981，84111160
地　　址：	广州市新港西路135号
邮　　编：	510275　　传　真：020-84036565
网　　址：	http://www.zsup.com.cn　　E-mail:zdcbs@mail.sysu.edu.cn
印 刷 者：	广东虎彩云印刷有限公司
规　　格：	787mm×1092mm　1/16　20 印张　430 千字
版次印次：	2020年9月第1版　2020年9月第1次印刷
定　　价：	50.00元

如发现本书因印装质量影响阅读，请与出版社发行部联系调换

总　序

教育与文化总是相伴而行、共荣共生的。与文化相比，教育的内涵和外延要更明晰、具体。可以说，文化是一种内涵非常丰富，外延又极其宽泛的社会现象。人类在长期的社会历史发展过程中，形成了不同的大文化圈，大文化圈中又存在着许多的小文化圈。某个特定文化圈中的文化既保持着所属大文化圈的共同特质，又具有鲜明的民族特色和地域特色，置身其中的人类既创造文化，也深深地受文化的滋养与约束。当代著名作家梁晓声在解读"文化是什么"时，用四句话涵盖文化的内涵品质，文化就是"植根于内心的修养；无需提醒的自我；以约束为前提的自由；为别人着想的善良"。可以说，文化之根浸润教育之根，文化对教育有着巨大的影响和价值引领的作用。

作为省属师范类高校，广东第二师范学院在中小学教师和校长培训领域有着诸多思想理论和实践模式创新。在党和国家高度重视教育问题、多次强调发展教育的重要意义的形势下，基于对广东基础教育的责任感、使命感，广东第二师范学院教师研修学院研究团队最先提出基于岭南文化的"粤派教育"理念，努力为广东教育发声。为了进一步改革创新、奋发进取，坚定粤派教育的文化自信，提炼粤派教育的成功经验，创新素质教育的广东范式，建设南方教育高地，以新的更大作为开创广东基础教育改革发展新局面，教师研修学院于2018年分别在肇庆和广州番禺举办了粤派教育高峰论坛，产生了开创性效应。在这样的背景之下，以挖掘岭南文化之根、探寻滋养教育的动力源泉、从文化视角看教育的现实样态与应有之义为宗旨的"粤派教育"就非常值得从理论和实践两个层面进行深入的分析与探究。

这里，有三个关键词需要澄清，即"文化""化""教育"。"文化"乃是"人文化成"一语的缩写。此语出于《易经·贲卦·彖辞》："刚柔交错，天文也；文明以止，人文也。观乎天文，以察时变，观乎人文，以化成天下。"按照《现代汉语词典》（商务印书馆，第6版）的解释，"文化"就是指"人类在社会历史发展过程中所创造的物质财富和精神财富的总和，特指精神财富，如文学、艺术、教育、科学等"。"化""教化"和"化育"三个词的意义大体相同，就是"感化、滋养、养育"。由此看来，教育其实就是一种使人"文"化、在文化浸润中实现文化认同与文化理解的过程。"教育"做动词时的意思就是："按一定要求培养""用道理说服人使照着（规则、指示或要求等）做"。

一

关于"岭南文化"有多种理解,我们可以把"岭南"的概念想象成"粤派",两个概念可以互换,岭南文化和粤文化有一点儿差别,粤的范围较岭南小,但精神上是一致的。

岭南文化是在兼容中迅速崛起的,有学者认为,岭南文化主要经历了古代、近代和当代三次大的兼容,也出现了三次发展高峰。① 能够称得上岭南文化名片的重要历史人物主要有:唐代的六祖慧能,明代的陈白沙(陈献章)、湛若水(湛甘泉),清末民初的康有为(康南海)、梁启超、孙中山等。

历史上岭南地区被称为"南蛮之地",陈白沙是岭南地区唯一获准从祀于山东曲阜孔庙的文人,故称为"岭南第一人"。陈白沙原名陈献章,出生于新会县(今属江门市新会区)新会村,他开启明儒心学先河,创立了"以道为本,以自然为宗,学贵自得,学贵知疑"的"白沙学说",或称"江门学派"。后经陈献章的衣钵继承人湛若水的完整化、精致化、思辨化的发展,岭南形成了一个异于正统理学的理学新派——陈湛学派。湛若水,字元明,号甘泉(明代时期的新塘镇叫甘泉都),他师承陈白沙,在"以道为本,以自然为宗"的学说上,提出"随处体认天理"的主张,深得陈白沙的赞赏,陈白沙临终前将其讲学场所——钓鱼台,交与湛若水,以示衣钵相传。

湛若水考中进士,被任为翰林院庶吉士,赴京就任,而王阳明正在吏部讲学。当时王阳明34岁,湛若水40岁。湛王二人的相遇,对二人来说,都是人生发展的重要标志事件,相互成就了对方。王阳明遇上湛若水,成为王阳明研究心学的重要转折点,开始归正于圣贤之学。之前王阳明涉猎广泛,兴趣多样,被湛若水称为"五溺":一溺于任侠之习,再溺于骑射之习,三溺于词章之习,四溺于神仙之习,五溺于佛氏之习。

湛若水与王阳明在维护各自学术主张的前提下,又共同推进明代心学的发展与完善。35岁的王阳明遭贬,在贵州龙场悟道,悟出"本心"强大,"心即理",内心强大与意志力是最重要的。五年后,王阳明遇赦,他与湛若水誓约终生共同求学,致力于圣学的倡明。50岁时,湛若水回到增城。57岁时,王阳明在广西平定宁王之乱后,到增城与湛若水相见,为湛若水撰写诗文《甘泉居记》,回浙江余姚途中,不幸去世。湛若水为王阳明撰写墓志铭。

其实,儒学的这种心学传统并非始于陈献章。在唐代,韩愈感慨"道之不传久矣",提出要维护儒学"道统",当儒学面临佛老之学的冲击时,韩愈坚决拒斥。到北宋时期,儒学家不再简单排斥,而是既深入研究佛老学说,又着手重建新儒

---

① 黄明同:《岭南文化的三次大兼容与三个发展高峰》,载《学术研究》2000年第9期,第98—101页。

学。南宋时期，形成"陆王心学"和"程朱理学"两大流派。到了明代，陈白沙上承宋儒理学的影响，下开明儒心学之先河，在中国哲学思想史的发展上，具有承前启后的地位和作用。加上湛若水和王阳明对心学体系的系统化和精致化的研究，二人的主张各有侧重，但都致力于彰显和弘扬明儒的心学传统。到了清代，广东南海人康有为同样选择了心学之路。

岭南文化是如何延续、承接中国历史上心学一脉的呢？一个重要的文化源头就要探寻到惠能六祖的《坛经》。六祖惠能，南派禅宗的创立者，广东新兴人，史称"六祖"，中国佛教禅宗、杰出大师。他生于岭南，长于岭南，弘法于岭南，圆寂于岭南。其弟子集其语录编为《六祖大师法宝坛经》，是南禅顿教形成的标志，是唯一一部中国人撰述而被称为"经"的佛教典籍，曾被列入"中国最有代表性的十本哲学著作"之中，而惠能本人被列为"世界十大思想家之一"，与孔子、老子并列为"东方三圣"。

惠能对岭南心学的影响主要体现在方法论上。他的一个信念就是"自我解脱"。这种自我解脱，有时需要借助外缘的启发，如所谓的禅机、机锋，但关键的一步全靠"自修自悟"。自修自悟，如人饮水，冷暖自知，听别人说千万遍不如自己亲身感受来得亲切、深刻。

禅宗思想中国化，首先在于它从生活方式和生产方式上的中国化，禅宗在经济体制上与中国封建社会融洽一致，不劳而食的习惯有所改变，减少了被攻击的口实。其他宗派的寺院经济来源多是靠别人的劳动，与地主和政府有一定的利益矛盾，其发展和生存受到较多限制。在生存竞争中，禅宗的优势更明显：自食其力，可以不受经济来源断绝的威胁，一代一代传下去。修行之人，除了不能结婚生子外，与常人生活没有太多差别。僧人们在日常生活中体悟，在亲身劳作中自修自悟、自我解脱。六祖惠能强调"自度""自悟"的方法论意义为陈献章所吸取。

陈献章融合儒、释、道三教精义，强调"静中养出端倪"，以"宗自然"与"贵自得"为基调，既有庄子"坐忘"的影子，又有佛者"坐禅"的路数，倡导"心在万物上""贵在自得""彻悟自省"。湛若水沿着"宗自然"与"贵自得"的路径，进一步提出"随处体认天理"，鼓励"学贵自得"。

影响岭南文化与教育改革的重要文化之源，就蕴含在强大的心学传统之中。当我们把心学传统与学校教育和人的学习与发展相联系时，就会发现，心学所倡导的"内心强大""意志""自得"和"静悟"等自我修炼和治学方法，对一个人学习、发展非常重要。

由此，岭南文化与粤派教育所强调的第一个纲领，就是想尽一切办法让学生学会"自学"。第一步，要尽可能做到"静"。静能生慧，凝神静气，宁静致远，要安静、沉静、宁静，从身到心。第二步，要努力拓展"能"。丰富知识、提升能力、增长本领、培养多方面兴趣。第三步，要整体感悟，融会贯通，自成体系，

"取之左右逢其源",超越一切具体知识和细节知识。

二

岭南文化的第二个源头就是南洋精神。"闯关东""走西口""下南洋"都是近代中国老百姓外出务工、人口迁徙的重大历史性事件,而"下南洋"是中国近代史上规模最大、路程最远的一次跨国大迁徙,其路途危险程度和谋生的难度远非国内迁徙可比。与"闯关东""走西口"相比,"下南洋"更为壮观,经历时间更长,历史影响更深远。

中国人下南洋的迁徙历史,打造出中华民族伟大的"迁徙精神",这是中国人的现实主义、英雄主义和浪漫主义情怀的集中体现,是支撑着中国人追求美好生活、跨越任何艰难险阻所需的勇气、信心和力量。回首中华民族的发展史,总是和大规模的人口迁徙纠缠在一起。每当成千上万的人们开始打点行囊、准备远离故土的时候,历史就从此翻开新的一页。

下南洋的岭南人用自己的勤奋与努力,改变着岭南人的命运。中国人在近代大规模向海外迁移的同时也将中华文化传播到异域,在侨居地形成以中国为认同取向,以儒家思想为价值体系核心,同地兼容吸收异域文化的华侨文化。在中国文化地图上,华侨文化是岭南文化结构的独特形态,广东"侨文化"特色鲜明,它形成于异国,反哺于祖国,集中体现为敢为人先、爱国爱乡、兼容中西、包容开放的文化特质。

近代岭南文化的兼容性和开放性,带来中国思想文化尤其是岭南文化的又一次大飞跃。康有为融古今中外文化为一体,创立近代中国第一个以变革为主旋律的维新思想体系。孙中山在承传中国传统文化的同时,大量地"撷取"西方文化,从而创立了最具时代精神的"三民主义"学说。康有为、孙中山二人创立的思想学说,不仅是近代岭南文化的丰碑,而且是近代中华文化最高成就的体现,岭南文化正因此而取得主流文化地位。

康有为提出"三世说",即据乱世、升平世(小康社会)、太平世(大同社会),构筑出别具特色的大同理论。他在继承中国传统文化的同时,又大胆地吸取东方与西方各国文化之精华,熔古今中外文化于一炉,树立起了中国文化向近代转换的丰碑,建造了近代社会变革斗争的强有力的理论武器,其影响远远超出岭南而及于全国乃至世界。康有为、梁启超组成"康梁学派",推崇"心学"和《春秋》,重新发现"三世说"。

康有为的"三世说"对岭南文化与教育改革具有重大的意义与价值。他认为乱世、太平世和升平世不只是时间概念,还是空间概念,这是康有为独特的发现。

如果用康有为的"三世说"来解读学校教育与学生成长,可以这样理解:据乱世需要的是刚性气质;太平世需要的是柔性气质;升平世居于中间状态,需要的是双性气质。相应地,据乱世需要刚性教育,需要强调体育、劳动、道德与法制的教育。太平世强调柔性教育，强化的是智育、美育、德育等，倾向浪漫主义教育学派。也就是说，如果在乱世与升平世阶段，不恰当地实施柔性教育，则很容易从文明走向文弱，例如，宋朝文教政策强调"重文抑武"，历史教训就是发达文化和文明并没有带来国力的增强。升平世要求的是努力奋斗、艰苦创业，同时要有忧患意识。升平世需要的是刚柔相济，倡导"新六艺"教育，即文武双全（智育+体育）、劳逸结合（劳动+美育）、通情达理（德育+情感）。升平世既有据乱世的艰难，又有太平世的追求，要德智体美劳全面发展。教育要同时抓两个方面：一方面，要有文化教育，让学生变得文明，让学生学会游戏，学会享受情感生活，可以称之为柔性教育；另一方面，要有野性教育，要重视体育和劳动，让身体保持一定的野性。通过刚柔相济的教育，让国家保持长期的强盛。

三

如何用岭南文化精神引领教学改革的方向与路径？岭南文化的源头是心学，当我们站在心学立场之上，用岭南文化的风格解读和设计教学改革时，就会发现：处理好知识学习中的情理关系、学思关系和知行关系变得特别重要。在情与理之间，情比较重要；学与思之间，思比较重要；知与行之间，行比较重要。行不仅包括学习行动，还包括参与真实的社会实践活动，更重要的是体验职业生涯规划，用生活志向和职业理想带动学习。

基于心学立场的教学改革的方向与相应路径主要有以下三个方面。

第一，激发自信与自学的兴发教学。注重情感教学，整体探究学习，生涯教育与自学。让学生自信，这是情感，"情"通则"理"达；让学生自学，这是思，以"思"促"学"；生涯教育是行，用"行"兴发出"自学"和"自悟"。由此，粤派教育的典型特征之一就是，想尽一切办法让学生自信；想尽一切办法让学生自学；想尽一切办法让学生自食其力。

第二，动静相宜，劳逸结合。睡眠是最好的静修，《黄帝内经》把足够的睡眠当作头等大事，认为"心藏神""肝藏魂"。白天的意识行为，尤其是"聚精会神"的意识行为一直在耗神、费神，使心神或灵魂处于被驱使的劳役状态，只有进入睡眠之后，"神"才成为主角。"静坐"接近睡眠，是人在无法睡眠时让自己暂时处于类似睡眠的催眠状态。"静"可以让躁动的生活重新归于从容淡定。从这种意义上讲，睡眠比运动和学习更重要。动生阳，静生阴。吃饭运动生阳气，睡觉休闲生阴气。动静相宜、劳逸结合的理想状态就是从容不迫，张弛有度。

第三，勇毅果敢，意志力强大。人是否强大，主要指人的精气神、意志力是否强大，身体强壮、知识丰富、能力高超并不等同于意志力强大。孟子倡导"浩然之气"，讲"天将降大任于斯人也，必先苦其心志，劳其筋骨，饿其体肤，空乏其身……"，陈白沙的"心在万物上"等，都是强调一个人只有内心强大、志向坚定，才能拥有强大的意志力，才能成就最好的自己。

置身于粤派教育中的学校、校长、教师和学生，需秉承岭南文化精神，弘扬心学优秀传统，致力于教育实践改进，深化学校教育研究，凸显粤派教育特色。广东第二师范学院教师研修学院结合广东省与广州市"百千万人才培养工程"名校长、名教师培养项目，提出编写校长和教师培训成果系列丛书，并将其命名为"粤派教育"丛书，一方面期望凝聚广东中小学校长、教师优质资源，深化岭南文化与"粤派教育"的系统化研究，生成"粤派教育"理论内涵与实践范式，让"粤派教育"发出应有的声音；另一方面旨在总结、研讨和探究粤派校长和教师专业成长路径，开启粤派校长和教师的成长密码，探寻培养"一大批新时代好校长、好教师"的路径，"创新体制机制，激活一批校长和教师"。

　　遵循习近平总书记"讲好中国故事"的指示和要有"文化自信"的启示，教师研修学院在汇编"粤派教育"丛书时力求突出区域文化特点，讲好广东校长和教师成长的故事，要求校长和教师总结提炼自己的教育主张、办学特色或教学风格。同时，组织相关专家就案例写作进行系列化指导、整体讲座、分组评审、分科答辩等，期望校长和教师在写作过程中，探寻自我成长的规律、路径、特点，以此振兴杏坛作为，为其他校长和教师"六下功夫"和夯实专业素养提供范例，也为建设广东教育高地、培养德智体美劳全面发展的社会主义建设者和接班人略尽绵薄之力。"粤派教育"整个丛书大体分几个系列，以校长/名师/骨干教师群；区域/项目/学科/幼儿园等为分类线索。设总序，突出粤派教育和岭南文化特色；设分册序，内容包括项目介绍、与总序的衔接回应、板块导读语、供稿教师姓名罗列（按内容顺序）；等等。

　　"教师系列"分学段、学科、区域，各分册独立成书，采用教师叙事研究方式，致力于找寻一些规律性的所谓"粤派教育"的优势特色。各分册既保持统一体例，又允许呈现自己的特色。体例主要以学科板块的形式呈现，每个学科板块包含5～8位教师的成果，同时细分为5～8个方面，重点部分如下：

　　（1）导读语：教师肖像，教师成长要素、学科特色及教师风格归类小结。

　　（2）名师成长档案：自拟主标题，以"我"的成长历程为蓝本，关注地域风俗文化对自身成长生活、求学、教学的影响，如何在文化认同的过程中处理文化冲突与文化理解。凸显教师成长要素和关键事件：文化浸润、热爱学习、勤于实践、重视研究、善于反思和注重写作。

　　（3）学科教育观：自拟主标题，由"我的教学风格解读、我的教学主张与他人眼中的我"整合完善而成，可添加真实的教学案例、教学过程材料等补充说明。如助力学生成长、课堂教学改进、师生关系培育等。

　　（4）育人故事：自拟主标题，以学生喜欢的教育方式为主线，讲述"我"与学生的故事，如激励学生、指导学生个体学习或班级管理智慧等。

　　附录——教学现场与反思（"我的教学实录"，增加本节课的自我反思）。重点反思三个方面：一是课程（文化，含地域文化）资源开发与教学设计；二是课堂教学对话与教学生成；三是教师教学风格与教学艺术。

"校长系列"根据学段或区域或任务驱动，既保持统一体例，又允许各分册呈现自己的特色。主要通过行动研究、叙事研究、案例研究，致力于在以下几个方面找到一些规律性的所谓"粤派教育"的优势特色：地域文化对校长成长的影响，校长关注、思考、研究的主要问题，校长的办学思想、教育哲学，学校改进实践的关键要素与路径等。以校长专业发展阶段和成果类别为依据，通过"校长学习力——我眼中的名校成长基因""校长思想力——办学思想的探寻与凝练""校长行动力——学校改进与教育实践创新"三大子系列呈现粤派教育和岭南文化特色。

本套"粤派教育"丛书努力做到三个超越：第一，超越教学风格或管理风格，打造粤派教育；第二，超越课堂教学或办学经验，展现教育智慧；第三，超越常规培训成果体例，凸显启发性和可读性。

本套丛书之所以能够成书，得益于各方力量的聚合和支持。首先，感谢广东第二师范学院闫德明教授，本套丛书的体例设计有所选择地采纳了其主编的"我的教学风格"丛书的基本框架，并在此基础上进行了创新。其次，感谢华东师范大学刘良华教授，其对粤派教育的开创性研究成果被充分运用到本套丛书的顶层设计之中。最后，感谢长期以来关心支持教师研修学院培训工作的领导、专家和同事，感谢各位主编和供稿的广大中小学校长和老师的辛勤付出，感谢中山大学出版社的鼎力支持。

"粤派教育"丛书编写组
2019 年 3 月

前　言

百年大计，教育为本，建设教育强国是中华民族伟大复兴的基础工程，要以习近平新时代中国特色社会主义思想为指导，认真贯彻落实习近平总书记的系列重要讲话精神，深刻把握教育对中华民族伟大复兴的决定性意义，优先发展教育事业，加强教师队伍建设。兴国必先强师，新时代需要高素质专业化创新型教师队伍。强化教师培训工作，提升教师培训成效，更好地贯彻落实党和国家关于新时代教师队伍建设精神，助力粤港澳大湾区建设，提升广东教育品质，用"四有好老师""四个引路人""四个相统一"和"四个服务"等标准和要求统领教师培训工作，促进教师专业发展。

2015年10月，广东省启动了中小学新一轮"百千万人才培养工程"（第二批名师培养项目），以打造广东省中小学高层次领军人才队伍为目标，系统设计、高端培养，计划到2020年，培养一批师德高尚，具有先进教育理念和丰富理论知识、扎实教育教学能力和教学管理水平、国际视野和开拓创新能力、较大社会影响力和知名度，处于领军地位和发挥示范作用的名教师、名校长和教育家，为建设教育强省，推进教育现代化，打造南方教育高地提供人才保障。

广东第二师范学院充分发挥自身优势，主动承担了广东省百千万人才培养工程第二批初中名师培养项目的培训任务，在培训过程中，不断创新培训模式，致力于名师培养有效路径的探索。本项目以"成为有独特教学风格的粤派专家型教师"为培训主题，以拓宽教育视野、更新教育理念为引领，促进教师知行合一，鼓励教师理论创新与实践改进，积极开展"教学改革行动研究"，以课题研究和项目驱动为基础，坚持理论研修、课题研究和实践改进相结合，以"学习促反思"、以"写作促成长"，融教师学习、实践改进与反思写作于一体，并提供丰富多样的"名师引领"资源，聘请60位学科导师跟进主题研讨和共同学习，同时为每位教师提供个性化指导。经过为期三年（2015—2018年）的培训培养，意在帮助每一位培养对象成为风格建构者、实践创新者和思想传播者，助力教师在省思、改进、凝练和叙说中形成个性化的"粤派教学风格"，彰显"粤派教育"的优势亮点，使其成长为能够发挥示范引领作用，具有较高知名度和影响力的专家型教师。

一方水土养一方人，一地文化陶染一地教育。教育根植于文化，文化又滋养着教育生长。岭南文化有着独特的文化底蕴，所呈现出来的"开放""兼容""务实""自励"的文化精神融合地域优势，让广东教育人的文化背景更为丰富多彩。不论来自天南还是地北，五湖四海的教育工作者扎根于此，融合变通，创造着具有广东文化特色的"粤派教育"。

具有自己独特的教学风格是名师的标识。教学风格是指教师长期在文化的感染下，扎根于教学实践过程中形成的，在一定的教学理念指导下，创造性地运用各种教学方法和技巧，所表现出来的一种个性化的教学风貌和格调。广东名师要形成基于广东文化特色的"粤派教学风格"，其形成是一个不断探索与批判的过程，一个不断实践与省思的过程，一个不断凝练与升华的过程。"粤派教学风格"的形成，也是一个且行且思的过程，永远在路上，循环往复、层层递进、螺旋上升。

名师教学风格的生成与凝练，不是孤立的教学技能技巧的提升，而是一个人对成长历程、文化浸泡、教育信念的整体思考，基于教学风格，超越教学风格。将名师成长档案、学科教育观与育人故事融为一体，撰写"粤派名师成长案例"，找寻"广东省名师成长群落"基因，是我们的期待与努力的方向。

"粤派名师成长案例"主要包含教师叙说自己的成长历程、表达自己的教学风格和教育主张、教学现场与教学实录、教学反思等。个人成长历程的叙说，其实就是一个自我反思和自我发现的过程。从"名师成长群落"的视角看，名师成长的路径与方式是多种多样的，有的教师是在科研兴教中成长起来的，有的教师是从磨课比赛中历练出来的，有的教师是师从名师发展而来的，有的教师在不断培训中提升、成长，等等；在名师成长路上，有的自幼励志成师，有的阴差阳错"误"入师道，有的幡然顿悟、力求成才……最终都因共同的信念汇聚一堂，通过展现他们的历练、境遇和思想，期盼为后来者指明前行的道路，找寻名师成长群落基因，明晰促进教师队伍建设的关键要素，助力教师专业成长。

成就名师的过程同时也是一个自我修炼、示范带学、扩大影响力的过程。本项目名师培养过程注重教师实践创新能力的发展，通过示范带学、学科研讨、跟岗实践等，把外显的教学知识和教学经验转化为内隐的实践智慧。通过三年的研磨和培育，每一位培养对象都不断提炼和表达自己的粤派教学风格，提交"粤派名师成长案例"，其重点为三个部分：名师成长档案——讲述个人成长和教学改革历程的真实故事；学科教育观——剖析能够匹配自己教学风格与教学理念的教学主张和学科教学思考；育人故事——通过立德树人故事的讲述，展示自己的教育情怀与教育信念。为了提升名师培养对象的作品感和成就感，项目组邀请学科名师和理论专家，不断对其"粤派名师成长案例"进行审视与指导，选择具有代表性的案例结集出版。

本丛书是多方协作的成果。本项目首席专家广东第二师范学院熊焰教授、高慎英教授与于慧副教授负责案例的架构设计工作；项目负责人广东第二师范学院唐志文副教授负责案例的修改指导工作；校内外众多学科导师提出了切实中肯的修改指导意见；广东第二师范学院刘碧群、何倩老师在沟通联络、信息整理等方面做了大量工作。各位案例作者非常重视这次出版工作，反复打磨、精心修改，为读者展示了各具特色的粤派名师风采。限于水平，本书难免存在不完善之处，敬请各位同行批评指正。

目　录

◆ **茶韵化学（谢纯·初中化学）** ↗1
　导读语↗1
　名师成长档案↗2
　学科教育观↗4
　他人眼中的我↗8
　育人故事↗9
　教学现场与反思↗10

◆ **博雅格致，灵动智慧（张华·初中化学）** ↗15
　导读语↗15
　名师成长档案↗15
　学科教育观↗19
　他人眼中的我↗24
　育人故事↗24
　教学现场与反思↗26

◆ **智慧教数学，教数学智慧（蔡映红·初中数学）** ↗34
　导读语↗34
　名师成长档案↗35
　学科教育观↗39
　他人眼中的我↗46
　育人故事↗48
　教学现场与反思↗51

◆ 激情　细致　和美（陈丽江·特殊教育）↗56
　　导读语↗56
　　名师成长档案↗56
　　学科教育观↗66
　　他人眼中的我↗68
　　育人故事↗71
　　教学现场与反思↗74

◆ 构建"和畅"数学课堂（陈燕·初中数学）↗83
　　导读语↗83
　　名师成长档案↗84
　　学科教育观↗86
　　育人故事↗90
　　教学现场与反思↗92

◆ 我的"慢教育"教学风格（孔进·初中数学）↗98
　　导读语↗98
　　名师成长档案↗99
　　学科教育观↗101
　　育人故事↗105
　　教学现场与反思↗107

◆ 数学本枯燥，芸香令其妙（李芸·初中数学）↗112
　　导读语↗112
　　名师成长档案↗112
　　学科教育观↗119
　　他人眼中的我↗122
　　育人故事↗123
　　教学现场与反思↗125

◆ 质朴　理性　问导（刘超源·初中数学）↗130
　　导读语↗130
　　名师成长档案↗131
　　学科教育观↗132
　　他人眼中的我↗135
　　育人故事↗136
　　教学现场与反思↗139

◆一线串通，智趣灵动（吕进智·初中数学）↗143
　　导读语↗143
　　名师成长档案↗143
　　学科教育观↗148
　　他人眼中的我↗153
　　育人故事↗154
　　教学现场与反思↗155

◆以尊重、激情、致用创建魅力数学课堂（宋朝华·初中数学）↗161
　　导读语↗161
　　名师成长档案↗161
　　学科教育观↗167
　　他人眼中的我↗169
　　育人故事↗170
　　教学现场与反思↗171

◆当体育遇上科学——让体育科学流行起来（古峻安·初中体育）↗180
　　导读语↗180
　　名师成长档案↗181
　　学科教育观↗188
　　他人眼中的我↗190
　　育人故事↗191
　　教学现场与反思↗194

◆做温暖而有力量的体育人（裴玲云·初中体育）↗200
　　导读语↗200
　　名师成长档案↗201
　　学科教育观↗204
　　他人眼中的我↗208
　　育人故事↗209
　　教学现场与反思↗214

◆ 用勤实与果敢坚守从教初心（詹前秒·初中体育）↗227
　导读语↗227
　名师成长档案↗227
　学科教学观↗230
　他人眼中的我↗236
　育人故事↗237
　教学现场与反思↗238

◆ 感性与理性并存，严谨与创新共生（陈宝莲·初中物理）↗248
　导读语↗248
　名师成长档案↗249
　学科教育观↗253
　他人眼中的我↗255
　育人故事↗256
　教学现场与反思↗258

◆ 激情　幽默　互动（陈治锋·初中物理）↗264
　导读语↗264
　名师成长档案↗265
　学科教育观↗269
　他人眼中的我↗272
　育人故事↗273
　教学现场和反思↗275

◆ 创新激趣　机智幽默　严谨务实（史汉军·初中物理）↗282
　导读语↗282
　名师成长档案↗282
　学科教育观↗290
　育人故事↗292
　教学实录与反思↗294

茶韵化学

● 潮州市湘桥区城西中学 谢纯（初中化学）

导读语

在广东省的最东端，有一座被誉为"海滨邹鲁""岭海名邦"的城市——潮州。我生在这里，长在这里。26年前，我从华南师范大学化学系毕业后选择了教师这一行业。怀揣着对教育事业的热爱之情，我在教坛上一步一个脚印走过来，实现了由"南粤优秀师范生"到"南粤优秀教师"的飞跃。

从教廿六载，凭借过硬的专业水平和执着的研究精神，我在教学旅程中一路成长，一路收获，现在是中学化学高级教师，潮州市湘桥区城西中学分管教学副校长，广东省青少年科技教育协会会员，潮州市初中化学学科中心组成员，潮州市中考化学评卷组组长，潮州市湘桥区初中化学中心组组长、化学科学科带头人。

曾是桑田待育苗，如今硕果已满枝。我用自己的实力获得领导和同行的认可，被评为"优秀共产党员"、区"优秀班主任"、市"优秀班主任"、潮州市教育系统"名教师"。2014年8月获第四届潮汕星河辉勇师表奖，2015年7月被遴选为广东省中小学新一轮"百千万人才培养工程"名教师培养对象，2017年2月被聘为潮州

市中小学名教师工作室主持人，2017年7月被评为潮州市湘桥区"名优教师"，2017年12月被遴选为广东省新一轮名教师工作室主持人，2018年被评为"南粤优秀教师"。

回顾自己的成长历程，犹如潮州工夫茶一般——入口甘醇、回味无穷、口齿留香。

▶▶ 名师成长档案 ▶

闽中茶品天下高，倾身事茶不知劳

在潮汕本地，家家户户都有工夫茶具，每天必定要喝上几轮。可以说工夫茶从小就深深扎根在每个潮汕人的记忆里。"壶小乾坤大，茶薄人情厚"，工夫茶推崇"和、敬、精、乐"的精神。作为土生土长的潮汕人，这种精神始终渗透在我教学的历程中。

（一）幼稚涉世，初露头角

1990年我参加了高考，被华南师范大学化学系录取为专科生。不能就读本科成为我心中的遗憾。为此，短短的2年大学生涯，我热衷于读书，图书馆、课室、实验室经常可以看到我的身影，不服输的我最后以"南粤优秀师范生"的身份完成了自己的学业。1992年，刚满19岁的我被分配到潮州市城南中学当教师。

城南中学是潮州一间比较有名气的初级中学，特殊的学科决定我刚踏上讲台就必须担任毕业班的教学。化学虽是我的专业，但学习知识和施教毕竟是两回事，如何把知识、方法、技能授予学生，自己也是一片茫然。那时，备课工具就只有一本教学参考书，教辅材料很少，试题很难得，偶尔得一份就高兴不已。为了让学生喜欢我的课，我经常听老教师的课，借鉴有经验老师的教案，从中学习一些可为我所用的东西。同时，我还下决心去找周边一些学校有名的教师，向他们借教案，拼命地读着、记着、抄着，恨不得一下子把所有的教学设计都咽到肚子里去，夜以继日地吸收着老教师的备课精华，还不时地做笔记、提疑问、写心得。参加工作的最初几年，由于年轻，多少有些青年人的轻狂与不羁，对是否把教师作为自己的终身职业没有做过太多的思考，更没有对自己的职业做过认真的规划。但初生牛犊不怕虎，年轻气盛，自信心很强，凭着自己扎实的专业知识和对化学的天赋，总觉得没有什么事是自己不能做好的，那几年也确实做出了一些成绩。学生的中考成绩都很突出，我的教学能力逐渐得到学校领导的认可。虽然凭着良好的悟性和强烈的自信在教学上渐露头角，但在最初执教的5年，在教育管理中，我误以为教师对学生要严格管理，以至于对学生过分严格生硬，缺少与学生的理解和交流。在课堂教学上，我受传统教学思想的影响比较深，和很多当时的理科教师一样，课堂上主要还是以讲为主，注重概念和规律的讲解，注重习题训练，强调逻辑推理，还没有真正形成自己的教学风格。

（二）历经磨砺，走向成熟

教学是一门艺术，教学是无止境的，你越教就越知道自己的欠缺，越教就越觉得自己需要学习的东西还很多。我深深地认识到，单凭自己的热情和干劲是远远不够的，教育必须要有自己的理念，要有自己的追求，要有自己的主张，更要有自己的风格。1997年至2004年是我教师生涯中事业发展较快的几年，思想和教学都走向成熟，自己的教学风格初见雏形。这时候，虽然我也注重向老教师学习，但我不是照搬老教师的课堂模式，也不会去照搬教参中的教法上课，而是注重自己对问题的独立思考。我常常把自己假想成面对问题的学生，总想另辟蹊径，让课堂带上自己的个性。这时候我的课虽未形成风格，但已经初具特色。讲课语言简练、逻辑性强，注重化学实验在课堂的运用。当我所教的学生在各种考试中取得好成绩之后，我也得到了学生的喜欢、家长的肯定、社会的认可、领导的赞扬。可是，在盛赞之后，我却感到自己还有许多教育教学上的欠缺，特别是在把教育教学经验进行提升这一环节上。在教育科研上，我更是一无所知，对一些教育现象和教育问题往往没法解析，深感自己教育教学理论的不足。自己的教育、教研水平很难向更高层次发展，专业发展处于高原期，如果不再充电，我只能是一个教书匠，或者说只是一个"教学能手"。为了提升自己，我开始有意识地参加广东省的一些培训和教学交流活动。在各类培训中，经过名师的指引和同行的探讨，以及参观学习、研究课题，我才真正接触到教育理论和教育前沿的一些东西，也了解到教育科研的一些基本知识，领会到新课改的实质，特别是在聆听了专家、学者的报告之后，我想得更多，想得更远。这也鞭策我在教学的同时，把自己在教学实践中的所思所想写成文章。1999年《浅谈在化学教学中如何培养学生的学习能力》获"九五"规划重点课题《义务教育阶段学生"学会学习研究"》三等成果奖；2000年参加湘桥区青年教师观摩比赛获二等奖；2000年《创造情景，培养思维能力》入选参加"全国中小幼创新教学研讨会暨优秀成果评选大会"并获三等奖；2001年代表潮州市参加广东省中学化学说课大赛获二等奖；2003年参加广东省中青年教师化学教师实验创新能力大赛获省二等奖、市一等奖；教学设计《水的净化》荣获广东省2004年化学优秀教学设计评选二等奖、市二等奖，同时该节课例荣获省三等奖，课堂实录在广东省中学化学优秀教学成果评选中获三等奖；《自然界的水》案例在广东省教育厅教研室主持的全国教育科学"十五"规划重点课题《创新教学与创造力培养研究与实验》项目成果评奖中获二等奖。

（三）海纳百川，风格形成

教学而不搞教育科研，则会失之于肤浅。历经12年的教学摸索后，我体会到传统的、机械的、单一灌输的教学方式不利于提高学生的学习兴趣，严重地阻碍着学生思维的发展。创新教学方式，优化课堂教学，形成高效课堂，成为我的教学追求。"教有法，贵在得法；学有道，重在得道。"所谓"授之以渔"，就是要求教师在教学时，要教给学生以方法，而学好化学最重要的是学会"学科思维"。发展学生的学科思维是教育的价值追求，也是学好化学学科最重要的一环。化学素有理科中文科之称，繁、杂、乱的特点是学生学习化学困难的原因之一，而死记硬背的学习方法同样是学不好化学的重要原因。可见，在课堂教学中，让学生在掌握知识的基础上发展学生的思维更重要。把知识转变成能力，依靠的就是思维。因此，在不断的教学摸索中，我渐渐树立"为学生学科思维而教"的理念。2005年12月，我评上了高级职称，成为全区最年轻的高级教师，这成为我教学上的动力和新起点。繁忙的工作学习之余，我仍不忘将教学实践升华为理论总结，笔耕不辍，教学论文时见发表，课题成果频受奖励。2009年5月起主持省级课题"新课程背景下化学中考优质高效备考"的研究，并于2011年12月结题；2012年12月起主持省级课题"初中化学探究实验课设计与实施研究"的研究，并于2015年12月结题；2014年11月起主持省级课题"中考备考过程中培养化学学科核心能力的研究"。借助课题研究，我进行教改实验，慢慢打造并形成自己独特的教学风格——自然、细密、技巧。大胆地将"为学科思维而教"落实到课堂教学中，注重和强调培养学生的问题意识，课堂教学贯彻以思维为核心，驱使着学生积极地思考，不断地产生解决问题的办法，不断地提出新的问题。为了改变教师"满堂灌"而学生"静听"，或是"电灌"而学生"观看"的模式，使师生进行真正的对话，我经常使用有效性的问题来进行有意识的启发。

学科教育观

以"工夫"塑学生化学素养

（一）我的教学风格

喝工夫茶是广东潮汕人一项日常生活中最平常不过的事了。"工夫"二字在潮汕话中乃做事考究、细致而用心之意。身为土生土长的潮州人，工夫茶的文化深深地影响我教学风格的形成。工夫茶之"工夫"，全在茶之烹法，虽有好的茶叶、茶具，而不善冲，也前功尽弃。教学亦是如此，学生需要善学，教师需要善教。化学是一门以实验为基础的学科，初三化学是学生学习化学的启蒙阶段，要让学生的学科素养得到较好的塑造，教师需要花很多"工夫"。在20多年的教学实践中，我逐渐形成了具有自身特色的教学风格：自然、细密、技巧。

1. **自然——讲课氛围亲切自然，情景朴实无华**

讲课亲切自然、朴实无华，没有矫揉造作，也不刻意渲染，而是娓娓道来，这是我一直追求的教学风格。要实现这一点，师生之间必须在一种平等、协作、和谐的氛围下进行情感交流，将对知识、方法和技能的渴求和探索融于简朴、真实的教学情景之中，使学生在静静地思考、默默地首肯中获得知识并提高能力。因此，课堂上应适当留出时间，让学生有一个思考的过程和自我表现的空间，为学生的研究性和创造性学习提供条件。如在讲"燃烧和灭火"时，为了让学生掌握本节课的重点，我巧妙地用一根蜡烛开展教学，设置了让学生用尽可能多的方法将燃着的蜡烛熄灭，并让学生自己上台操作。因为这是日常的知识，所以学生非常轻松就设计出吹灭、用烧杯罩、用水浇、剪掉灯芯、用沙子覆盖等一系列方法，对应学生的每一种方法，我顺势让学生总结出其应用的灭火原理。于是，在师生愉快的合作和交流中，一个知识点轻松地得到解决。更重要的是，通过自己动手、动口、动脑，学生对知识达到了"知其然，也知其所以然"的效果，对知识的掌握也就更牢固。

2. 细密——课堂结构周密合理，语言严密谨慎

潮州工夫茶是潮州人独特的饮茶习惯。工夫茶对茶具、茶叶、水质、沏茶、斟茶、饮茶都十分讲究，这种追求细密的习惯也深深影响我的教学风格。化学是初三新开设的一门学科，对学生来说有着很重要的启蒙意义，同时，化学是以实验为基础的自然科学，对于实验操作的要求和实验现象的描述、解释容不得一点含糊，需要用严谨和细密的态度去对待，因此，在教学上我一直严格要求自己。讲课时教学内容和课堂结构组织得周密合理，教学语言也经过严密、谨慎的逻辑加工，教学过程一贯的层次清楚、条分缕析、首尾连贯、简洁匀称、安排得体、完整紧凑。对学生要求严格、一丝不苟，给人以稳定、充实、整齐之感。用教师缜密、有条理的思维，用教学的高度责任心和科学求实的精神去感染学生，使学生形成谨严作风。如在讲授过滤的操作时，我注意到学生在回答注意事项"一贴、二低、三靠"时经常出现这样的错误："滤纸紧贴漏斗""滤纸边缘低于漏斗""液面低于滤纸""烧杯紧靠玻璃棒""漏斗紧靠烧杯内壁""玻璃棒靠在三层滤纸的一边"，关键词的丢失使学生在考试时根本得不到分数。更重要的是，学生严谨的科学态度不能很好地得到培养，而学生在记忆或答题时根本没有意识到自己出现错误。为了解决这个问题，讲授新课时，我设置先让学生阅读课本，找出"一贴、二低、三靠"的内容，然后由学生用语言描述来指挥我进行操作，当学生出现错误表达时，我会按照错误进行呈现，让他们自己意识到语言的准确表达有多么重要，个别关键字或关键词的丢失会导致意义上的完全不同。这样，经过反复训练之后，学生会慢慢养成表达时注意关键字眼的习惯，也会把关注关键字眼的习惯延伸到以后的审题里面，达到了事半功倍的效果。

3. 技巧——教学技巧信手拈来，方法运用自如

讲课精于教学技巧、充满机智，各种教学方法、技巧信手拈来，运用自如，恰到好处，并丝毫不带有雕琢的痕迹，这是我为实现高效率的教学风格，在课堂教学中所追求的一种境界。整个课堂教学的结构就像一种设计好的程序，过渡自然、组

织严密、搭配合理、有条不紊。讲解、分析、论证时，思路清晰；提问、讨论、练习时，针对学生的实际情况，照顾到学生的心理特点和接受能力，对学生透彻了解，对教学方法合理运用，对知识重点、难点准确把握。化学课程的安排有一定的顺序，如第二单元的"空气"、第四单元的"水"、第六单元的"碳和碳的氧化物"、第七单元的"溶液"、第八单元的"金属"等，都是从学生身边常见的物质开始引出，凸显化学与生活息息相关的特点，这样有利于激发学生的学习兴趣和热情。根据这样的特征，在设计课堂教学的时候我也经常注意到这一点。如在讲授完第六单元后，我经常会利用学生非常喜欢的"雪碧"汽水，将其作为原料，安排一个活动课"生活中的二氧化碳"，通过设置下列活动环节：观察雪碧的标签——设计方案证明雪碧中的气体中含有二氧化碳——往澄清石灰水中吹气——将雪碧中的气体通入紫色石蕊溶液中——将雪碧直接滴入紫色石蕊溶液中，成功地将初中化学中有关二氧化碳的知识有机地联系起来，包含影响二氧化碳的溶解性因素、验证二氧化碳能与水和澄清石灰水反应等一系列与二氧化碳性质相关的知识，让学生轻松掌握了二氧化碳在日常生活中的应用、溶洞的形成等内容。更重要的是，在整节课里，通过贴近生活的内容选取、情境创设和实验探究，拉近了化学和学生的距离，让学生养成在生活中关注常见的化学现象、多进行思考的习惯；成功地将一系列知识通过探究实验有机地结合起来，便于学生对知识的系统化掌握，培养了学生前后知识联系运用的能力。这样的教学技巧贯穿在我的教学过程中，让我的学生学得开心、学得轻松、学得踏实，收效良好。

（二）我的教学主张

求实，让每个学生都健康成长。求实就是实事求是，从教学实际出发，实实在在做事，认认真真教学。不管是做学生的思想工作还是日常的教学，只有求实，才能触及教育的真谛；只有求实，才能做好自己的各项工作；只有求实，才能让我们的学生健康的成长。教学是一门科学，我们的教学问题只有符合学生的实际，才是有效的教学，如果脱离实际，脱离教与学的现实，那么，我们的教育就会缺乏针对性，教育的效果将会是低效的甚至是无效的。化学是一门特殊的学科，很多老师都认为执教这一学科的老师很容易——基本上教材没怎么改变，可以不用备课，一个课件可以永久使用——这其实是一个很大的误解。须知每年的学生都不同，学情每年都在变，教学思路也必须每年都改变。尽管执教20多年，对教材内容非常熟悉，深度和广度也把控得很好，但我从不敢懈怠，每一节课都坚持在课前把课件过一遍，根据学情调整教学思路，并根据上一节课反映出来的问题对教学内容做补充或删减，上完课后马上根据课堂反映出来的问题做备注，对薄弱知识点做好下节课补充的准备，力争让自己的每一节课都适合自己任教的学生，让自己的教学更具针对性和实效性。

求新，让课堂教学充满活力。我先后以课题研究为依托，确立了"教为主导，学为主体，疑为主轴，动为主线，创为主题"的课堂教学思想，实践了"自主学习—合作探究—创造发展"的创新学习指导的课堂教学模式，给传统的课堂教学注入了"活水"。让课堂教学充满生命活力，最大限度地激发学生的学习兴趣和学习潜能，是我的教学愿景。如在课题"初中化学探究实验课设计与实施研究"的研究过程中，我针对不同阶段学生对探究性实验的实施水平，针对不同特点的探究性实验，总结出一些不同的教学指导策略。比如，教师示范策略、边讲边实验策略、合作实验策略、变演示实验为探究性实验策略、动画模拟演示实验策略等。在学生探究建构知识的基础上，教师进行科学合理的设计，让学生通过实验探究获得充分体验，从而形成积极的情感、态度和价值观。

求活，让每个学生都得到发展。知识是有生命的，由师生构成的课堂也是充满生命力的，学生的发展需要从多种多样的生命活动中吸取精华。基于此，以"生"为本、以"活"治学，力求做到"宽而有度，活而不乱"。以趣引学、以疑激学、学案导学、以思促学、先学后教、互动生成等教学方式，让知识易学易懂，让学生学得轻松愉快。深入浅出、通俗易懂、化抽象为具体、以思促能、促进学生的有效理解，是我的课堂目标；活教活学是我的教学追求。正如前文所述，在学生学完第六单元内容后，我通常会开设"生活中的二氧化碳"探究课，以雪碧汽水为原料，通过精心的设计，成功地将初中化学中有关"二氧化碳"的知识有机地联系起来，包含影响二氧化碳的溶解性因素、验证二氧化碳能与水和澄清石灰水反应等一系列与二氧化碳性质相关的知识，让学生轻松掌握了二氧化碳在日常生活中的应用、溶洞的形成等内容。在课堂上，我通过贴近生活的内容选取、情境创设和实验探究，拉近了化学和学生的距离，让学生养成在生活中关注常见的化学现象、多进行思考的习惯；成功地将一系列知识通过探究实验有机地结合起来，使学生系统化地掌握知识，并培养了学生前后知识联系运用的能力。

求精，让自身科研素质提升。有了教育的科学，才会有科学地教育。教育改革的深入，离不开教育科研的支撑。在负责科研课题的实践中，我深入学生，深入课堂，调查研究，获得了许多具体材料，写出许多有价值的课题报告和经验总结；认真钻研教材、教法，使自己由"经验型"过渡到"理论型"，并从"教学能手"向"教学专家"的方向发展。在专业的发展上"求精——精益求精"，是我的奋斗目标。化学是以实验为基础的学科，学生对化学实验的兴趣比较浓，而化学实验又有一定的危险性，为了让更多的学生能动手做更多的实验，提高学生的动手能力、探究能力和创新能力，我着手研究"身边的化学实验室"，挖掘生活中的废弃物品和简易的实验器材，创设学生家庭实验，让学生在家可以体验"排水法收集气体""制取氧气""制取二氧化碳""探究鸡蛋壳的成分""探究催化剂""探究铁钉的生锈条件""自制酸碱指示剂""探究燃烧的条件"等一系列实验，让自己的化学教学深入学生的日常生活，有机地让学生真实体会到化学就在身边。

▶ 他人眼中的我

2014年8月20日《潮州日报》发表了题为《情系教坛　为人师表——记潮汕星河辉勇师表奖获得者谢纯老师》的报道，里面这样写道："一所具有区域影响力的学校，必定拥有一支作风硬、实力强的教师团队，湘桥区城南实验中学教研室主任、化学高级教师谢纯便是其中的重要一员。从教22年来，她情系教坛，为教育这一人生的光辉事业孜孜以求，勇于开拓创新，当好学生和青年教师的表率。她以自己的模范行动，为教育界同行树立了一面师德旗帜。她是莘莘学子心目中的优秀老师，也是值得学生家长信赖的好老师。有人说，今日的师德水准就是明天的国民素质，如果每位教师的师德都像谢纯老师一样，我们祖国的明天将无限美好。"

1. 领导眼中的我

谢纯老师具有扎实的专业知识和丰富的教学经验，教学成果丰硕，是广东省化学骨干教师、潮州市化学中心组成员、学科带头人。她专心钻研，精心施教，形成独特的教学风格。她认真钻研教材，熟悉课程标准和教学要求，熟练掌握多媒体课件的制作，以现代教学理念指导教学工作，形成"视、听、诱、探"的教学特色。

2. 教师眼中的我

在教学、教研、科研过程中，谢纯老师带头进行教改实验，带动全校青年教师进行教学方法的探索。她发扬"传、帮、带"精神，言传身教，处处起好表率作用，采取为青年教师开示范课、说课、开设讲座等多种形式，有目的、有计划地培养青年教师，引导青年教师掌握科学的教学方法。她深入课堂听课、评课，具体指导青年教师的课堂教学，对青年教师的课堂评价中肯，并提出行之有效的改进意见，深得学校各科组教师的认同。她经常利用休息时间指导青年教师总结教学经验，撰写论文和教学设计。她还深入乡村学校进行支教。担任行政职务7年来，她坚持在教学第一线上默默奉献，不断开拓进取，乐于与同事分享教学经验。她说："我愿意做人梯，做基石，让年轻教师踏着我的肩膀快速提升业务水平，尽快成长。"

3. 学生眼中的我

陈钺（2018年考入金山中学志博班）：她能用慈母般的柔爱和严父般的凛威去教导学生。她面向全体学生，根据学生的不同特点调整"教育点"，她擅长"唤醒"学生，让学生潜在的学习能力和学习兴趣从沉睡中苏醒，所教的学生学习干劲大、兴趣高，我们都喜欢她的课。

林昊琦（2013届化学科代表）：谢老师的课堂轻松活跃，气氛十分好。她幽默风趣，丝毫不死板，还能教给学生生活常识，让我们懂得很多课本外的知识，扩大我们的知识面，让我们在知识的海洋里遨游。

育人故事

教育资源应如好茶般共享

潮州工夫茶,在当地不分雅俗,十分普遍。不论是公众场合还是居民家中,不论是路边村头还是工厂商店,无处不见人们长斟短酌。教育也应是如此,不分地域,优质资源共享是提升农村教育水平的一个重要途径。

2007年8月,我到意溪镇初级中学支教一年,长年在市区优质学校任教的我根本没想到一江之隔的学校,教学设施和条件居然相差那么大。原来的城南实验中学是潮州市第一所实现所有教室都有电脑演示平台的学校,每间教室都安装有空调,每个学生都是通过自主招生进入学校的。而意溪镇初级中学是一所原汁原味的农村学校,不要说什么电脑设备,当我打开化学实验室时,迎面而来的是一股霉味,接触到的第一样东西是蜘蛛网。教学理念的落后使老师们将实验室尘封了好久,没有药品和欠缺仪器是摆在我面前的实际困难,一股畏惧感重重地袭击了我。

第一节课时,讲台下一双双充满期盼的眼睛望着我,好像在对我说:"老师,我们好幸运遇见你。"下课时,腼腆的科代表走到我前面,小声问:"老师,你真的来自城南实验中学?"我点头的瞬间,他开心地笑了,说:"我一定会学好化学的。"短短的对话,让我马上意识到我真该为这个学校做点什么。

当时因为城南实验中学也缺少化学老师,所以我成了要在两个学校任教的老师。我充分利用这点来调用资源。当支教学校缺少实验器材,面临甚至连演示实验都不能开展的局面时,我会从城南实验中学这边借用仪器,将其带过去。因为化学仪器大多数是玻璃仪器,所以我会想尽办法包装好。就这样一年下来,课本所有的演示实验一个也没有落下,而且还开展了分组实验。那时,我的摩托车上每天都有一个实验准备箱,叮叮当当的玻璃仪器碰撞声风雨无阻地伴随我一年的支教之路。支教开始的两周后,科代表发现了这一现象,他自觉发动男同学轮流在摩托车停放处等我,为的就是能帮我提实验准备箱。看着他们真诚的守候,我每天到学校基本都是掐准时间点到达。于是,经常出现师生同时到达摩托车停放处的现象,这时师生露出的会意笑容只有我们懂。

为了解决学生教辅材料缺乏的实际情况,我根据学生实际水平编写相应的练习和提纲,以自己的精彩课堂让全体学生学习化学的热情高涨。慢慢地,我发现他们的水平可以赶上城南实验中学的学生了,便鼓励学生试着做城南实验中学的练习,甚至试着统一考试试卷。看着学生从"我行吗?"到"我能行""我行""我一定行"的转变,我觉得什么辛苦都不是事儿。科代表石翔从第一次实验不敢划火柴,慢慢成长到能独立演示讲解"二氧化碳的制取";从第一次考试的80分,到第二学期"天原杯"化学竞赛的广东省二等奖,他的获奖创造了学校的历史。该学生后来考上了南方医科大学,硕博连读,他说:"能有这样的成绩,全靠初中基础打得好，对化学的热爱完全出自对谢老师的崇拜。"听着学生这样的话，一股暖流在我心里涌出，我觉得那一年的辛苦值了。

虽然支教的一年很短，但因为我的带动，学校和意溪初级中学成为"拉手帮扶"结对学校。连续好几年的帮扶使这所学校很多青年教师得到指导，促进了学校的良性发展。我深深感到我支教的实际意义确实得到了落实，真如潮州工夫茶般"有味道"。

 教学现场与反思

走进我的茶味课堂

（一）"氢氧化钠与二氧化碳反应探究"课堂实录

【教材分析】

氢氧化钠与二氧化碳反应是初三化学下册第十单元《酸与碱》课题一《常见的酸和碱》里面碱的化学性质中的难点。由于反应没有明显实验现象，很难引导学生判断氢氧化钠与二氧化碳是否反应。本课时是在学生学习完酸碱盐这部分知识后的一节综合探究实验课，通过利用压强差和检验生成物这两种途径，让学生掌握如何判断无明显实验现象的实验是否发生了反应。同时，这节课的内容也巧妙地进行了酸碱盐这部分内容的复习。

【学情分析】

在学习本节课内容之前，学生已经系统学习了"酸碱盐的化学性质"这部分内容，自初三以来，也接触了二氧化碳与水反应、氢氧化钠与二氧化碳反应、氢氧化钠与盐酸反应等一系列无明显实验现象的实验。对于怎样判断实验是否发生，往往都是教师直接给出方法，缺乏一个系统的总结，这对后面完成科学探究题有一定的知识局限性。学生对于如何思考问题、如何解决问题缺乏自己的思路和方法，特别是对酸碱盐性质这部分知识的综合运用往往陷入困境，需要教师帮忙引导和总结。

【教学目标】

通过实验设计及实验分析，巩固碱的化学性质，培养学生的创新能力。

学习科学的探究方法，初步形成学科综合思想和科学的探究能力。

通过学生亲身参与科学探究活动，激发学习化学的兴趣，培养学生尊重事实的科学态度。

【重点和难点】

重点：设计实验，用实验现象证明二氧化碳能与氢氧化钠反应。

难点：科学探究思想与方法的初步形成。

【实验准备】

药品：大理石、稀盐酸、澄清石灰水、氢氧化钠溶液、酚酞试液、氯化钙溶液、蒸馏水。

仪器：试管、滴管、矿泉水瓶、烧杯、带导管的单孔塞、铁架台。

【教学过程】

师：（复习引入）同学们，前面我们已经学习了酸、碱、盐的性质，请同学们先完成学案上的"课前热身"。

（学生完成化学方程式，并由一个学生将其书写在黑板上）

师：请同学们校对化学方程式是否书写正确，并回答第一个反应是哪类物质之间的相互反应。

生：酸和碱反应生成盐和水。

师：第二个呢？

生：盐和酸反应生成新盐和新酸。

师：第三个呢？

生：碱和盐反应生成新盐和新碱。

师：第四个呢？

生：盐和盐反应生成两种新盐。

师：很好，这一节课我们将利用这些知识一起来完成"氢氧化钠与二氧化碳反应的探究"。请同学们想一下，氢氧化钙和氢氧化钠能否与二氧化碳反应？

生：能。

师：请写出反应的化学方程式。

（学生书写方程式）

师：请同学们回忆，澄清石灰水中通入二氧化碳，溶液会怎样？

生：溶液变浑浊。

师：那么，氢氧化钠溶液中通入二氧化碳又有什么现象呢？（演示实验）

生：无明显实验现象。

师：因为氢氧化钙与二氧化碳反应生成了不溶于水的碳酸钙，所以溶液变浑浊；因为氧化钠与二氧化碳反应生成的碳酸钠能溶于水，所以无明显实验现象出现。利用反应现象的不同，可以解决哪类问题？

生：鉴别石灰水与氢氧化钠溶液。

师：那么，我们如何用实验证明二氧化碳与氢氧化钠发生了反应？上课时，老师为大家演示了这个实验（播放视频），同学们看到了什么现象？

生：气球胀大了。

师：为什么呢？

生：二氧化碳与氢氧化钠溶液反应，使瓶内气体减少，压强变小，空气沿导管进入气球中，使气球胀大。

师：氢氧化钠溶液中有水，二氧化碳能溶于水且与水反应，如何证明二氧化碳确实与氢氧化钠发生了反应？请同学们设计实验方案。

生：做对比试验，用等体积的水和氢氧化钠分别与二氧化碳反应。

师：大家同意他的说法吗？

生：同意。

（教师演示实验——软塑料瓶变瘪，根据学生的设计进行实验，方案一获得成功）

生：由于二氧化碳与氢氧化钠反应生成碳酸钠，我设计的方案是，将二氧化碳与氢氧化钠反应，在反应后的溶液里滴加盐酸，如果有气泡产生，证明二氧化碳与氢氧化钠发生了反应。

师：大家同意他的说法吗？

生：同意。

（教师演示实验——往实验后溶液中滴加盐酸，根据学生的设计进行实验，方案二获得成功。这里的盐酸也可以换成稀硫酸或稀硝酸）

生：我设计的方案是，将二氧化碳与氢氧化钠反应，在反应后的溶液里滴加氢氧化钙溶液，如果有白色沉淀产生，证明二氧化碳与氢氧化钠发生了反应。

师：大家同意他的说法吗？

生：同意。

（教师演示实验——往实验后溶液中滴加石灰水，根据学生的设计进行实验，方案三获得成功。因为氢氧化钙和碳酸钠反应生成不溶于水的碳酸钙，所以出现白色沉淀。常见的不溶于水的碳酸盐还有碳酸钡，所以也可以考虑将石灰水换成氢氧化钡溶液，同样也能得到相同的现象）

生：我设计的方案是，将二氧化碳与氢氧化钠反应，在反应后的溶液里滴加氯化钙溶液，如果有白色沉淀产生，证明二氧化碳与氢氧化钠发生了反应。

师：大家同意他的说法吗？

生：同意。

（教师演示实验——往实验后溶液中滴加氯化钙溶液，根据学生的设计进行实验，方案四获得成功。如果将溶液改为氯化钡溶液、硝酸钙溶液、硝酸钡溶液同样也可以得到相同的现象）

师：同学们的设计都成功地证明了二氧化碳能与氢氧化钠反应，设计都具有异曲同工之妙，那么，同学们主要是从哪些方面考虑的？

生：从两个方面，一个是检验产物，另一个是反应物状态的变化引起气压的变化。

师：总结得很好。对于一些没有明显实验现象的实验，我们通常都是这样来验证的，有一些还可以根据反应前后溶液酸碱性的变化，借助酸碱指示剂进行判断，如酸碱的中和反应。

师：通过刚才的探究，我们可以得出实验结论：氢氧化钠能（填"能"或"不能"）与二氧化碳反应。氢氧化钠固体在空气中不仅能吸收水而潮解，还能与二氧化碳反应而变质，因此，氢氧化钠必需密封保存（学生完成空格）。下面请同学们一起来解决问题。实验室有一瓶忘记盖上瓶盖的氢氧化钠溶液，同学们想探究溶液的变质情况，做了如下猜想：

猜想一：氢氧化钠____变质（即溶液中的溶质只有_____）；

猜想二：氢氧化钠____变质（即溶液中的溶质既有_____又有_____）；

猜想三：氢氧化钠____变质（即溶液中的溶质只有_____）。

学生完成猜想：

猜想一：氢氧化钠没有变质（即溶液中的溶质只有氢氧化钠）；

猜想二：氢氧化钠部分变质（即溶液中的溶质既有氢氧化钠又有碳酸钠）；

猜想三：氢氧化钠全部变质（即溶液中的溶质只有碳酸钠）。

师：很好。为了验证猜想，同学们开始寻找合适的试剂进行探究实验，经讨论，选择了以下物质，请你和他们一起探究是否可行。第一个是无色酚酞溶液。

生：氢氧化钠溶液 pH >7，碳酸钠溶液 pH >7，所以不能（填"能"或"不能"）选择无色酚酞溶液。

师：第二个是石灰水。

生：氢氧化钙与碳酸钠反应生成氢氧化钠，所以不能（填"能"或"不能"）选择石灰水。

师：第三个是稀盐酸。

生：碳酸钠能（填"能"或"不能"）与稀盐酸反应，氢氧化钠能（填"能"或"不能"）与稀盐酸反应。（迟疑中）

师：（引导）当溶液中同时存在氢氧化钠和碳酸钠时，氢氧化钠先跟盐酸反应，当氢氧化钠反应完，碳酸钠再与盐酸反应。也就是说，若滴入盐酸后没有明显实验现象，则溶液中没有碳酸钠；若滴入盐酸后，立即产生气泡，则溶液中没有氢氧化钠；若滴入盐酸后刚开始没有明显实验现象，过一会产生气泡，则溶液中既有氢氧化钠又有碳酸钠。

生：能（填"能"或"不能"）选择稀盐酸。

师：第四个是氯化钙溶液。

生：（在教师引导下回答）氯化钙与碳酸钠反应生成氯化钠和碳酸钙，其中碳酸钙不溶于水，因此根据是否产生白色沉淀的现象，可以判断溶液中是否存在碳酸钠。另外，因为氢氧化钠溶液 pH >7，所以当溶液中加入的氯化钙溶液足量（即不再生白色沉淀），静置后取上层清夜并滴入无色酚酞溶液，根据是否产生溶液变红色的现象，可以判断溶液中是否存在氢氧化钠。

师：选择了正确试剂后，同学们进行实验，请同学们一起完成下表：

实验步骤	实验现象	实验结论
取少量溶液于试管中，加入_____	产生白色沉淀	溶液中存在_____
静置后取上层清液于试管中，滴加_____		溶液中存在氢氧化钠，猜想_____正确

（实验后，一同学提出疑问：能否将生成的碳酸钠转化为氢氧化钠？学生讨论解决了问题。方案是：往溶液中滴加<u>适量的氢氧化钙</u>溶液至<u>不再产生沉淀</u>）

师：小结，通过这一节课的学习，相信同学们已经掌握了如何设计实验验证二氧化碳与氢氧化钠确实发生了反应，也初步掌握了有关物质检验的方法和思路，相信通过同学们的努力，我们一定能取得成功。

（二）教学反思

这是在学生学习完"酸、碱、盐"内容后的一节复习课。因为二氧化碳与氢氧化钠溶液反应的实验现象不明显，所以学生在学习这一反应时没有感性认识，较难掌握。本节课把学生在课堂学习中遇到的问题作为课题，引导学生从检验生成物和生成物状态变化引起气压变化这两方面思考，设计实验进行探究，验证二氧化碳确实与氢氧化钠溶液发生了反应。该课以点带面，用一个探究问题带动了许多知识的综合巩固应用，涉及的知识面较广，包括酸的性质、二氧化碳的性质、质量守恒定律及相关的物理知识等，进行了学科综合训练。课堂上学生积极性高，思维活跃，设计出了许多精彩的实验方案。通过这一探究活动，既培养了学生知识应用能力，发展了学生的创新能力，又使学生明确了探究的一般过程和方法，培养了学生尊重事实的科学态度。在课堂教学中，我通过教学环节的设计，将一系列教学内容灵活地贯穿起来。通过导学案，把思考的空间留给学生；通过设置探究实验，教给学生思考问题、解决问题的能力；通过表述的训练，将学科的逻辑思维渗透到整个教学过程中，对学生学科核心素养的培养起到很好的促进作用。这节课也正是我教学风格"自然、细密、技巧"的一次体现。

博雅格致，灵动智慧

● 东莞外国语学校　张华（初中化学）

▶ 导读语 ▶

张华，中学化学高级教师，广东省"百千万工程"名师培养对象，首批省级骨干教师、东莞市初中化学名师工作室主持人、市学科带头人、中学化学教研学会常务理事、东莞市政协委员、市青联委员、东莞外国语学校学术委员。

从事中学化学教学二十六载，所任教班级的中考优秀率曾高达100%；优课"爱护水资源"获全国一等奖；微课"多功能瓶的使用（1）——收集气体"获全国一等奖；现场课"中考化学难点突破训练"获省新课程优质课一等奖；课例"元素"获省一等奖；微课"多功能瓶的使用（2）——对气体进行干燥除杂"获市一等奖；编写校本教材《智慧化学CCF工作室》，指导学生开展的科技实践活动"智慧化学CCF之旅"获省青少年科技创新大赛二等奖。

坚持以教学感悟和心得为素材撰写论文，近20篇论文获国家、省、市级奖项并发表，其中，论文《微课的制作》被中国人大书报资料中心全文转载刊登在核心期刊《中学化学教与学》（ISSN 1009－2935　CN11－4305/G4）；论文《初中化学与综合实践活动课程整合的实验研究——以〈爱护水资源〉为例》获全国一等奖。主持的课题"初中化学与综合实践活动课程整合的研究"同时获省、市立项，主持的课题"以'CCF'模式促初中化学高端教育的实践研究"入选省强师工程项目。先后参与并主持编写了《初中化学同步精练与测试》《新课程中考总复习高效导案——化学》，这些书籍已分别由广东教育出版社、南方日报出版社、华南理工大学出版社出版发行。

▶▶ 名师成长档案 ▶

脚踏实地，仰望星空

白驹过隙，光阴如梭，1992年7月我大学毕业，怀揣激情与梦想走上讲台。

如今蓦然回首，才惊觉自己已在教师岗位上坚守二十六载。回想当年刚进入大学校园，老校长对着我们这些新一届的学子，充满期待地说："你们将成为人类灵魂的工程师，从事太阳底下最光辉的职业……"是的，当年意气风发的我现已走上三尺讲台，接过了前辈们的粉笔，从最初的困惑彷徨到如今的从容淡定，我以自己的实践行动探寻教书育人的真谛，诠释为人之师的含义，把自己的智慧和激情注入事业和孩子，演绎了一个又一个精彩的校园教育故事，收获着一个又一个灿烂的人生季节。二十六载春秋，我从初入教坛勤学敬业的新人，成长为实干创新有个性的教学骨干，再到博采众长、灵动智慧的市名师工作室主持人。今天，我用文字记录自己从教以来的点点滴滴。

（一）初入教坛，勤学敬业

1992年7月，在大学毕业的前三天，我意外得知父母因为工作调动已回到广东老家，于是我带着同学们的祝福和优秀毕业生的荣誉证书来到了广东。当时的我按捺不住兴奋的心情，感觉一切都是新的，如此美好，如此充满希望。可是，当我怀着激动的心情准备到教办报到时，才被告知档案还没寄到，需在家等候通知，这一等足足等了近两个月，直到开学半个月后才收到单位的通知，原来是学校寄出时地址有误被退回，其间多次辗转才终于寄到教育局。我被分配到一所刚升级为中专的学校，学校位于广州郊区一个经济比较发达但教育相对落后的小镇上。我刚到学校报到即被告知化学教师严重不足，我这个年轻的新教师要负责中专一年级全级4个班每周共16节的化学课教学，没有老教师带，也没有示范课可听，实验室陈旧不堪，药品不全且几乎都过期了。面对这种情况，我惊呆了，怎么办？思前想后，唯有克服一切困难往前走。第一节课，我足足准备了三天，在家里模拟了一次又一次，把所有的细节都想了一遍又一遍……终于到了那一刻，上课铃响起，我推门而入，学生惊奇地看着一个带着学生气质的新教师走上讲台，台下一片安静，5秒后，"上课！""起立！老师好！""同学们好！请坐下。"最初的紧张忽然消失了，我以自己的方式带着学生开始了第一节化学课。俗话说："良好的开端是成功的一半！"后来，学生们越来越投入，我的感觉也越好，一个星期下来，我记住了4个班所有学生的姓名和个性特点。没有仪器药品，我就一边积极向学校申购，一边寻找代用品。对于每一节课，我都用十二分精力备课。每一节课，我都会带给学生们与生活相关的化学知识；每一节课，我都会精心安排提问，适时地表扬鼓励；每一次作业我都是全批全改；每一次测试，我都争取在两日内完成评卷并把所有学生的成绩背下来。这种带有"完美主义"特点的工作作风伴随的是无法用文字描述的高强度工作。在1992年，我从教的第一年里，我的生活中只有工作、吃饭、睡觉这三个词语，1992年是累并快乐着的一年。时隔多年，我至今依然记得任教一个月后，所有的学生都喜欢上了化学课，化学课堂上经常有学生们不由自主的掌声，那种成就感是一种非常充实、非常难忘的幸福。天道酬勤，因为我的敬业实干，镇教办、学校给予了我很多荣誉,学校也推送我参加了一些专业培训学习,如1994—1997年,我参加了为期三年的专业学习。虽然在紧张的工作之余参加专业学习是一件非常辛苦的事,整整三年,我没有完整的寒暑假,但我深知培训能更好地帮助自己在专业上成长。通过学习,我开阔了视野,随之而来的是课堂教学能力的提升和学生更高的赞许,这些都给了我极大的动力,让我在教书育人的路上走得更坚定执着。1992—2004年,我是一个勤学敬业、执着前行的化学教师。

(二) 实干创新,稳健成长

2004年是我人生的一个新的起点。这一年,因为家庭的原因我调动来到东莞,我的新学校是一所有着很多年历史的中学(有初中部和高中部),校园坐落在运河边上,地理位置极佳,但因为是多年前建校,整个校园面积不大,没有学生宿舍,所有的学生都要走读。按照当时的招生制度,这所学校招收的是莞城区第二批次学生,但真实的情况是成绩好的学生一般都会想方设法转去市内口碑好的东莞中学或东华中学,因此我来到这所学校后,很快被学生的学习风气"震撼"了。时间仿佛又回到了1992年,在新的环境又遇到了棘手的难题。我该怎么办?当然还是用"办法总比困难多"来激励自己。我在接手了3个较薄弱的班级后,首先向各班的班主任详细了解学生的情况,然后有针对性地开始我的计划。化学是一门以实验为基础的自然科学,它源于生活,因此,在课堂教学中,我尽可能把理论知识和生活实际相联系,并安排了丰富有趣的演示实验、学生分组实验和化学小魔术,课堂上还有精心安排的提问和及时的赞赏;鼓励学生自己命题,尝试互相阅卷……新奇的课堂教学模式和新颖的评价方式,使学生的求知欲很快被激发,我有了一批忠实的"粉丝",且"粉丝"群在不断扩大。至今,我仍记得班上有一位女生在我的鼓励下化学成绩从46分提升到中考的92分,完美地实现了从"学困生"到"学霸"的转变。学生们因为"亲其师",所以"信其道",成绩更是"芝麻开花节节高"。

用心做教育的人一定是辛苦的。每天清晨不到七点,许多朝九晚五一族还在甜蜜梦乡的时候,我们就已经匆匆走在上班的路上。备课、上课、批改作业、出试题、改试卷、写计划、写反思、写总结、做学生思想工作、检查学生仪容仪表、检查班级卫生、营造班级文化、联系家长、开会、填写各种表格、应对各种考核评比是教师工作的常规内容。培优很重要、很迫切,转变学困生很艰辛、很操心。当慢性咽喉炎一次又一次地发作时,我仍坚持坚持再坚持。曾因高烧39℃入院,仍要求医生只在我的左手进行静脉注射,只为了方便右手执笔阅卷;中考临近,儿子因中耳炎发作而疼到流泪,我却没能第一时间赶去陪在他身旁;母亲粉碎性骨折手术的当天,我恰好在介绍金属材料,讲到钛合金可用来制造人造骨时,我实在控制不住眼泪……对于家人,我亏欠他们的实在太多太多,只因为我是教师,我从事的是一项必须要付出时间精力,必须以心灵来拥抱的事业。当我的学生"疯狂"地喜欢我的化学课时,当我所带班级的中考成绩一再刷新学校的辉煌纪录时,当看着我的小朋友们稳健自信地入选年级"十佳学生"、市"优秀学生干部"、市"三好学生"时，当一个聪明而又经常闯祸的男生在我的帮助下终于走上了阳光少年的求学之路时，当一个原本内向、不自信的女生在我的鼓励下最终解开心结、走出困境时，当学生和家长向我投以感激的目光、绽放灿烂的笑容时，所有的辛劳都化为欣慰。2004—2008年，我是一个累并快乐着的化学教师，让理想照进现实是人生一大幸事，我以从事教师事业为荣！

（三）博采众长，灵动智慧

2007年年底，我前往闻名全国的东庐中学交流学习，这次为期三天的学习对我的影响很大，我开始思考如何贯彻落实新课改的理念，更有效地提高教学效率，培养学生的自主学习意识和能力。行动是最好语言，2008年起，我入选市初中化学学科中心组，有了更多的学习机会和推进课改的动力。我在自己所任教的班级率先推行"小组合作学习"，构建优质、高效的课堂教学，"一枝独秀"的局面不复存在，取而代之的是全班同学"百花齐放"；我还带领科组的全体教师在全校率先编写了完整的导学案集，实现了"课程标准—教材文本—实际教学"三者的统一；在教学中，我鼓励学生"做中学"，朝着"教得有效，学得愉快，考得满意，用得自如"的目标稳步迈进，所任教班级的中考化学科优秀率曾达100%。我带领科组的成员一起以研促教，以发展学生的学科素养为目标，连续两年中考均在市公办学校名列第一。我以教学实践和反思为素材撰写的论文多次获省、市级奖项，优课、微课、教学案例也均获省一等奖。我自主开发的校本课程"智慧化学CCF工作室"，招收了一批初二的学生组建社团，这些悟性高、动手能力强的学生在我的带领下连续两年获东莞市青少年科技创新大赛实践活动市一等奖，2018年还荣获广东省青少年科技实践活动二等奖。

天道酬勤，有付出必有回馈。2010年5月，我被评为广东省"中学化学教研积极分子"；2010年10月当选为东莞市青联委员；2010年4月至2016年4月被东莞市教育局授予"初中化学学科带头人"称号；2011年任全国中小学教材初中化学科审查专家；2012年12月被评为东莞市普教系统"教育科研先进教师"；2014年10月入选广东省首批省级骨干教师；2015年入选广东省"百千万人才培养工程"初中理科名教师培养对象；2016年4月获评市名师工作室主持人，同年当选为东莞市政协委员。在专业成长的道路上，我很庆幸自己能轻松越过瓶颈期和高原期，因为专业发展的道路上我遇到许多良师，遇到志同道合的同行，他们给了我更多的灵感和动力，让我在教书育人的道路上走得更从容踏实。亮丽成绩的背后是一个新教育追梦人那颗不变的初心，永远脚踏实地，永远仰望星空！

学科教育观

务实创新，学科融合

（一）我的教育风格：博雅格致、灵动智慧

"风格"是指表现出来的一种带有综合性的总体特点。教师的教学风格则是指教学活动的特色，是教师的教育思想、个性特点、教育技巧在教育过程中独特的、和谐的结合和经常性的表现，教学风格的形成是一个教师在教学艺术上趋于成熟的标志。德国的存在主义哲学家雅斯贝尔斯说过这样一句话："教育是一朵云推动另一朵云，一棵树摇动另一棵树，一个灵魂唤醒另一个灵魂。"第一次读到这句话时，我立刻被强烈的共鸣电流击中，内心涌起温暖的感动，想必雅斯贝尔斯一定是对教育有着特殊的情怀和执着，才会做出如此动人的诠释。他对教育的解读正是我心目中最美好、最神圣的教育。"博雅格致、灵动智慧"是我的教学风格。"博雅"指渊博雅正；"格致"是中国古代认识论的一个命题，指穷究事物的道理而求得知识；"灵动"指具有灵气；"智慧"指学识渊博、品行端正，强调人从内到外的美，是德育、智育、美育之集合。"博雅格致、灵动智慧"亦是我对雅斯贝尔斯教育论的呼应。

（二）我的教育主张：学科融合、学以致用

1. 传播真、善、美，传递正能量

在我的眼中，化学是一门充满魅力的自然科学，因为化学知识实用且贴近生活。可是，近些年环境污染与食品质量问题层出不穷，在一定的程度上影响了化学在很多人心中的形象，化学似乎总是与"有毒""污染"有关。作为一名从教26年的化学教师，在完成教学任务，以精彩成绩迎接年复一年的中考的同时，我一直坚持向学生展示化学的真、善、美，提升学生的学科素养，发展学生的核心素养。无论是在课堂上还是在课后，我都和学生们经常交流教材内容以外的知识：化学史、舌尖上的化学、化学与环保、化学与安全、化学与影视、化学趣味实验……让学生们切实感受到化学学科的实用性，真正看到化学如此美丽。我要带给学生的是这种"有温度、有力量的化学"，它将会更有人情味地帮助学生建立学习内动力，让学生获得良好的学习效益。从长远来看，化学学习中感染人心的温度，也将培养出一批又一批热爱化学、欣赏化学之美、乐于用化学知识创造的未来人才。

2. 优化教学方式

当前，发展学生的核心素养已成为教育的主流方向，与此对应，教师的"教学方式"和学生的"学习方式"都有必要跟上教育前行的步伐。教师的"教"不再局限于书本知识的传授，必须更重视"学以致用"。以酸碱盐的知识为例，在刚接触初中化学中常见的4种不溶性碱［即$Cu(OH)_2$、$Fe(OH)_3$、$Mg(OH)_2$、Al

$(OH)_3$]时,我是以"铜铁美女"的助记词帮助学生巧记的。据调查,初中化学酸碱盐的知识一直是部分学生比较难掌握的问题,因此在复习酸碱盐的知识时,我给班上的10个学习小组同时提供了酸碱盐的脉络图,由班上的10个化学合作学习小组填写具体物质的化学式,并写出相关反应的化学方程式,10个小组分别展示自己的集体智慧,以这种方式开展酸碱盐知识的复习,其效果远超单纯的刷题训练。由于充分地调动了学生学习的内驱力和积极性,让学生更主动地参与学习,酸碱盐这一原以为的难点居然变成了提分点。推断题是以框图或思维图的形式来考查化学原理及逻辑思维能力的试题,是中考必考题型之一,涉及的知识主要集中在各物质间的反应关系及其特性。此类题考查的知识面广,难度较大。为激发学生做推断题的兴趣,我在课堂上播放了福尔摩斯断案的精彩片段,福尔摩斯出神入化的观察和推理让学生赞叹不已,原型人物化学家的专业背景更是让学生对推断题这一难题跃跃欲试。

3. 优化学习方式

新课程改革倡导学生主动学习、探究学习和实践体验,以培养学生的科学素养、创新精神及探究实践能力。要实现这一要求,须在教学实践中把改变学生的学习方式作为一项重要目标。在教学实践中,我主要从提高学生的主动性、思维深刻性、保护学生的自主思维时间这几个方面帮助学生优化学习方式。

学习方式的转变是影响学生学习和发展的重要因素,让学生掌握科学的方法比单纯地教给他们某方面的知识更重要,正所谓:"授之以鱼不如授之以渔。"在化学教学中,我引导学生抓住"结构决定性质,性质决定用途"这条主线,并尽可能多采用对比法、归纳法,引导学生主动将各知识点"串成线""织成网",自行构建起知识网络,绘制出脉络清晰、形象的思维导图。

教师的"教"和学生的"学"是课堂教学过程中两个最重要的组成元素,经典的过程管理公式把"教"与"学"衔接起来,充分发挥它们的巨大合力,营造出灵动的智慧课堂。这种具有生命力的智慧课堂是充分发挥师生双方积极性的舞台,随着教学活动的开展,师生的思想与教学内容,以及教师与学生、学生与学生之间都会不断地碰撞出智慧的火花。在这样的课堂上,有别具匠心的提问,有深入浅出的解析,有精辟机智的点拨,更有充满激情的探讨,学生从中体验到成功的快乐并不断发展,教师的倾情付出也闪耀光芒,教师与学生都能感觉到生命活力的涌动。

4. 培养探究意识和能力

化学是一门以实验为基础的自然学科。新课程理念下的化学教学应突出以化学实验为主的多种探究活动,如认真做好课堂演示实验,培养学生严谨认真的科学态度和科学方法;改验证性实验为探究性实验,通过实验探究,让学生进一步体验实验探究基本过程,掌握基本的化学实验技能和方法,培养学生的创新精神和探究能力，体现绿色化学的原则；等等。事实证明：化学实验中千变万化的现象对学生最有吸引力，最容易激发兴趣。下面是我近两年来培养学生科学品质的一个教学案例。在初三化学第七单元课题一"燃烧的条件"的教学活动中，我演示了一个非常有趣的实验——"水中生火"，教材中步骤一的实验装置原图如下面的左图所示，但考虑到磷燃烧生成的大量白烟对人体健康有害，我对实验装置进行了改进，如右图所示。

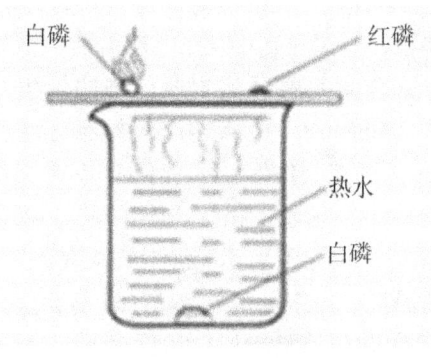

燃烧的条件（原装置）

燃烧的条件（改进装置）

我将两个瓶口套有气球的锥形瓶放入热水中，学生们很快观察到其中的白磷燃烧，产生大量的白烟。在我的指引下，学生们还细心地观察到装有白磷的锥形瓶口的气球逐渐膨胀，待白磷熄灭后，气球又慢慢恢复原状。是什么原因造成了这一系列的现象？改进后的装置有什么优点？学生们充满了好奇，争先恐后翻阅书本并展开讨论，水到渠成之时我加以点拨，学生们很快自己总结出答案。以这种方式教学，一组强烈的印象牢牢地定格在学生的脑海中，较之枯燥无味地死记硬背要实用高效很多。

在教学中，除了做好演示实验、学生分组实验外，还可以设计一些培养学生发散性思维的趣味探究实验，如2B铅笔芯的导电效果如何？将苏打放入装有少量食醋的瓶中会产生什么现象？镁条真的可以在二氧化碳中燃烧吗？生活中哪些物质可用作石蕊和酚酞的替代品？香烟灰或猪肝能否代替二氧化锰充当双氧水分解反应的催化剂？神奇的蓝瓶子中有什么秘密？学科的融合是创新的源泉之一。近年来，我还开发校本课程"智慧化学CCF工作室"，将化学与综合实践活动科学融合，一系列精心安排的学生实验和实践活动使化学知识在生活中的应用变得智慧起来，帮助学生在实践中学习、成长，激发学生对科学和化学的终身兴趣，实现"课虽止，思未停"。

5. 学科融合，实践创新

2007年，教育部发布的《中小学综合实践活动课程指导纲要》（下文简称

《纲要》)提出：中小学综合实践活动课程是义务教育和普通高中课程方案规定的必修课程，与学科课程并列设置，从小学到高中，各年级全面实施，所有学生都要参加学习。《纲要》的颁布如催化剂般触发了学校教与学关系的巨大变革，可以预见，学生的学习方式、教学的教育观念都会发生改变，同时，也将促使教师提高课程意识和课程开发能力，引导课程的生活化。但要如何确保主科和新增科目的课时都不减少，实现不增课时增实效？切实可行的方法是将综合实践活动课程与其他各种课程融合。学科交叉融合是创新的源泉，也是学科发展的必然趋势。我自2014年起已经开始自行编写校本教材，开发校本课程，尝试将初中化学与综合实践活动课程整合，并在校内组建了第一个以化学与综合实践融合为主要任务的学生社团——智慧化学CCF工作室。CCF是化学（Chemistry）、综合实践活动课程（Comprehensive Practice Course）、融合（Fusion）的英文缩写。智慧化学CCF工作室致力于提升学生的学科核心素养，落实"STEAM"理念，践行"做中学"，将化学知识与生活密切相连。2016年的"东莞外国语学校周围水环境污染的调查研究"获市科技创新大赛一等奖，根据调研结果写的提案，经东莞市党政班子联席会议讨论，决定拨款1550.85万元用于整治，目前正在施工治理阶段；2017年的"智慧化学CCF工作室手工艺术系列作品制作"再获市一等奖，并代表东莞市参加广东省科技创新大赛荣获科技实践活动省二等奖，是该项目东莞市唯一所获的省级奖项。

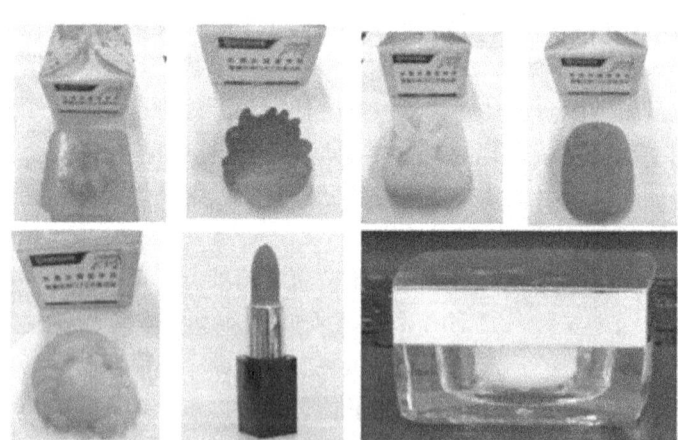

"喆"牌原创系列手工作品

前来参观交流的美国校长们和智慧化学CCF工作室的指导教师们合影

  2017年的智慧化学CCF工作室有一系列的产品，如手工精油皂、护手霜、唇膏，充分体现了化学与实践活动、匠心与美学、实用与保健的完美融合。学员们精心设计了馨心、生肖、星座系列等原创作品，在教师的指导下，还开发出"喆"牌系列护手霜和唇膏。出于对高品质的极致追求，手工皂和唇膏所选用的色素均为可食用级别色素，材料中的蜂蜡都是自己提炼的。由于作品的艺术性和高品质，学校将此系列作品作为礼物赠送给前来参观交流的美国校长，这也极大地激发了学生的学习和动手实践的兴趣。学生将自己的作品通过义卖等方式转变为资金，用于公益慈善活动和为后期制作购置基本原材料。在开展这个项目活动的过程中，学生的动手能力迅速提升，同时能主动将化学、美学、生物学的知识融为一体，真正践行"STEAM"教育，提升了综合素养，也培养了良好的社会公民意识和工匠精神。"智慧化学CCF工作室"连续两年被评为最受学生欢迎的课程，连续两年的市科技创新大赛一等奖让我们都看到了学科融合这种模式的灿烂前景，也坚定了我们继续前行的决心。

  因为教授校本选修课"智慧化学CCF工作室"，我收获了意想不到的惊喜与幸福。其实，教师这个职业是累并快乐着的，因为教育实在是一个神圣且充满智慧和快乐的事业。一直以来，我都在为自己心目中理想的教育而奋斗，"智慧、高效、有生命力的智慧教育"是我心目中理想的教育。什么样的教育才称得上"智慧"？什么样的教育才能确保实现师生共同成长？可谓仁者见仁，智者见智。我心目中的这种至善至美的教育是既能"成人"，亦能"成事"。在教学方面，要能教得有效，学得愉快，考得满意，用得自如。在对学生的情感、态度和价值观的培养方面，这种理想的教育是点亮学生心灯的"启蒙者"。受过这种教育的学生，不仅可以获得有生命的知识，还可以看到知识创建的过程，懂得知识对于人类、个体的价值与意义。

  新教育给了我们新的启迪和思考，新教育的追梦人是有思想的、有创造性的群体。我们不再满足于学科知识的简单传递，而是要激活学科知识；不再满足于对学生进行学科技能的机械训练，而是去开发学科人的价值，让学科内在的生命能量呈现出来。因为有了新理念、新思路、新方法，教师与学生的思想、教学内容，以及教师与学生、学生与学生之间都会不断地碰撞出火花；在这种充满生命力的学习过程中，学生能更好地体验到成功的快乐并不断发展，教师的付出也会闪耀光芒，教师与学生都会在成长路上不断发展，继续前行。

  回看专业成长之路，从青涩到从容，从教师到名师，一切的美好皆因有一群志同道合的亲友同行，所以才看见了更美的风景，才能以"博雅格致、灵动智慧"凝练自己的教学风格。

他人眼中的我

1. 导师眼中的我

专业成长道路上很多的前辈都给予了我帮助和支持，本次访谈的导师有：华南师范大学化学与环境学院、化学教学与资源研究所钱扬义所长，广东第二师范学院化学系张秀莲主任，华南师范大学附属中学吴青副校长，东莞市教育局教研室黄远副主任，东莞市初中化学教研员卢名远老师。他们对我的评价是：谦虚务实、积极上进、敬业善教、守信执着，视野宽广，业务能力强，课堂教学有特色、有创新、有导向。是广东省"百千万工程"名师培养对象的优秀学员，是东莞市的优秀化学教师代表。担任市名师工作室主持人，充分发挥了引领示范作用，指导并培养了一批高素质实干型的青年骨干教师。

2. 同行眼中的我

教书育人之路上很幸运有一群志同道合的同行，本次访谈的同行有：广东省实验中学胡金兰、东莞石龙三中科组长尹丽萍、广东省化学名师彭秋明、湖南省特级教师寻湘沅。他们对我的评价是：阳光自信、认真敬业、积极上进、关心同行、关爱学生，业务能力强，教学有追求、有创新，年年担任毕业班的教学，勤勉踏实、成绩优良。

3. 学生眼中的我

教坛耕耘二十六载，弟子早已超三千，虽说学校是"铁打的营盘，流水的学生"，但师生的情谊常会让我感受到教师这一职业特有的幸福。今年暑假，我接到了几位我第一年工作时教过的学生的邀请，虽然是26年前的师生缘，但他们还总惦记着我。我摘录了其中一位学生张雪莲发来的信息："张老师，我是雪莲，非常想念你，听瑞霞说你在东莞教书，你还好吗？我一直想感谢你当年的教导，当年只有你看到了我身上的优点，还安排我做了你的科代表……"

今年（2018年），我负责初三（5）班和初三（6）班的化学教学工作，每学期学校都会发放问卷给学生评价教师，这学期我得到的学生评教分数高达99.7分，学生对我的评价是："化学课非常精彩，总盼着上化学课，张老师很风趣，联系生活，视野宽广，有大师范儿，是我们最喜欢的化学老师！"

育人故事

团队合作，互助共赢

合作能力是未来人才必须具备的基本素养之一。自2007年起，我已率先在学校推广、优化合作学习模式。最初没有成熟的学习范本，我就"摸着石头过河"，通过固定学科座位、明确组内成员分工等举措，鼓励小组成员间交流探讨、合作共享。并采用"团队式"评价方式力促小组合作学习，下表是我曾任教的某毕业班二模考试化学成绩的"实力+速度排行榜。"

"实力+速度"排行榜

组名	成员		成绩	超班平均	本次排名	上次排名	提升名次	加速度
登峰造极	斌	文雨	97	+5.1	状元	1	/	/
	翊航	杰超						
旗开得胜	治立	浩超	90.7	-1.2	8	6	-2	/
	铭希	志泳						
天之娇女	莞秋	文彦	90.7	-1.2	8	11	+3	四
	淑霞	佩珊						
一鸣惊人	俊杰	尧辉	94.6	+2.7	探花	7	+4	铜牌
	嘉豪	/						
一言九鼎	静仪	耀文	91	-0.9	7	10	+3	四
	敏贞	鸿滔						
学富五车	洁桦	龙	88.6	-3.3	12	9	-3	/
	佩琳	泽威						
经天纬地	云开	维谦	88.8	-3.1	11	12	+1	六
	惠文	玉婷						
江南才子	伟杰	源熙	92.6	+0.7	5	8	+3	四
	绰均	栩锋						
如鱼得水	若瑜	杞玮	92.7	+0.8	4	16	+12	金牌
	雪虹	雪慧						
温文尔雅	梓彤	惠文	92.3	+0.4	6	14	+8	银牌
	淑雯	玉娜						
上善若水	嘉欣	王颖	88.5	-3.4	13	13	/	/
	颖芝	静文						
火星四射	嘉莉	玉娟	96	+4.1	榜眼	4	+2	五
	浩钧	润鹏						
意气风发	炜	如歆	94.6	+2.7	探花	2	-1	/
	宇轩	泽阳						

续上表

组名	成员		成绩	超班平均	本次排名	上次排名	提升名次	加速度
春华秋实	燕玲	慧仪	88	-3.9	14	17	+3	四
	颖倩	惠君						
博大精深	乐程	润来	92.3	+0.4	6	3	-3	/
	钰璟	淑玲						
火箭兵团	梓豪	庆堂	90.6	-1.3	9	5	-4	/
	芳蕾	嘉慧						

"实力+速度"排行榜上展示的是小组的整体实力而非个体成绩，这也是我的精心设计，如果个别同学只顾"自我奋斗"而忽视"团队作战"，势必体会不到更大的成就感。例如，"博大精深"组的钰璟同学在二模时以99分位居全班第一，但其个人成绩并不在班级内公示，公示的只有各小组的平均成绩，经计算，"登峰造极"组的平均成绩为97分，位居"实力+速度"排行榜第一，而钰璟同学所在的"博大精深"组则以平均成绩92.3分位居第六名。实行"团队式"奖励制度后，各小组之间展开了激烈的良性竞争，当然，更多的是小组内的通力合作与交流。许多原来化学科基础较薄弱的学生通过合作学习这种人性化而且充满激情与创造力的学习模式实现了飞跃，甚至后来居上。如杰超、铭希、嘉豪、鸿滔、玉娜、静文等，这些学生在上学期初时的成绩一般在班级位于下层，总徘徊在75~78分，但在上学期末时已能稳得85~90分。推广教改的过程是辛苦的，个中滋味只有亲历者才明了，但有正确的方向、科学的方法和持之以恒的努力，结果是令人欣喜的。中考时，该班的平均分为92.3分，优秀率居然高达100%，曾经"一枝独秀"的情形不存在了，取而代之的是"百花齐放"，是"团结合作，互助共赢"。

教学现场与反思

（一）教学实录——"爱护水资源"

环境污染是当今世界面临的紧迫问题之一。保护好人类赖以生存的环境，最根本的手段是抓好环境教育，提高公民的环境保护意识。在教学中，可结合教材内容及具体事例，适时进行环保教育。例如，为纪念世界水日（3月22日），我精心准备了环保教育课——"爱护水资源"。渗透化学学科思想与实践活动融合的该课例荣获全国一等奖。

教学流程	教师活动	学生活动
创设情境 导入新课	【播放视频】配乐现代诗《水的新生》 【导入新课】刚才我们欣赏了一首优美的《水的新生》，这个作品与本课的主题契合，我们今天这节课学习的内容就是"爱护水资源" 【板书】课题1　爱护水资源	欣赏并沉浸在配乐诗的意境中，感受水为我们营造的良好自然生态环境
提供信息 引起重视	【展示图片】太空中的地球犹如巨大的蓝色水球 【提供数据】地球表面约有71%被水覆盖，地球上水的总储量约为1.39×10^{18}立方米。淡水占全球水储量的2.53%。可利用的水资源占其中的30.4%	学生通过计算，加深了对"淡水危机"的认识。通过计算，更加客观而理性地看待水资源的丰富与可利用的淡水资源的匮乏
联系实际 引发思考	【展示图片】世界及中国各城市人均水量（单位：立方米）示意图 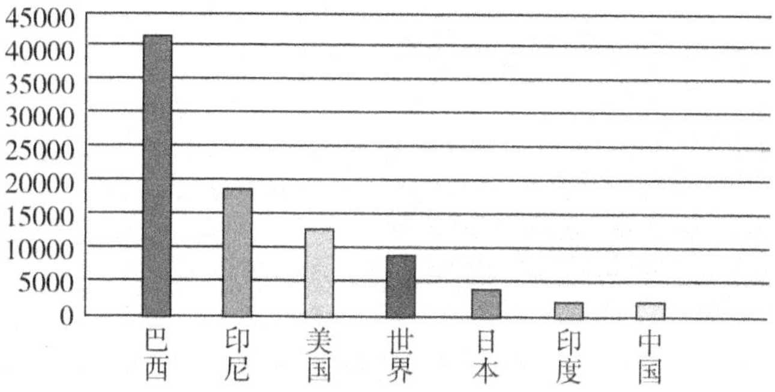 世界人均水量和一些国家的人均水量 【分析引导】根据图片，教师引导学生分析得出：(1)我国人均水量远低于世界人均水量；(2)我国的水资源分布不均衡，许多地区都处在不同程度的缺水状态中	从世界人均水量的图中可以发现我国水资源的不足以及水资源分布的不均衡

续上表

教学流程	教师活动	学生活动
提供资料 加深认识	近年来的极端天气造成原本水资源丰富的地区也出现严重干旱，如云南。 【展示图片】云南大旱时一个干涸的水塘，一条干渴而死的鱼	通过观看图片，深刻感受人类对自然造成的巨大威胁，加深了对"水危机"的认识
展示图片 引导启发	【展示图片】东莞的母亲河——运河，已经是一条被污染的河流，这是每个东莞人痛心的事 【分析小结】运河的水已被污染，但是在数据统计时运河的水仍然包括在可利用的淡水资源中，因为运河的水曾经可以提供人们日常生活使用，是人为污染造成水质恶化而不能使用的 【提出问题】水污染已步步逼近，我们是像那条鱼一样坐以待毙，还是积极行动，扭转被动局面？	被污染的东莞运河，引发学生强烈的共鸣，在痛心之余，大家意识到水污染造成水资源匮乏已非常严峻，学生迫切地想了解防治水污染的方法

续上表

教学流程	教师活动	学生活动
模拟演示 激趣启智	【模拟实验】在一杯洁净的水中滴入一滴红墨水，结果整杯水都变成了红色 【提出问题】造成污染的可能是一个不经意的动作，但要把水中的污染物去除并恢复水质，我们该怎样做	观察并意识到：一个不经意的动作可能会造成很严重的污染。而治理污染并恢复水质有很大的难度，会耗费大量的人力、物力、财力
	【趣味魔术步骤1】向一支试管中倒入约1/3的红墨水，并加入少量"神秘"的黑色粉末，振荡并展示。然后将试管放在一旁备用	观察到试管中的水变得乌黑，对老师的这个趣味魔术充满好奇
介绍世界水日	【提出问题】没有水不能生存，水源被污染了也不能生存，怎么办？	齐答：我们要积极行动，保护水资源
	【引入新知】1. 每年的3月22日是世界水日（World Water Day），这是联合国在全球范围内设定的公益性节日，节日的意义是：唤起公众的节水意识，加强水资源保护 2. 为配合世界水日，加大水资源保护的力度，我国将每年的3月22—28日定为中国水周（China Water Week）	倾听、观看、齐读，并完成学案上有关世界水日和中国水周的相关知识填充，增长知识，开拓视野
提出问题 引入新知	【播放视频】电视新闻：2015年世界水日"水与可持续发展"（提示学生认真观看并准备提问） 【提出问题】从视频中你知道了2015年世界水日和中国水周的宣传主题吗？	观看并思考，部分学生能准确回答
	【屏幕投影】1. 2015年世界水日的宣传主题：水与可持续发展 2. 2015年中国水周的宣传主题：节约水资源，保障水安全	从2015年中国水周的宣传海报上再次看到宣传主题，体会到课堂学习中观察的重要性
归纳小结	【归纳小结】由"节约水资源，保障水安全"可以看出，保护水资源不仅要做到节约用水，还要防止水污染	了解到保护水资源要从节水、治污两方面入手

续上表

教学流程	教师活动	学生活动
介绍节水徽标	【展示图片】展示我国的节水标志 诠释：像珍惜掌上明珠一样珍惜每一滴水	意识到每一滴水都值得珍惜，增强学生的社会责任感
联系实际 展示行动	【介绍节水方法】1. 使用节水型水具 2. 一水多用，如洗米水浇花 3. 衣物集中洗涤，减少洗衣次数；小件、少量衣物提倡手洗；洗涤剂投放适量 ……………	认真倾听，做笔记
节水接龙 寓教于乐	【引入游戏】节水接龙，两组比赛 教师先详细介绍游戏规则，然后给学生两分钟时间讨论并做好比赛准备 【引导学生】担任"节水接龙"游戏的主持人，对学生的发言进行精妙点评、小结，并鼓励学生	了解游戏规则后积极讨论、交流，兴奋、跃跃欲试。 积极、全情投入游戏，踊跃发言，精彩纷呈。 课堂气氛活跃，学生的主体地位充分展现
展示图片 启迪思考	【展示图片】除了节水，我们还有没有保护水资源的方法？请大家看图思考	观察、思考。意识到爱护水资源除了节水，还要防止水污染。现实情况是污染已非常严重，治污任重而道远

续上表

教学流程	教师活动	学生活动
引入"绿色化学"理念	【引入新知】介绍防止水污染的方法 1. 使用无磷清洁剂 2. 污水集中处理达标后排放 3. 通过应用新技术、新工艺减少污染物的产生 4. 农业上提倡使用农家肥，合理使用化肥和农药	思考还有什么方法可以更有效地治污。在教师的引导下，学生开始思考并讨论，提出更多的防止水污染的"金点子"
	【引入新知】"绿色化学"的原理：利用化学的原理从源头消除污染	首次接触"绿色化学"，意识到以源头杜绝污染的主动性与前瞻性
联系社会热点	【播放视频】"水十条"出台，涉2万亿投资 【小结】2万亿的巨大投入体现出政府治污的坚定决心，同时也让我们意识到，污染一旦产生，需消耗大量的人力、物力、财力才能恢复水的生态环境，因此最理想的做法是从源头控制，防治水污染产生	观看视频，对"水十条"计划由好奇到充满期待。同时，也意识到国家对防治水污染的高度重视，铁腕治污将进入新常态
趣味魔术	【完成趣味魔术】向步骤1中放置了一段时间的试管中塞入一团棉花，缓慢推入污水中，以便学生观察。将最初的红水与净化后的水进行对比展示	认真观察教师展示的趣味魔术，惊奇地发现推入棉花后上层的污水瞬间变清澈。还观察到，与原来对比，水中的红色的污染物彻底清除
魔术解密	【魔术揭秘】向试管中加入的活性炭有良好的吸附性能，吸附了水中有颜色的杂质，棉花起过滤作用，于是有颜色的水变得无色澄清	恍然大悟
画龙点睛归纳总结	【小结】本节课我们向大家介绍了有关爱护水资源的一些方法和创意（idea）、计划（plan）、行动（action），其中最重要的是行动，最好的语言也是行动	意识到有精彩的创意、详尽的计划，更需要有实实在在的行动，才能实现目标

续上表

教学流程	教师活动	学生活动
布置作业 巩固提升	【布置作业】如果一只用坏的水龙头每秒钟漏1滴水，假设平均每20滴水为1mL，试计算这只坏的水龙头一昼夜漏水的体积，从中你得到什么启示？	听教师解读本节课的特色作业，在教师的引导下将"爱护水资源"的知识运用于实际，感受综合实践学科"学以致用"的课程特点
画龙点睛 归纳总结	【结束语】在背景音乐声中总结：生命的孕育和维系需要水，所以水是生命之源，惜水、爱水、节水，从我做起，从我们做起，从现在做起	课虽止，意犹存

（二）教学反思

1. 反思所得

（1）"爱护水资源"是人教版九年级初中化学第四单元的内容，我选择这一主题在初一年级进行环保教育主题课。我根据初一学生的年龄特点和认知水平，对教学内容进行重组优化，为初中化学与综合实践活动课程的整合选择了一个良好的切入点，搭建起两门学科间贯通整合的桥梁。在3月22日（世界水日）开授此内容，更具时代感和教育意义。

（2）这节课以导学案为课改载体，从学生计算人类拥有的水资源开始，逐层推进，让学生真切地感受到可利用的水资源已严重紧缺的事实。以丰富翔实的图文信息配以丰富的视频素材，介绍了从全球到我国的水资源紧缺的现状，既提升学生的环保素养，更唤起了学生的节水、爱水意识，传递了绿色化学的理念，在提高学生环保素养的同时，也培养了学生良好的社会责任感。

（3）作为一节将化学与综合实践融合的展示课，课堂中有关于"红点"设计大奖的获奖作品——节水型水龙头的介绍；有世界水日和中国水周的介绍；有新闻视频；有极具视觉震撼效果的教师现场表演"净水魔术"；布置的课后作业更具创意，通过计算启发学生深层次思考，并鼓励学生将节水的环保习惯传递给家人，共同珍惜爱护生命之源。

2. 反思不足

回看课堂实录，在回味精彩的同时也发现了这节课中的不足之处。

（1）由于课的容量大、时间紧，教师讲得多了些，因此针对学生的开放式提问和交流略显不足。

（2）教师进行演示实验"净水魔术"时，后排的学生看得不太清楚，视觉效果减弱。

3. 优化措施

（1）提前一周布置学生调查居住地附近的水污染情况，并拍照配文字在课堂上展示，更具现实性，培养学生参与社会调查的意识和能力。

（2）在展示"净水魔术"时，鼓励学生主动参与，在教师的指导下由学生完成第二步骤的操作，提高学生的课堂参与度。

（3）事先在教室内安放电子展台，使后排的同学也能清楚地看到"净水魔术"的神奇变化，产生更强烈的视觉震撼效果。

智慧教数学，教数学智慧

● 东莞市长安实验中学　蔡映红（初中数学）

▶ 导读语 ▶

蔡映红，女，初中数学高级教师，广东省中小学新一轮"百千万人才培养工程"名教师培养对象，广东省名教师工作室主持人，广东省（第一批）中小学幼儿园教师、校（园）长研训专家库人选，东莞市名师工作室主持人。现任教于东莞市长安实验中学。

怀揣教育情怀，于华南师范大学数学系本科毕业，扎根于东莞市长安镇教育事业。秉持低调、勤奋、务实的东莞精神，坚守一线教学21年，在实践中提升，于研究中超越，追求智慧育人、智慧教学，致力于将学生培养为"乐学善思勇创新，心正守正有智慧"的品质少年。钻研教材教法和教育心理学，课堂上以学生为主体，善于设置情境和激发学生的"愤悱"状态，让学生在问题中学、在探究中学、在实践中学、在展讲展写中学，致力于培养学生思维品质，发展学生数学素养、数学智慧。展讲展写平台更是激励学生勇于提出个性化观点、学会表达，从而形成自信心、凝聚正能量，增强社会责任感。逐渐形成以"学生为中心，问题为载体，展示为形式"的教学形式，凝练出具有"慧爱、慧教、会学、汇学"的"慧数学"教学风格，深受学生喜爱。

在成就学生的同时也推动自己的专业成长。主持、完成省市规划课题3项，荣获广东省教育创新成果二等奖、市教育科研成果三等奖；开发了一系列的校本教辅和特色校本课程"数学综合课"；辅导多名学生获全国初中数学竞赛一、二、三等奖，被授予"广东省数学竞赛优秀辅导员"称号；多篇教研论文、优课、微课、教学设计获国家级、省级、市级奖项并发表。

名师成长档案

以爱起航，追求卓越

光阴荏苒，日月如梭，转眼间走过了教育教学的21个春秋。21年，见证了我初上讲台的羞涩到现在的从容沉稳，记载了我的专业成长历程。我热爱学生，热爱教师职业，坚守低调、勤奋、务实的东莞精神，敢想敢干，敢于抓住机会，争当时代先锋。我的育人理想是培养"乐学善思勇创新，心正守正有智慧"的品质少年，这个追求，驱动着我不断学习，不断摸索，不断进取。

我的儿时梦想——崇师

当一名教师，是我从儿时起就追求的一个梦想，这源于我的母亲和一路成长中所遇到的许许多多的优秀教师。身为小学教师的母亲是优秀的，她用行动来演绎"师爱"：会在照顾好幼小的我之后批改作业到深夜；会在课后无私地为学生辅导；会带家长出差的学生回家吃饭；会帮扶家庭困难的学生。毕业许多年的学生及其家长还会时常来探望母亲，感谢她的教导，母亲总会露出欣慰的笑容。指引我成长的老师们也是优秀的：会牺牲个人休息时间不厌其烦地为我指点迷津，看到我进步时也会露出和母亲一样的欣慰笑容。我就是在这种不求回报的无私的爱与奉献下茁壮成长的，并学会了什么是"爱"。我崇拜像妈妈一样的老师们，希望自己也能成为这样的人，因此，高考填报志愿时，我毫不迟疑地选择了华南师范大学。

为师成长第一阶段——慧爱

从1997年大学本科毕业坚守一线教学至今，我像我的母亲与老师一样热爱学生，用行动指引学生，使他们有爱心、有美德、有梦想、有正义、有智慧；培养学生具有适应未来社会生活的学习能力——乐学善思勇创新。我遵循教育教学规律培养、关心和爱护学生。我关注学生身心的健康成长，平时非常注意与学生一对一地沟通、交流，在学习、生活、思想等方面给予学生及时的指导和帮助，是学生的良师益友。

我所在的长安镇是一个没有多少文化底蕴的农村，遇上改革开放的好时机，20世纪90年代成为一个电子产业高速发展、外来员工多的乡镇，本地人单靠出租房屋就可得到高收入，因此不少本地人是不上班的。我担任班主任时，班上有一位同学在课堂上经常讲话，搞"小动作"，学习不认真，科任教师时常投诉，我与家长反映也没什么效果。家访后，发现家长因为自身就不愁吃喝，所以只求孩子快快乐乐，对其没什么学习要求。但身为老师的我，不想放弃任何一个孩子。我发现他喜欢运动，就任命他为体育委员，并时常鼓励他，如告诉他哪个老师表扬他书写有进步，哪个老师又表扬他反应快、机智，等等。当他遇到困难时，我会与他分析不同做法所产生的结果，让他自己从中选择该如何做。他逐渐明白班干部的责任和带头作用，从而提高了自我要求，认真学习。一年下来，这孩子的成绩直线上升，在班上进步了29名，年级进步了312名，并成为让同学心服口服的班干部。这个成功案例，让我时刻紧记要有智慧地爱学生，多为学生搭建成长平台、多挖掘亮点，帮助学生找回自信。

我鼓励学生做事时要付出自己最大的努力，做到尽善尽美，而我也是这样要求自己的。还记得2004年9月，当时怀孕6个月的我在学校和家长的信任下，承担了初三毕业班的教学工作。我坚持认真上好每一节课，及时评改好每一份作业，及时辅导学生，并不因怀孕而怠慢工作。学生们总是在课间休息时来帮我做做肩膀按摩，表述感激之情。生产的那一天，我是调好课提前上完才去医院的。在我休产假的时候，虽然有老师代课，但是学生们课后依然自发地坚持开展我所要求的帮扶学习小组活动，说要用"好成绩"迎接我回来。这份浓浓的爱的回报温暖着我的心，让我更爱教师这个职业。在学生、家长的殷殷期盼下，还没休完产假，我就提前回到了工作岗位，带领着学生们向中考冲刺。

多年来，我始终保持一颗爱心，全心全意爱学生，做好教育教学工作，赢得了同行的信任、学校领导的肯定，以及家长和学生的一致好评，在校内和校外都享有很好的声誉，是学生民意测评中最受欢迎、对学生帮助最大的教师之一，学生尊称我为"红姐""蔡头"。

为师成长第二阶段——慧教

在从事教育工作的前几年，我的工作重心是班主任的教育工作，在教学工作上，则是模仿优秀前辈的做法：多听课、快批改、勤辅导、勤反思。教学成绩是优秀了，但课后耗费了太多的时间。工作的第四年，我开始思考：怎样能够低耗高效？

我所在的学校是一所农村学校，而且那时也没有浓厚的教研气氛，写教学论文的老师全校都没几个，问遍身边的优秀教师也没得到一个好方法。古人云："书中自有黄金屋。"我翻阅许多教育书籍和教育杂志，决定尝试"变式教学"，寄以提高课堂实效。没有人愿意和我一起干，我就单枪匹马地干。那时的电教设备只有一个投影机，还是那种用胶片的旧式机。我在工作上花费的时间更多了，每天晚上都要把第二天上课要用的变式题写在胶片上。但半个学期下来，教学效果出来了。从课堂检测结果的高优秀率反馈可看出学生在课堂上学得更好了，这大大减少了我课后辅导的时间。在期末统考检测中，我教学的班级的平均分、优秀率、合格率均位于年级首位，这更坚定了我课改的信心。第二年，我又在"变式教学"的基础上开展分层教学。依据每个学生的学习情况，我将学生分为3层：优生、中等生、潜能生。课堂上，我将学生以"1优+2中+1潜"的形式分为4人学习小组，我开展帮扶交流学习，课后作业也分层。每周的周测评讲课，也由"师教生"变为"生教生"。学生在不同的要求中展示自己的能力、体会成功的喜悦，从而使不同层次的学生得到个性发展，也形成互帮互助、团结协作的学习风气。2 年的课改探索，不但学生得到了很好的成长，身为老师的我也取得了快速的专业成长。这让我更有了钻研的动力，勤读书、学理论，课堂实践多反思。

2002 年参与第一个市级课题，2004 年主持第一个市级课题，我以课题研究为平台，开展课堂行动研究，通过解决具体问题来改进教学实践，在反思中提高自己的认识水平和实践水平，改进教学策略，积累经验，加深对教学活动规律的认识与理解，迅速提高自身教育教学理论、教育教学实践、教育教学评价等专业水平，逐步形成符合新课程的教学思想和理念，养成带着问题去教学、去研究、去反思的习惯，既促成自身的专业化成长，又提升了教学能力，还培养了科研能力。我先后主持了 3 个课题（1 个省级和 2 个市级），参与了多个课题研究，成果分别获全国一等奖、省二等奖和市一、二、三等奖；多篇论文发表并获全国一等奖、省特等奖、市一等奖；优课、微课、教学设计、教学案例等也分别获省、市奖项；教学质量年年位于同年级前列。我坚信："要科学育人，必须慧教。"

为师成长第三阶段——会学

古语云："生也有涯，知也无涯。"为了更好地胜任教师这一工作岗位，我坚持一边工作，一边"充电"：从核心刊物和优秀教育书籍中学习、向优秀教师学习、培训时向专家学习，努力提高自己的素养与专业能力，丰富知识面。在读书与培训中，我将名家的经验和自己的感悟写成读书笔记，把各种有用的信息与自己原有的知识结为一体，并把这种经过加工的信息连同自己的评价运用到教学实践中去，不断在实践中创新、改革，寻找最合适学生的教学模式，不断地从新角度去感悟教育与教研，加强自身建设。

随着 2004 年全国课程改革的深入实施，我以"学生发展需求"为教育的出发点，以"教会学生学习"为宗旨，与时俱进，不断创新教学，追求优效课堂，注重立德树人，培养学生情商与智商的和谐发展，激励学生有志向、有社会责任感。

我的课堂教学模式不断改进，从最初的模仿教学到变式教学，再到现在的先学后教，始终坚持让学生"动"起来，在问题中学、在探究中学、在实践中学、在交流和讨论中学，成为知识的主动建构者，从中也培养了学生的研究意识、创新意识，培养学生"会学"的习惯，并逐渐形成以"学生为中心，以问题为载体，以展学展讲为形式"的个人教学特色。这两年，随着信息时代的迅猛发展，我尝试开展信息技术与初中数学的融合，寄以促进学生学会学习，逐渐形成一种常态化教学形式：微课资源与预学清单前置学习，力求先学后教；小组合作与展讲展写课堂探究，培养数学思维；当堂检测反馈学情，及时查漏补缺。这给学生提供了更多的自主学习时间与空间，有利于培养学生的综合学习能力。我的课堂上，多数时间是学生讲，老师只是适时指导。2018 年 6 月，我外出学习 1 周，找不到数学老师代课，只能请没课的老师看班。我交代科代表主持学习，按我平时的要求做：复习章节试卷、整理个人错题、小组分工展讲错题的变式题组。等我学习结束回校，刚好遇上端午节、初二生物与地理中考及初三中考，加在一起，我班近两周没上数学课。回校上了1周课就期末统考，在这种比别的班少做许多模拟卷又没老师上课的情况下，我班数学成绩由年级第三上升为年级第一。这一成效，让我有信心坚持培养学生"会学"的综合能力。

为师成长第四阶段——汇学

汇学，就是借助团队共研、共磨、共享的力量，有效推动自己快速成长。我非常庆幸能参加广东省中小学新一轮"百千万人才培养工程"初中理科类名教师（第二批）培养项目，因为它让我的专业发展达到一个新高度。感谢此项目的培训处为我们专门配置的数学理论专家——广东第二师范学院的陈静安教授和李样明教授，及实践专家——深圳市第二实验学校的林伟教授，是他们尽心尽力、手把手的指导，推动我飞速前行；感谢项目中一起并肩前行3年的47位同伴，我至少学习了47种"优秀"，将这些与我自身融合，汇合成一个更优秀的我。

我将这种"汇学"精神带回到我的科组。身为科组长的我，每周以3人小团队承办教研"一条龙"的形式开展科组教研活动：展示合作共享课例，做解决教学问题微讲座，写教学反思。这大大提高了同伴们的"科教研"意识，大力促进了教研组的建设与发展。全员参与课题研究，逐步形成了有效促进教师与学生共同发展的"效能+研修+发展"型数学教研组。在我的带领下，长安实验中学数学科组成为东莞市的数学品牌科组：中考数学成绩位于乡镇学校前列；多个课题立项，大量论文获奖；率先组织编撰长安本土校本教辅《数学分层学导练》全六册；组织开设校本课程——数学综合实践活动课；开展数学实践小论文评选和速算巧算、手绘数学思维导图等形式多样的培养数学核心素养的全校性学生活动。

我积极参与广东省和东莞市的数学教学行动研究，主动提出改进方法，充分发挥引领和辐射作用，指导青年教师专业成长。我在2010年被评为"东莞市学科带头人"。在2010—2012年担任东莞市首批初中数学周利宁名师工作室指导老师的3年中，我每学期都亲自为来自东莞市各校的骨干学员开展示范课及评课活动，指导学员做课题研究、写教研论文、分析案例，为推动东莞市初中数学的发展做出一定贡献。从2010年至今，我在省、市上示范课、做讲座、做培训达40多次。我于2015年被评为广东省中小学新一轮"百千万人才培养工程"名师培养对象，于2016年被评为"东莞市名师工作室主持人"，于2017年被评为"广东省名教师工作室主持人"。

同伴的互助互学、专家的现场指导、名师的著作传承，都汇聚了众人之才学。把每一节课的"上、听、评"，每一次教研活动，每一次培训，每一篇好文，都当成一个学习机会，去其糟粕，取其精华，我们就会不断成长。

感慨时光流转中，我在变化，在成长，始终不变的是我的教育情怀。我热爱教师这份职业，希望自己能培养出一批批对社会有用的人才。感谢学生，是他们求知、求智、求真的欲望激发了我的探究，促进了我的成长；感谢许许多多给予我帮助的领导、专家、同伴、朋友，是他们的细心指导与鼓励，推动我的专业成长。我会不忘初心，砥砺前行。

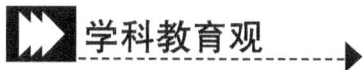
学科教育观

慧 数 学

（一）我的教学风格解读

我的教学风格可提炼为"智慧教数学，教数学智慧"，简称为"慧数学"。"数学"，是我的学科教育。"慧"，与我的专业成长4个阶段的关键词一样，包括4个层面："慧爱、慧教、会学、汇学"，即观细节智慧激发学生爱数学，先学后教与变式智慧教数学，搭建平台培养学生会学数学，小组合作汇聚交流学他人所长。

1. 慧爱——观细节智慧激发学生爱数学

身为初中数学教师，总会在初一第一次家长会上遇到不少父母向老师咨询"我的孩子小学数学都是90多分，为什么一上初中数学就差了很多"等类似的问题。主要原因多半为以下两点：一是初中一节课的容量大了，是小学的几倍；二是初中数学不像小学那么简单有趣，更注重结构化的运算及有逻辑的思考。为增强学生对初中数学的学习兴趣，我习惯于结合当下学生的喜好来造构情景，以此引出数学，继而激发学生对数学的热爱，从而使学生愿意主动学数学。

2. 慧教——先学后教与变式智慧教数学

（1）学习前置。我课前会设计预学清单指导学生阅读教材、观看微课、独立完成课前检测。每个学生按自己的进度和方式进行超前学习。"先学"对学生而言既可以培养其自主学习的能力，又可以使他们带着自己的问题与思考进入课堂，有助于提高学习效率；对教师而言，可以"以学定教"、有效指导。学生都会的不讲，学生能互教的由学生讲，教学生还不会的数学智慧。

（2）变式精练。练习是培养学生"四基"和"四能"的基本途径。我会整合教材中的练习题，设计变式题组精讲精练。这不仅能加深学生对概念、定理的理解，对数学思想方法的融会贯通，更重要的是能促进学生有效学习，发展学生获取新知识的能力、解决实际问题的能力、动手和实践的能力等，从而实现培养学生"学会学习"的终身教育目的。

3. 会学——搭建平台培养学生会学数学

展讲展写平台培养学生学会表达、学会规范书写、树立自信心。由于每个学生的基础与能力不一样，同样的内容，先学的质量也不一样。这种差异正是课堂上开展合作学习的宝贵资源。课堂上，我会就预学案中出现的问题让学生先小组交流、自主分析，汇聚小组观点，然后由小组派2个代表上台"展讲展写"，即一人讲解，另一人板书，并对其他小组的质疑进行答辩，进而反思与完善成果。这能推动学生自主学习，推动小组合作交流的广度与力度，督促学生学会倾听与反思，培养学生问题意识，积累活动经验。教师功能主要体现在课前的"备"、课堂上的"导"与"评"。

4. 汇学——小组合作汇聚交流学他人所长

（1）对话引导，抛出"合作交流"的橄榄枝。教师应在课堂上把握重点，突破学生的难点。在学生小组交流及展讲展写的环节中，我会特别重视学生的不同观点和创新点，以"问题"为载体与学生对话，学生在思考与辨析讨论中形成正确理解，探索出解决问题的策略。在会思会问中培养分析问题的能力，培养创造思维。

（2）提炼概括，吸众家之长。对一节课内容的提炼概括，我会引导学生用"思维导图"或"框架流程"对知识与思想方法进行整理提炼，使学生对所学知识能进一步深化理解，并积累数学研究方法，提炼研究套路。

（二）我的教学主张

1. 抓学科本质——培养数学思维，有逻辑思考

数学学科的一大功能就是思维。美国著名的心理学家和教育学家布鲁纳曾指出："掌握基本的数学思想方法，能使数学更易于理解和记忆，领会其中的数学思想和方法是通向迁移大道的'光明之路'。"

身为数学教师，我的课堂教学追求是学生在掌握系统的数学知识的同时形成数学思想和数学思维，会逻辑地思考，从而达到会用数学的眼光观察现实世界，会用数学的思维思考现实世界，会用数学的语言表达现实世界。因此，我的课堂以学生为中心、以问题为载体，积极创设情景，让学生经历知识发生、形成的过程；引导学生通过展开充分的思维活动来获得知识，运用思维方法进行合乎逻辑的推导，揭示知识本质；给学生提供提出自己在思维过程中碰到的各种疑问、困难、障碍的机会，并及时帮助其解决问题。学生评价我的课是"简约明了的思维逻辑"。我力求深入浅出、条理清楚、层层剖析，用思维的逻辑力量吸引学生的注意力，用理智控制课堂教学进程。教学内容不是达到知识表层化就可以的，更应深入到知识的逻辑依据、思维方法和深层意义中去。

2. 重动态生成——培养创新意识，有综合能力

我的课堂教学是以"学生发展需求"为出发点，以"教会学生学习"为宗旨的基于数学学科本质的、以学生为主体的教学。要培养学生的学习能力，教师就要树立正确的"学生观"，把学生看作一个发展中的、生命灵动的、完整的学习个体，他需要的不是老师"手把手"的"教"，而是适当"指一指"的"引"。教师应尊重学生的个人感受和独特见解，鼓励学生在对话与思考中求异、求新，让学生个性张扬，从而使学生充满生命的灵动。

（1）实践促发展

开展实践活动有利于让学生学会在面对一个新情景时，先想一些问题，把所学的知识综合起来，在操作的过程中发现问题，从而提出问题，然后解决问题。教师创设有效的教学活动应把握的核心思想是让学生实实在在地参与，学生学习的知识得到切合实际的背景材料的支撑及实际的应用，才能引起学生对所学的知识的深层次理解与反思。创设适当的实践活动，往往有利于激活学生的创造能力。学生体验如何在实践探究中发现问题、分析问题、解决问题，如何在实践的过程中创新，才能真正地将所学到的知识转化成自己的一种内在素养，使它成为一种内化的能力。

案例1　"圆"的复习课

在"圆"的复习课上，我设计了一个"测量一元钱硬币的半径"的实践活动，请学生用多种方法测量半径，并演示及表述理论依据，寄以达到梳理知识点、构建知识体系、提升应用能力之目的。在师生间、生生间的讨论与刺激下，测量方法归纳如下：

1. 用一根细绳绕硬币一周，测得它的周长，利用 $C=2\pi r$ 计算 r；

2. 在硬币圆周上任取一点 A，以点 A 为起点，将硬币在直尺上滚动一周，此时点 A 到达点 B 的位置，则线段 AB 的长度为圆周长，利用 $C=2\pi r$ 计算 r；

3. 将一元钱硬币画在纸上，作两条弦的垂直平分线，交点就为圆心，任做一条半径，量出它的长度；

4. 作一个 $90°$ 的圆周角，它所对的弦为直径，量出这条直径的长度，利用 $d=2r$ 计算 r；

5. 只要作一条弦的垂直平分线，它与圆的两个交点的连线就是圆的直径，量出这条直径的长度，利用 $d=2r$ 计算 r；

6. 构造这个圆的外切直角三角形，其中 $\angle C=90°$，量出 AB、BC、CA 的长，利用 $r_{内切圆}=\dfrac{AC+BC-AB}{2}$ 计算 r；

7. 用游标卡尺可测量出圆的直径，利用 $d=2r$ 计算 r；

8. 用两块三角板的一条直角边夹紧硬币，另一条直角边紧贴直尺，则三角板之间的距离为直径，利用 $d=2r$ 计算 r；

9. 用一块三角板和一把直尺摆放，点 B 为直尺切圆的切点，则线段 AB 的长度为半径 r；

10. 过圆外一点 P 作圆的两条切线，测出切线长为 m 及两切线的夹角 α，由 $\tan\dfrac{\alpha}{2}=\dfrac{r}{m}$ 得 $r=m\tan\dfrac{\alpha}{2}$。

以上测量方案中，运用了圆周公式、圆周角的性质、垂径定理的推论、切线长定理等理论依据。在此实践活动中，学生的显性收获是学会了如何找圆心、如何找直径、如何构造直线与圆的位置关系，隐性收获是在探索及实践检测的过程中，体验到哪些方法可行，哪些方法不可行，从而获得一些研究问题的方法与经验，领悟到操作的可行性依赖于理论依据。通过实施多种测量方法，学生感受到"圆"是十分生动的事物，他们喜爱"圆"，也逐步喜欢数学，因此，他们的学习就变得有效了，持久了。

（2）辩证促整合

传统课堂中，学生的学习方式更多的是单枪匹马，单打独斗。特别是在评讲试卷和作业时，教师给出整齐划一的标准，缺乏对学生个体差异的关注，忽视分析学生错误的成因；课堂气氛往往表现为"安安静静"的情形，教师在上面抄（板书），学生在下面抄（答案）；同学之间缺少及时有效的交流与合作，每个人都是孤立封闭、单一作战。开展案例辩证活动，一方面利于学生在师生互动及生生互动的讨论中暴露思维的形成过程，发现问题，进而整合自身的知识体系；另一方面利于学生形成正确的情感态度与价值观。我们都是在"讨论"中进步的，正是"大家的你一言，我一语"，才有"我的真正学会与真正理解"。

案例2　作业评析课

在评讲"菱形的判定"一道作业题时，老师将学生在作业中的一些典型的错法与妙法整理成一个案例卡，寄以利用学生的典型错例、好例引领学生进行辩证思维的训练，在辨析过程中形成正确的知识体系。

案例卡：请你做做小老师，试试评改这些做法是否正确，并说明理由。

题目：如图，▱ABCD 中，DE 平分 ∠ADC，EF ∥ AD，求证：四边形 AEFD 是菱形。

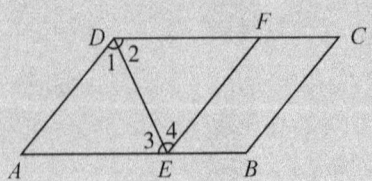

做法1　∵ DE 平分 ∠ADC　∴ ∠1 = ∠2　　　　　　　　（第一步）

∵ ▱ABCD　　　　　　　∴ ∠2 = ∠3　　　　　　　　（第二步）

∴ ∠1 = ∠3　　　　　　 ∴ AD = AE　　　　　　　　（第三步）

∴ 四边形 AEFD 是菱形　　　　　　　　　　　　　　（第四步）

做法2　∵ ▱ABCD 中，DF // AE

∴ 四边形 AEFD 是平行四边形，且∠2 = ∠3　　　（第一步）

∵ DE 平分∠ADC　　∴ ∠1 = ∠2　　　（第二步）

∴ ∠1 = ∠3　　∴ AD = AE　　　（第三步）

∴ 四边形 AEFD 是菱形　　　（第四步）

做法3　∵ ▱ABCD 中，DC // AB

又∵ EF // AD

∴ 四边形 AEFD 是平行四边形　　　（第一步）

∵ DE 平分∠ADC　　∴ ∠1 = ∠2　　　（第二步）

∵ DC // AB　　∴ ∠2 = ∠3　　　（第三步）

∴ ∠1 = ∠3　　∴ AD = AE　　　（第四步）

∴ 四边形 AEFD 是菱形　　　（第五步）

做法4　∵ DE 平分∠ADC　　∴ ∠1 = ∠2　　　（第一步）

∵ ▱ABCD 中，DC // AB　　∴ ∠2 = ∠3，

∵ AD // EF　　∴ ∠1 = ∠4　　∴ ∠3 = ∠4　　　（第二步）

∵ 在△AED 和△EFD 中

∠1 = ∠2，DE = DE，∠3 = ∠4　　　（第三步）

∴ △AED ≌ △EFD

∴ AE = EF，AD = DF　　　（第四步）

又∵ ∠1 = ∠3　　∴ AD = AE　　　（第五步）

∴ AD = AE = DF = EF　　　（第六步）

∴ 四边形 AEFD 是菱形　　　（第七步）

对做法1的评改：

学生1：第四步错，只满足"一组邻边相等"的四边形还不是菱形，应先证它是"平行四边形"，再证"一组邻边相等"，才能证得它是菱形。这个做法中只证了一组邻边相等，而没有证四边形 AEFD 是平行四边形。

学生2：第二步错，由"平行四边形"这一条件不能直接证出"内错角相等"。应由"平行四边形"得到"对边平行"，再由此证得"两直线平行，内错角相等"。

对做法2的评改：

学生3：第一步就错了。要证四边形 AEFD 是平行四边形，需要有两组对边平行或者一组对边平行且相等，这里只证了一组对边平行，还不足以证明它是平行四边形。

对做法3的评改：

学生4：做法正确，依据是"邻边相等的平行四边形是菱形"。

对做法4的评改：

学生5：做法正确，依据是"四条边相等的四边形是菱形"。相比较之下，做法3更简单直接。

老师：做了一回小老师，请大家说说个人的收获。

学生6：我也犯了做法1第二步的这种错误表述。我以前以为，知道了平行四边形，就可得对边的平行，所以写内错角相等的时候，就想当然地以为不用写。现在懂了。

学生7：从做法4中，我发现如果平行四边形中有一条对角线平分一个内角，那么这个四边形就是菱形。

学生7的这一发现立即引起同学们的注意，大家纷纷拿笔验证，发现确实如此。

学生8提出：我发现如果一个角的一边与一条直线平行，角的另一边、角的平分线分别与这条直线相交，则会出现一个等腰三角形。即如下图中，$AB/\!/CE$，$\angle ABC$ 的平分线交 CE 于点 D，因为 $AB/\!/CE$，所以 $\angle 2=\angle BDC$，又因为 $\angle 1=\angle 2$，所以 $\angle 1=\angle BDC$，所以 $\triangle BCD$ 是等腰三角形。

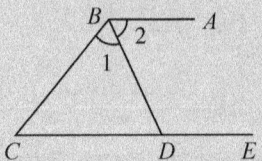

整个案例的评改修正过程主要依赖学生间的互动及教师高观点下的引领。在你一言我一语的互动中，我们不仅仅看到学生不断地自主反思、修正、整合自身的认知，观察能力、分析能力、辨析能力和解决能力逐渐提高；更看到学生的能动性在受到尊重和信任后所激发出来的自信和激情。正如奥苏贝乐所说："这样的学习是渗透性的，将个人的情感和个人意义带进了学习，它与'完整的人'有关。"在学海中，教师的责任并不是把学生培养为一名只需要听从指挥的"舵手"，而是把学生培养为一名能独立掌控的"船长"。

（3）开放促创新

所谓的"创新"，对初中生而言，是指他们获得一些课本上不曾出现的再发现、新观点。开放性的教学素材设计以人为本，关注个性发展，让不同的人展示不同的体验，不同的人得到不同的发展。开放的学习利于让学生充满生命的灵动，张扬个性。

案例3 以一道开放题为引线展开的尺规作图复习课

题目：如图所示，Rt△ABC中，∠ABC=90°，∠ACB=30°，用圆规和直尺作图，把它分成两个三角形，且要求其中一个是等腰三角形。（保留作图痕迹，不要求写作法和证明）

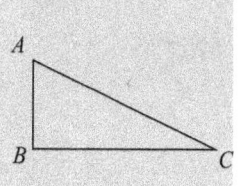

第一类解法：利用等腰三角形两腰相等，作线段等于已知线段

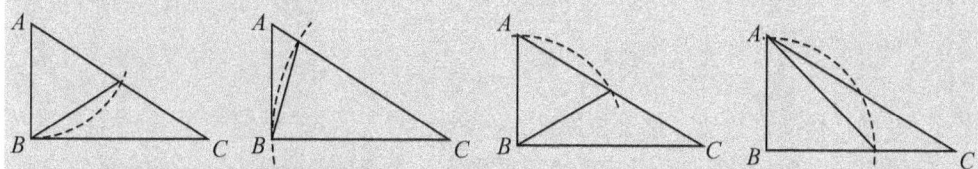

第二类解法：利用线段的垂直平分线上的点到它的两个端点距离相等，作边的垂直平分线。

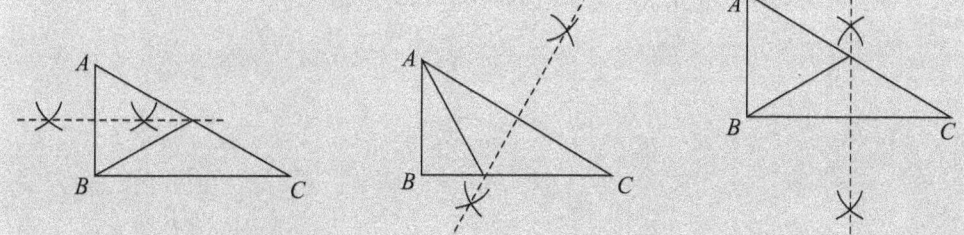

第三类解法：利用等腰三角形两底角相等，作一个角等于已知角。

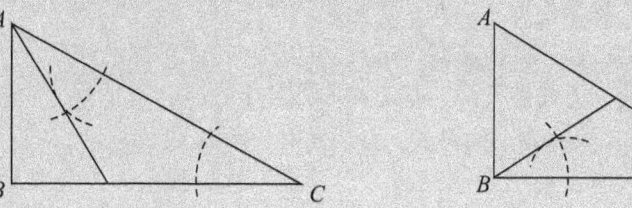

第四类解法：利用30°、60°、90°的特殊性，构造30°的角。如下图所示，作60°角的平分线；先过点B作AC边的垂线，再作60°角的平分线；先以BC边作等边三角形，再作60°角的平分线。

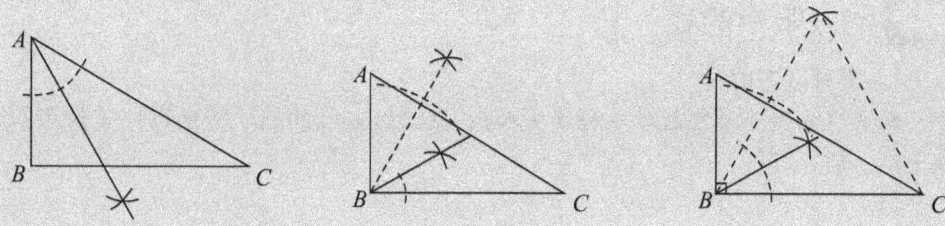

第五类解法：利用直角三角形斜边上的中线等于斜边的一半，作斜边上的中线。

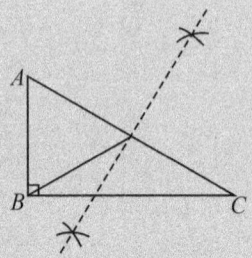

老师：做完这道题，请大家谈谈自己的收获。

学生1：我发现第一、第二、第三类解法，可以把任意三角形分成两个三角形，其中一个是等腰三角形；第五类解法可以把任意一个直角三角形分成两个等腰三角形。

学生2：受第二类解法的启发，我发现了把一个直角三等分的方法。

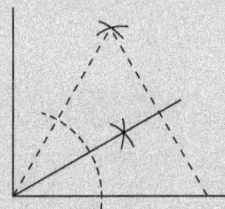

这是一道结果开放性的题目，解法多样，涵盖了5种基本的作图方法，有的解法极富独创性，是学生思维活跃、灵感触动的结果。以此抛砖引玉，激起学生无穷的想象力和创造性，并使不同学习层次的学生得到不同收获。这种自我生成的学习过程是他人无法替代的，是由内向外的生长，而不是由外向内的灌输。

布鲁纳指出："我们教一门科目，并不是希望学生成为该科目的一个小型书库，而是要他们参与获得知识的过程。学习是一种过程，而不是结果。"可见，教师培养学生"学会学习"比"学会什么"更重要。正确的教育理念是以"学生发展为本""一切为了学生，为了一切学生，为了学生的一切"。

▶▶ 他人眼中的我 ▶

1. 导师眼中的我

杨秀（东莞市初中数学学科带头人）：蔡映红老师的教学特色是朴实平和、方法灵活、启智导行。

朴实平和——蔡老师把上好每一节课作为她生活的精彩呈现。她精心准备、潜心研究，设计好教学的细节，40分钟的课堂，师生没有高度紧张的情绪，却有逻辑严密的思维构筑。师生在朴实平和中，感受教与学的快乐！

方法灵活——蔡老师好学乐思，谦虚上进，她将学到的先进理念与方法积极用于自己的教学实践中，不断完善自己的教学方法，形成了自己独特的教学风格，在学生自主、合作、探究学习中引导学生领悟知识、掌握方法、拓展思维，学生易学乐学。

启智导行——蔡老师在用真理和智慧引导学生学会学习、学会感悟、学会尊重时，养成优秀的品行，树立正确的三观。她努力让自己的思想和行动在孩子的心灵中留下痕迹，而不是简单地传授知识和培养方法技能！

2. 同行眼中的我

周景琪（东莞市第三批初中数学教学能手）：蔡老师的教学风格，最大的特点就是师生平等、课堂有活力。

（1）师生平等，注重引导，让学生成为学习的主人

蔡老师的课堂经常会引导学生认真地听、静静地想，师生间、生生间有着平等的互动，清晰的争论。课堂教学更加注重实效、实用，更关注学生的发展。她把课堂还给学生，充分体现学生的主体性。重视课堂气氛，尽量创设良好的课堂气氛，使师生处于最佳状态下交流。师生在课堂教学活动中都有积极、愉悦的心理体验，课堂教学效果也好。

（2）以生为本，增强实效，让课堂焕发活力

蔡老师课前准备十分充分，经常会大胆地整合和优化教材内容。在感悟教法的基础上，创造性地使用教材，对教材中的某些不足，大胆地改进、补充和重组，把有利于教学目标达成的各种课程资源都用来服务教学、服务学生。不仅如此，蔡老师非常善于调控课堂教学进度。课堂教学坚持"小步子，大容量，快节奏，高效率"。善于把一个大问题化解成几个小问题，为学生搭建台阶，从而降低学习的难度，避免伤害学生学习的热情。与此同时，她也非常重视数学思想和数学能力的培养。她经常让学生从生活的角度去发现数学问题，并在解决数学问题的过程中，发展和培养学生的数学能力。让学生自己学会去观察、去思考、去推导、去计算、去验证。用数学的"张力"引导学生去追求更高的数学境界。

黄晓（东莞市第三批初中数学教学能手）：蔡老师特别擅长培养学生的讲题能力，让学生成为教学小助手。

她提前布置任务，学生自愿选择讲题；学生按自己所选择的题到讲台为全班同学讲解解题的思路和过程；讲完后其他同学可以质疑，由讲题的学生进行解答；教师做必要的简单提示和点评。这突出了学生的主体性，让学生在课堂上尽可能充分地活动，也是表现他们自身能力和价值的一种好形式，体现了思维的过程。

她培养了一批"小教师",他们成为教师在教学过程中的得力助手。这些助手们可以帮助教师对全班学生进行辅导,在帮助同学的过程中,又提高了自己的能力和水平。而这样的学生越多,教师的助手就越多,所以即使蔡老师工作繁重,成绩也一直名列前茅。

3. 学生眼中的我

蔡老师尊重学生,关心每一位学生,会分层教学、分层辅导,会及时肯定我们的进步;课堂氛围和谐,经常让我们讲题、讲自己的想法,师生互动热烈;蔡老师语言简洁精准,思维导图的板书利于我们理解,她不会让我们做很多题,而是用一串变式题来加深我们的理解,培养数学思维;她会自己制作微课来让我们自主预学。

育人故事

"同理心"唤醒学生的责任担当意识

一、提出问题

责任担当是中国学生发展的六大核心素养之一,是学生终身发展的必备品质和素养。未来社会形态不是以个人竞争为主流,而是以合作共享为主流,这就更要求团队中每一位成员具有较强的责任意识与担当精神。教育的根本目的是"立德树人",每一位教育工作者如何在日常教育教学中帮助学生树立责任意识,学会担当,敢于担当,怀抱理想,感恩尽责,笔者认为,素养的培养必须以学生良好的心理素质为中介,找准切入口会更贴近学生的心,有效培育学生的责任担当素养。

二、个案回放

为更好促地进思想、学业后进学生的转化,我校从创校之初就启用了"德育导师"机制,每位科任教师专门负责一名班级中思想问题较大或学业成绩落后的学生,当他的导师——既能让这些学生感受到老师更多的关爱与关注,又分解了班主任转化后进生的压力。文某某读初三的这一年,我是他的导师。

记得班主任把他分给我的时候,问要不要让文某某来找我谈一谈。我想了想,觉得不好,这样做,文某某会觉得别扭,自然就会产生一种抵触情绪,不利于辅导工作的开展。翻阅他过去的记录,他不喜欢说话,上课睡觉、不做作业、迟到、早退、旷课是常有的事,还与同学打架,更有打老师的行为。

是什么原因导致他变成这样?带着这个困惑,我悄悄地进行了一次家访。了解到他的亲生母亲在他很小的时候就过世了,小学的时候他还能认真学习,成绩也不错,但自从他爸爸再婚后,他就开始变得不愿说话了,在课堂上的厌学情绪越来越严重,六年级有一次和老师起冲突后,整个人就变了。上初中后,原班主任多次与他谈话,他总觉得自己已经努力了,但内心世界中对学习的认识还有较大的偏差,自己又不正视这些问题的存在。又由于其不爱说话，造成与同学关系冷淡。

明白了症结所在，可是如何进行疏导与沟通呢？这使我大伤脑筋，所以我也迟迟不跟他开口表明导师身份。

一次课堂上的突发事件为我们之间的沟通搭起桥梁。那节数学课采用小组合作的形式进行学习。学生在移桌重组的过程中，他的凳子不见了，因此，他就一直站着不坐下。而我在讲台上，视线刚好被挡住，看不到这一事实。

"快坐下，要学习了。"

"我的凳子不见了。"他不耐烦地说。

"噢，我们初三的学生已经是小大人了，要开始尝试如何处理突发事件，文某某，你看，班上的讲台前一直就放着一张凳子，刚刚你发现凳子不见时，如果上来拿，不就不用站这么久了吗？"我边说边拿起凳子向他走去。

"我不是说了我的凳子不见了吗？"他大发雷霆。一把抢过我手中的凳子坐下，趴睡在桌子上。

我感到莫名其妙，全班同学都很惊愕，不知他为什么大发雷霆。有的同学甚至低声说："发神经！"大家望着我，等着看老师如何处理这种嚣张、极不尊重老师的情形。

我知道如果这时候严肃处理，以后会很难开展转化工作。我赶紧说："对不起，老师的意思可能没表达清楚，我没有一点责备文某某的意思，我只希望我的学生在面对突发事件时能静下心来好好展示自己的能力。你们理解吗？"

"理解。"其他同学大声说。

文某某仍旧一动不动地趴在桌子上。我想他可能正处于不知如何是好的心境。我想把他的问题暂且放一边，让他的心静一静："大家帮老师想想，昨天我们学会了什么？"我转移大家的注意力，先上好课。

下课后，我叫他出来。

"老师不会说话，不知道哪里说错了，让你误以为是批评你，可老师有立即道歉哟，有解释清楚，其他同学都明白老师意思了，你这么聪明，一定也明白老师心意的。是不是？"

他点点头。

"能告诉我哪句话让你不高兴吗？"

"我有告诉你凳子不见了，可你还说我没处理。"

"噢，这就是你的应急处理方式。"

他有些不好意思地点点头。

"很好，看到打架之类的违纪伤害行为，一定要第一时间告诉老师，老师来处理会比你们自己处理更有效。但是，你也要给自己一些信心，尝试处理一些没有伤害性的突发事件，你会发现你会做得比老师更棒。但首要前提是，你要肯给自己机会。"

"老师，我当时没想那么多。"

"如果有下次，老师希望能看到你很棒的一面。现在，我想请教一个问题，如果当时我先拿凳子给你，再提醒大家要加强应急能力，你还会不会生气？"

"不会。"他认真地思考了一会，很肯定地回答。

"谢谢你帮老师找出缺点，瞧，一句话，先说和后说的效果原来相差这么远。下次我会注意语言的表达。如果又说错了，你要告诉我。"

当天晚上，我收到了一封他悄悄送来的信："老师，谢谢您今天没有批评我，您和我以前的老师不同，你会听我说，不冤枉人。我也要像您一样，好好面对缺点，努力改正。"

我立即回了封信："这件事中，由于老师语言表述的问题造成你的误解，这个责任我担了，感谢你的理解。老师从这件事中深深体会到语言表达的重要性，我会加强学习的。老师也看到了你对自己的责任担当与自我要求，期待你的进步。"

第二天，在课堂上，文某某就像信里所说的一样开始认真对待学习了，还举手发言。我好好地表扬了他一番，并趁热打铁，说："文某某，老师想请你帮个忙，今天学校要求这两天内每个老师都要选一位学生结伴成长，让学生与老师一起互相改正缺点，共同进步。我第一个就想到你，因为你当老师是朋友。"文某某爽快地答应了。我就这样成功启动了导师工作。

在接下来一年的跟踪辅导过程中，我针对其责任担当、集体观念、学习态度等方面开展工作，有的放矢地对文某某加以正确的引导、扶持、帮助和教育，有计划、有步骤地进行系统的心理健康教育。在他想表现自己，试图改变而又缺少能力时，我在关键时刻给予他帮助，尤其是在心理的认识和爱护方面，给予他需要得到的指点。使文某某能掌握有关的心理健康知识，培养自我心理调节能力，使其具有正确处理好学习、生活、人际关系等方面矛盾和问题的能力。

文某某在这一年中，尊重师长，关心集体，能对同学伸出援助之手，按时完成作业，学业在班级排名进步19名。没有打架行为，没有早退、旷课现象，杜绝迟到现象。虽然仍时不时会犯一些小错误，但他已经开始学会对自己的人生负责，成了一个有担当的男孩。

三、个人感悟

本案例中，有3点做得有效：老师的"暂缓""放一边"给了文某某平缓情绪的时间，又没有耽误其他同学的学习时间；老师在课后与其谈说中的主动示弱让文某某感受到老师对他的尊重，"同理心"促其内心反思自己的行为是否恰当；老师再与其进行的换位分析，进一步让文某某意识到要有责任担当。

责任担当是我们每一个公民应该做且必须做到的事，只有每一个人都勇于承担自己的责任，我们的祖国才会变得更加美好！培育孩子的责任担当意识，才能更有效的促使其发自内心地学习，才算是为复兴中国梦出一分力。我愿在日常的教育教学中给学生多一点呵护、多一点宽容、多一份热情，在理论和实践中不断探索，为培育学生核心素养做出应有的贡献。

教学现场与反思

数学思想方法优化概念教学

【教学现场】

本节课是人教版九年级数学下册§29.1《投影》的学习，我设计了6个活动：

活动一：老师先利用投影机光源做手影，再用一些生活中的情景图片引出投影现象，让学生通过类比思想自主获得投影的要素。

师：老师做的手影是如何产生的？

生：被投影机照的。

师：（PPT演示生活中的投影图片）这些影子分别是如何产生的？

生：图片一和图片二是被阳光照射，图片三和图片四是被灯光照射的。

师：这些现象，我们称之为"投影现象"。请大家运用类比思想思考"投影现象"的产生必须具备几个要素？

生：（互相提示与补充）光源、投影物、投影面。

在教师引导下，学生小结出投影的要素：光源、投影线、投影物、投影面。

师：生活中有哪些投影现象？生活中的影子与刚才我们所说的投影有什么区别？

生：树被阳光照射。

生：被路灯照射。

生：湖面。

师：湖面只能算是投影面。

师：生活中出现的"日食"和"月食"现象，也是一种投影现象。

生：噢！

师：我们走路时，影子会不会只是落在一个"平平"的面上呢？

生：有时是落在一些凹凸不平的面上。

师：我们今天谈到的投影中，投影面是一个平面，而生活中的影子可能不在同一个平面上。

评析：投影现象的关键就是"光线"。把握住"光线"，就基本解决了投影问题。在老师问"老师做的手影是如何产生的？"学生回答"被投影机照的"时，老师若能及时将学生的回答进一步具体化，设置问题"是被投影机这一光源的什么照射而形成？"学生才能更深层次思考出"是被这一光源的光线照射而形成"，从而对被"光线"照到或没照到，有一个区别认知，也会大大提高本节课的学习效率。

活动二：初步感知中心投影和平行投影区别。

师：如果对大家所提到的投影现象进行分类，你认为应该分为几类？说说你是怎么想的？针对同学们的想法，我们一起用比较思想探讨一下，它们有什么不同？请大家分组进行讨论。

生：光源类型、光源方向、光源大小。

师：一组光线是什么位置关系？

生：平行。

师：（老师现场运用投影机这一点光源的光线照射一个与投影面平行的正方形纸皮）请同学们观察正方形与其投影的形状和大小有什么关系？

生：形状相同，大小不同，影子变大。

师：产生的原因是这组光线是怎样的？

生：这组光线是发散的，有一个交点。

师：这个交点在哪里？

生：光源。

师生一起分类、归纳：由点光源发出的光线形成的投影叫作中心投影，如灯光照射在物体上形成的投影。由平行光线形成的投影叫作平行投影。如太阳光照射在物体上形成的投影，也称日影。

评析：在这一活动中，学生对从哪个角度入手进行分类有点迷糊，把此活动问题改为"如果对大家所提到的投影现象从照射光线的位置关系的不同之处进行分类，你认为应该分为几类？"会更有利于引导学生把握思考方向。

活动三：学以致用（类比思想与比较思想）。

（1）以下两图分别是两棵小树在同一时刻的影子。请根据投影形态，判断它们的投影类型。

_____投影

_____投影

变式：以下两图表示两根标杆在同一时刻的投影。请在图中画出形成投影的光线。它们是平行投影还是中心投影？说明理由。

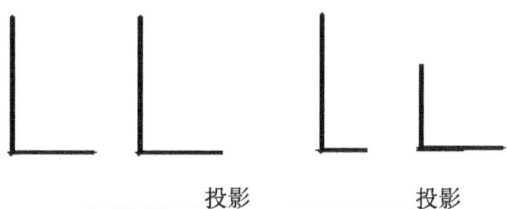

_____投影   _____投影

(2) 同一时刻，两根木棒的影子如下图所示，请画出图中另一根木棒的影子。（中心投影）

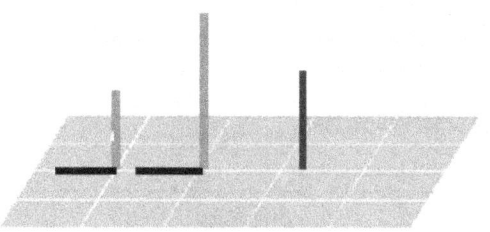

变式：下图是两棵小树在同一时刻的影子。

请画出同一时刻旗杆的影子。（平行投影）

评析：在学习了中心投影和平行投影后学以致用，在练习及变式中让学生体会如何判断其是何种投影及如何画物体的投影，并领悟类比思想及比较思想。此活动开展得较为成功。

活动四：探究物体与投影面之间的位置关系对投影形状的影响（类比思想与比较思想）。

(1) 老师演示活动：以正方形为素材，用投影机光源去照射，改变正方形纸板的摆放位置（分别是正方形纸板平行于投影面、倾斜于投影面、垂直于投影面），它们的投影发生了什么变化？由此，你能得到什么结论？

(2) 学生自主探究活动：当平行光线与投影面垂直时，改变正方形纸板的摆放位置（分别是正方形纸板平行于投影面、倾斜于投影面、垂直于投影面），它的投影发生了什么变化？由此，你能得到什么结论？

评析：在此活动中我们不难发现，当投影线与物体的夹角发生变化时，投影也随之变化；当投影线垂直于投影面，且平面物体平行于投影面时，投影与物体全等。先由老师演示探究，再让学生模仿探究、动手实验、分组讨论，发现物体与投影面之间的位置关系对投影形状的影响。引导学生发现其实质：当平面物体与投影面平行时，中心投影的物体与其投影形成位似图形；平行投影中，当投影线与物体投影面垂直时，物体与投影全等。这个探究活动给学生提供了极大的思维空间，启迪学生的创新灵感，有效激发学生的创新意识。学生通过面对面的合作交流，无拘无束地发表自己的见解，通过合作、讨论、交流、争辩，逐渐完善自己的想法，从而博采众长，营养智慧。本活动既让学生感悟到认识新事物较常运用到类比思想与比较思想，又为后面学习垂直投影及三视图做好铺垫。

活动五：让学生归纳平行投影与中心投影的异同点。

我这里没处理好，不应叫"活动五"，应改为"板书设计"。这主要是之前几个活动中学生的发现及体会的记录。

	不同之处		相同之处
	光线	平面图形与投影面平行时，图形与投影关系	它们都是物体在光线照射下，在某个平面上的影子
平行投影	一组平行的投影线	全等（当光线垂直于投影面时）	
中心投影	一组相交的投影线，交点为光源	平面图形与其投影是位似图形	

活动六：理论联系实际，挖掘生活中的素材，用本课的投影知识去解释生活中的投影现象。

（1）小东在一路灯下行走，他的影长怎样变化？小东在阳光照耀的道路上行走，他的影长怎样变化？

（2）有人说，在同一路灯下，如果甲物体比乙物体的影子长，那么就说明甲物体比乙物体高。你认为这种说法正确吗？

（3）与一盏路灯相对，有一玻璃幕墙，幕墙前面的地面上有一盆花和一棵树，如下图所示。晚上，幕墙反射路灯灯光形成了那盆花的影子，树影是路灯灯光形成的。你能确定此时路灯光源的位置吗？

【教学反思】

本节课是一节概念教学课。在本节课的学习中，我主要引领学生通过观察、猜想、实验、探索，运用类比思想与比较思想层层揭示中心投影和平行投影之本质，既渗透了数学思想方法，又培养了学生的观察、归纳能力，动手实验和合作交流能力，以及运用数学知识解决实际问题的能力。

（1）慧爱与慧教

本节课以"问题"为载体，活动前行，对话引领，既为学生提供动手操作实践的空间，又提供了辨析、质疑、合作、交流的空间，从而碰撞出思维火花，学会有逻辑地思考，并在对话、交流、辨思中剖析概念本质，培养良好的思维品质。由此，我们可以思考，给学生多些思考时间与空间，多些对话交流，会利于学生高阶思维能力的发展。适当的变式迁移，目的是期望学生达到对知识的本质理解。

（2）会学与汇学

小组合作讨论，让学生经历"问题情境—建立数学模型—解释应用与拓展"的过程，鼓励学生用数学眼光发现和提出问题，有意识地用自己所学的数学知识解决所遇到的问题，提高运用数学的意识和能力。

课堂汇报，让学生展学展讲，培育良好的协作交流素养。生生间、师生间有足够的时间思维碰撞，相互补充、相互启发，推进知识的整合与内化。既给学生提供个性思维的展示平台，又分享了不同的思维模式，利于学生个体思维漏洞的填补，取长补短，学会学习。

（3）思想方法渗透

"数学思想方法"在教学中的长期渗透与展示有利于学生认知能力、开拓能力的发展。本节课中，学生主要运用类比思想与比较思想学习新知识及掌握运用策略；现场手影表演激发学生的参与热情和学习兴趣，从而诱发学生的好奇心和想象力，产生强烈的问题意识。学生经过现象观察后，小组间交流就不难揭示投影、平行投影、中心投影的实质。学生在直观认识的基础上发展了归纳基本规律的能力。学生动手实验，通过实验对比观察现象，从而引发思维冲突，得出中心投影与平行投影的特征；发展了观察能力、归纳概括能力和开拓创造的能力。

激情 细致 和美

● 深圳元平特殊教育学校 陈丽江（特殊教育）

▶ 导读语 ▶

我是深圳元平特殊教育学校的一名普通教师，有26年的教龄，多次获得国家级教学比赛一等奖，出版发行了3本教育著作，在专业期刊发表了20多篇学术论文，是广东省特级教师和正高级教师。曾经有不少人问我："特殊教育很辛苦，特殊孩子很难教，你的成长有什么秘诀？"我的回答往往是："当心怀教育理想，用阳光灿烂的心态，积极地迈好育人的每一小步，等不经意一抬头，理想就在眼前实现了。"身处广东，岭南文化以其独有的多元、务实、开放、兼容、创新等特点，深深地影响着我。联合国教科文组织通过的《萨拉曼卡宣言》指出："每个儿童都有其独特的特性、志趣、能力和学习需要；教育制度的设计和教育计划的实施应该考虑到这些特性和需要的广泛差异。"特殊孩子个体差异性非常大，要使他们进步一点点，特教老师必须付出千万倍的努力，但正是粤派教育中求真务实，开拓创新的精神激励着我，确定了在这个多元化的世界里"让每一个特殊孩子成为最优秀的自己"的教育信念，并在工作中不忘初心，不断前行，逐渐形成了我的粤派教学风格——激情、细致、和美。

▶▶ 名师成长档案 ▶

用心耕耘必有收获

时间过得真快，一转眼从事特殊教育已经整整26年了。回顾过去，有太多的感悟。

第一阶段（1992年至1995年）——小荷才露尖尖角

(一) 学生的情谊，坚定专业思想

在中国第一所特殊教育师范学校——南京特殊教育师范学校读了4年的聋教育专业后，毕业那年，19岁的我怀着对特殊教育事业的憧憬，回到家乡的聋校任教。报到第一天，我火热的心凉了半截，不说聋校位置偏远、交通不便，首先映入眼帘的是一道锈迹斑斑的铁门和一块高低不平、杂草丛生的泥土地，不远处有一栋两层的旧教学楼，校园里没有美丽的花草，没有高大的树木，除了一个水泥砌的乒乓球台，没有什么体育设施，连个像样的活动场地都没有，真是让人心灰意冷。陪同来的母亲因为心疼我，甚至有点责怪我瞒着他们偷偷一人去教育局报到要求分到聋校，她希望长相清秀、活泼可爱、能歌善舞的宝贝女儿考虑调动，比如调到残疾人联合会或者普通学校去工作。然而，报到不久，一连串的事情发生了……

铮亮的自行车

路途太远，我买了辆自行车去上班。一周后，姐姐说："同时买的车，我的已经灰蒙蒙了，怎么你的骑了好几天了还那么亮呢？"不说还没注意，一看果真如此。第二天到校，停好车，我没有马上进办公室，特意留心看着停车棚。不一会儿，几个住校的学生拿着盆和抹布跑到停车棚，开始擦我的自行车。我连忙走过去，告诉他们不用这样，我可以自己做。他们停下手中的活，开始用手语你一句我一句地说起来：陈老师，你很漂亮，我们喜欢你；陈老师，你手语打得很清楚，我们看得不累；陈老师，你讲的课我们一听就明白；陈老师，能为你擦干净自行车我们很开心……望着这些纯真的双眼，不知道什么手语动作能表达此时此刻的心情，我只能轻轻抚摸着孩子们的笑脸……

越来越轻的担子

没有操场，学校准备把那片杂乱的泥土地整理出来做活动场所。作为八年级班主任的我，安排两人一组，用一根扁担抬一个簸箕，把杂物运走。刚当班主任，想做一个好表率，我在簸箕里放了不少大石头，和学生一前一后扛着沉沉的担子走着，走在前面的我感到肩上的担子并没有因为路途的遥远以及时间的长久而越来越重，忍不住回头一看，这个善良淳朴的学生几乎把簸箕抱在自己的胸前……瞬间，我的眼泪止不住落下来。学生慌忙解释：陈老师，你是女孩子，我是男子汉，我都读八年级了，有很大的力气。从那刻起，我下定决心，只要当老师，只要还教书，就一定要教这些可爱的特殊孩子，做一名优秀的特教老师。

我开始用心地观察这些可爱的听障孩子，想根据他们的特点因材施教；开始认真研究他们的身心特点，想与他们更好地相处，做他们的良师益友……

（二）家长的感恩，思考教学方法

厚重的鞠躬

一学期结束，学生梅科鸿数学考了 100 分，他很开心，他说下午爸爸会亲自来学校接他回家（因为家里很穷，为了节约车费，他爸爸很少来学校）。我也特别高兴，一是可以见见家长，与他面对面谈谈孩子的学习和生活状况（20 世纪 90 年代初通讯还不便利，手机也很罕见）；二是因为试卷是从省会特殊学校寄过来的，临开考才拆封，能用这样的试卷考出 100 分，学校也是第一次出现。

"请问，陈老师在吗？"一位 50 多岁，背有点弯，穿着灰旧上衣、黑色长裤和布鞋的农民背着一个麻袋站在办公室门口。"你好，我是陈老师，请问你是？""你好，我是梅科鸿的爸爸。谢谢你，没想到我这个又聋又哑的孩子也能考 100 分。"话音没落，他对着我深深地鞠了一躬。我大吃一惊，因为我从小受到的教育都是小辈向长辈鞠躬的，哪有这样的。我连忙扶起他，他看出我的不安，说："陈老师，你不要见怪，孩子能考出这样的成绩，太感谢你了，这是一袋自己家种的花生，请老师们尝尝。"说着就用那粗大的双手一把一把地把花生放在老师们的办公桌上。

我是一位新教师，只是做了一些应该做的工作，却得到家长如此厚重的谢意。我想，只有更好地教好这些孩子才能回报他们。于是，在了解听障学生学习特征的基础上（如由于听觉的缺失，听障学生的语言发展非常缓慢，同时又严重影响他们理解能力和抽象概括能力的形成，给数学学习带来困难），我开始进一步了解班上每位学生的特性。想着如何才能让这些听障孩子更快乐地学会知识；我开始进一步研究教材教法，想让他们更轻松地掌握知识，从而让学生学得开心和有趣，让家长更加放心和满意。

为进一步提高教育教学水平，我积极报名参加市教委组织的教学比赛，给自己压力和动力。在比赛现场认真做听课笔记；积极向其他老师学习，虚心请教。通过努力，我获得了一定的成绩：1995 年被江西省赣州市教委授予党团员教师最佳教学能手优胜奖。这段时间，我开始注意把平时工作的经验用文字记录下来，1995 年我撰写的《立足本地发展职业教育》获江西省特殊教育优秀论文。因为工作积极认真，1993 年和 1994 年，我连续两年被评为江西省赣州市聋校优秀教育工作者。

第二阶段（1995 年至 2005 年）——梅花香自苦寒来

1995 年 2 月，我离开家乡来到深圳元平特殊教育学校，担任一年级班主任。一年后，小宝来到了我的班级，开始了我们的故事。

我和小宝的故事

寒假过后刚开学，我和副班主任郭老师正在办公室里办公，一位妇女领着一个 8 岁左右的男孩走了进来。男孩很瘦，头发很黄，一看就与别的孩子不同。在介绍完孩子的基本情况后，小宝的妈妈用缓慢的口气说："陈老师、郭老师，小宝以前读过几所幼儿园和学校，不但什么也不会，别人还讨厌他，如果这次还是这样，等我死的时候，就把他一起带走，不能让他留在这个世上受苦。"我心里一颤，鼻子酸酸的，看着小宝妈妈眼里坚定而绝望的眼神，我连忙岔开话题。

"你叫什么名字？"我看着小宝问道。小宝茫然地看着我，含糊不清地反问："你叫什么名字？"我接着问："你几岁了？"小宝重复着说："你几岁了？"此刻，我才明白这个8岁的孩子还听不懂话，是个又聋又弱又有行为问题的多重障碍的孩子。

送走小宝的妈妈，我想起著名教育家苏霍姆林斯基的一句话："世界上没有才能的人是没有的。问题在于教育者要去发现每一位学生的禀赋、兴趣、爱好和特长，为他们的表现和发展提供充分的条件和正确引导。"抱着这个信念，年轻的我们和小宝开始了共同的学习生活。学校是寄宿制的，每天清晨，我们把他从宿舍接出来和他一起锻炼。跑步的时候，我就告诉他："这是在跑步。"然后，我先问郭老师："你在做什么？"郭老师说："跑步。"接着问："小宝，你在做什么？"从要求回答"跑步"两个字开始，到回答"我在跑步"。上课前，我先点名，点到"冯小宝"，我教他说"到"，而不能跟着说"冯小宝"。每节课，我都会妥善利用时间以对小宝进行个别辅导，从学习最简单的"1"开始。中午吃饭与他坐在一起吃，教他说："我在吃中饭。"同时教他认识各种菜肴的名称：炒白菜、蒸鸡蛋、红萝卜玉米汤等。课外活动的时候，我请同学排好队，领着小宝一起点人数"1、2、3……"晚上学生冲凉的时候，我帮他洗澡，教他洗衣、穿鞋、系鞋带。晚自习，郭老师握着他的手，教他写字，从"ā、ō、ē"写起。不管在操场、在宿舍、在食堂，总能见到我们与小宝共同学习的身影，周一至周五，从不间断。

"锲而舍之，朽木不折；锲而不舍，金石可镂。"就这样，我们在课堂上学，在吃饭时学，在活动中学，一天十几个小时的付出，终于有了一点点成效。三周后，小宝的妈妈在《家校联系手册》中写道："……小宝已基本明白数与数字的关系。系鞋带有进步，多谢老师操心。"九周后，小宝妈妈的留言是："这两个月来，小宝也懂得了'＋'号的含义，这对他已是一个大飞跃。"十三周后的留言是："小宝算术有很大的进步，谢谢陈老师，我知道，小宝的这些进步是陈老师用许许多多的汗水与劳累换来的。谢谢您了！"

不知不觉，在小宝来了一年的时候，又发生了这样的一件事。

那是一个下午，我气呼呼地把小宝喊进教室，搬了一张椅子坐在他对面，耳边又响起别人愤愤不平的声音："陈老师，你们班小宝从楼上倒水下来，溅了我一身。""陈老师，你们班小宝拿我吃的。""陈老师，你们班小宝骂我坏蛋。""陈老师，你们班小宝打我。"……望着对面这个不安分的学生，回想起天气突然转冷，他没带厚的衣服，学校在龙岗，他家却远在南山，自己冒着狂风暴雨去为他买棉衣；想起他生病，我顾不上吃饭，陪他看病、打针；想起无论课上、课下我都抓紧时间教他学习知识；想起他皮肤发炎，全身红肿，抱着我哭喊"痒、痒"在我身上蹭，虽然担心传染，但我依旧抱着他，拿起药一点一点往他背上涂抹……"小宝，你……"我话还没出口，眼泪哗哗从脸上滑落。一向好强的我，竟然当着全班学生的面泪如雨下。说不清是失望、无奈、伤心，还是委屈……此刻，东张西望的小宝停了下来，双眼不解地看着我，慢慢地，他仿佛明白了什么，小声地叫道："陈老师，陈老师……"但我没能止住泪水。突然，小宝抱住我大声哭起来，喊道："陈老师，不要哭，我喜欢你！"我抬起头来，望着这个抱住我且泪流满面的孩子，想起一句话："我是幸福的，因为我爱，因为我有爱。"于是我反抱着他，我们就这样哭着。不知哭了多久，陶行知先生的教育警言在我耳边响起："人像树木一样，要使他们尽量长上去，不能勉强都长得一样高。"是啊，小宝虽然达不到一般孩子的水平，但他已经在努力、在进步了。于是，我抬起头，给他擦干眼泪，拿起拖把，和他一起去拖他倒在楼下的水；找出他从别人那儿拿的零食，去还给别人；带着他，去向被他打骂的同学赔礼道歉……

　　古人云：亲其师，信其道。光阴似箭，几年过去了，小宝各方面有了很大的进步，不但可以听懂很多问话，而且回答也清楚；穿衣洗澡等个人卫生的处理更是没有问题，学习也有很大的提高。后来，在社会各界的关心和我校教师的爱心接力棒下，小宝佳音不断。特别是在第四届全国特奥会上，小宝夺得 50 米蛙泳金牌，100 米自由泳铜牌，被香港凤凰卫视全程跟踪报道；后来，小宝又荣获了首个"南山区残疾人自立自强模范"的光荣称号；再后来，他进入全球大型商业连锁企业沃尔玛百货公司工作……

　　作为一名奋战在特殊教育战线上的教师，工作中有时候会遇到很多的困难和委屈，因为特殊孩子的成长和成才更需要老师付出长时间的艰辛和汗水，但每当我看到特殊孩子那天真无邪的笑脸，想到家长对我的厚望，短暂的迷茫和困惑就会一扫而光，因为我明白，这些残缺的幼苗也需要成长，这些折翼的鸟儿也想飞翔。于是，我在这平凡而又艰苦的岗位上日复一日、毫不动摇地坚守着，因为我知道——用心耕耘必有收获！1997 年 2 月，我撰写的《走出聋儿家庭教育的误区》发表于《特区教育》。1997 年 6 月，我撰写的《从"小"抓起，提高残疾学生的思想素质》刊登于《人民教育》。1997 年的教师节，年仅 24 岁的我被深圳市人民政府授予"深圳市优秀班主任"的光荣称号。这是鼓励，更是鞭策，鼓励我继续上进，鞭策我不能躺在成绩簿上，要戒骄戒躁。1999 年，我被学校评为"优秀班组长"。1999 年 11 月，我撰写的《也谈后续教育——转变观念，改进方法，促进聋童早康复》编入《中国残疾人康复协会听力语言康复专业委员会第四届学术年会论文汇编》。2000 年，我撰写的《在乘法口诀教学中培养学生的自学能力》获省论文评比一等奖。2001 年 12 月，我撰写的《重视聋生听力语言的后续教育》发表于《现代特殊教育》。2002年，我开始参与教育部"十五"特殊教育重点科研课题"现代信息技术在特殊教育中的应用"。2005年8月，我撰写的《特殊教育学校资源教室的建立》发表在国家级核心期刊《中国特殊教育》。2005年，我撰写的《运用"志向"塑造聋生品格》一文在"全国聋（盲聋）校德育论文征文比赛"中荣获二等奖。2005年12月，我在广东省第一届聋校教师教学技能大赛中获课件制作二等奖。

第三阶段（2006年至2015年）——千树万树梨花开

（一）领导的关心，提升教育理论

随着时代的变革，信息技术的革新，工作十几年以后，我遇到一些教育教学瓶颈。此时的我，有强烈的学习愿望，希望用理论知识结合实践经验去打破工作瓶颈。在这个阶段，除了已经完成本科学历进修和深圳市规定的教师继续教育培训课时外，在领导的关心下，还参加了一些培训学习，主要有：2006—2008年北京师范大学特殊教育研究生课程班；2008年教育部师范教育司中小学教师继续教育工程英特尔未来教育培训；2010年广东省中小学教师教育技术能力建设项目中级培训；2012年教育部"国培计划——特殊教育骨干教师培训"；2013年深圳市教育局赴美国第二十二期海外培训班。

通过学习，我开阔了视野，提升了理论，课题研究能力不断提高：参与的国家级课题"现代信息技术在特殊教育中的应用"获"十五"特殊教育科研课题优秀等级（A级）；参与了两个省级课题"以欣赏的态度激发学生潜能——欣赏型德育在听力障碍小学中的实践与研究""智力障碍学生心理健康校本课程建设研究"和一个市级课题"听障学生职业高中信息技术专业微课资源的建设与开发"；主持了"聋校数学教材与普校数学教材使用的比较研究"和"信息技术与聋校数学课堂教学整合的研究"两个校级课题。

这段时间，我论文写作能力也在不断进步：2006年《聋校数学教材的使用现状和思考》在全国第二届现代特殊教育论文大赛中荣获一等奖并于同年公开发表。《用心耕耘必有收获》一文在深圳市教育局主办的"深圳市2007年教育成功案例征集评选活动"中荣获一等奖。《信息技术与数学教学整合下聋生语言能力的培养》一文在"全国聋校语言教育论文征文比赛"中荣获二等奖并于2008年公开发表在《现代特殊教育》；论文《听力障碍学生数学学习状况的调查与对策研究》获得2011年广东省特殊教育优秀论文一等奖；2013年《听障教育数学试题库建设的探索》发表于《教学与教育》第5期；2014年《美国纽约州特殊教育的特点及启示》获全国第五届现代特殊教育论文大赛一等奖并于同年公开发表。

（二）自身的努力，获得一些成绩

2006年是我教学水平的一个快速成长期。以往广东省特殊教育现场类比赛很少，都是直接上交论文或者课件进行评比。2006年，广东省教育厅主办的第二届聋校教师教学技能大赛采用现场抽课题、现场教学设计和课件制作，不以在本校上课的形式进行。这是一种真正测试教师平时教学水平高低和考察教师真正教育实力的比赛。为了应对挑战，做到胸有成竹，那段时间我利用一切空余时间，没有周末、没有休闲，日日挑灯夜战，把全日制聋校数学实验教材二至八年级的内容全部熟读了一遍，上网搜索相关的教案和课件，并修改成适合听障学生的教学设计和课件，看优秀的数学课例视频……那段时间因为阅读、学习、借鉴，吸取了很多优秀教案的设计方法和精美课件的制作经验，我迅速成长。下面以一篇文章来回顾当时的情形。

生命因你们而精彩

2006年6月18日至23日，广东省第二届聋校教师教学技能大赛在深圳元平特殊教育学校举行，全省同行中的高手将展开一场听障数学教学的巅峰对决。作为承办学校的数学教研组组长，主场作战的压力几乎让我窒息。连续几夜的失眠，我越来越焦躁，越来越害怕，我怕学生配合不好，影响选手的发挥；也怕自己比赛成绩不理想，影响学校声誉。这次大赛，参赛选手只有到了比赛当天早上才能知道题目。大家通过抽签决定教学课题，短短的8个小时（还包括中午吃饭的时间），选手要处在一个封闭的环境中，针对一个随机抽取的课题完成教案设计、课件制作等一切教学准备。

我课堂教学比赛的时间是21日，比赛地点要赶去惠州特殊教育学校换学生进行。其间，日常的教学工作还要继续完成，真可谓是"压力山大"！20日上午，连续熬夜的我强打起精神走向教室，准备上课。迷迷糊糊的我刚走到教室门口，心里就有些不开心，因为黑板给画得乱七八糟。正当我指着黑板准备询问是哪位学生的"杰作"时，突然愣住了，因为看清楚了满黑板的字画，上面写的居然是："陈老师，祝你取得好成绩！""陈老师，我想对你说：愿你取得很大的成就。每当需要我帮忙时，我就是您的好帮手。""陈老师，你是数学高手。"……还配了学生给女教师献鲜花的感人画面。

泪水一瞬间就涌出眼眶，辛苦和疲惫一扫而光。我不知道用什么语言可以表达我当时那复杂的情感。只好含着眼泪说道"谢谢、谢谢"，同时给全班学生深深鞠了一躬。

看到我说话了，孩子们七嘴八舌说道："陈老师，你要参加比赛，为什么不告诉我们？我们可以为你加油！""陈老师，我们长大了，会做很多事情，你有什么需要我们做的吗？""陈老师，比赛不用怕，你的数学课上得好！"看着这些手舞足蹈的比画，我突然感到一阵轻松，虽然比赛还没有进行，但我的压力已经消失了，感觉更多的是动力。学生们的信任和支持，给了我莫大的鼓励和安慰，比赛的结果其实已经不重要了，只要尽力了，一切都是美丽的。看着如此懂事的孩子们，真想

告诉他们，他们已经给了一名教师最好的奖励。

短短的几分钟，我又充满了电，精神百倍地开始讲课。可爱的孩子们，谢谢你们接受并喜爱课堂上严厉的陈老师，谢谢你们给老师的鼓励，有你们的支持，老师会有更多更大的力量去参加比赛。因为你们，老师的生命会更精彩。

功夫不负有心人，在此次高难度的比赛中，我获得全能一等奖、信息技术第一名、教学设计第二名、课堂教学第二名的好成绩。

这个阶段，我以参加各级各类比赛为契机，努力学习众人所长、吸取精华，提高自己的教育教学能力，取得了一些成绩：2008年参加全国第二届特殊教育学校教师信息技术综合应用能力大赛，在全国近250名听障教育预赛选手中脱颖而出，成为广东省唯一的决赛选手参加在上海的现场决赛；2010年获深圳市新媒体新技术教学应用观摩研讨活动获课件一等奖；2014年获第七届全国中小学互动课堂大赛二等奖；同年9月，为了让更多人了解特殊教育，关心特殊孩子，支持特殊教育的发展，我开发了深圳市教师继续教育新课程"中国手语"并成为主讲教师；2015年6月，我参加广东省听障教育课堂教学技能竞赛，以初中组第一名成绩获得一等奖，并应广东省特殊教育研究会的邀请在广州为全省特殊教育教师上现场示范课。我"激情、细致、和美"的教学风格深深地吸引着借班上课的广州聋校学生，课后他们久久不愿离开会议现场，他们的班主任走到正在收拾东西的我面前说："陈老师，学生很喜欢你，想把今天剪的轴对称图形作为礼物送给你，并和你合影留念。"看着孩子们欣喜盼望的眼神，我欣然答应，满心欢喜，因为得到孩子们的喜爱，是对自己教育教学最大的肯定和褒奖！

与此同时，我所教的学生也有出色表现：

2007年，我担任了4年班主任及数学老师的任教班级学生全部考上广州大学，专科录取率为100%。2010年，我任教3年初中数学的班级在广东省统一高考中，数学成绩高出全省平均分13分，其中，陆金辉同学在这次统考时数学考了150分的满分，是全省数学的单科高考状元。陆金辉同学同时收到天津理工大学（本

广州聋校的学生给陈丽江老师赠送礼物

陈丽江老师与广州聋校的学生及班主任合影

科)、北京联合大学(本科)、广州大学的录取通知书。蔡华艳同学考取了北京联合大学(本科)。此前,我一直担任学校听障数学教研组组长,经过多年的努力,使数学成为学校的优势学科,每次广东省统考,数学成绩都名列前茅。2011年,任教9年数学的班级在广东省统一高考中,数学成绩再次高出全省平均分15分,其中徐辉同学数学考了150分,是全省唯一的满分。2015年听障学生高考,学生郭嘉璐同时被天津理工大学、北京联合大学、长春大学3所本科录取,创造了深圳特殊教育的新辉煌。

这个阶段,我成了广东省中小学新一轮"百千万人才培养工程"名教师培养对象和深圳市名师。

第四阶段（2015年7月至今）——百尺竿头须进步

在2015年的夏天，教龄23年的我，开启了教育生涯的新篇章。

2015年7月，广东省中小学新一轮"百千万人才培养工程"名教师培养对象第一次集中培训。是广东省教育厅的高瞻远瞩，给来自全省各地优秀教师一个相互学习、提升发展的平台。这次学习犹如一场视听的盛宴，大家兴致盎然地学习享受，精美的知识犹如甘甜的果汁，让我们如饥似渴地汲取。所看所学用欣喜已经不足以表达，只能用惊喜来描述：华南师范大学吴颖民教授的报告《打造高水平教师队伍 建设南方教育高地》让我们明确了肩上的教育责任，"美国荣誉校长中国行"报告会和李贵希校长的《学校转型：发现与唤醒每一位学生》给大家带来新的观点，让我进一步明确自己的教学追求，最终形成了"让每一个特殊孩子成为最优秀的自己"教育理念。

广东第二师范学院闫德明博士的《"我的教学风格"的凝练反思与案例撰写》让人耳目一新。教学风格的形成是一切有志于教育事业的教师的不懈追求。23年的教学历程，我已经形成了一定的教学风格，以前从没有想到归纳总结出来。雨果说："没有风格，你可以获得一时的成果，获得掌声、热闹、锣鼓、花冠、众人陶醉的欢呼，可是你得不到真正的胜利、真正的荣誉、真正的桂冠。"通过凝练教学风格，可以体现出个性色彩，散发出诱人的魅力，使教学效果与质量不断提高。我茅塞顿开，如获至宝般地高兴，因为找到一条崭新的提高自己的路径。只有提高自己，才能更好地为特殊孩子服务。

更让人激动的是，"百千万人才培养工程"项目组给全省初中数学名师培养对象配备了超强的导师团队，他们是广东第二师范学院数学系主任李样明教授和陈静安教授，广东省教育研究院吴惟粤教授，深圳第二实验学校的正高级教师林伟主任。在四位导师的精心指导下，我的课堂教学水平和课题研究能力有了很大的提高。2015年9月获"中国特殊教育改革与发展系列论坛——聋校数学课堂教学研讨会"论文一等奖，并应邀在浙江省的大会现场做专题讲座。2015年10月，获第十九届全国教育教学信息化大奖赛现场决赛课例一等奖。2015年11月，主持深圳市级课题"深圳市教师继续教育手语培训的实践研究"。2015年12月，成立深圳市陈丽江名师工作室。该工作室是深圳市教育局认定挂牌的中小学名师工作室，也是目前深圳市唯一的市级特殊教育名师工作室。2016年年初，我参与的省级课题"智力障碍学生心理健康校本课程建设研究"顺利结题，并审核为优秀。2016年被评为广东省第九批特级教师和深圳市高层次人才，2017年被评为正高级教师。

而今，从教26年，在学生的支持、家长的信任、领导的关心、同事的帮助下，我从一名普通的特教教师和班主任做起，通过学历进修、省培、国培、海培等，夯实了理论基础，开阔了视野，提高了教育能力和教学水平，逐步成长为深圳市优秀班主任、深圳市名师、广东省名师培养对象，广东省特级教师和正高级教师。今后，我将不断在工作中实践自己的教育理念，在课堂上诠释自己的教学风格，做好名师工作室的教育、科研、培训工作，以特殊教育专业能力建设为核心，以中青年骨干教师培养培训为重点，充分发挥名师的专业引领作用，努力造就一批师德高尚、专业理论深厚、教学水平优秀、科研能力突出的高素质特殊教育教师队伍，努力为特殊教育贡献力量，最终实现"让每一个特殊孩子在这个多元化的世界中成为最优秀的自己"的教育理想！

学科教育观

对每一位特殊孩子都给予关爱和尊重

歌德说："风格，这是艺术家所能企求的最高境界。"艺术是如此，教学亦如此。教学风格的形成是一个教师在教学艺术上趋于成熟的标志。我是一个性格外向、活泼开朗、阳光积极的人。在课堂上常常手舞足蹈，有时在课堂上甚至会忍不住地表演一段逗笑的哑剧，或者是高兴地舞上一段即兴手语歌。喜欢用自己爽朗的笑声去激荡无声的课堂，用自己亲和的笑脸去温暖孩子寂静的双眸，用自己优美的手语去点燃学生思想的火花。在与听力障碍孩子接触的20多年里，他们纯真的心灵和对老师超出常人的依恋使我深感教书育人使命的重大，对教学工作丝毫不敢懈怠，努力教学、认真反思、用心总结，逐渐形成了我的教学风格——激情、细致、和美。

一、我的教学风格解读

激情，简单地说就是一种激动的情感，它具有强烈的感染力。我的教育对象是有听力障碍的学生，他们几乎听不到老师悦耳的讲解和课件中美妙的音乐，相互之间也没有有声语言的交流，假如教师的引导水平不高，往往课堂气氛沉闷。如果学生觉得课堂毫无吸引力，低头不看老师的手语，那么一切知识都难以传授。所以，在特殊学校就更需要教师利用饱满的情绪，去振奋学生的心灵；用丰富的表情，去雀跃学生的心情；用动人的表述，去激发学生对知识的渴求。我喜欢用这样充满活力的课堂教学状态去引起学生强烈的情绪共鸣，吸引学生的注意力，激发学生的求知欲，使他们专注于课堂，喜悦地吸收知识，自信地表达自己。比如在教七年级数学上册"应用一元一次方程——打折销售"时，正好是淘宝购物"双11"的第二天。那天，进入教室，我先高兴地告诉学生自己购买了什么物品，学生也争先恐后地告诉我各自的战利品。接着，我问他们这次购物比平时节约了多少钱？如果不直接显示节约的价格，可以怎样算出来？学生立刻拿起笔开始算起来，情绪很高。不知不觉中进入本节课的主题"打折销售"，学生学习的兴趣和积极性很高，课堂气氛非常活跃。

细致，是对教材进行精细地处理，设计周密的教学计划，教学中详细地讲解每个知识点，细心地观察每个学生的学习状态，注意课堂上的细微变化，给部分敏感的听力障碍学生细腻的引导，巧妙地回答学生提出的各种问题，细密地处理课堂上的各种突发事件。让学生感受到老师体贴入微的关心和条理清晰的教学，使他们不仅学到知识，还受到良好的思维训练，更重要的是受到教师严谨教学态度的熏陶和感染，潜移默化，为今后步入社会，细致认真地完成工作任务打下良好的基础。"细致"还体现在对多重障碍学生的人文关怀，使他们感受到老师的呵护和关爱。如今，随着融合教育的推广，到普通学校随班就读的特殊孩子越来越多，进入特殊学校的学生很多是双重障碍甚至多重障碍的孩子。因此，课堂上要对他们特别关注，采用分层教学和个别化指导。比如，只要孩子们在老师引导下能参与到学习活动中，我都给他们及时的鼓励和表扬，有时奖励一面小红旗，有时送一朵精美的小花，等等，真正做到"一个也不能少！"

和美，可以解读为"和谐优美"。体现在课堂气氛和谐、师生关系和睦、生生之间和乐，教室环境秀美、手语动作优美、课件制作精美。如教学中我充分发挥听障学生的视觉认知优势，让他们感受数学的和谐与美丽。记得在教"圆的认识"时，当把用心制作的"美妙的圆"精美课件展现在孩子们面前的时候，孩子们被"圆形彩虹""土星光环""湖水波纹"惊呆了，他们从心底感受到大自然是个神奇的设计师，用圆创造了许许多多的奇迹，它创造的一切，是那么和谐，那么美丽，美不胜收。在课堂教学中，我一直努力让学生感悟美，在和风细雨的环境中学习，开启他们的智慧之门；在轻松愉快的状态中讨论，点燃他们的智慧火花；在如沐春风的教学中思考，启迪他们的智慧灵感；在欣赏美的体验中成长，最终成为智慧的美好之人！

二、我的教育主张

"关爱、尊重、热情、责任"是我的教育主张。

（一）对每一位特殊孩子都给予关爱和尊重

苏霍姆林斯基说：没有爱，就没有教育。特殊孩子因为种种原因，造成了身心的缺陷，除了极少数的孩子，大部分的学生外貌异于普通孩子，如果没有发自内心的爱，有人看了会心里不舒服，甚至会唯恐避之不及。还有些特殊孩子因为身体原因，有时会烦躁、发怒甚至对老师大打出手，此时，这样的孩子更需要老师的关爱和尊重。教师的爱是滴滴甘露，即使枯萎的心灵也能苏醒；教师的爱是融融春风，即使冰冻了的感情也会消融。课堂上，爱是生命的火焰，教师用激情去唤醒特殊孩子的智慧，关注到每一个孩子，发现每一位学生的闪光点，选择符合他们身心特点的教学内容而教，设计他们能接受的教学方法去学，去启迪他们思考问题，去帮助他们完成课堂上力所能及的任务，因材施教；校园里，爱是教育的灵魂，教师用尊重去呵护特殊孩子的心灵，与他们交朋友，摸摸头、擦擦脸、整整衣服、系紧鞋带、问问生活、说说妈妈、聊聊爸爸、谈谈学习，告诉他们不知晓的事情，开拓他们的视野，多交流、多沟通，因人而教。苏联教育家马卡连柯也曾说：教师的心应充满对每一个他要打交道的具体的孩子的爱，尽管他们可能会给你带来不愉快的事，但只要你爱他们，一定会取得他们对你的尊重和爱戴。只有对每一位特殊孩子都给予了关爱和尊重的教育，才是真正伟大的教育。

（二）对特殊教育事业始终充满热情和责任

德国哲学家黑格尔说：我们简直可以断然声称，假如没有热情，世界上一切伟大的事业都不会成功。从事特殊教育一定需要热情，因为它面对的是听力障碍、视力障碍、智力障碍、肢体障碍、自闭症等各种残障的孩子，没有满腔的教育热情，不会选择特殊教育事业。中国革命家王若飞也说道：热情，像熊熊的火焰，是一切的原动力！有了伟大的热情，才有伟大的行动。同时，特殊教育也是一项艰巨并需要付出长时间心血才能看到一丝成果的教育事业。如果只凭一腔热情，而意识不到责任，可能过不了多久就会把热情消耗殆尽。所以，从事特殊教育必须有强烈的责任感。责任就是担当，就是付出。当被学生叫一声"老师"时，就意味着肩负了一种教书育人的使命。师者，传道、授业、解惑，拥有渊博的知识，善于启发学生思考，善于引导学生发现做人的道理，才可以称之为师。师者，学生的楷模，育人先育己，自身正才能要求他人正，以身作则，润物无声。教师的责任就是"学高为师，身正为范"！2011年，根据我和同事的教育事迹改编的舞台剧《责任》获深圳市教育局工作总结暨迎新会议最受欢迎节目。全场观众被《责任》所展现出来的特殊教育工作者的艰辛与敬业精神深深打动。只有对特殊教育始终充满热情和责任感，才能在这片寂静的土地上默默地耕耘，孜孜不断地追求，不图名利、不求回报，只为做好一个为人师的本质，体现特殊教育教师的格局和胸怀；只有对特殊教育始终充满热情和责任，才能在教育的百花园中浇灌得百花吐艳，每一朵花都开得芬芳诱人，使每一位特殊孩子在这个多元的世界中成为最美丽、最动人、最优秀的自己。

他人眼中的我

1. 专家眼中的我

裴光勇主任（深圳市南山区教科中心主任，特级教师，中小学正高级教师）：陈老师上课最大的特点是，把孩子们全部调动起来了，学生与学生之间互动、学生与老师之间互动。为什么能产生这么好的效果呢？一是她的教学方法的设计很到位，很适合聋孩子的学习，她把枯燥的概念、抽象的概念变成一种直观的感知，让学生通过观察去获取。另外一个很重要的特点是，利用体验式的教学，让学生通过动手来掌握知识，所以带来了目前的效果。二是陈老师很有亲和力，循循善诱，这种状态是一般老师很难达到的。三是整个课堂的教学理念，就像她说的，"让每一个特殊孩子在这个多元化的世界里成为最优秀的自己"，她做到了。课堂上每一个孩子都没有落下，都受到尊重、都受到关爱、都受到启迪，尤其体现在她对多重障碍的学生进行的耐心辅导上。数学本来就是美的，在聋生的课堂里就显得更美，加上陈老师的驾驭是美上加美！

王微丽特级教师（深圳市莲花二村幼儿园和第八幼儿园园长，全国优秀教育工作者，广东省"百千万人才培养工程"教育家培养对象，中小学正高级教师）：听了陈老师的课之后我最大的体会是感动，我觉得她是在用心施教、用情施教，是带着情感的世界来施教。整个教学过程中，不仅是为完成教学任务，更重要的是帮助孩子塑造健全的人格，形成对这个世界的美的建构。而且她知道聋孩子获取知识的渠道比正常孩子要少一些，所以她尽可能去展示生活中的美、艺术的美，去让孩子感受这个世界的美的存在，从而让这个世界的美去带动孩子对数学美的感受。陈老师很会把握教书与育人的结合点，因材施教、因人施教，对听障学生中的特殊孩子给予了特别的耐心和启发，手势都完全不一样，她给这些孩子的鼓励、关爱程度更大，从教会鞠躬、回礼的点滴做起，把培养孩子的点滴渗透在教学中。还有她对特殊孩子的那份激情让我感动，教育就是激情演绎的事业。最让我感动是，她作为一名在一线的教师，却是一位非常有育人理念和教育理念的人，她不是把自己当作一个教书匠，而把自己作为一个教育者，她具有一种教育家、学者的风范，所以我特别欣赏。她的理念让我感动，而且在她课堂上能看到她的理念，她不是把理念高高地挂在高处，而是把它分解，能够让人看得到，每一个理念在施教中都展现出来。还有，就是她特别的美，姿势、自身、自信的美。我觉得做教师，自身的魅力就是活教具，她就是一个特别有魅力的教师，教师是魅力的职业，我觉得她特别具备这个职业素养。所以，我觉得她的教学特别好。

2. 同行眼中的我

康小英（深圳元平特殊教育学校科研办主任，深圳市优秀教师）：陈老师在日常的教学工作中能严格要求自己，作为有20多年教龄的教师，她坚持做好每一节课的教学设计，不但听课笔记记录详细，评语也有的放矢，她每年会面向全校开设示范课，积极参加课堂教学、微课、课件、论文等技能竞赛，在全省、全国的特殊教育学校教师技能竞赛中均取得优异成绩，她有针对性地对教师开展特殊教育数学方面的讲座，对参加技能竞赛的教师在数学学科知识方面做一对一的指导，所指导的教师在比赛中同样取得优异成绩，她能积极参加各级各类课题的研制工作，主持聋校教材与普校教材的对比研究，为我校听障数学的教材选定指明了方向。

王修勇（深圳元平特殊教育学校听视障部初中组组长，深圳市师德标兵）：和陈老师搭档14年，陈老师很有责任心，对工作认真负责，始终对特殊教育保持强烈的工作热情；对待学生亲切温和，对残障孩子充满无限的关爱，对待同事热情解囊，对年轻教师产生了深远的积极影响。

十多年前，学校使用的是全日制聋校教材，由于听障学生要参加高考，可聋校教材只出版了1—9年级的，没有高中的内容。陈老师当时是数学科组长，她带领数学组老师开展"聋校数学教材和普通学校数学教材对比研究"的课题，进行教学实验和改革。经过几年的努力，我校高考数学成绩大幅度提升，多人在高考中数学单科成绩全省第一。

特殊学校的孩子个体差异大，教学中常常需要进行个别辅导。但由于我们的教学进度比较紧，往往只能针对所学内容进行个别辅导。记得担任七年级班主任时，我发现有两个学生在做小学二年级和三年级的数学练习册，我当时不明白为什么会这样。然后问学生才知道，是陈老师根据学生的情况在对他们进行个别辅导。陈老师在进行复式教学，而作为班主任，我都不知道这些情况。我们经常被陈老师这种默默奉献的精神感动。陈老师参加各类比赛都取得优异的成绩。她经常鼓励年轻的教师通过参加比赛来得到锻炼，经常指导参赛的老师。陈老师就是用自己充满正能量的实际行动影响着身边的同事们，让一批年轻的老师都跟着她的脚步慢慢成长起来。

3. 家长眼中的我

冯小宝妈妈（冯睿，原广东省深圳市南山区计划生育服务中心体检科主任）：孩子刚入学时，由于以前有近两年无人管教的经历，有许多不良习惯，如拣垃圾箱中的东西吃等，非常难以管教。由于有智力障碍和听力障碍，孩子学知识非常之难，但我们碰到了深圳元平特殊教育学校陈丽江老师这样的好老师。她对学生充满了爱心、耐心和责任心，像慈祥的妈妈，又是严格的老师。在陈老师的教育和我的努力配合下，儿子不仅改掉了许多不良习惯，还学会了许多知识，生活也慢慢地走向了自理。

丁当妈妈：作为家长，我们非常满意学校的各项素质教育，非常感谢陈老师的辛勤付出，孩子能遇到这么好的老师，在这么好的环境里学习，我们家长很放心，也很满意。我们相信孩子在学校和老师点点滴滴的教育下，会一天天地进步。希望孩子在以后会越来越好，谢谢老师们，你们辛苦了！

4. 学生眼中的我

蔡华艳（教了初中3年，高一教师节写来的贺卡）：敬爱的陈老师，您好！我有很多话想跟您说。我在读初中时，您很关心我，帮助我。我遇到不懂的问题时，您很耐心地教我。测试快到时，您很担心我们会失败，叫我们一定要努力。现在您不再是我们的数学老师了，但是我会永远记住您曾经教过我们。您永远是值得我尊重的老师。

何晓纯（初三考试结束后，在自制贺卡上写满了话）：亲爱的陈美女，谢谢您来教我们班数学课，还给我们讲那么多的道理。自从您教我们数学课，我发现我越来越喜欢您，而且每次见到您就会开开心心的。您在我心中永远是一位漂亮、善良、乐观的好老师！记住，您要多注意身体，别累坏自己，我希望您过得快乐、健康、平安。谢谢您陪我们班度过开开心心的日子……我心里真的很舍不得您，因为我很喜欢您！把您看作我亲爱的妈妈一样。到高中我会用很多时间去学习、努力学习，绝对不会让您失望的。陈老师，辛苦您了，祝您工作顺利、身体健康、笑口常开！我爱你！I Love You！

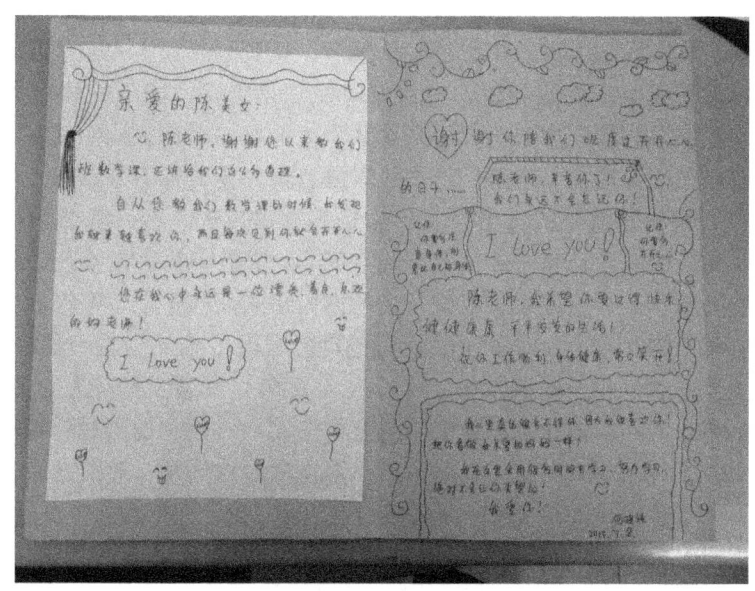

学生送给陈丽江老师的自制贺卡

▶▶▶ 育人故事 ▶

"爱"的表达——我班学生的成长

担任现在这个班的班主任有两年了，两年来和孩子们一起经历了很多事情，感受到了孩子们一天天地长大，一天天地成熟。在这两年中，我感受最深的就是让孩子们学会了"爱"的表达。

刚刚担任该班班主任不久就迎来了教师节，这一天是星期五，第一节课刚好是我的数学课，走进教室，以为孩子们会像我以前教的其他学生一样，要不异口同声地说"祝陈老师教师节快乐"，要不在黑板上画一个漂亮的女老师捧着一束花，上面写着"祝陈老师节日快乐"，或者是偷偷摸摸地放一张贺卡到讲桌上（我办公桌上是放了贺卡的，但不是这个班孩子送的）。可是，走进教室以后，没有看到贺卡，黑板上也很干净，什么都没写，当时也没有觉得什么，想着孩子们之后会用语言来表达祝福。叫了"上课"，他们问好就坐下了，没有说一句其他的话，当时还愣了几秒钟，可是孩子们就是好好地坐在那里等我上课，这个时候倒真希望他们说些什么，当时心中还真的挺失落、挺失望的。课后我向其他以往教过这个班的老师了解到，这个班的男生比较内向、女生比较腼腆，不太会向家长和老师表达自己的感受。

下午刚好是两节思想品德课，这个单元的主题是"相亲相爱一家人"。我准备借这个机会与孩子们交流一下，重点告诉孩子们"爱——需要表达"。教材内容快讲完的时候，我告诉学生，八年级是一个集体，也算是一家人。于是我就把自己早上的感受告诉了学生，让他们想一想，如果他们是老师，能不能体会我当时的心情，会不会觉得很失落，很失望。后来我从学生的反馈明白，他们其实知道今天是教师节，而且在心里祝福了老师们，之所以没有说，是觉得不好意思。这个时候我告诉孩子们"爱"是需要通过语言、行动来表达出来的。然后我请学生完成本节思想品德课的最后一个环节——"给父母寄言"，就是让学生在感激父母抚养、理解父母心情的基础上，把你最想对父母说的话写出来。孩子们写完以后，刚好有几个家长来接孩子们回家了，我就叫孩子们把自己写的话给父母看。我记得很清楚，我们班钟同学写的是："父母会老，我长大（要照）顾着父母吃住，我养父母"，就这么简单的几个字，他的妈妈看完当时就泪流满面。孩子们当时看到这个情景很受触动，明白了自己平时对父母、对家人、对老师、对同学、对朋友表达出的爱实在是太少了。于是我鼓励孩子们勇敢表达自己的"爱"。然后同学们就走出教室，来到教室旁边的老师办公室，对老师们说"祝老师教师节快乐"，老师们也给了孩子们热情的回复，不停地说"谢谢，谢谢！"看到老师们开心的表情，孩子们回到教室也很快乐，我告诉孩子们，这就是爱的表达。通过这件事，学生们感受到了表达爱其实并不难，而且会感到很愉悦。

时间过得很快，一转眼就到了三八妇女节。这一天，我依然是第一节课。走进教室，感觉学生有点神秘，有几个女生还在偷偷抿嘴笑。我疑惑地环顾教室四周，没有发现什么异样。我问孩子们："你们笑什么？说出来听一听，让我开心一下嘛。"他们还只是笑，没有人回答，看着我一脸茫然可笑的样子，好心的邹同学说："陈老师不要急，等等你就知道了。"我只好先上课，当我把黑板往下一拉，忍不住还是惊喜了一下，孩子们在后面的那块黑板上画了画，用不同的彩色粉笔写着"祝您妇女节快乐"，"祝"字的"口"还是画成了心形，周到的想法、贴心的细节，让我感到无比温馨。这时候，眼泪还是忍不住流了下来，这是收获幸福的泪水，孩子们的学习能力很强，成长很快。

稳定了一下激动的情绪，我转过身，告诉孩子们我很开心，能当他们的班主任我很幸福，能带给他们知识我很快乐。看着我满足的表情，孩子们也一脸的幸福。同时我向孩子们提出一个小小的要求，希望今天女老师都收到这份神秘的礼物，同时把老师们惊喜开心的表情用相机拍下来。孩子们用相机记录下了老师们惊喜开心的表情,其中教语文的黄老师看完以后激动地在黑板上写道:"谢谢你们对老师的祝福,在这里老师祝你们健健康康、快快乐乐地成长,祝你们能通过自己的努力完成美好的心愿!谢谢!"

班主任陈丽江老师和学生们

幸福的语文老师——黄建伟老师

心理课的党老师走进教室,无意拉开黑板后,看到祝福语也是一脸惊喜和开心。看到老师们如此幸福，孩子们得到很大的鼓舞和肯定，他们发现即使是做一件很小的事情，都足以让老师从心底感受到同学们的爱和关心。

惊喜的心理老师——党玉晓老师

通过这两件小事情，学生们感受到了表达爱其实并不难，而且会感到很愉悦。我不知道这对孩子们的成长到底有多大的作用，但我想，会表达爱的孩子，做他的亲人一定是幸福的，做他的老师一定是快乐的，做他的同学一定是开心的，做他的朋友一定是甜蜜的……

回首这两年的班主任工作，有管理处于青春逆反期学生的辛苦，也有遇到比较棘手问题的焦虑，但更多的是学生们评价我是一个有活力、上课认真、工作负责任的老师的喜悦。八年级和九年级是初中重要的时期，学生在心理和生理上都发生了很大的变化，看着孩子们点滴的进步，平安度过青春逆反期，不断健康地成长，作为班主任的我感到无比的欣慰。应该说，感谢可爱的孩子们，他们成长的同时也让我得到进步，让我与他们共同成长！

▶ 教学现场与反思 ▶

体验数学活动，培养数学思维，感悟数学之美

一、我的教学实录

课　　题：轴对称图形的认识

教学内容：人教版聋校数学第十四册第三单元"轴对称图形"第102～103页。

教材简析："轴对称图形"是全日制聋校实验教材数学第十四册第三单元第

4小节的内容。这部分内容教材安排了3课时。第一课时教学轴对称图形的认识；第二课时教学轴对称图形的性质；第三课时进行轴对称图形的巩固练习。本课是"轴对称图形"的第一课时。

学情分析：本班有12个学生，数学能力分3个层次。第一层次有4名同学，数学学习能力较强，能较好地接受所学知识；第二层次有4名同学，直观形象思维比较好，但语言理解能力和数学基础比较弱，需要老师一定的辅导和帮助才能较好地掌握知识点；第三层次有4名同学，数学基础很弱，掌握课堂知识有比较大的困难。针对这种情况，课堂上将有目的根据学生学习和理解知识的情况，让他们回答自己能回答的问题，让每一位学生"学有价值的数学，获得必需的数学，在数学上得到不同的发展"。体会学习数学的快乐！

教学目标：

1. 初步认识轴对称图形，理解轴对称图形和对称轴的含义。
2. 能够识别轴对称图形并能画出其对称轴。
3. 引导学生领略生活中的对称现象，激发学生的数学审美情趣。
4. 通过观察、思考和动手操作，培养学生探索与实践能力，发展学生的空间观念。

教学重点：理解轴对称图形和对称轴的含义。

教学难点：判断一般的平行四边形是不是轴对称图形。

教学准备：

教师：电脑、电子白板、实物投影仪、课件、轴对称图形的窗花图片等。

学生：白纸、彩纸、剪刀、长方形、正方形、圆形、平行四边形、等腰三角形的卡片等。

教学过程：

(一) 联系生活，感受"对称"

师：同学们，热热闹闹的春节刚过去不久，你们喜欢过春节吗？

生：喜欢。

师：你们的家乡过春节有些什么风俗习惯呢？

生：贴春联、穿新衣、发红包、放鞭炮、吃水饺……

师：刚刚看同学的手语，说还有祭拜祖先等。同学们说了很多风俗习惯。陈老师的家乡，有"贴窗花过新年"的习俗（播放课件）。老师选了几张精美的窗花和同学们一起分享。春节贴窗花，能烘托喜庆的节日气氛，并寄托着辞旧迎新、接福纳祥的美好愿望。

（二）"认识"对称，体悟特征

1. **认识轴对称图形**

（1）给每位学生发一张轴对称图形的窗花。

（2）师：同学们，这些窗花漂亮吗？

生：漂亮。

师：请同学们仔细观察，这些图形有什么共同特点？可以折一折，比一比。

生1：左右的形状一样。

生2：两边的大小一样。

生3：以中间分开两边来看，两边的形状和大小完全一样。

师：这些图形沿着一条直线对折以后，左右两边图形的形状和大小完全相同，我们也可以说这些图形对折以后，两侧的图形能够完全重合。请同学们再折一折，是可以完全重合吗？

（3）师：这样的图形有一个名称，知道是什么吗？

生：轴对称图形。

师：是轴对称图形，同学们真棒（板书课题——轴对称图形）我们来学习一下手语。

（4）师：这些窗花老师也会剪，同学们请看。（出示剪的玉米图）

玉米图贴在窗户上，表示希望来年丰收。等一下陈老师剪的时候，请同学们认真观察，看有几个步骤，学习方法，等一下你们也剪一个。

师示范，剪出一个轴对称图形。

步骤：折——画——剪——展

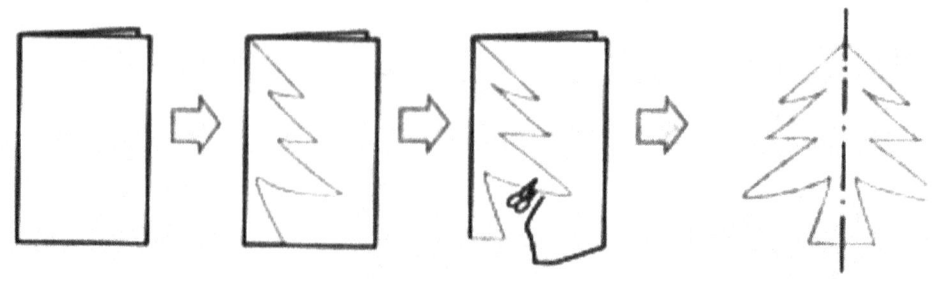

(5)师：你们能按照上面的方法，剪出一个轴对称图形吗？

生：能。（学生剪一剪，老师指导）

师：请把自己剪好的作品贴在黑板上。

(6)师：来欣赏一下同学们的剪纸作品：这像兔子、这像大萝卜、这是爱心、房子、这像美人鱼……同学们的作品真漂亮，把平淡的黑板装点得很漂亮。就我们刚刚的学习（指一指黑板上的图片），你们能用自己的话说一说什么是轴对称图形吗？

生1：沿着中线对折，左右大小、形状一样的图形是轴对称图形。

生2：可以互相重合的图形是轴对称图形。

师：同学们说得都很好，把大家说的归纳一下：如果一个平面图形沿着一条直线对折，两侧的图形能够完全重合，这个图形就是轴对称图形。（师生齐读）

(7)师：理解这个定义了吗？还有没有问题？

生：没有。

师：你们没有问题，老师有个问题，什么叫"完全重合"？

部分学生用手语表达：两只手掌上下重叠在一起。

老师演示部分重合的图片和完全重合的图片，使学生更明白轴对称图形的定义。

(8)练一练：结合轴对称图形的特征，判断下列图形是否为轴对称图形。（课件出图，点名让学生直接在多媒体屏幕上板书，一名学生的书写笔顺错误，老师给予了指点；还有一名多重障碍学生写"是"少了一笔，老师帮助纠正，同时对这位学生的上台给予了表扬和鼓励）

(9)填一填：如果（　　　　）沿着一条直线对折，两侧的图形能够（　　）重合，这个图形就是轴对称图形。（点名生答）

2. 认识对称轴

(1)师：同学们剪的作品虽不相同，可是中间都有一条折痕，这条直线叫什么，你们知道吗？

师：这条折痕所在的直线叫作对称轴。（教手语）

师：同学们打的手语一定要清晰。今天我们学习的是轴对称图形，这条折痕所在的直线是对称轴。

（2）教对称轴的画法：点画线

师：为了简便，常常用虚线来表示对称轴。

（3）师：请同学们拿回自己的作品，画一画对称轴。

老师用实物投影仪把每一个学生画的对称轴投影出来进行点评。

（4）师：知道什么是对称轴了吗？那老师来考考大家。

师拿出一张长方形的白纸，随便折，使两边图形没有重合。

师：长方形是轴对称图形，那这条折痕所在的直线是对称轴吗？

生：不是。

师：为什么？

生：因为它没有使两边的图形重合。

师：同学们真棒，能使图形两边完全重合的直线才是对称轴。

（5）下列图形是轴对称图形吗？如果是，请画出它的对称轴。（课件出图，点名让学生直接在多媒体屏幕上板书）

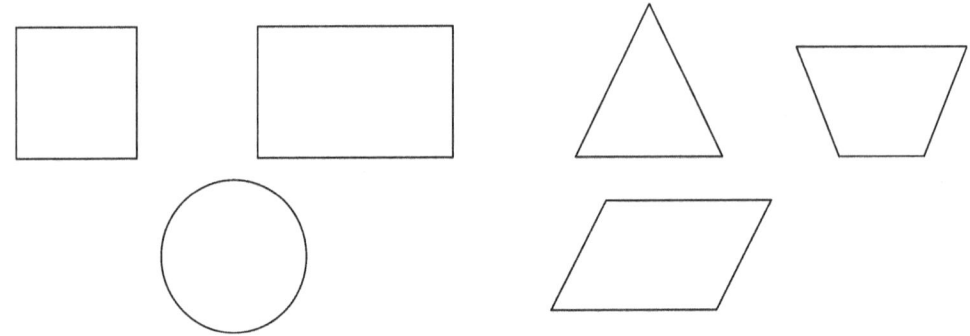

师：一般的平行四边形是不是轴对称图形？

生：不是。

师：判断的依据就是沿中线对折以后两侧图形能不能完全重合。

师：同学们，你们发现了吗？有的轴对称图形不止一条对称轴，有的一条，有的两条，正方形有4条，圆有无数条对称轴。所以我们在找对称轴的时候，要多用心、多角度地去观察，看共有多少条对称轴。（课件动画演示对折，出现各个图形的对称轴）

师：有的三角形不是轴对称图形，有的只有一条对称轴，那是等腰三角形，等边三角形有三条对称轴。

师：同学们都做对了，非常棒！

（三）"想想"对称，提升认识

猜一猜：根据给出的轴对称图形半边，想象它的另一半，并判断给出的是什么。

猜一猜是什么运动项目？

猜一猜是什么汉字？

猜一猜是什么数字？

（教学活动没有吸引力，学生就不会积极参与到学习活动中去。所以设计"猜一猜"的体验活动，调动学生参与数学学习的兴趣）

（四）"发现"对称，拓展知识

（1）师：同学们，我们今天学习的是轴对称图形，这是一种平面图形。现实生活中还有很多的轴对称现象，你们能说一说吗？

生：电扇、桌面、剪刀、人……

（2）师：是的，已经有同学发现人体很多地方也是轴对称的，比如眼睛、鼻子、眉毛、耳朵等，人体的对称还有很多的科学道理，你们知道吗？（眼睛的对称能使看到的物体更加准确、双耳的对称能确定声源的位置、身体的对称可以保持平衡）

（3）师：下面这些物品是呈轴对称的，你知道这里面有什么奥秘吗？请同学们课后寻找资料，探索答案。

（该环节通过让学生去观察生活中的轴对称现象，把数学学习与生活相联系，发现对称的一些科学道理，丰富和发展自身的数学知识，拓宽知识面）

（五）"欣赏"对称，提高审美

师：同学们，大自然和人类社会中到处都呈现出轴对称的美，现在我们一起去欣赏吧。（播放课件：动植物、服装、汽车标志、建筑、剪纸、国旗、舞蹈……）

师：有人说，因为有了对称，我们的生活变得更加多姿多彩，世界才变得美丽而神奇。刚刚欣赏了生活中的轴对称现象，它与轴对称图形有什么联系与区别呢？轴对称图形还有什么性质？下节课，我们将继续走进对称的世界，去探寻数学的奥秘吧！

二、我的教学反思

（一）用教材教，而不是教教材

本课是"轴对称图形"的第一课时，聋校教材先出示树叶、蜻蜓、天平的图片，让学生观察这些图形有什么特点。聋生第一次接触轴对称图形，教材就直接问学生这类图形有什么特点，经过以往的教学发现，这三种图形，学生很难去把它们一分为二地观察，回答"这些图形有什么特点"有一定的困难。因此，在教学中对教材内容进行了细致的处理。首先用学生喜闻乐见的春节话题切入，激发学生的学习兴趣。接着采用广东客家人春节贴的剪纸窗花引入话题，这类图形广东很多学生在生活中见过，左右部分相同特点比较明显，大部分学生一看就可以得出这类图形的特点，观察能力较弱的学生再动手折一折，也能说出这类图形的特点，把问题坡度降低，使其更加符合聋生的接受特点。同时告知学生春节贴窗花的原因，丰富听障学生的生活经验。后面的设计也对教材内容进行了重组，体现"用教材教，而不是教教材"的理念。教学中通过让学生折一折、剪一剪、说一说、练一练、填一填、画一画、猜一猜等系列活动来凸显学生的主体能动性。

（二）体验数学活动，培养活动经验

听障学生由于身心上的障碍，再加上他们的交流范围小、信息渠道来源少、活动经验不足，影响了他们感知与语言发展，进而影响了他们理解能力和抽象思维能力的形成，并给数学学习带来了一定的困难。《聋校义务教育数学课程标准》指出：数学活动经验需要在"做"的过程和"思考"的过程中积淀，其是在数学学习活动过程中逐步积累的。因此，积累数学经验需要通过体验数学活动来实现。所以，数学教学中要注重结合具体的学习内容，设计有效的数学活动，让听障学生通过数学活动这个载体，不断获取、积累、丰富、发展、提升数学活动经验。"折一折"和"比一比"是听障孩子拿到纸质图形后经常做的事情，而且这个过程也极具启发性：学生发现沿着某条直线对折以后两侧的图形可以完全重合。这时让学生观察图形的共同特点，学生的手语描述会从"左右两边图形大小一样，形状相同"提升为"两边图形可以完全重合"。这样把数学活动逐步地本质化，不仅培养了听障学生的数学语言表达能力，也有利于形成数学的活动经验。

（三）激发学习兴趣，培养抽象思维

爱因斯坦曾说：兴趣是最好的老师。因此，我在教学的后半段设计了"猜一猜"的体验活动，调动学生参与数学活动的兴趣，激发学生体验猜想活动。从剪纸窗花等具体实物转化到轴对称图形概念，从轴对称图形概念又转化到具体的图片、汉字和数字，在这样不断的转化过程中，学生会在情景、图片、数字等具体的"不同"之中发现这些数学活动的抽象"相同"之处，牢固地掌握轴对称图形的本质，思维得到锻炼。"发现对称"环节通过让听障学生去寻找生活中的轴对称现象，把数学学习与生活相联系，比如有的学生发现"眼睛的对称能使看到的物体更加准确"，有的学生发现"身体的对称可以保持平衡"等，从而明白对称的一些科学道理，丰富和发展自身的数学知识，拓展了学生的知识面。

（四）渗透数学美育，感悟对称魅力

美在人的成长中起着重要的作用。苏霍姆林斯基指出：对周围世界的美感，能陶冶学生的情操，使他们变得高尚文雅，富有同情心。数学美是自然美的客观反映。听力障碍学生主要以视觉来接受外界信息，当呈现在学生面前的是他们感兴趣，并且制作精美的课件时，能吸引并保持他们的注意力，提高学习效率和审美能力。所以课的最后一段安排为欣赏自然界和生活中的对称美。制作的PPT不仅画面色彩搭配和谐，而且每张幻灯片都结合文字说明去诠释展现出的对称美，比如：一套在视觉上均衡的服装，能给人以美的享受。对称平衡的设计比较端庄，较适合东方女性的古典风格。汽车标志是一种传播符号，它传达企业信息、蕴含企业文化，轴对称的汽车标志以简洁、鲜明、精练的形象令人过目难忘。轴对称原理被广泛运用在建筑设计上，对称的设计显得大气稳重、威严雄伟。国旗是一个国家的象征，它通过一定的样式、色彩和图案反映一个国家的政治特色和历史文化传统。很多国家的国旗图案采用了轴对称形式，使得这些国旗看起来简洁、大方。让学生从内心体会到数学课堂的生动多彩以及数学的魅力。数学课堂展现数学美，不仅让学生赏心悦目，更能逐步形成审美能力和创造发明能力，体现了我的教学风格——激情、细致、和美。正如中国数学家徐利治先生所说：数学教育与教学的目的之一，应当让学生获得对数学美的审美能力，从本质上既有利于激发他们对数学科学的爱好，也有利于增长他们的创造发明能力。结语中的两个问题设计，意在引起学生的反思，激发学生继续学习的欲望，为下节课埋下伏笔。

（五）注重教学细节，关注每位学生

特殊学生的差异性很大，特殊课堂的教学要非常细致，学生在课堂上出现的点滴问题都需要得到及时的指导，比如在"判断下列图形是否为轴对称图形"时，一名学生板书的书写笔顺错误，老师给予了及时地纠正；还有一名多重障碍学生写"是"少了一笔，老师不仅帮助其补上，同时对这位学生能够积极举手上台，勇敢展示自我给予了充分的表扬，该生受到极大的鼓舞。但在听障数学课堂中，如何让不同接受能力的特殊学生在数学上都得到不同的发展，特别是多重障碍的学生，仍需要在实践中不断摸索和总结。

构建"和畅"数学课堂

● 湛江一中培才学校　陈燕（初中数学）

▶ 导读语

我是湛江一中培才学校的一名数学老师，是一个土生土长的"湛江妹"，有着渔民后代的勤恳、热忱、温和、随顺的性格。大学毕业后，我回到中学时代的母校任教至今，认认真真学习、踏踏实实积累。近20年的实践经历，一步一个脚印。我曾获全国中学青年数学教师说课（优质课）比赛一等

奖，是岭南师范学院数计学院校外教师、广东省中小学新一轮"百千万人才培养工程"初中理科名教师培养对象、广东省中小学名师工作室主持人、全国初中数学联合竞赛优秀辅导员。曾当选中国妇女第十次全国代表大会代表、湛江市政协委员。

我在教学实践中逐渐形成具有个人风格的"和畅"数学课堂。和，指和风细雨、和而不同；畅，指语言流畅、思维顺畅。和风细雨既是我的性格特点、语言特点，也是我面对的学生立场。和而不同是我对因材施教的理解和实践，对学生进行适合其个性和学情的学习指导，使学生在数学学习上有"和而不同"的收获。语言能力与思维能力是数学学习的两大必要工具。我关注学生数学语言表达能力的培养，帮助学生"想明白、说清楚、写准确"，努力达成语言流畅、思维顺畅的教学成效。

数学学科具有严谨性、抽象性和应用性等特点，对于学生学习而言充满挑战。和风细雨地引导，重视学生数学语言和数学思维的发展，使学生达到语言流畅、思维顺畅，使不同的学生获得基于各自水平的进步，始终是我的教学追求。

名师成长档案

历练困难　读书改变命运

小时候，我被寄养在外婆家，外婆家不远处是海，我能整天光着脚丫在海滩上疯跑，在红树林里钻来钻去，捉螃蟹、掘海螺……

渔民们早出晚归，不是一整天浸泡在浅海滩涂，就是长达几个月飘在深海撒大网。靠天吃饭的渔民们最怕台风，一场台风则意味着渔船损毁，家园淹没。有一回刮大风，外婆把我放在一个大木盆里，我差点顺水飘走了。这场台风过后，外婆家全毁了。外公领着家人们重建家园，热火朝天的干劲让人有个错觉——灾难从未来过。你家帮帮我家，我家帮帮你家，灶头重新垒起来，柴火烧饭的香味又传出老远，男人出海、女人下地，一切复归当初。

我从没见过谁愁眉苦脸，亲人们面对灾难从头再来的豁达，清贫守正帮助邻里的善良，深深地烙在我的记忆里。成年后，每当遇到困境，我都能默默耕耘，重新再来。

上小学时，我回到父母身边。父亲是电机厂的"老师傅"，他对技术业务一丝不苟，对年轻学徒严格要求。父亲爱读书，常用《红楼梦》里的人物教育我："莫做林黛玉，总悲春伤秋，父亲希望你有一双慧眼，世事洞明皆学问，人情练达即文章。"父亲一有时间就看书，尽管这与工厂的环境格格不入。父亲工资微薄，但每次发工资都会带我去书店买书，他还教育我"有字的纸张，你都要敬重"。2006年，父亲病逝，他给我留下了他反复读过的《史记》《红楼梦》《毛泽东选集》……

自从父亲生病以后，母亲就开始在路边摆摊卖水果。我每天放学回家，就从家里带饭给母亲吃，顺便帮她看着摊子。遇上城管，我们便端着箩筐东躲西藏，有时水果撒了一地，狼狈不堪。母亲默默承受着一切，她用尽全力供养我读书，她总是对我说："一定要好好读书，读了书，你才能更有尊严。"我读书非常用功，考取了省重点中学，师范毕业后回湛江任教至今已近20年。读书改变命运，我实现了家人对我的期望。

教学相长　实践累积经验

于我而言，学习的迫切性从未停止过。刚参加工作的时候觉得自己经验尚浅需要多学习，成为母亲后觉得教养孩子的学问匮乏需要多学习，步入中年后觉得教育研究的能力欠缺需要多学习。很幸运，我的同事、学生、朋友、家人都在帮助我不断学习进步。

一、三人行必有我师

做班主任时，我经常因为学生的种种问题而苦恼不已。有时觉得学生的一些行为不可理喻，有时觉得自己的努力付诸流水，有时觉得家长过于溺爱孩子……行有不得反求诸已，自己工作的不得法使得工作不见成效。突破之法唯有向同行学习，向家长、学生、专家和书本学习。学习、自省、实践，我逐渐理解了教育管理关系中的行为和结果。我用和风细雨的教化建立了平等、理解、真诚、信任的师生关系。

教育需要判断力、洞察力、创新力，这些能力的提升要借助持续的学习。西南大学课程与教学论专业研究生课程、广东省中小学心理健康教育"A证"课程等使我从专家那里学到必要的教育理论，让我结识了许多志同道合的优秀教师。我获得了许多疑难问题的解决策略，深刻体会到优秀同行们孜孜不倦、精益求精的教育热忱。榜样的力量带给我努力学习、扎实实践的动力，促使我养成大量阅读教育专著、期刊论文的习惯。

在父亲离开我的那段日子，我总是想起他对我说的话："要永远做一个手心朝下的人，有能力惠及别人的人总是手心朝下地给予的，要好好教书。"子欲养而亲不待，再难过也要"好好教书"。就是这个时期，我的恩师林爱菲老师把我带进德育教育研究的大门，我加入了林老师主持的"吾亦吾师"课题组。林老师指导我开展一系列旨在帮助学生自我教育、自我管理的主题活动。如亲子活动、家书撰写活动、借助《自我评价表》引导学生自我管理、设计家务作业、开展《大写的人》《自律、自学、自理》等序列自我成长教育活动。最后，课题组推荐我在结题大会"教师自我发展论坛"上做了题为《和学生一同成长》的发言，介绍我们课题组引领学生自我选择、自我塑造、自我实现的实践案例。

二、学位提升，系统学习

2010年，学校安排我到教学处工作，工作的重心是促进教师的专业成长，建设教师学习共同体。这项工作的专业性很强，也令我觉得过去的储备捉襟见肘。在兼顾教学工作、行政工作、照顾幼儿诸事的同时，我挤出时间复习考试。每天充分利用零碎时间，随身带着一个小本子，把重点摘要拿出来复习。终于，我考取了华南师范大学数学教育专业的教育硕士。

从湛江到广州的求学之路有450多千米，每一程路乘坐大巴车都要颠簸近7个小时。节假日是别人的聚会、家居、旅行的时光，对我而言，是闭关学习之时。记得写毕业学位论文的那段时间，教学任务特别重。我在认认真真做好每一样教学工作后，把时间挤出来做学习评价研究。许多时候来不及吃饭，边看文献边就着面包、矿泉水对付着一顿饭。许多时候在办公室看书学习到深夜，保安同事总要来提醒我该休息了。走出办公室时，校园里安安静静的，满天星斗照亮着我回家的路。

这个过程我以王阳明先生的话语勉励自己，"立志用功如种树然，方其根芽，犹未有干；及其有干，尚未有枝；枝而后叶，叶而后花。实。初种根时，只管栽培灌溉，勿作枝想，勿作叶想，勿作花想，勿作实想。悬想何益？但不忘栽培之功，怕没有枝叶花实?" 2016 年,我如愿以偿取得了教育硕士学位。3 年的系统学习让自己收获了许多,在理论上初步了解到教师专业发展的方向,初步了解到教育教学研究的方法。

得益于硕士学位的攻读,我得到了特别难得的高端培训学习的机会。有幸参加了广东省中小学新一轮"百千万人才培养工程"初中理科名教师培养项目的学习,广东第二师范学院为我们设计了高端、严谨、多元、有效的培训课程。这些课程开拓了我的视野,弥补了我的不足。我得到导师李样明主任、陈静安教授、林伟校长的指导,醍醐灌顶、获益良多。项目组的同学们皆为精英翘楚,尤其是数学组的正高级教师宋朝华、陈丽江,特级教师孔进、吕进智,工作室主持人及地区首席教师蔡映红、李芸、刘超源,他们都是我学习的楷模。和优秀的人在一起让我丝毫不敢懈怠,唯有更认真地学习并奋起直追。在项目组的精心组织下,我们有幸聆听名师讲座、到名校跟岗学习、去国外参观访学……这使来自粤西地区的我大开眼界,内心之震撼触动带给我从观念到行动的改变。

▶▶ 学科教育观 ▶

构建"和畅"数学课堂

数学教育具有独特的教化功能,比如,数学论证过程中的缜密与谨严、数学规则推导过程中的理智与自律、数学探索过程中的执着与坚韧、数学创造过程中的开拓与超越等,无不渗透着数学情感与态度,而顽强的学习毅力、实事求是的科学态度以及独立思考、勇于创新等精神的培养也蕴含其中。近 20 年躬耕课堂,我逐渐形成具有个人风格的"和畅"数学课堂。和,是关于数学教学的情感态度和价值取向。畅,是关于数学教学的实施路径和目标定位。

一、和风细雨

美国著名数学教育家克莱因曾指出:"数学家花了几千年时间才理解无理数;从伽利略到狄利克雷,数学家一直绞尽脑汁去理解函数的概念;从古代埃及人和巴比伦人开始,直到韦达和笛卡尔,没有一个数学家能意识到字母可用来代替一类数。数学并不是从显明叙述的公理推演出不容置疑的结论来的。"抽象的、演绎的数学并不是自然的,它远离一般人的思想、兴趣和行为,是一门高度复杂、难懂、深奥的学科。不少学生在数学学习中得到了许多挫败的学习体验。作为一名数学教师,如果无法从数学发展的历史理解到学生数学学习的困难,总是一味责备学生不用功,甚至用强势的方式让学生学习数学,学生将无法从数学学习中获得理性思维的发展。因此,我采用和风细雨的语言进行教学,用和风细雨的态度指导学生学习数学。为了激发学生的学习兴趣,让学生获得更好的数学学习体验,我为学生提供了学习分享的机会,鼓励学生展示学习的过程。设计探究性学习任务,并用多元的教学方式，使学生更自主地学习。

二、和而不同

从学生那儿观察到，不同的孩子会采用不同的方式学习数学。有的善于思考，适合独立学习；有的喜欢讨论，适合合作学习；有的需要帮助，需要更多指导。就学生原有知识和能力而言，有的孩子缺少基本的数学概念，有的孩子知道问题的一个方面，有的孩子知道问题的多个方面却无法将这些方面关联起来，有的孩子能关联问题的多个方面却不能进一步抽象化，有的孩子能够将问题拓展延伸。学生是如此的不同，世界是如此的精彩。如果用一把尺子去量度所有的学生，许多学生只能得到挫败的学习体验。

培养基于学生自身基础的自主学习能力。为了引导学生自主学习，我和团队的老师研制《初中数学三维导学案》，设置合适的数学问题，引导学生在解答这些问题的过程中发展其数学语言能力。鼓励学生表达，营造学生乐意表达、展示的课堂教学氛围。每一节课的教学资源分为三部分：自学展示阶段的教学资源（预习案）、问题应答阶段的教学资源（学习案）、评价反馈阶段的教学资源（反馈案）。

编写的基本原则：①将问题设置在学生的最近发展区，引起学生的认知冲突；②遵循先学后教原则，便于指导学生阅读文本、展示应答、交流分享；③自学展示阶段的教学资源——低起点、小步幅、快反馈、围绕核心；④问题应答阶段的教学资源——从多个角度设置问题串，逐渐接近数学知识的本质；⑤评价反馈阶段的教学资源——从易到难，多层次设置数学问题，让不同层次的学生充分展示他们的思维发展路径与水平，获得成功的满足感，强调数学语言能力和数学思维能力的阶段性、全面性和系统性培养。

和而不同，因人而异，为学生提供个别化的指导，采用面评习作的方式让学生知道自己可以如何提高。鼓励学生之间的互助合作，使学生成为彼此学习的资源。让学生接纳"只有帮助别人学会了，才是真正意义上的理解"。鼓励学生在寻找老师帮忙前，先向同学寻求帮助；同学之间相互批改作业；发现作业中存在的问题，大家共同解决；以小组为单位展示课堂学习困惑、收获等。和而不同是学生学习乐在其中、自主而为的前提。追求和而不同，我将一如既往地努力为不同个性的学生提供数学教学服务。

三、语言流畅

苏联著名的心理学家维果茨基曾论述了语言与思维的关系，他认为：语言是思维活动的工具，语言是思维活动的成果，语言是人类交流思想的工具，语言可以刺激思维的发展。学生在数学语言学习中存在以下问题：不重视语言的分析和叙述，正确使用数学语言流畅地表达思想和问题的能力比较薄弱，对数学语言的理解不透彻，对不同语言形式的转换不够熟练，不能通过联想和互化实现知识的迁移，知识网络建构不强，尤其是将文字语言转换为符号语言和图形的能力需要加强等。

我立足课堂教学，鼓励学生用数学语言表达自己对具体问题的理解，促进学生思维水平的发展。重点开展"说"和"写"的指导，借助特定的现实情境或数学情境帮助学生获得语义理解；从多种角度展开语义解释；采用辨析练习帮助学生厘清相关的数学概念、定义、定理和法则；口述问题解答的思路，以"说清楚"促进"想明白"，指导学生"说审题、说思路、说方法、说归因、说错误、说反思"；及时指出语言使用的错误，使学生从错误中获得反思、理解、重构、纠正。

鼓励学生表达，营造学生乐意表达、展示的课堂教学氛围。用词准确简练、符合数理逻辑的语言表达观点是需要练习的。学生将自己对某个数学问题的思考过程，如归纳、概括、联想、推理等个人的、主观的想法说出来，使所形成的知识更深刻。经过有意识地培养，学生能把新问题与新旧知识、过往解题经验勾连，把问题归结在具体的知识点上。分析问题立意，说明题目的已知（隐含）条件和问题，厘清题目所涉及的知识点。学生讲述解题的方法、步骤、规范和表述中容易错漏之处。学生分析问题所用到的数学思想，并对问题解答过程做系统的反思小结。学有余力的学生，还能将一般解法上升为"通性通法"，在原问题的基础上进行变式、优化、结论的一般推广。

数学语言是数学知识和数学思维的形式外显，是人们数学思维的表达工具。要帮助学生将自己的思想用数学的规范进行组织、加工和表达，最终达到准确并能灵活运用的程度，我仍需要努力并进行持续地研究。

四、思维顺畅

数学教学的首要目的是教会学生思考，不仅要教会学生使用数学知识，还要培养学生的思维习惯，重视学生对数学思想方法的领会与运用。探究数学思想方法对于发展学生的理性思维有重要作用。例如，函数思想能有效地帮助学生理解代数式、方程、函数、图像、不等式等知识的内在联系。数学思想包括数形结合、分类与整合、化归与转化、一般和特殊、有限与无限、或然与必然等。

学生在掌握和领悟数学思想的过程中需要老师的引导。我为学生实现知识的再发现做好启发和引导的准备，创设教学情境，设置合适的问题引导学生亲历知识的形成过程，学会运用数学思想科学地分析和解决问题。抓住"想明白、说清楚、写准确"的突破口，指导学生进行有逻辑的数学思考。帮助学生通过纷繁复杂的现象，了解数学概念之间的联系和关系。简化和系统化数学知识，加深学生对数学学科的理解，帮助学生触类旁通地解决数学以外的新问题。

关注学生对具体数学问题的思维水平，才能促进学生对数学问题的理解。教师的意识决定其教学行为，教学中的"想当然"会造成学生运用数学知识解决实际问题的草率。仅注重训练运算的准确性、技巧性和速度，通过增加不同形式的"测试"检验学生对知识的掌握程度，在短时间内会收到成效，但这对于培养学生思维的深度没有帮助。当然，学生需要适当量地解题，但学生解题要基于理解之上，掌握和领悟数学思想比准确解题更重要。

卡彭特曾指出："当学生理解时，他们才能灵活运用这些知识去解决新的不熟悉的问题，用这些知识去学习新的内容。"只有当学生的知识是通过理解性学习获得的，才能对学生的进一步学习有促进作用。突破难点，直面疑惑，不造成学生思维的负担，才能促进学生数学理解的向前推进。

课题研究，以研促教

以研促教，课堂面貌发生了变化。我通过提高学生数学语言表达能力，促进学生数学思维水平的提高，追求语言流畅、思维顺畅的学习效果，构建了具有独特个人风格的"和畅"数学课堂；把学生在数学课堂上的展示录像制作成光盘《学生主导的课堂》送给每位家长；开展丰富的数学学习活动，如讲题比赛、建模小论文征集活动、学习心得分享等，活跃学生的数学学习生活，让学生获得多样化的数学学习体验。

实践出真知，要提高自身专业素养与能力，就要在课堂教学的田野中开展教育教学研究。我一步一个脚印地摸索，坚持开展学生学习指导和学习评价的相关教育教学研究。从学生的学习需求出发，了解学生的"学"、理解学生的"学"、指导学生的"学"、评价学生的"学"、促进学生的"学"。融合学习、教学与评价，践行"以评促学"，在数学课堂教学中采用了"自学—抽象—深评"螺旋形教学模式，形成"指导学生自主学习、培养学生数学抽象思维能力、及时评价及时反馈"的回路。邀请了学习评价专家吴有昌博士进入我校数学课堂进行现场指导，诊断反馈并改进课堂教学。

为了使教学更具成效，我和数学科组的骨干老师们一起编制更适用于评价指导的数学问题，出版基于"自学—抽象—深评"螺旋形教学模式的7—9年级系列教材配套教学资源《初中数学三维导学案》12册（人教版），成为具有校本数学学科特色的教学资源。引导学生在解答这些问题的过程中发展其抽象数学思维能力。

教学研究工作虽然充满困难，常常遇到难以突破的瓶颈，但从中我和团队老师的专业素养与教学水平得到了提升。在大家的通力合作之下，我主持的广东省教育科学"十二五"规划项目"运用SOLO分类法的评价作用指导初中生开展数学科导向型自主学习的实践研究"结题。2018年参与研究的课题"初中数学'自学—抽象—深评'螺旋形教学模式的创新与实践"获广东省教育教学成果一等奖，获国家教育成果二等奖。参与编写的著作《提升中学数学教学质量的评价》（第二作者）2018年2月于科学出版社出版。教学研究的过程，如同培育一朵花期很长的花，过程虽慢，但结果美好。

▶ 育人故事

陪伴学生成长，亦和学生共同成长。我走进学生的内心，信任每一个学生，平等对待每一个学生。让平凡者成为一个合格的社会公民，脚踏实地、兢兢业业；让奋进者勇往直前，考取理想学府，实现人生目标。一届又一届的毕业生中，有奉公守法的好公民，有热心公益的志愿者，还有著名大学的高才生。例如，考取哈佛大学的林怡，英国帝国理工大学的郑舒予，清华大学的陈凌川、王远韬、陈玥瑜、黄明磊等。昨天的孩子成为今日的国之栋梁。早生华发却难掩内心的欣慰。带着傻气和憨气，我愿意温和而坚定地行走在教育之路上。

和学生一同成长

学生正处于一个不断发展成熟的时期，不同的生命有着不同的内在的潜能，教师应当尽其所能发掘学生丰富独特的潜能，为其创造有利环境，使其成才。作为人类生存技能和人文精神的传递者，教师不仅仅是一个载体，更是一个不断丰满自我精神生命，自我发展的人。也就是说，教师也应当是一个学习者。

为人师表，我在教育学生的过程中补回了人生必修课。初为人师，学生小蔡让我明白：理解学生才能帮助学生成为最好的自己。小蔡倔强、早熟，总是用灰色的眼光看待周围的一切，也不喜欢和别人交流，将自己封闭在自己的空间中。我利用周记与她交流，可小蔡对我的建议总是不置可否，还常反驳道："老师，其实你什么都不懂，你不会明白的。"直到有一次，小蔡因拼力拉住一个差点失足滑下楼梯的同学而被割伤，我将她送至医院，看着小蔡那向外翻出的血肉模糊的指骨时，我心疼地哭了。当我把小蔡的手捧在手心时，倔强的小蔡泪如泉涌，她终于愿意打开心扉，向我倾诉心里的委屈：父母感情不和，她自小被送进寄宿学校，学习成绩不理想；父亲脾气暴躁，生气时狠狠地揍她，还把她关在柜子里……

因此，每当小蔡对自己进行自我惩罚时，总会把自己关在柜子里，以至于老师和同学遍寻不见。在之前很长一段时间里，我无法对小蔡的行为正确归因。不知道她为什么那么冷淡，那么倔强。作为学生成长的引路人、陪伴者，我深深地意识到，需要丰富自己的洞察力和教育的艺术、技巧，甚至是对生活的理解力。理解孩子、理解家长、理解成长、理解生活中的一切……

"真该认真学习了！"的念头是如此的强烈。因为爱孩子，因为爱教育，所以愿意把自己变成优秀的老师，让彼此成为美好的遇见。与此同时，一位慈爱的前辈——林爱菲老师把我领进了教育研究的大门："引导学生自我发展的理论和实践研究"课题。相关理论给我带来了教育教学理念的强烈冲击，元认知知识和学习指导的理念使我发现并发展自己的潜能。学习、实践、研究，然后再去教育、启发、引导、帮助学生，促进了老师和学生的共同成长。

向学生学习

孩子是上天送给成年人最好的礼物。学生的单纯，是成年人心灵的净化剂，与学生们在一起，我总能感受到他们青春的气息。学生对友谊的真诚，对同学的关心，对集体的爱护，对世界的关注，这些优点在成年人的世界里，值得学习和珍惜。

学校委以重任，让我接手一个资优生班。我一开始就被学生"吓到了"——学生是如此多才多艺：张明明小小年纪就出版了两本文学作品，王远韬、李源、冯冰心等都考取了钢琴十级，罗茵亭、黄国鹏等同学的英语口语表达能力非常出色……

当我惊羡于这个班级的优秀时，一位学生家长突然来为孩子办理转班手续，要把自己的孩子转去别的班。理由是我从来没有担任过资优生班的教学工作，家长担心好苗子会被耽搁了。这给我造成了不小的打击。从内心纠结到坦然接受，我不断鼓励自己：要用真心对待所有学生，意正心诚、认真学习，向前辈学习，向学生学习，努力提高自己的教育教学水平。

于是，通过细心观察、用心整理，我发现优秀的学生拥有单纯的学习热情和良好的学习习惯。例如，有些学生能坚持每天记忆20个新单词，久而久之，他们的词汇量已经相当丰富了。有些学生能坚持每天写日记，久而久之就有了自己的书稿……

人的生存是一个无止境的自我完善和自我学习的过程。事实上，人必须从所处的环境中不断地学习那些自然和本能所没有赋予他的生存技巧和能力。人为了求生存和求发展，就必须不断学习、进取，我理当和学生一起成长。

我大为欣赏陈凌川同学钻研数学的热情，我感受到了这位男生对数学的专注和热爱。一次，我在数学课堂上讲到轴对称图形时，提到了蝴蝶定理这一著名的几何名题。陈凌川同学对此很感兴趣，他便在笔记本中收集了关于蝴蝶定理的十多种证法，我们师生间对这个问题进行了探讨，为这些漂亮的证法赞不绝口。学生的这种学习精神远远超越了"课本教什么就学什么"，超越了只为分数而学习的功利。观察发现学生的优点，感佩欣赏自己的学生，基于学科领域进行深度交流，本身就是最好的教学相长。

受到学生的激励，我更加投入地钻研教材教法，换位思考，站在学生的立场思考问题，珍惜学生的生成资源，教学相长。我赴昆明参加全国初中青年教师说课比赛，荣获全国一等奖，学生为我欢呼雀跃。作为教师，我在指导学生为将来做可持续发展的长远规划时，也不断给自己注入资源：对内提高专业能力，对外以情换情地赢得同事、家长、学生的关爱和鼓励。我不遗余力地指导基础薄弱的学生改善学习方法，也指导过学生在中考中取得数学满分；与参加数学竞赛的学生共同钻研，多名学生获得全国初中数学联合竞赛一等奖。

特别的爱给有需要的你

职场女性和母亲的双重角色使陪伴学生的时间和陪伴孩子的时间常有冲突，对于女老师来说，这是一项历练。有冲突、有挣扎，必然要有协调，在成就学生的同时，也要成就自己。不是舍己为人，更不是牺牲，是既为人也为己，为己即为人。

一个好教师必然胜任学生的教育工作，一个好母亲也必然胜任孩子的教育工作，这当中一切都来不得半点虚假。做好学生的老师，可以积累更多的育人经验，作为孩子的母亲，亲历孩子成长的现场，以孩子成长的需要和家长的角度反观教育，给学生教育以另一个视觉，这是相辅相成的。无论是别人的孩子还是自己的孩子，幼吾幼以及人之幼，我决心和孩子们共同成长。

我偏爱对数学学习心存恐惧的学生。小漪是一位非常有文气的女孩，英语口语表达流畅、富有感染力，舞蹈表演神形具备。但是对于数学，她不仅避之不及，还列举出许多数学不好的名人，力证"不学数学，也不影响一个人的成才"。对于这样一位才情横溢，但数学存在缺陷的学生，帮助她亲近数学是相当关键的。除了时时与她聊天，在她愿意听的时候和她说说数学的学习方法外，我还选了一本《我教女儿学数学》，每周亲自朗读一节内容，并用"喜马拉雅"录音软件录制音频，每时发送给小漪，慢慢地融化她对数学的抵触。

当然，不抵触数学，并不能代表建立了她对数学的信心。只有帮助她获得学习的成功体验，才能由内而外地激发孩子学习数学的动力和兴趣。为此，我实施了对小漪数学学习的追踪计划，实行鼓励机制。每当她数学解答正确时，便对她进行表扬。表扬她在数学上的每一次进步，肯定她学习态度的转变。慢慢地，小漪学习数学的决心和信心越来越强。当然，努力也会有看不到成果的时候，也会自我怀疑。因此，在小漪坚持数学学习出现"高原反应"时，我需要及时鼓励她，适时给予点拨。有时，小漪会在微信上将自己的解答过程拍照传图问习题："老师，这道题的解答正确吗？"有时也会问我："老师，您喜欢我送给您的水杯吗？"

"迷时师度，悟时自度"，为师者的温度，在于理解和关心学生。当学生产生种种问题的时候，正是学生特别需要老师指点的时候，而不同的学生需要得到老师不同的指点。在和孩子们共同成长的过程中，教师生命的意义及价值也得以显现。为人师、为人母均是一位老师快乐的体验。在孩子们的教育体验中痛并快乐着，让孩子们成为最好的自己，是从事教育工作的动力源泉。

▶ **教学现场与反思** ▶

基于自主学习的专题复习课
——以《反比例函数的应用》为例

复习课成功的前提是教师了解学生的学情，学生主动地参与复习。通过设计课前自主学习测试题,帮助教师在一定程度了解学生对原有知识的掌握程度。运用对比、归纳等方法,将散落的"知识点"连接起来。通过设计问题串,将知识的应用围绕一条主线缓缓展开并逐渐深入,从知识到应用,从原理到生活。帮助学生形成结构化知识网络,便于学生对知识的检索和提取。促使学生主动参与复习过程,成为自己的学习主导者,自愿采取一种积极的态度对待自己的复习。为此,教师在课堂上为学生提供展示自主学习成果的机会,使学生在复习课上主动回忆、主动建构,在理解的前提下达到熟练运用知识的效果。通过课后的小测评价复习成效,为下阶段教学提供依据。

一、自主学习测试,了解学生学情

与新授课不同,复习课需要帮助学生建立结构化的知识体系。学生已经知道什么?知识的应用程度如何?这些问题都很重要。要针对性地施以学法指导。教师编写的课前测试题就要有针对性,就要为后续课堂教学提供可拓展的空间。本课精选了4道课前测试题,目的是了解学生对反比例函数解析式、图像和性质的掌握程度。

1. 在同一平面内,如果函数 $y = k_1 x$ 与 $y = \dfrac{k_2}{x}$ 的图像没有交点,那么 k_1 和 k_2 的关系是(   )。

A. $k_1 > 0, k_2 < 0$ B. $k_1 < 0, k_2 > 0$ C. $k_1 k_2 > 0$ D. $k_1 k_2 < 0$

2. 如果点 $A(x_1, y_1)$、$B(x_2, y_2)$ 在反比例函数 $y = \dfrac{k}{x}$ ($k < 0$) 的图像上,且 $x_1 > x_2$,则 y_1 与 y_2 的大小关系是(   )。

A. $y_1 > y_2$ B. $y_1 < y_2$ C. $y_1 = y_2$ D. 不确定

3. 某校科技小组进行野外考察,途中遇到一片十几米宽的烂泥湿地。为了安全、迅速地通过这片湿地,他们沿着前进路线铺垫了若干块木板,构筑成一条临时通道,木板对地面的压强 P(Pa)是木板面积 S(m^2)的反比例函数。

(1) 请写出这一函数的解析式。

(2) 当木板面积为 0.2 m^2 时,压强是多少?

(3) 如果压强不超过 6000 Pa,木板面积至少要多大?

测试数据显示,第1题的正确率约为29.6%,第2题的正确率约为48.1%,第3题第(1)小题的正确率约为83.3%,第3题第(2)小题的正确率约为70.4%,第3题第(3)小题的正确率约为44.4%。结合测试数据,教师对学生进行个别访谈,了解学生出错的原因。第1题的正确率仅约为29.6%,反映出学生在解决函数的问题时缺乏数形结合和分类讨论等数学思想。第2题帮助学生回顾反比例函数的增减性,要分别在每个象限内判断其增减性。第3题让教师意识到学生在解答一些实际问题时，由于缺乏相关的生活经历，出现了缺乏对题目文字的理解，缺乏对变量的取值范围和实际意义的准确判断等情况。

二、明确学习目标，形成对比知识

针对学生在解决函数的问题时缺乏数形结合和分类讨论等数学思想，结合当下的命题趋势——具有情境化而非孤立知识的试题越来越多地出现在各种搞利害关系的考试中，这样的命题趋势促使教师在教学中要对学生进行有针对性的训练。有鉴于此，教师为学生提供学习条件和资源，使其在学习中调动自己的主动性并自主参与复习，主动回忆并在各知识点间形成连接，尝试以解答课堂问题的形式投入复习中。在教师的帮助下，学生自己参与制订学习目标，明确学习目标为：能应用反比例函数、图像及性质解决反比例函数与一次函数的简单综合问题；在实际问题中抽象出反比例函数模型，并用反比例函数模型解决问题。

因为正比例函数是特殊的一次函数，把正比例函数与反比例函数进行对比归纳（见下表），有利于唤醒学生的原有知识。帮助学生回顾反比例函数的解析式、图像、性质、对称性等知识点，便于学生形成结构化的知识，为函数间的简单综合应用铺设台阶。

正比例函数与反比例函数性质表

	正比例函数		反比例函数	
函数解析式	$y = kx$（k为常数，$k \neq 0$）		$y = \dfrac{k}{x}$（k为常数，$k \neq 0$） 或 $y = kx^{-1}$（k为常数，$k \neq 0$） 或 $xy = k$（k为常数，$k \neq 0$）	
	$k > 0$	$k < 0$	$k > 0$	$k < 0$
函数图像				

续上表

	正比例函数		反比例函数	
性质	当 $k>0$ 时，y 随 x 的增大而增大	当 $k<0$ 时，y 随 x 的增大而减小	当 $k>0$ 时，函数图像分别位于第一、第三象限；在每个象限内，y 随 x 的增大而减小	当 $k<0$ 时，函数图像分别位于第二、第四象限；在每个象限内，y 随 x 的增大而增大
对称性	图像关于原点对称		图像关于原点对称；图像关于直线 $y=x$ 对称；图像关于直线 $y=-x$ 对称	

三、设计问题串，逐渐深入助思考

本节课教师围绕一个常见的反比例函数设计问题串，帮助学生理解反比例函数概念本质，学会数学问题的表征、思考和解决。根据当前解决问题的需要对反比例函数模式进行变形使用，从而解决问题。着眼于问题的阅读理解，重新表征问题，构建清晰的问题空间，使学生学会解题、学会数学思考。体会函数是刻画现实世界中变化规律的重要数学模型，用数形结合思想、方程与函数思想、分类讨论思想解决问题。结合学生学情，在研究人教版初中数学教科书及初中 2011 版新课程标准后，设计如下问题串。

1. 反比例函数与正比例函数的综合应用

反比例函数 $y=\dfrac{32}{x}$ 与正比例函数 $y=2x$ 的图像相交于 $A(4,8)$、B 两点。

（1）求点 B 的坐标。

（2）过点 A 作 AC 垂直于 x 轴，点 C 为垂足，求 $\triangle OAC$ 的面积。

2. 反比例函数与一次函数的综合应用

一次函数 $y=-x+12$ 的图像与 y 轴相交于点 M，与 x 轴相交于点 N，反比例函数 $y=\dfrac{32}{x}$ 与 $y=-x+12$ 相交于 $A(4,8)$、D 两点。

（1）求点 D 的坐标。

（2）写出当 $\dfrac{32}{x}>-x+12$ 时，x 的取值范围。

（3）求证：$OA=OD$。

(4) 求 △OAD 的面积。

3. 反比例函数在生活中的应用

某药品研究所开发一种抗菌新药，经多年动物实验，首次用于临床人体实验，测得成人服药后血液中药物浓度 y（微克/毫升）与服药时间 x（时）之间的函数关系（当 $4 \leqslant x \leqslant 10$ 时，y 与 x 成反比例）。

(1) 根据图像分别求出血液中药物浓度上升和下降阶段时，y 与 x 之间的函数解析式。

(2) 血液中药物浓度不低于 4 微克/毫升的持续时间为多少小时？

四、展示自主学习成果，增强复习成效

专题复习课上，为学生提供展示自主学习成果的机会，再由教师总结点拨，以学为本。学生主动对原有知识进行复述和记忆，通过复习笔记、阅读课本、动手画图、深入思考、主动练习等方式加深对所学知识的掌握程度，减少对教师的依赖，更有成效地提高学业水平。教师及时诊断学生的学习需要和设计实现这种需要的方法；基于自主学习，以学习小组为单位集体讨论，共同探讨解决问题的办法。学习小组中的成员承担各自在学习过程中的责任，主动把知识结构补充完整，使碎片化的知识变得更加结构化，更便于知识的搜索和提取。学生主动地对自己的学习负起责任，维持学习动机，能够使复习成效事半功倍。鼓励学生大胆展示，通过学生的展示、学生间质疑和答疑，促使复习课在学生自主学习的状态下进行。改变教师过多讲授、学生主动不足的情况。

通过反比例函数的简单综合应用，使学生运用分类讨论、数形结合及函数与方程的思想解决问题。由于问题解决的方法途径较多，有利于学生讨论、交流、分享，激发学生采用多元的方法解决问题。采用的方法不同，其思维角度也不同，有利于知识间的融会贯通。在问题解决的过程中，学生调动知识储备并认真复习，运用相关数学知识，一边感受数学来源于生活并服务于生活，一边通过学数学、用数学形成数学的思考。根据不同的问题需要正确选择函数模型，根据实际需要运用恰当的数学知识，这样的复习课不仅帮助学生复习了各知识点，还更有助于学生形成数学思考，增加解决数学问题的技能。

五、及时检测成效，评价反馈有帮助

复习后，为及时检测学习成效，及时评价与反馈学生的学习，教师设计了一组课后检测题。

如图所示，O 是坐标原点，菱形 $OABC$ 的顶点 A 的坐标为 $(3,4)$，顶点 C 在 x 轴的正半轴上，函数的图像经过顶点 B。

(1) 求 k 的值。

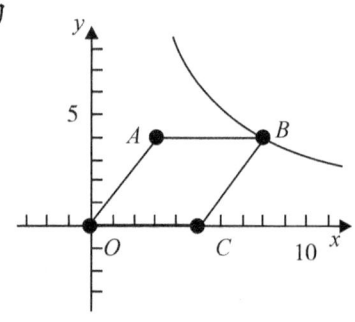

（2）点 P 是 x 轴上一动点，当面积等于菱形 $OABC$ 的面积时，求点 P 的坐标。

通过课后检测，进一步检验学生清晰运用应用反比例函数解决问题的复习成效，更有助于教师了解学生的学情，为教师提供调整教学和准备下阶段教学设计的依据。

六、教学反思

自主学习是专题复习课成功的关键，本文以《反比例函数的应用》为例，基于学生的自主学习开展课前测试，结合测试数据和学生访谈的结果调整教学。精选例题组成问题串，使各知识点环环相扣连接成网。巧妙地用函数的解析式、图像及性质解决反比例函数与正比例函数、一次函数的综合应用问题，让学生学会运用反比例函数解决实际问题，体会函数是刻画现实世界中变化规律的重要数学模型这一价值。课堂教学中为学生提供展示自主学习成果的机会，提高复习成效，通过课后小测评价复习成效，为下阶段教学提供依据。

培养学生自主学习的习惯，帮助学生真正学会学习，通过合理的教学设计和学法指导，让学生主动回顾原有知识，把散落的"知识点"串成知识网络，形成结构化的知识才便于学生搜索知识、提取知识、应用知识。自主学习有助于学生通过阅读教材、复习旧知、查漏补缺、深入思考、寻求问题的解决办法。展示和分享能够给学生带来自主学习的乐趣，由"乐学"带动"会学"，提高复习的成效。及时检测、及时评价反馈对学与教都带来效益。

教学中，师生、生生均是彼此的学习资源。通过倾听学生的反馈，使学生感知到来自教师的关注，激发学生学习数学的兴趣，尽量促进学生由被动学习转变到主动学习，让学生更多地聚焦于意义理解，而非仅仅获得正确答案。在我的鼓励下，学生们特别主动地参与了展示，学习成效获得了改善。构建和风细雨、和而不同、语言流畅、思维顺畅的"和畅"数学课堂，值得我持之以恒地钻研和努力。

我的"慢教育"教学风格

● 广东省中山市石岐启发初级中学　孔进（初中数学）

▶ 导读语 ▶

孔进，广东省特级教师，初中数学高级教师，中山市石岐启发初级中学数学科组长。现为广东省中小学新一轮"百千万人才培养工程"第二批初中理科名教师培养对象，首届广东省中小学青年教师教学能力大赛初中数学决赛评委，广东省中小学教师资格考试面试考官，中山初中数学教研共同体副理事长，首届中山市数学学科带头人，中山市初中数学教师教学竞赛、论文比赛评委，市教师进修学校客座讲师。

坚守教学一线，传承并发展着"博爱、创新、包容、和谐"的中山精神，坚持学习、实践，逐渐形成"慢数学"的教学主张。虽然任教区属普通中学，但学生平均成绩一直高于市平均分，并且培养出 2013 年市中考状元。教学科研能力突出，作为核心成员参与广东特色基础教育课程初中数学教材编写；主持省、市级课题 2 项，参与省、市级课题 4 项，研究成果获省、市级奖励 5 次，在省级以上学术刊物独立发表学科专业性论文 6 篇，合作发表 2 篇；撰写的论文获省特等奖 1 次、省一等奖 2 次、市一等奖 5 次、市二等奖 3 次、市三等奖 3 次，并多次就上述成果做大会交流经验。作为中山初中数学教研共同体副理事长，带领全市初中数学骨干教师积极进行系统的教学研究，促进全市数学教师的专业水平提升，初步形成了中山初中数学教学流派，在省内具有较强影响力。

▶▶ 名师成长档案 ▶

教育路上，且行且思

1993年7月，我从西南大学数学系毕业，来到改革开放的前沿——广东省中山市任教。25年后，蓦然回首，时光如白驹过隙，我从一个初出茅庐、涉世未深的小丫头，经过不断学习、实践、反思，逐渐成长为一名优秀的人民教师，作为孙中山先生故里的教师，传承并发展着"博爱、创新、包容、和谐"的中山精神，在教育这条路上，越走越有滋味。

一、初为人师，站稳脚跟（1993—1997年）

我自小在城市长大，家庭环境优越，一路重点小学、初中、高中走过来，当我顶着名校优秀毕业生的光环来到中山，发现自己被分配到一个镇区的薄弱中学——坦背中学任教时，我哭了。我流着眼泪坐上接我的校车来到新学校，以至于坦背中学的领导和老师对我的第一印象就是——那个哭着来报到的老师。

来到学校的第一晚，几个年纪大的女老师就过来看我，用很不熟练的普通话和我沟通，看到我没有蚊帐和风扇，立刻叫家人去市场帮我买，让我来到学校的第一天就可以睡个安稳觉。老师们都住学校，很多广东老师煲了糖水、"靓汤"会盛一碗给我品尝。学校领导怕我想家，周末安排许多活动：品潮汕工夫茶、"打边炉"、烧烤等，这些之前和我素不相识的同事和领导带来的关怀，让我感到这所城市中浓浓的"博爱、包容、和谐"，让我安心工作，并迅速投入到工作中。可是理想和现实之间存在着巨大差距：坦背中学是一所农村薄弱学校，办学条件差，学生全部来自农村，学习习惯和基础都很差，教学质量在全市排倒数。面对完全不同的环境、学生，怎么教？我从听课开始学习。我真心实意地向教学经验丰富的老教师们求教，厚着脸皮到他们的课堂里听课，边听边学边反思，然后请他们来听我的课，课后诚恳地请他们说自己上课的缺点和不足。我对教学的热情和执着也打动了他们，教导处胡兴德主任每周都去听我的课，不断给我提意见，帮我磨课。在自己的努力下、在周围老师的帮助下，我迅速熟悉了教材和学生，夯实基础、站稳讲台，并把这种"博爱、包容、和谐"的爱体现在教育教学中：对学生关怀备至，不因为他们学习基础不好而歧视他们，想尽各种方法让他们感受学数学的乐趣，让他们尽可能学得更好，不仅关注他们的学业，更关注他们心灵和精神世界的丰盈。

坦背中学是我教学生涯的开始，学校领导的教诲和同事们热情的关心和帮助，至今让我感动。

二、勇挑重担，渐露锋芒（1997—2007年）

上公开课是费时费力的事情，每次科组长安排我上课，我从不推辞，愉快地接受，久而久之，我成了学校"公开课专业户"。为了把这些公开课、研讨课、接待课精彩纷呈地展现给大家，我课前研教材、研教法、找资料，精心设计，不断创新、试讲，反复琢磨、推敲，课后及时反思、总结。在一节节公开节的锤炼中，我历练了自己、提升了自己，课堂教学水平不断提升。1998年，我参加中山市数学教师教学比赛并获得二等奖，这是坦背中学有史以来获得的最高奖项。

1997年开始，坦背中学把带数学实习老师的任务交给我，我秉承"博爱、创新、包容、和谐"的中山精神，在生活上关心他们，在业务上严格要求他们，给他们上示范课，帮他们磨课，把自己的教学经验毫无保留地教给他们，给他们提供无私的帮助。"赠人玫瑰，手有余香"，在带年轻老师的过程中，我的业务水平在不知不觉中不断提高，课堂教学水平突飞猛进。在这个农村薄弱学校，其他科成绩在全市排倒数，但是我所教班级的数学成绩每年都比市平均分高十几分，一次次成为坦背中学的奇迹。

2002年7月，我被调到启发中学。到新学校后，我一如既往地认真工作，教学质量突出。到启发中学仅4年，经过竞争上岗，我就成了数学科组长和区数学中心组成员。成为科组长后，我用孙中山先生"敢为天下先"的精神带领科组教师实干加巧干，创造性地开展工作。2007年就开始在初三中考复习阶段实行数学课"分层走班"改革，取得不俗的效果。数学科组在2005年中考评价还是市二等奖，到2007年上升为市一等奖，名列全市第四，在全市同类学校中排名第一，并一直保持下来。

三、刻苦学习，教研相长（2006—2011年）

2006年，我考上了西南大学的教育硕士，可以说这是我教书生涯的一个重要转折点。读书的3年中，周一至周五我在学校上2个班的数学课，周末就去学习，没有缺过一次课。教授们渊博的学识、独立的精神、精彩的授课，给我的教育理念、专业学识打开另一片天空，我开始阅读教育学、心理学书籍，对实践中遇到的问题进行深入思考并进行理论上的提升，对日常的教育教学工作有了新的发现和认识。

我还遇到了成长路上的恩师——我的毕业论文导师刘静。她专业素养高，对我要求非常严格。在写作过程中，我无数次提交，她都给出修改意见后打回。为了完成高质量的论文，我把答辩推迟了半年，对论文进行逐字逐句斟酌、修改，最终这篇论文被评为优秀毕业论文。在这个过程中，我突破了专业发展的瓶颈，从一位只会教书和上公开课的经验型教师走进了教育科研大门。

我开始主动广泛阅读，仔细咀嚼，创造性地开展工作。课题"初中生数学学习反思能力的培养策略研究"获中山市第八届教育科研成果二等奖，案例《初中数学反思能力的培养策略研究》被评为广东省义务教育优秀案例，并由我做大会发言在全省推广。在培养学生反思能力的过程中，我也养成自觉反思的习惯，在专业成长上迈出了一大步。

四、突破自我，示范引领（2011年至今）

尝到学习的甜头后，我用更认真和积极的心态参加各级各类专业培训。2011年，我参加了广东省骨干教师省级培训；2015年，我通过层层选拔成为广东省新一轮"百千万人才培养工程"初中名教师培养对象，在广东第二师范学院接受了为期3年的培训。我积极参加每一次研修，认真聆听专家、教授们的讲座，向名师学习，向经典学习，学习团队成员来自广州、深圳、珠海、东莞、茂名、揭阳、湛江、河源等地，在和他们的接触中，我开始兼容并包、博采众长，用一种海纳百川的气度充实自己、丰富自己。通过导师引领和同伴互助，我的教育意识、教育教学能力和教学水平得到质的提高。我开始到广东省内不同的地方上示范课、开讲座，参加广东省教育厅组织的"走进乡村教育"活动，为实现教育公平，推动优质均衡的广东教育尽自己的绵薄之力。辛苦的同时，也促进了我的专业发展：论文发表和获奖、课题获奖的数量和质量不断提高，专业发展进入飞速阶段，并逐渐形成自己的教学主张和教学风格。

独行速，众行远。我是中山市初中数学唯一的学科带头人，在中山初中数学教研共同体中担任副理事长，全面负责教研共同体日常活动的管理。从2015年3月共同体成立以来，我负责策划每月一次的教研活动，以"积极、务实、高效、专业"为核心理念，创新区域教研新模式，带领全市初中数学骨干教师致力于教学实践和教学科研，进行中山数学教学流派形成的研究。几年来，教研共同体蓬勃发展、硕果累累，成员在各自的教育实践、教学比赛、微课制作、论文写作、课题研究等领域都取得了丰硕的成果，令人欣慰。

一块黑板、三尺讲台，是我选择的职业舞台；关爱学生、教书育人，是我不变的人生追求。教育长路漫漫，唯有热爱、学习、坚守才能无惧前行，我将用一生的精力，恪守"博爱、创新、包容、和谐"的中山精神，以"博爱"的大情怀教书育人，以"创新"为大旨趣追求质量，以"包容"的大智慧厚德载物，以"和谐"的大理想与人为善，且行且思，去探索教学领域的新世界。

▶▶ 学科教育观 ▶

慢 数 学

"慢数学"，就是在数学教学中注重过程，在教学中创造机会让学生去经历数学概念的形成过程，去体验数学活动的探索过程、问题解决的过程。具体而言，就是在数学教学中：慢——充分激发学生学习数学的兴趣；慢——给学生动手实践、主动探究的机会，让学生经历数学知识的形成过程，感悟数学思想，积累数学活动经验；慢——给学生"悟"的时间，让学生在问题解决的过程中形成解决问题的策略，提高元认知能力；慢——让学生了解数学在人类文明发展中的作用，感受数学文化，促进学生在情感、态度与价值观等方面的发展。

"慢"不是没有计划、没有目标的随性教学，而是有选择、有目的、有策略、注重"过程"的教学。"慢数学"力求发挥数学学科的育人价值，发展学生的数学核心素养，体现"以人为本"的教育理念。

一、慢——激发兴趣

同其他学科相比，数学具有更高的抽象性、严谨性和概括性，在部分学生眼里，数学常常被贴上"枯燥乏味""无趣"等标签。而正所谓"有趣是知识最大的力量"，因此，在数学教学中我会慢下来，充分激发学生学习数学的兴趣。

在课堂教学中，我致力于营造有趣的数学课堂：创设情境，激发学生的学习动机；引导学生发现数学与生活中的联系；设计有趣的数学游戏；编制朗朗上口的"口诀"；运用信息技术激发学生兴趣等。

数学来源于生活，也服务于生活，很多数学知识在生活中有原型，在教学中，一旦把数学与生活中的实际情况联系起来，就可以大大激发学生的学习兴趣。在七年级学生学习有理数分类时，一个难点是学生不理解为什么有理数有时分为两类，有时分为三类。我就开始举例，按照性别分类，学生可以分为两组：男生一组，女生一组；按照座位数，学生可以分为六组：分别是第一组，第二组……；按照排数，学生可以分为八组：第一排一组，第二排一组……；按照视力，学生可以分为两组：近视同学一组，不近视另一组；等等。然后问学生，学生到底该分成几组？通过这个和学生生活联系紧密的活动，学生明白在进行分类讨论时，首先要确定分类标准，分类标准不同就会有不同的分类结果。因此，有理数如果按定义就分为整数和分数两类，如果按照三级性分则为正有理数、零、负有理数三类。

在"百千万人才培养工程"学习期间，我在珠海四中上"实数"复习课，当时临近期末考试，又是下午上课，学生的状态很差。为了激发学生的求知欲望，让他们有兴趣参与教学活动，在这节课中，我设计了以下游戏活动：

【数学游戏】只能用数学运算符号，不能加数字，你能答对多少题？

2 2 2 = 6
3 3 3 = 6
4 4 4 = 6
5 5 5 = 6
6 6 6 = 6
7 7 7 = 6
8 8 8 = 6
9 9 9 = 6

学生在用了加减乘除符号后，剩下例如"4 4 4 = 6"这种用加减乘除符号无法解决的问题。有学生联想到今天的复习内容实数，就想到用开方的方法解决问题，通过这个游戏，学生很快进入学习状态中。

学生一旦觉得数学知识有趣、学习数学的过程有趣，就可能产生强烈的求知欲望，学习数学的积极性增加，达到事半功倍的效果。学生曾悦说："我读初中前真的特别不喜欢数学，因为我觉得数学是一门让人头痛的学科，现在我改变了。孔老师总会讲一些结合实际生活的数学例子、一些有趣的数学故事，还会设计数学游戏，上数学课就等于是玩数学。当其他班的同学说他们的数学老师多么严厉的时候，我特别自豪，我有一个爱我们、我们也爱的数学老师。"学生杨馨丽说："我们班同学都盼望着上数学课，因为孔老师的数学课特别有趣，欢声笑语总是出现，不会死气沉沉。她很幽默，善于讲故事，引用课外的知识来解释课内的数学问题，有些很难懂的东西，她一讲例子我们就明白了！孔老师还会编一些好玩的口诀来帮我们记重要的知识，例如学习完一次函数图像后，孔老师引用了一句诗来比喻画函数图像的步骤：'两个黄鹂鸣翠柳'，我们在下面接'一行白鹭上青天'。总之，数学课不会让人觉得枯燥无味，总是不知不觉就下课了。我在不知不觉中喜欢上了数学这门学科。"

二、慢——经历过程

数学家波利亚说："学习任何知识的最佳途径，就是由自己去发现，因为这种发现，理解最深刻，也最容易掌握其中的内在规律、性质和联系。"因此，在数学教学中，我会慢下来，给学生足够的时间和空间经历观察、实验、猜测、计算、推理、验证等活动过程，经历数学知识的形成过程，领悟数学思想方法，积累数学活动经验，提升数学核心素养。

在概念教学中，我会"慢下来"，讲概念产生的背景，列举典型、丰富的例子，让学生经历概念的抽象概括过程，领悟概念所反映的数学思想方法，体会数学概念的本质，积累数学活动经验。

在数学命题课教学中，常常会看到"讲性质＋练性质"这种忽视探究过程、只追求知识结果、用大量题目巩固的"快节奏大容量"模式，这会使数学中最重要的"营养"被丢弃。命题课教学时，我会"慢下来"，给学生亲身经历、动手实践、主动探究的机会，让学生充分体会数学知识的发生发展的过程。学习"等腰三角形的性质"时，我设计了"先剪等腰三角形，再折叠等腰三角形"的探究活动，学生通过亲自动手、裁剪、折叠，并在这个过程中观察、猜想、发现、归纳出等腰三角形的两个性质："等边对等角"和"三线合一"，只有经历了等腰三角形性质的发现过程，了解性质的来龙去脉，才能对等腰三角形的性质有深切的了解和认识，真正地理解性质。

中山市教育局教研室副主任，数学教研员周曙一直提倡"重视过程是为了更好的结果"，在听了我的课后，他指出"孔进老师的课堂教学就像一湾静静的湖水，娓娓道来，看似平淡，实则高深，在传授知识培养技能的同时，渗透着数学思想与方法，帮助学生积累数学活动经验"。

三、慢——反思提升

《义务教育数学课程标准（2011版）》在课程总目标中把数学"基础知识、基本技能、基本思想、基本活动经验"统称为"四基"。其中"基础知识、基本技能"属于显性知识，而"基本思想、基本活动经验"属于隐性知识。所谓的"快数学"就是只传授显性知识，只重视知识与技能目标的教育，而"慢数学"则重视隐性知识的渗透，给学生足够的时间去反思，去悟那些隐性知识，这样才能把握数学的本质，学会数学的思维，并养成良好的情感态度、价值观，全面达成三维目标。

解题是数学学习的一种最基本的活动形式。我在讲解例题后，会慢下来，引导学生从这几个方面进行反思：①反思题目条件：题目的条件是什么，结论是什么；题目中条件与条件、条件与结论之间有什么联系？②反思解题思路：这道题是从哪儿开始入手的？有没有在哪些地方走了弯路？有没有遗漏了什么地方？解决这个问题的关键是什么？③反思解题方法：为什么这样做，还有没有其他方法，如果有多种解法，那么哪一种方法最简洁？这些不同方法之间有没有联系和规律？蕴含了什么数学思想？④反思解题错误：当学生出现答错或出现解题错误，我不会立刻直接把正确的答案告诉学生，而是引导学生思考："我这样做对了吗？""这是不是最好的办法？""这道题错在哪里？""我为什么会做错？""我以前有没有犯过同样的错误？""以后我如何避免再出现类似的错误？"等等。

学生冯咏诗说："从小学开始，我的数学就不是很厉害，但我也没有去寻找问题的根源。进入初中，经过孔老师的指导，我明白了数学学习中反思的重要作用。我体会到，像数学这样的学科，更需要好的学习方法。我在上课听不懂老师讲的题时，会用'数学反思本'记下来，把老师写的思路、过程记录下来，待到课后再回头慢慢看，如果还是不懂，还可以和同学交流。每一次月考完，孔老师都要我们写反思，我觉得也不错。可以把自己做得不好的地方写下来，做得好的经验也写下来，孔老师还会帮你评价，我个人认为这也是不错的。'数学反思本'已经深入到了我的学习中，成了学习数学必不可少的学习工具，它见证了我的提高、进步，看着我一步步地迈向成功之路。在这个过程中，我逐渐明白学习在于积累，学好数学不是一朝一夕就可以达成的，只有坚持才能成功。"

这是一种潜移默化、润物无声的"慢工"。看起来学生做的题目会少，课堂容量会小，但经过长时间的坚持，学生元认知能力会得到提高，这种元认知能力不仅有利于学生数学思维的发展，优化他们的思维品质，还有利于其他学科的学习；不仅对学生当前的学习活动有利，更为学生提供了在工作之中和工作之外学习的动力和基础，适应学习化社会的需要。

四、慢——感受文化

几千年来，数学在人类文明发展中起到了重要作用，是人类文化的重要组成部分。数学史、数学家的故事、数学书籍、数学趣闻、数学趣题都蕴藏了丰富的数学思想方法，是数学教学的重要资源和宝贵财富。

我会慢一些，和学生一起了解数学在人类文明发展中的作用，感受、欣赏数学文化，让学生领悟数学思想方法，感受数学家治学的严谨，欣赏数学的优美，让文化成为学生数学素养的一部分。中国古代数学在人类历史上有过无比辉煌的成就：有《周髀算经》《九章算术》《海岛算经》等书籍，杨辉三角形揭示了二项和的乘方规律、赵爽弦图证明勾股定理、刘徽割补术的极限思想、祖冲之计算圆周率、用三角形三边求面积的秦九韶公式等等，许多创新与发展都曾居世界前列，值得中国人骄傲和自豪。在上"几何图形初步"课时，我会给学生讲几何起源、欧几里得与《几何原本》的故事、公理化思想；在讲解勾股定理的证明时，会补充毕达哥拉斯和欧几里得、美国总统伽菲尔德的证明方法；还有"百牛定理""无理数产生的故事""笛卡尔的生平""布丰投针"等故事，让学生明白数学不仅是知识和工具，其中的理性、求实、创造精神能不断提高人类的精神境界，推动人类的精神文明进步。

"慢"是与"快"相对而生的。我反对那种为追求"快"，对知识进行"掐头、去尾、烧中段"的急功近利的讲解，这样做的结果是学生不能真正理解知识，获得的是知识碎片。数学知识是人类智慧的结晶，其丰蕴的知识背景、漫长的生长过程、灵动的现实运用常常被教学的"快"所遮蔽或遗忘。"慢数学"不是不讲效率、拖沓无为、慢操作、慢思维，其本质是"过程教育"要慢下来，向学生展现数学本身，展现数学知识的来龙去脉、发展走向、历史演化等，在学习数学知识的过程中受到数学思想方法的浸润，感悟数学的文化，实现数学教育的育人功能。

▶▶▶ 育人故事 ▶

做一个善于"示弱"的老师

教育学者林格在《教育的温度》中说过这样一句话："教育的目的是让孩子成长，而不是显示教师的聪明和才华"，我们应该做"温暖人心的教育"。从教25年，越来越体会到在育人过程中，有时候不妨摘掉教师角色中"权威""强势""一言九鼎"的光环，在学生面前智慧地"示弱"或"装笨"，以退为进，从而建立平等的师生关系，增强学生的自信心、荣誉感和成就感。可以说，"示弱"，也是一种教育智慧。

小高刚进初中时，看起来特别自卑。他不怎么说话，总是低着头，独来独往，对班级事务漠不关心，只活在自己的世界里。据他小学同学介绍，小高在小学期间学习成绩特别差，总是拖低班级平均分，常常被老师批评，被同学瞧不起，久而久之就成了这种模样。是什么原因造成小高成绩差呢？我决定测试测试。数学老师都知道，七年级第一个月"有理数的加法"是可以看出学生学习能力的，因为有理数加法法则可以在生活中找到原型，例如"$(-2)+(-1)=-3$"可以理解为"足球比赛上半场输2球，下半场输1球，全场比赛结果输3球"，"$(-2)+(+1)=-1$"可以理解为"足球比赛上半场输2球，下半场赢1球，全场比赛结果输1球"，学习能力正常的孩子都能掌握这个内容。我用了很多时间对小高进行单独辅导，还给他安排了成绩好的同学做小老师。小高很认真地学，单独讲同号、异号两数相加的情况会算，但同号、异号相加一混合他就糊涂了，总是会错。看到这种情况，我明白了，小高同学数学成绩不好的原因，不是不努力，不是学习态度不好，而是他在学习数学方面的确有障碍，也就是说，他很努力也达不到普通孩子的水平。看到这种情况，我不再在学习成绩方面对小高有要求，不再因为他考试分数低而批评他，而是想办法让他恢复自信，尽早融入班级中。

机会很快来了。班上刚好装了多媒体平台，需要一个多媒体平台管理员。联想到家访时了解到小高动手能力比较强，自行车坏了也能修，我就任命小高为管理员，把管理多媒体平台的任务交给他，特别交代他在老师遇到困难时要及时帮助老师解决问题。

运用多媒体平台辅助教学对我而言是小菜一碟。我动手能力极强，会换保险丝、换灯泡、换水龙头，有一次台式电脑罢工，我当场把主机机箱拆开，捣鼓了好一会儿修好了电脑，被同事称为"女汉子"。第一次用平台辅助教学，需要从电脑画面切换到实物投影，我正准备自己切换，看到小高眼巴巴地看着我，我停住了，开始"示弱"：""哎呀，怎么切换到实物投影呢？我不会操作！小高，快点上来帮一下孔老师吧！"他立刻喜滋滋地跑到平台那儿帮我切换到实物投影，并调好亮度和焦距，我大声说："小高的动手能力真是强，孔老师搞不定的事情他一下就搞定了！太厉害了！掌声鼓励一下！小高同学，今后你要负责帮孔老师操作啊！"在全班同学热烈的掌声中，我看到他脸红了，露出了久违的笑容，整个人的表情和状态同平时完全不同。我干脆放弃了学平台操作，不断"示弱"，上课总是请他帮我操作电脑平台，并常在班上感叹："孔老师上课最离不开的同学就是小高呀！"教政治的黄老师年龄大，不会用平台，我让小高课前和老师沟通，帮黄老师做好所有的工作，黄老师更是常常诚心诚意地表扬他。因为常常得到老师和同学的表扬，小高同学像变了一个人，笑容多了，课后也开始主动和同学交往，人开始开朗自信起来。

初中毕业后，小高同学进入技校学习，毕业后成为一名电梯维修工，至今依然和我保持联系，常向我汇报工作情况：他骄傲地告诉我，由于工作认真负责、和同事关系相处融洽，他已经成为公司的骨干，前段时间还被单位派到日本进修学习，这是他读初中之前完全想象不到的。他告诉我，初中三年，很感谢老师给予的尊重、理解与呵护，他在主动帮助老师和班级的过程中第一次获得成功、愉悦的情绪体验，开始相信自己是能做事，也能做好事的。

当然，"示弱"不是万能的。要管理好一个班级，往往需要多种管理方法，需要宽严并济。班主任不可处处示弱，要有张有弛；要在爱学生、了解学生的前提下"示弱"；也不是所有学生都需要"示弱"，要把握好示弱的时机和火候。可以说，教师"示弱"也是一种智慧，是需要教师在实践中学习并掌握的教育大智慧。

教学现场与反思

凸显过程　慢中求真
——"平行四边形（第1课时）"教学实录与反思

一、内容和内容解析

"平行四边形"选自人教版《义务教育教科书·数学》八年级下册第十八章第一节，主要内容为平行四边形的定义和性质。

平行四边形是基本的几何图形之一，在生产与生活中具有广泛应用，具有丰富的几何性质。学生在小学已经学过平行四边形，能根据具体事物、照片或直观图从不同角度辨认平行四边形，认识平行四边形边和角的性质，运用这些性质进行简单的计算，只是没有涉及推理论证。进入初中，学生在七年级上册"相交线与平行线"研究了相交线、平行线的性质，七年级下册"三角形"研究了多边形及其内角和等内容，八年级上册"全等三角形"研究了三角形全等的判定和性质，这些内容是本章学习的重要知识基础。

本节课的主要内容是：明确平行四边形的概念，知道"对边平行"是平行四边形的本质属性，在观察、猜想、证明等过程中研究平行四边形边、角、对角线的性质，体会平行四边形问题转化为三角形问题的"化归"思想。

二、目标和目标解析

本课学习之前，学生能通过全等三角形证明线段相等和角相等，有一定的观察、猜想和推理论证能力，对几何证明方法有一定认识，但是不清楚平行四边形概念的几何属性，不会用规范的几何语言进行说理，分不清猜想和性质，还没有形成探索平行四边形性质的一般方法和策略，验证和归纳能力较弱。因此，本节课的教学目标是：

（1）理解平行四边形的概念；

（2）探索并掌握平行四边形的性质：平行四边形的对边相等、对角相等、对角线互相平分；

（3）经历观察、猜想、证明的数学活动，渗透转化思想，初步体会研究几何图形的一般思路与方法。

重点是让学生理解并掌握平行四边形的概念及其性质，这也是本单元的教学重点和难点，它是后续学习"特殊平行四边形"的基础。

三、教学问题诊断分析

小学阶段，学生已经对平行四边形的性质有所了解，在八年级又学习了利用全等三角形进行"线段相等、角相等"的推理证明，因此，这节课的重点是平行四边形性质的探索与证明。观察、度量等只是发现结论、形成猜想的辅助手段，这节课要学习用演绎推理的方法来验证自己的发现。

学生证明平行四边形性质的主要困难是在证明过程中添加辅助线，构造全等三角形。由于学生已经具备利用三角形全等证明线段或角相等的方法，在证明平行四边形性质时，教师应引导学生由目标出发，分析达到目标的方法，引导学生连接对角线，构造全等三角形进行证明。

四、教学实录

活动1　创设情境，引入新课

师：这是生活中常见的场景：

小区的伸缩门、庭院的竹篱笆、汽车的防护栏，在这些图片中，哪些是熟悉的几何图形呢？

生1：有平行四边形、长方形。

师：为什么平行四边形形状的物体随处可见呢？这与平行四边形的定义和性质有关。这节课，我们就来研究平行四边形的定义和性质。

【设计意图】演示生活中的平行四边形图片，并从中抽象出几何基本图形，使学生回顾生活中常见的平行四边形，以证明研究它的性质具有重要的意义。

活动2　抽象观察，形成概念

师：同学们，学习几何图形一定要明确概念，我们先要定义一下什么是平行四边形，有没有同学能试一下做一个定义呢？

生2：对边相等的四边形是平行四边形。

生3：一组边平行一组边相等的四边形。

师：（在黑板上画一个等腰梯形）你看这个图形是平行四边形吗？

生4：（生立刻摇头，说不对）两组边平行的四边形是平行四边形。

师：这位同学的回答非常正确。（板书）有两组对边分别平行的四边形是平行四边形。"平行"是这个概念的本质含义。几何定义有两层含义，既可以作为平行四边形的一个性质，又可以是平行四边形的判定方法。（板书）用几何语言表述为：

∵ 四边形ABCD是平行四边形（已知），

∴ $AB // CD$，$AD // BC$（平行四边形的定义）。

∵ $AB // CD$，$AD // BC$（已知），

∴ 四边形ABCD是平行四边形（平行四边形的定义）。

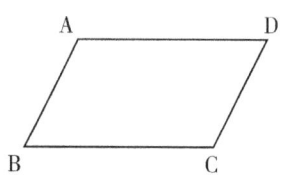

今后，平行四边形ABCD用"▱ABCD"来表示，AB，CD和AD，BC是对边，∠A、∠C，∠B，∠D叫对角，AC和BD叫对角线。

【设计意图】让学生猜测平行四边形定义，可以加强学生对平行四边形概念本质属性的认识，并清楚平行四边形概念的本质中最重要的属性"平行"。通过对定义本质属性的探索，让学生明确几何定义既包含了性质，又是判定的重要依据，为后面学习特殊的平行四边形打下良好基础。强调了平行四边形定义的文字语言、图形语言、符号语言，让学生对平行四边形的定义有了全面认识。

活动3 实验探索，探究新知

师：请同学们独立完成下列学习任务：

根据定义画一个平行四边形ABCD，观察它，除了"两组对边分别平行"外，它的边还有什么性质？它的角之间有什么关系？连接AC，BD，设它们交于点O，量一量，你能发现对角线有什么性质？猜一猜：平行四边形有哪些性质？

同学先独立完成，然后以小组为单位，相互比较各自的画图效果，并把你们发现的结果用简洁的语言描述出来，最后请各小组把归纳得到的结论与同学们分享。

（学生画图、测量、讨论，老师巡堂指导）

生5：小学我们就学过平行四边形的对边相等、对角相等，刚才我们组再量了一次，结论还是一样的，所以，我们组认为平行四边形的对边相等、对角相等。

师：很好，我看到大部分的小组也发现了这个规律。还有补充的吗？

生6：我们组还发现，对角线的长度不一定相等。不过，就是对角线长度不等，也有$OA = OC$，点O是AC的中点，$OB = OD$，点O也是BD的中点呢！

师：你们的观察真敏锐！同学们都测量一下，你们是不是也有这种情况呢？

（同学们纷纷测量，最后得出结论：点O既是AC的中点，也是BD的中点）

师：像这种点O既是AC的中点，也是BD的中点，数学上称为互相平分，也就是大家认为，平行四边形的对角线互相平分。

【设计意图】通过这个环节，让学生发现虽然平行四边形的性质大小并不相同，但都具有相同的性质：对边平行且相等，对角相等，对角线互相平分。

("互相平分"是学生第一次接触，理解有困难。设计这个环节，目的是让学生动手操作，亲自测量，正确理解"平行四边形对角线互相平分"这句话的含义。同时，也经历发现和探究几何图形性质的第一步：观察、度量、提出猜想)

师：刚才，同学们经过观察、度量，得出了平行四边形对边相等、对角相等、对角线互相平分的性质，但观察、度量等只是发现结论，我们还必须证明这些性质。请大家先思考这个问题：要证明线段相等或角相等，同学们已经有哪些经验？

生7：常用的方法是证明三角形全等。

师：对，证明线段或角相等的常用方法是利用三角形全等。下面，请用你们的经验来证明你们刚才的猜想。还是先独立思考，再小组讨论，最后请各组派代表展示你们组的探索成果。

生8：我们组作了辅助线，连接 AC，然后证明 $\triangle ABC \cong \triangle CAD$，这样就可以证明平行四边形的对边相等、对角相等。

师：真棒！还有其他证明方法吗？

生9：我们组的做法差不多，连接的辅助线是 BD。

生10：我们组做了两条辅助线，连接 AC、BD，它们交于点 O，可以证明 $\triangle AOD \cong \triangle COB$，这样就证明了平行四边形的对角线互相平分。

师：漂亮极了！老师非常想知道你们这么证明的原因。

生11：结论要证线段和角相等，连接对角线后就得到了全等的三角形，再通过三角形全等来证明。

师：非常好！连接对角线后，四边形的问题就转化成了三角形的问题，这是数学上常用的解决新问题的常见策略——转化思想。

【设计意图】鼓励学生探究方式、结果、表示方法的多样化以及学生学习方式的个性化。要给学生一个相对充足的从猜想到论证的时间，引导学生证明猜想。证明线段相等（或角相等）通常采用三角形全等的方法，而图中只有四边形没有三角形，因此需要添加辅助线构造全等三角形。学生经历四边形问题转化为三角形问题来研究的过程，领悟研究几何图形的基本思想——转化。同时，强化了在数学研究中，可以用合情推理发现结论，必须用演绎推理进行证明的教学论证逻辑。

五、教学反思

(一) 慢——用数学的眼光观察世界

这节课我首先引导学生观察生活中的图片，让学生识别出其中的平行四边形，让学生感受到平行四边形与生活的密切联系，知道数学来源于生活，更重要的是让学生学会从现实世界中抽象出数学元素，然后用属性的方法去解决生活中的问题。

我们不关心小区的伸缩门、庭院的竹篱笆、汽车的防护栏的颜色、质量，不去讨论他们在生活中的实际用途，而是从这些现实图形中自然地抽象出平行四边形的模型，也就是从图形的角度来认识世界。学生经历将实物抽象为图形的过程，并在这些典型、丰富且合乎实际的感性材料的基础上，获得对平行四边形本质属性的初步认识，从而发展了"用数学的眼光观察世界"的核心素养。

（二）慢——用数学的语言描述世界

小学阶段，学生对平行四边形已有所了解，但是不清楚平行四边形的概念，因此在"平行四边形定义"的环节，学生给出的答案五花八门，有学生回答"对边相等的四边形是平行四边形"，有学生回答"对角相等的四边形是平行四边形"，有同学回答"对边平行又相等的四边形是平行四边形"，等等，分不清平行四边形概念的本质和非本质属性。通过教师耐心的引导，学生们清楚了平行四边形概念的本质属性——平行，并且明确平行四边形的定义："两组对边分别平行的四边形是平行四边形。"然后定义了平行四边形的文字语言、图形语言、符号语言，让学生对平行四边形的定义有了全面认识，完善了学生在认识图形方面的认知结构，培养了学生的符号意识和几何直观，发展学生"用数学的语言描述世界"的核心素养。

（三）慢——用数学的思维思考世界

这节课的另一个重点是探究并掌握平行四边形的性质。教学中常常会看到"讲性质+练性质"模式。这种忽视探究过程，追求知识结果，用大量题目巩固的"快节奏大容量"模式会使数学中最重要的"营养"被丢弃。平行四边形"对边相等、对角相等"的性质，在小学已经学过并应用它进行计算，学生第一次接触"互相平分"，理解有困难，于是设计了"画一画、量一量、猜一猜"的数学探究活动，让学生在动手操作、观察、测量的数学探究活动中，经历由观察度量、实验操作等方式发现平行四边形对角线的性质，真正理解平行四边形对角线互相平分的意义：$OA=OC$，$OB=OD$，点 O 既是 AC 的中点，又是 BD 的中点。只有经历了平行四边形性质的发现过程，了解性质的来龙去脉，才能对平行四边形的性质有深切的了解和认识，真正地理解性质。这节课通过设计合适的数学活动，再用演绎推理的方式加以证明的研究几何图形的一般方法，发展"用数学的思维思考现实世界"的核心素养。

在这节课的教学中，我放慢节奏，通过列举典型、丰富的例子，让学生经历抽象平行四边形概念的过程，让学生经历平行四边形性质的探究过程，感受研究几何问题的一般方法，并发展学生数学抽象、直观想象、逻辑推理的核心素养，力求让"用数学的眼光观察现实世界""用数学的语言描述世界""用数学的思维思考现实世界"的核心素养在课堂教学中落地生根。

数学本枯燥，芸香令其妙

● 广州市天河外国语学校　李芸（初中数学）

▶ 导读语 ▶

我是广州市天河外国语学校的一名数学高级教师，1998年毕业于中山大学数学系。是广东省中小学新一轮"百千万人才培养工程"第二批初中名教师培养对象，广州市基础教育系统新一轮"百千万人才培养工程"第二批"中学名教师"培养对象，广州市基础教育系统名教师工作室主持人，广州市第三批骨干教师，广州市初中数学"十佳青年教师"，广州市第十七届中学数学"特约教研员"，广州市中小学"教研积极分子"，广州市中小学"优秀班主任"，广州市教育局教研室初中数学中心组组员，广州市天河区教育局教研室初中数学核心组组员。

我爱思考，爱提问，同时也爱笑；遇到困难，我会畏惧，会犹豫，但也会勇敢面对；我并不十全十美，但我要活成自己喜欢的样子，努力成为一个心向阳光的老师！

▶▶ 名师成长档案 ▶

回首来时路，郁郁满芳华

我出生并成长于西南边陲一个风景优美的小镇，我的爸爸妈妈均为小镇上一个兵工厂的工人，他们是20世纪70年代响应祖国号召支援边疆建设的转业军人。尽管我是家里唯一的孩子，但他们对我要求严格，在成长中不断规范我的言行思想，同时提供一切条件，鼓励我认真读书，教导我不要拘泥于狭隘的生活环境，要行千里路，读万卷书，用自己的真才实学去报效祖国。

西南高原地区上美丽的蓝天白云、四季如春的气候浸润着我的童年，让我形成了爱笑、爽朗、阳光般的性格。我性格中的善于观察也许来自父母的教诲：用心阅人间百态，用情体验世间冷暖。1994年，我凭借优异的成绩考取了中山大学，并在这里度过了美好的大学时光。

广州这样一座千年商都，在悠久的对外商贸往来的历史中，渐渐形成了既务实又创新，既低调又开放的城市名片。而我作为一名"新广州人"，迅速被她的包容和不断进取所吸引。经过24年学习、生活以及工作的浸润，我在教学中的风格也被她所影响着。务实、创新、突破便成为我的"芸香"教学风格的精神基础。

（一）一念之间，人生道路峰回路转

1998年，恰逢天河区建区不久，区委区政府大力扶持教育，因此向综合性大学招收了不少非师范专业的毕业生，并为他们解决户口，解决吃住。当时大学毕业生就业正在试行"双轨制"，正愁找不到工作的我们，趁着这大好的机会，来到了天河区教育局。只是，我最初的动机没有那么纯：我仅仅把教师这个职业当成留在广州的"跳板"。

就这样，"心有旁骛"的我来到了113中学，接手了初一学生的教学工作。那时的我仅仅比我的学生大不到9岁，所以很快就和学生打成了一片，成了很好的朋友。加上周围同事的友善，我差一点儿就忘了我还要去找"更适合自己"的工作。

第一年快结束的时候，我承担了一节"新教师汇报课"，课题是"同底数的幂的乘法"，由于平时和学生相处得非常融洽，加之自己对数学的理解一直不错，所以前来听课的老师对我无论是教学目标的达成、设计的合理程度、课堂节奏的把握，还是师生关系、学生状态的调整都大加赞赏。那时那刻那一念间，我突然觉得自己很有当老师的天赋，也会成为一名非常受欢迎的老师。

那段时间，我非常负责地对自己的人生进行了重新审视、思考，我决定留下来，做一位领导认可、家长欢迎、学生喜欢的好老师。

（二）初出茅庐，务实作风逐渐显现

我在教育系统真正奠定脚跟的时间是1999—2003年。

既然要成为一名好老师，就必须在讲台上站稳脚跟。这需要两个方面的支撑，一是能管得住学生，二是能教得了学生。于是，身边所有的老师便成了我观察模仿的对象。我发现要想成为学生心目中的好老师，必须了解学生的需求，帮他们解决问题；要有课堂的自信，能够对数学知识的理解以及运用达到胸有成竹、信手拈来的状态。对于一个刚踏上讲台的我来说，要做到这些，必须踏踏实实地熟悉教材，并尽可能地了解学生。

每个周末，我都会认真阅读教材，备好一周新课。在教学中，不断地根据学生的实际情况修改教案，如果听了其他老师的课，我又会再次修改自己不满意的地方。我吃饭的时候，上班的路上，无时无刻不在思考接下来的课该怎么上，甚至有的时候同事和我打招呼，我都没有注意到，后来又不断向他们赔礼道歉。很快，我熟悉了教材。经过一个小循环，我对知识的前后链接胸有成竹，常常能提前铺垫课与课之间的关联，这便奠定了我的一个观点：数学知识并非成碎片化存在的，它是一个完整的知识体系。这个观点也为我的"整体数学思想"的形成奠定了基础。

同时，我着力于钻研学生的心理特征：他们喜欢怎样的老师？需要怎样的帮助？害怕数学的原因是什么？课堂上如何提醒学生注意或配合？这些研究，也使我的课堂充满了灵气、魅力，使我成为学生喜爱的老师。

唯有勤奋、努力、钻研，方能站稳讲台。这些体会让我更加明确在教学中的做法：思考教材设计意图，了解学生真实学情，发挥自己外向活泼的个性，充分调动学生的积极性，使课堂不仅充满数学味，更成为我与学生进行心灵沟通的场所。就这样，尊重生命、理解学生，展示数学和自身魅力的务实的课堂教学风格就渐渐形成了。

（三）优势培育，开放创新与时俱进

2004年至2015年是广州迅速发展的时期，也是我成长最快的阶段。广州不断改革创新的城市风格无时无刻不影响着我，我也是一个爱尝试、爱创新的老师。我善于研究学生，并根据具体学情改变教学方法，进行大胆的课堂实验，然后会反思实验效果并及时调整教学，以达到精益求精的效果，以下通过三个创新点对此进行阐述。

1. **课堂创新**

2002年起至2007年，我均在一般学校任教成绩最差的班级，并且任其班主任。这类班级的基本情况不外乎学生成绩落后、学习习惯差、缺乏积极向上的精神，班风学风均颓败、懒散。要想改善这种状态，就必须找到突破口。在和学生相处的日子里我观察到，即便最差的班，也总有几个品学兼优的学生，始终以饱满和优异的状态努力着，而这种状态正是大多数孩子急切需要的。那么，怎样将他们的精神传递给其他学生呢？

我尝试着设计一些特别简单的计算题，让学生在规定时间内完成，先完成并拿到满分的学生会得到奖励（后来我把它称为"短平快"练习）。设置简单题的目的在于希望尽可能多的孩子动笔甚至拿到满分，这样，我便可以用"100"和"good boy"等批示让孩子们收获成就感，激发他们的学习热情。很快，我便从孩子们的眼睛里看到了他们内心的喜悦和满足！同时，我也清醒地认识到，即便成绩最差的孩子也是渴求上进的！但现实的情况是学生两极分化太大，落后学生面太大，教师一个人难以承担补差的任务……然而，教师不就是那个"治病救人"的人吗？所以，我一定要承担起责任，协同优秀学生，通过恰当的方式帮助这些孩子。

于是，我开始了大胆的课堂实验。根据学困生学习状态不能持续很久以及教师上课时对他们关注不多的现状，将班级座位调换为"农村包围城市型"。根据此座位排列，组成较理想的互助小组，这样既能提高教师对学困生的关注度，又让所有的学生周围"有小老师可问、有小同伴可教"。教师的关注、同伴的交流与讨论提高了学生学习的积极性和效率，他们的学习兴趣和信心越来越浓厚，学习成绩有了极大的提高。这样的实验，使得我接手的每一个班的成绩到了毕业时都有大幅提升。

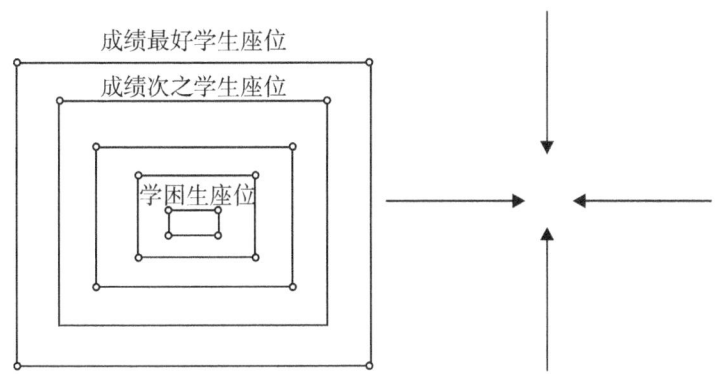

"农村包围城市型"座位示例

几年来的实验带来的教学成绩远远超过预期效果，我因此撰写的论文《探索有效的分层课堂 转化数学学困生》荣获广州市青年教师论文比赛一等奖，并以此为课题基础，在课题"在'圆'中利用小组合作模式关注学生差异性的研究"进一步深化，获得"优秀"等级结题。

这段经历让我对初中生的数学学习过程和心理状态有了深刻的理解和感悟：教学首先充分考虑学生的学习能力和困难，再进行适应于他们学习的教法研究；同时要采用恰当的教学策略激励并鼓舞学生，帮助学生建立正确、向上的学习观和人生观。

2. **教法创新**

2005年起至今，广州市教育局为了降低学生的学习负担，颁布了严格的"禁补课令"，使中考复习时间比以往少了将近三分之一。对于学生程度一般的学校来说，要在有限的时间内完成中考复习确实困难，改变教法已成必然。

从流程来看，中考复习一般分成三个阶段：基础知识复习、思想专题复习和综合模拟复习。若按部就班完成以上三个阶段的复习，时间肯定不够，是否可以整合其中的复习内容呢？以函数的复习为例，若以老办法进行基础知识复习，要分为读取函数图像、正比例函数的图像与性质、一次函数的图像与性质、反比例函数的图像与性质、二次函数的图像与性质等至少五个课时。但若站在函数体系的角度去思考，会发现这样复习割裂了知识的完整性，使知识碎片化了。事实上，所有的函数都具备函数的本质，但它们却又有独特的个性，它们个性的形成源于定义。若以数形结合的思想指导贯穿函数复习，以函数的图像和解析式之间的关系为函数复习的核心，用三个课时已经足够完成本知识块的复习。因此我提出整合复习内容，从知识整体结构的高度来看待数学知识：提炼每个章节的核心数学思想以及核心知识，以最核心的内容带动基本知识点的复习。基于这样的思考，我对初中所有数学知识进行了整合，调整了复习节奏以及进度，努力从提高复习质量和效率中要成绩。

事实证明，我们的中考复习呈现出新状态：时间充足，效果显著。这种"以核心知识点带动基本知识点"的复习，后期又经过天河区教研员刘永东老师的提炼和解读，现成为天河区广泛使用的"小专题"复习模式。

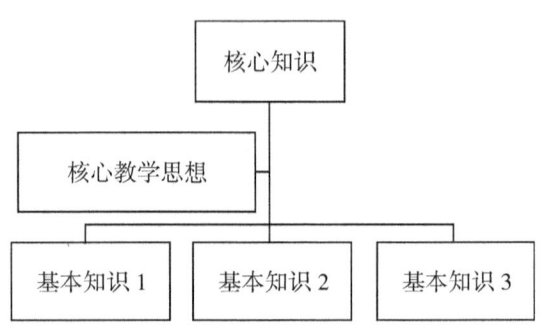

用核心知识带动基本知识点的复习示意图

从知识体系的高度去看待数学知识，挖掘每个知识的核心思想以及核心内容，能在教学中达到事半功倍的效果，更重要的是，在这个过程中，也能帮助学生建构起完整的数学知识体系，使他们的学习更有效。这个经历进一步为我的"整体数学观"打下基础。

3. 学法指导创新

2012年，我来到了天河外国语学校。这所学校学生的学习程度、学习习惯、学习能力都是我以前从未见过的。在和他们朝夕相处的过程中，我感受到资优生对知识的理解和运用的游刃有余，课堂上循规蹈矩的知识讲授对他们来说就是时间的浪费，同时他们头脑里千奇百怪的想法往往让我哑口无言，我已经完全掌控不住课堂了。对于当时的我来说，甚至开始怀疑自己是否适合教书。

要解决困难只有先面对困难。我决心把自己当成是刚毕业的老师一样潜下心去学习，发挥我最擅长的特点——琢磨学生，去研究他们的学习方式、思考方式以及他们所具备的知识基础。经过观察，我了解到：他们的知识面很广，但对知识缺乏深度了解，基础知识的运用得心应手，但缺乏举一反三的能力，这说明他们虽然懂得很多，但实际上缺乏系统的学习。同时，他们聪明、活泼、自信、好学，愿意和他人分享学习心得和体会；他们喜欢提问，具有强烈的求知欲，对未知的问题乐于尝试，喜欢动手操作。这样的孩子，是不能按照常规方式进行教学的，否则，他们的学习兴趣、能力和潜力将会被慢慢消磨。

于是，我结合学校的教学理念和管理方式，通过认真的观察、考证、论证以及实验，我发现让孩子们预习后，提出他们在预习中觉得有疑惑的问题，再和同伴们通过交流解决问题的学习方式，应该是最适合他们的。因为孩子们可以在预习中提高自主学习的能力；在预习中产生积极思考，从而达成知识的自主建构；用数学语言表达自己的问题，可以学会用简洁的方式表达观点；在课堂上和同伴分享、解答、交流问题，能促进他们数学交流能力的提高。在这样的设想下，我开始建构适合这所学校数学课堂的教学流程，经过不断地推倒、重建、实验、反思、完善，课堂慢慢成形。

经过两年的教学实践，2015 年天河外国语学校第一次参加广州市中考，我们的数学平均分达到了 132.4 分，以绝对优势高于其他同等水平学校。特别在 2016 年中考数学中，我们的数学成绩又达到了 134.1 分。这些成绩的取得是对我们改变学生的学习方式的肯定！

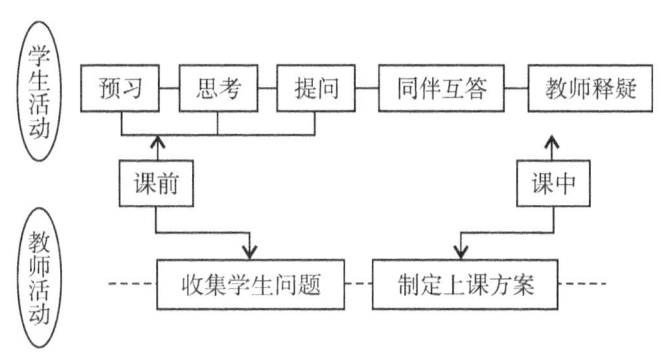

天河外国语学校数学课堂教学流程

同时，通过对毕业学生高中数学学习情况的追踪，我们得知这些孩子高中数学的学习方法得当、学习氛围轻松、学习成绩优秀，更说明我们在学法指导方面的创新有助于孩子们学习的可持续发展。

在不断地观察和思考中，我也渐渐提炼出我校数学课的"4S 诊断式数学教学模式"[4S 即：self-study（自学），self-asking（问学），share（辩学），self-examination（思学）]，使我们对学生学法指导的创新不仅有其"形"，更兼备"神"。

教学相长，孩子们在这种自主学习的良性循环中，逐渐提高了学习能力，养成了有益于他们终身发展的学习习惯。我也在必须回答孩子们提出问题的自我要求下，大量阅读，深入思考，站在更高的角度来看待数学知识，这使我更加坚定地追求整体数学观。这在我后来承担的"平面直角坐标系"（与此课相关的论文《顺应思维同生长　慢玩概念乐品思》发表在《中国数学教育》上）、"反比例函数的图像与性质"（此课获得 2017 年"一师一优课""部优"称号）、"同底数幂的乘法"（2018 年省骨干班示范课）、"平行四边形的复习"（执教于杭州春蕾中学）等省市级公开课中均有体现，收获导师和专家的大量好评。

借这个实验，我成功申请了省教育研究院的课题"基于预习的初中生数学提问能力的培养研究"，通过研究学生所提出的问题，了解学生的真实学情和学习方法，从而找到适合每个学生学习的方法，以体现"芸香"教学风格中的"药用"价值，即"诊断"。

通过这三个重要的教学事例，我自己务实、创新的教学习惯也慢慢养成：我善于思考、勇于创新，主动推动自身专业素养的提高，在教学中突出了我对教育的理解与追求，使我能够成为学生心目中有威望、受喜爱的数学老师。

（四）选择突破，向前发展永不止步

2010 年，我申报了名为"基于评价标准的初中生数学学法指导的研究"的课题。在研究

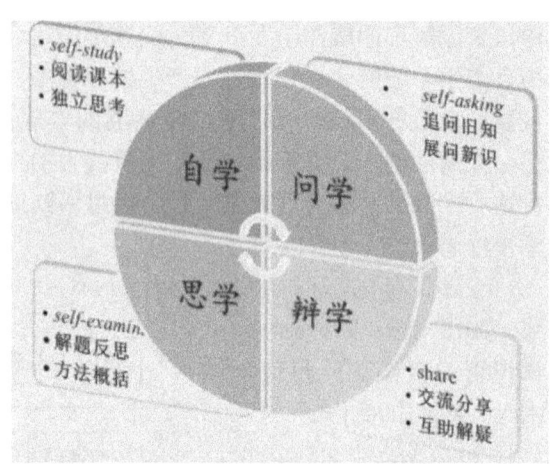

天河外国语学校"4S 诊断式数学教学模式"

的过程中，我发现学法指导所覆盖的范围非常广，所要研究的教学理论和心理学方面的内容很多，对于我这样一个中学教师来说，可谓困难重重。当初申报课题时的信心满满，到研究时发现的困难重重，让我后悔当时不应该申报一个那么大的课题，同时在科研上将要付出的时间和精力也让我心生畏惧。我想过不止一次地放弃。

2015 年，在学校的举荐下，我参加了广东省中小学新一轮"百千万人才培养工程"第二批初中名教师培养的学习，在这个平台上，我遇见了三位尊敬的导师：李样明主任、陈静安教授、林伟老师，以及各个身怀绝技又彼此亲如手足的小伙伴们。培训之初，我是以一种完成任务的心态参加学习的，所以经常缺乏动力。而我的导师并没有因此否定我，他们时而鼓励，时而鞭策，时而指引，用他们对专业的专注和敬业感染着我；而我的小伙伴们则总在我要放弃的时候拉我一把，他们对我的关心和宽容以及他们求知的渴望让我动容。在这样一个团队的影响下，我知道，我不能让他们失望！我必须拾回信心，重新振作！记得在第一年年度总结的时候，我发言的题目是《心灵重生　激扬启航》，与其说这是一个发言题目，不如说这是我在导师和小伙伴们面前立下的誓言。

在这个平台上，在向导师学、向专家学、向小伙伴们学的过程中，我渐渐梳理清楚我所申报的这个课题的研究方向以及方法：学法指导涵盖的内容和方向非常多，研究必须由浅至深，由表及里，要对学生的学法指导有清醒的认识；学法指导不是独立的个体，它与教师的教法息息相关，要改变学生的学法，必须先改变自己对教学的做法以及看法。如教师是如何培养学生的学习习惯的，在作业、笔记、课堂等方面是否有合理的要求；又如教师在授课过程中，是否渗透了学科的思想和方法，对于学生关于学科方面的活动是持一种怎样的态度；等等。所以，学法指导首

先是从教师处理教学内容的方式开始改变；其次是培养学生良好的学习习惯；再次是培养学生的学习信心以及学数学的兴趣；最后是教师应该采取一些教学策略推动学生的学习，比如建立学习小组、参加相关竞赛活动、学生提前预习进行数学提问等对学生学习能力有极强推动作用的策略。

就这样，这个延期了四年的难课题在我参加此次学习的过程中，顺利并以优秀等级结题了。除了对导师和小伙伴们的深深感激，我也明白了一个道理：一念天堂、一念地狱。对于一件事，是积极面对，还是消极逃避，其实都是一转念的事，这往往取决于自己所处的环境和当时的心态。所以，要择良师益友而行；同时，面对困难时不要逃避，要学会分析形势、查漏补缺、积极应对，努力做一个心向阳光的老师，只有这样的老师，才能以健康积极的心态感染学生，成为为学生照亮前路的明灯，帮助学生树立健康向上的人生观和价值观。

"立德，立功，立言"是成为一个名师所必需的三个步骤，相信踏踏实实，一步一个脚印才能走得更远，我要不断地突破自我能力界限，向真正的名师目标前进。

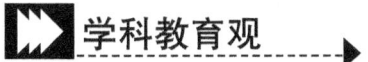

学科教育观

不经寒彻骨，哪得扑鼻香

教学风格是教师教学思想的直接体现，它根源于教学思想而体现于外部形式。[①] 因此，教学风格的形成必须建立在教师个体不断总结教学经验、探索教学规律的基础上的，具有独特教学风格的老师必定是对教学有自己独特思考的。

"学数学到底有什么用？"是学生常问、我自身常思的问题。工作20余年，我依然不能说出学数学的具体用处，但我会用这样的比喻来回答：我们这一生吃过很多饭菜、喝过很多汤水，现在的我虽然已想不起这些食物是什么、味道如何，但我却知道这些食物已经转化成丰富的营养，供应我成长，维持着我的生命。对于数学学习而言，也是同样道理。德国物理学家劳厄有句名言："重要的不是获得知识，而是发展思维能力。教育无非是一切已学过的东西都已忘掉的时候所剩下来的东西。"在这里，劳厄的观点是"知识"是可以"忘掉的东西"，而"思维能力"是"剩下来的东西"。也许多年之后，我们将淡忘很多曾经学过的数学知识，但在学数学的过程中，我们所经历的思考、分析、推理、判断等过程，也必将转化为我们骨子里不可磨灭的能力，这种能力影响着我们处理问题的方式、和他人相处的模式以及正确看待世界的角度，使我们能始终保持清醒的头脑和高效的节奏。这，就是学数学的真正作用。

---

① 李如密：《教学艺术风格论》，载《山东教育》，1995年第4期，第12－13页。

把这些营养传递给学生是每一位数学老师的职责。不是仅仅教学生单一的数学知识，而是带领学生经历数学的思想和方法、感受数学的美、体会数学的有用，因为它是成为数学知识产生的缘由，是伴随数学知识的延伸，是成为联系数学知识网络的节点。

结合我对数学学习的认识、20年来的教学经历以及骨子里务实、创新、敢于突破的精神，我渐渐找到了属于自己的"芸香"教学风格。

（一）芸香教学风格之解读

芸香有芸，与吾同名，芬芳无限，众生香凝。

现实中的芸香是一种有特殊香味的草本植物，常作为香料，以香气避虫，或用之保护珍贵纸类典籍；它还是一种药材，用于祛风镇痉，跌打损伤等；"芸芸"是指众多的样子，又指"一切有生命的东西"，与人的成长密切相关。

借助"芸香"两字，意在诠释我数学教学中呈现出来的教学理念和风格：

展示魅力，求索隽永的课堂数学教学艺术。

理解学生，培养独立学习的思维拓展能力。

尊重生命，追求以生为本的课堂生命价值。

1. 芸香喻魅力，与隽永的教学艺术相吻合

务实的工作作风奠定了我扎实的教学基本功，让我始终追求每一节课的优质、高效。优质表现在对教学内容的完整把握、对教学对象的学习节奏调配；高效则要达到学生不虚此课、学必有所成。

如在平行四边形的复习中，是简单地"温故"，再大量做题，还是在复习中既要"温故"，也要"知新"？是着眼于学生对知识的把握，还是定位于让学生掌握数学学习的方法？我认为，把学习"如何研究一个四边形的方法"渗透在知识的复习中，才能真正达到一节好课的标准。

要做到这一点，必须扎扎实实对教学知识进行梳理，承上启下，保持知识的完整性、系统性、方法性、思想性，并以生为本，用科学、恰当、有趣的方式呈现给学生，这样的课堂，才具备隽永的教学艺术。

2. 芸香能入药，与思维个性生长相吻合

世界上没有完全一样的两片树叶。同样，我们所遇到的学生也是各不相同，我们所面对的教学情景也在不断地变化，所以，我们必须善于思考、勤于观察、勇于创新，才能做到充分地"诊断"，再"治病救人"。

对于同一个教学内容，如二次函数，在面对不同程度的受体时，我们应该选择怎样的教学方式、运用怎样的教学流程？对于普通学生，他们在理解上存在着或多或少的问题，因此，用最基本的知识慢慢推进，等学生的认知水平到达相应的位置时，再进行思想方法的渗透可能是最佳教学方案。然而对于优质生源，则必须以数学的思想为纲领，辅以数学学习方法来带动知识的复习，才能尽最大可能挖掘他们的学习潜力。

因此，用能"入药"的芸香借喻我在教学上的善于诊断、敢于创新：关注学生的学法指导，基于观察、诊断、分析学生学习现状，理解学生，在培养其独立思考能力的基础上，通过数学阅读、思考和表达拓展其思维，发展学生的学习力。

3. 芸香之持久，与生命成长价值相吻合

"传道，授业，解惑"是对教师工作的基本概括。然而，在现实生活中，由于教师繁杂的工作，"解惑"已经成为可望而不可即的"难题"。对于大多数学生来说，知识的学习并不是阻碍他们前进的障碍，思想上的困惑、成长中的烦恼才是。"学会学习，学会做人"是我希望学生能做到的两个基本能力，这也是我努力突破，想要做到的。

作为数学老师，我不能只关注学生学习，更要将数学史、人生哲理、生存价值等与哲学相关的东西展现给学生，帮助学生建立健康、积极、向上的人生观和价值观。

持久的"芸香"，便是我努力的方向：教人学习，教人做人。

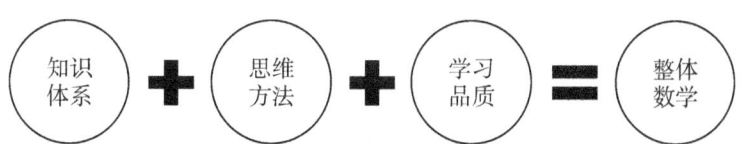

整体数学观的基本构成

（二）我的教育主张——整体数学观

我主张数学教学的"整体数学观"。"整体"是指一个由有内在关系的部分所组成的体系对象，是若干对象按照一定的结构形式构成的有机统一体及其发展的全过程。各个组成部分之间存在着内在关系，它们功能互补、协调行动、共同发展。"整体数学"有三个含义：首先，数学知识不是成碎片化的形态存在于现实生活当中的，而是一个有严密逻辑关系、能承前启后、牵一发而动全身的完美的知识网络；其次，数学也绝不是仅以知识的形态存在于现实世界的，它还包括了思维、方法等重要的能力因素，这些因素的养成则需要理解数学独有的"历史性""过程性""连续性"和"生长性"，这也是数学学科真正核心的价值所在；再次，学习数学的过程也是培养学生优良品质的过程，面对数学知识，我们要理解什么是简洁、什么是严谨，在遇到困难的时候，我们要勇敢，要有越挫越勇的精神，敢于尝试、大胆猜想、严格论证，这都是学习数学过程中需要培养，同时也是可以养成的良好品质。这些品质的养成，也能帮助学生用数学的眼光看待世界，树立健康、积极、向上的人生观与价值观。这就是数学的整体性。

在整体数学观下，作为数学教师，首先自身要对数学知识的来龙去脉、背后的数学历史以及逻辑有相当深刻的了解，才能贯通古今，明晰数学的知识网络，理解数学知识的"来"与"去"，把握数学思想，以达到传道、授业之目的；其次要知道学生心中想知道的数学是怎样的，对数学的理解层次如何，进而准确传递数学信息，达到解惑之目的。正是基于对整体数学观的追求，我渐渐形成了"芸香"的教学风格。

教学风格从萌芽到形成，过程十分漫长。我关注每一节课，在大量的日常教学中发现有新意的东西，经过排沙拣金的过程，以自己偶尔教的某节有新意的课作为自己风格的雏形，推及其他，从而形成自己的教学风格。

他人眼中的我

1. 同行眼中的我

在 2018 年 9 月，我前往花都圆玄中学承担一节省骨干教师公开课，一位老师听完我的课后对我说：好课！把学生教会了，还把同行引领了。你的课，立意新，格局高。我一直以为你们优质生源的上课方式，会不断塞给学生高认知的东西和技能，而你告诉我，要从学生的认知起点出发，给学生理清知识的前世今生"下辈子"，给学生搭桥铺路，不急不躁，这是名师的风范啊！还鼓励我不止步，向更高平台迈进。所以，你这次的莅临，是馈赠啊！

2. 学生眼中的我

我的学生是这样评价我的：亲爱的李老师，我以前最害怕的科目就是数学，我觉得数学很枯燥。我看数学老师都想跑，更不要说主动学习了。自从您教我之后，我开始喜欢上数学课，特别喜欢看您上课时询问我的眼睛，谢谢您！您不仅是我的数学老师，也是我的人生导师，谢谢您对我们的"玩转数学小组"的支持。我会主动去看数学书，努力弄明白数学知识，希望您能教我到高中！

3. 家长眼中的我

"孩子之前对数学不是很感兴趣也没信心，是您让她重新喜欢上数学。非常感谢。"

"感谢李老师，文馨多次在我们面前提到您的优雅大方，有这样一个老师，我们觉得很幸运。"

"李老师，晚上好！孩子很幸运，能在天外遇见您，真的，每周回来都会叽叽喳喳讲李老师跟他们说了什么，目前她的成绩还有很大的提升空间，我相信在您的教导下，她一定会更好的。另：李老师，我们初中三年不希望换老师，请问您能把孩子带到初中毕业吗？"

4. 领导眼中的我

天河区初中数学教研员刘永东老师对我的教学风格的评价：

如果说，给她的教学风格用一个词概括，则可用"芸香"二字。这本是一种香草名，香气浓郁，久存不散。她的课堂犹如此香草一样，散发出的芬芳让学生总在课堂流连忘返。具体来讲，有三个特点：

一是以生为本，追求课堂的生命价值。高效课堂是教师的追求，但需要教师的情感投入，需要教师的能力保证，而她常常都能做到：用自己的情感熏陶学生的情感，用自己的钻研能力提升学生的学习能力，把自己对数学、对学生的热爱传递出去，让学生把内心的学习欲望激发出来。

二是理解学生，求索"适合"的教学艺术。探索适合学生的教学艺术，首当其冲就是激发学生的学习兴趣，李老师就是这样，把教学内容外在的情趣添加进去，把数学教学内在的魅力挖掘出来，把"问题"注入课堂，让学生在课堂上"再创造"，做到用自己对数学的兴趣来激发学生学习兴趣，努力追求"适合"的教学境界。

三是树人立德，追求教学的诗意画境。树人立德，需要习惯的培养，而用习惯培植习惯，是一种很好的方式，特别是在教学形式上，李老师的课堂体现师生"和谐舞伴""最美和声"的良好关系互动。师生常常相互配合、彼此照顾、共同进退，教师独立的声音与学生优美的结合形成悦耳动听的课堂。

育人故事

春风化雨处，浪子回头时

2005年9月1日，当我走进新接手的初三（1）班时，一个皮肤黝黑、浓眉大眼的学生小罗引起了我的注意，他看起来时而桀骜不驯，时而萎靡不振。为什么一个人身上会有这样两种截然相反的性格？我对他开始感兴趣。通过几天的相处，我发现同学们都喜欢和他一起玩，同时好像很怕他……他成绩非常糟糕，就连小学时的异分母分数相加减都不会做，更不要说初中的知识，但他好像很在意别人对他的评价，特别是他的成绩……他好像还很想接近我，但每次面对面的时候，他又高傲地走开……

就这样，我们相安无事地相处了两个月，直到有一天，我看到他和两个花白头发的夫妇在校门口争吵，小罗满脸通红，眼中满含泪水，不时懊悔地蹲下来，又站起来，这样的动作多次反复。我急忙赶过去了解情况，他看见我来了，立刻赶走了那对夫妇，自己也飞也似的逃离了现场。小罗对于我来说变得神秘，不可捉摸。我非常想了解这个孩子，但同事们说起他来，总是先长叹一声，然后又劝告我不要对他管得太多……在好奇心的驱使下，我拨通了他父母的电话，电话那头苍老的声音迟疑地答应了我家访的要求，并一再强调，不要告诉小罗。

小罗的家在一个城中村里，狭小局促，那两个花白头发的夫妇原来是小罗的父母，在和他们交流中，我渐渐知道了小罗的秘密：小罗是父母晚年得到的独生儿子，父亲是街道的清洁工，母亲则靠打零工维持生计。尽管清寒，但父母给予小罗的爱是无限的，因此小罗天性善良、勤快，经常帮父母做家务，一家人其乐融融。但由于父母缺乏管教能力也无暇顾及他的学习，小罗成绩不好，尽管很努力，但毫无起色，这便成了他心里的一个结。上了初中后，也是他青春期的开始，他的脾气变得易怒、暴躁，经常无法控制自己。

初一的某一天，他没有交英语作业，因此被怀孕四个月的英语老师在课堂上点名批评，他怒不可遏，对着英语老师的肚子飞起一脚……小罗以及小罗的父母为此付出了惨痛的代价，他被学校记大过，并留校察看了一个学期，他不富裕的爸妈为此付出了巨额赔款……这对年老的夫妇抹着眼泪，说："我们只希望孩子不要走上歧途，以后不要成为社会的罪人……"我心中的沉痛无法言说，面对这样一个家庭，这样一对夫妇几近绝望的哭求，我怎能置之不理？了解到小罗性格自卑的重要原因，我决定不动声色地帮助他。

初三（1）班是一个普通班，两极分化严重：大多数学生成绩落后、习惯差、精神颓废，但我发现还是有少数学生不甘落后，始终努力着。于是我便采取了"短平快"的练习方法，先让孩子们获得一些信心，尝到一些学习的甜头。由于简单易做，这样的"短平快"训练很快便成为大家每天翘首企盼的活动，特别是对于小罗这样的孩子，他在这个训练中积累的满分越来越多，做题也越来越快，每次在班上公布满分情况时，他总是一脸幸福，坐得直直的。我知道他已经尝到了学习的甜头。在这个训练中，我发现先完成的孩子很少有出去玩的，都自觉地当起了小老师，看到教室里大家互帮互助，我心里非常欣慰：孩子们都有一颗上进的心。通过这样的"短平快"训练，班里的学习氛围改善了不少。

后来，我又将教室里的座位排成了"农村包围城市型"（前面有介绍）。小罗同学的位置处于教室正中，他很快就明白了我的用意，眼神非常复杂地看了我一眼，我看得出他的感激和不确定。"这个世界上，有两种人是我佩服的：一是犯了错后，能勇敢面对，并努力改正的人；另一种人是明知自己成功的概率不大，但认定目标后依然愿意为之不懈努力的人。这样的人在我心中是真正的强者。"说这些话时，我并没有看着小罗，但我感受到了他炽热的目光。随后的日子，小罗看老师的眼神不再冷漠孤傲，上课时他的眼睛总是目不转睛地盯着黑板，办公室里常常看见小罗问问题的身影，教室里总能听见他和同学讨论问题的声音。

就在我欣喜于小罗的转变时，又发生了一件事：小罗连续几天上学迟到，问他原因他总是支支吾吾的不愿意说。通过同学，我知道了让我忍俊不禁的原因：他觉得自己成绩太差，为了赶上同学，每天都学习到很晚很晚，导致第二天起不了床，而他的父母每天都很早外出工作了，没办法叫他起床。考虑到不给他的家庭增添经济负担，我给他买了一个闹钟，有一天，在他的"短平快"训练再次获得满分时，我当着全班的面表扬了小罗的进步，并告知大家他迟到的原因，同学们都善意地笑了起来，并鼓起了掌。我幽默地说："迟到其实是要批评的，但考虑到迟到的原因嘛，我可以网开一面，送你一个闹钟，希望以后不要再因为迟到扣我们班的分啦！"同学们都大笑起来，小罗也不好意思地笑了起来。小罗在班级中有很强的号召力，他的转变带动了班级的进步，初三（1）班获得文明班的次数越来越多，班级的精神风貌越来越积极向上。

进入到中考冲刺阶段，我经常听到小罗和同学们比谁晚上复习得晚，我又好气又好笑，于是告诉他复习不是看谁的时间长，而是看在相同时间内谁的效率高。他看着我，眼睛亮亮地说："李老师，我已经想好要考哪个学校了，我要考化工中专，听说毕业后会到广州煤气公司上班，工资很高，我爸爸妈妈就不用那么辛苦了！"我心疼地拍拍他的头："好孩子，我和你的爸爸妈妈都为你骄傲！"

小罗如愿以偿地考上了国家级重点中专：广东化工中专，三年后又如愿以偿地进入广州市煤气公司上班，现已结婚生子，有一个幸福的家庭。

这只是我二十年教学生涯中一个非常普通的事，但也是这件简单的事，让我理解到教育不是"快餐"，它不能"一次性"，也不可能"速食"，它是一件细水长流，春风化雨的事。"动之以情，晓之以理"是我担任教育工作最大的特点，学生总说"特别爱喝李老师灌的鸡汤"，这些"鸡汤"都是在教学或生活中，观察学生、观察人生所获得的深刻的体验，用自己切身的体会和经历对学生的成长过程做出指导，目的在于让他们少走一些弯路、错路，让学生始终饱含对生命的尊重和理解。

我的教育工作简单、平凡，但我却沉浸其中，自得其乐。

 教学现场与反思

三行而后思，常思促成长

以下借助2017年11月15日广州市教育研究院教学调研的听课案例"反比例函数的图像与性质"，呈现"整体数学观"下的"芸香"教学风格。

此课是以我的省教育研究院课题"基于预习的初中生数学提问能力的培养研究"中的"预习—提问—解惑"的教学模式为载体，以"整体数学观"为指导进行的一节新课。

该课的教学目标是：通过本课学习，学生能对反比例函数的图形与性质有更深一步的理解——理解函数图像为双曲线的原因，能正确画出反比例函数的图像，并了解图像的中心对称和轴对称性。

在教学中，通过对比反比例函数与一次函数、二次函数的相同点与不同点，了解研究函数的角度以及一般方法，在探究反比例函数图像的画法过程中，体会"数"与"形"之间的对应以及转换；以反比例函数的图像与性质为教学重点，突破理解反比例函数图像为双曲线的难点。

(一)"反比例函数的图像和性质"教学现场

环节一:预习回顾

【预习任务】请在预习"反比例函数的图像与性质"的过程中联系所学过的一次函数和二次函数,比较它们的异同,完成如下表格:

函数名称	一次函数	二次函数	反比例函数
相同点	1. 2. …………		
不同点	1. 2. …………		

【设计意图】通过长期预习方法的指导以及预习习惯的培养,学生已具备较好的预习能力,因此有足够的能力对反比例函数的图像以及性质进行研究、归纳。

通过相同点和不同点的对比以及梳理:
(1) 强调函数的概念;
(2) 明确反比例函数的独特性质;
(3) 渗透研究函数的基本方法。

【学生预习效果举例】

	一次函数	二次函数	反比例函数
相同点	1. 都有两个变量 x、y 2. 对于 x 的每一个确定的值,y 都有唯一确定的值与其对应 3. 都能在平面直角坐标系中,通过图像表达出来 4. 都能用待定系数法求函数解析式 5. 令 $y=0$ 后,都能与相应的方程相联系 6. 都蕴含着数形结合的思想		

续上表

	一次函数	二次函数	反比例函数
不同点	1. 解析式不同。反比例函数：$y = \dfrac{k}{x}(k \neq 0)$；一次函数：$y = kx + b$ $(k \neq 0)$；二次函数：$y = ax^2 + bx + c$（$a \neq 0$） 2. 图像不同。反比例函数是双曲线，一次函数是直线，二次函数是抛物线 3. 与坐标轴的交点数不同。反比例函数与坐标轴没有交点，一次函数和二次函数都与坐标轴（特别是y轴）有交点 4. x、y的取值范围不同。反比例函数中x、y都不等于0，而一次函数的x、y可以取任何实数，二次函数的x可以取任何实数，y有最值 5. 增减性不同 6. 最值不同。二次函数有最值，但一次函数和反比例函数没有最值		

环节二：提问释疑

【预习任务】请提出你在预习中遇到的问题，并和同学们尝试解答这些问题。

【学生提问举例】

问题1：反比例函数的图像只能出现在第一、第三象限或者第二、第四象限吗？能不能出现在第三、第四象限，或者一、第二象限？

问题2：$y = \dfrac{k}{x}(k \neq 0)$的图像为什么是两段？

问题3：$y = \dfrac{k}{x}(k \neq 0)$的图像为什么与坐标轴无限接近，但又和坐标轴不相交？

【学生问题解答归纳】

因为$xy = k$，当$k > 0$时，x、y必须同号，因此函数图像只能出现在第一、第三象限；当$k < 0$时，x、y必须异号，因此函数图像只能出现在第二、第四象限。又因为$y = \dfrac{k}{x}$（$k \neq 0$）中，当$k > 0$且一定时，x越大，y越小，但图像又不能与坐标轴相交，因此当x无限大的时候，y无限小，即无限接近x轴。

【设计意图】

（1）学生的问题主要围绕着反比例函数图像为何是双曲线而提，而此问题的根本原因在于反比例函数的解析式中对x范围的限制。这是极好的用"形"体现"数"的机会。通过此问题的讲解，让学生进一步体会"数"与"形"的结合。

（2）分层次解答反比例函数的图像是双曲线的优点在于能让学生体会数学概念的重要性、逻辑性以及相关性。

环节三：设疑研讨

【任务设置】右图是反比例函数 $y = \dfrac{k}{x}$（k 为常数，且 $k \neq 0$）的一个分支，结合你所学过的知识，请画出它另一个分支的图像。

学生画图、猜想、验证、交流。

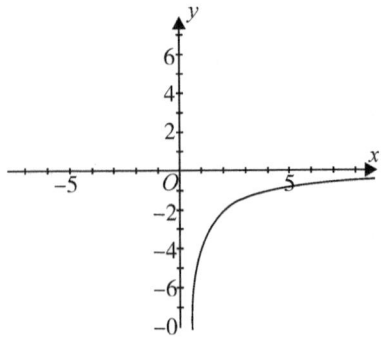

【学生结论】

(1) 反比例函数 $y = \dfrac{k}{x}(k \neq 0)$ 是中心对称图形，对称中心是原点。

(2) 反比例函数 $y = \dfrac{k}{x}(k \neq 0)$ 也是轴对称图形，他们的图像关于直线 $y = x$ 和 $y = -x$ 对称。

因此，我们可以通过反比例函数的对称性画出完整的图像。

【设计意图】

对反比例函数对称性的研究既能让学生更深入地了解双曲线，也给学生提供了一个画图的方式，更为今后对函数奇偶性的研究奠定了基础。

环节四：总结提升

(1) 从知识角度：反比例函数的图像是双曲线。（原因、性质、对称性）

(2) 从方法角度：研究函数的几个角度——解析式、图像。（定义域、值域、增减性、奇偶性、最值……）

(3) 从思想角度："数"与"形"的相依相存关系。

【设计意图】

小结：从三个角度对本课进行提炼，目的在于提高对函数研究的整体认识。

(二)"反比例函数的图像和性质"教学反思

1. 教学设计预设有方，因生而动

(1) 提前预习，充分暴露学习问题

目前，班级授课制最大的弊端在于教师不可能充分地了解学生，因此，教师在进行教学活动的时候，常常以经验作为备课的主要依据，这样便容易导致教学目标偏移，学生无法学到适合自己的知识等情况。

鼓励学生提前预习，并用数学语言将自己在预习过程中遇到的困难和问题提出来，不仅提高学生数学交流能力、自学能力，更重要的是能让教师更好地了解学生的学习需求，根据学生的问题以及学习状态进行学习诊断，给学生一个比较适当的学法指导。这样的教学，能让上课内容更贴近学生的需求，提高学生的学习兴趣。

本课是在学生充分阅读了教材之后，根据自己的学习经验提出针对知识的问题。从学生的问题可以看出，问题集中在"为什么反比例函数的图像是双曲线"上，这里说明，学生对于从"数"到"形"地对应和转换其实是不熟练的。本课基于学生的问题进行教学，是教学中真正的对症下药。

（2）立足高位，助力串联知识网络

预习不能毫无目标，要努力让学生在预习过程中，通过自己的能力，比较和串联起已学过的知识，在新课学习中，才能建立起完整的数学知识网络，避免知识的单一化、碎片化。因此，设置预习任务的目的在于帮助学生把注意力放在新知识的产生、发展，以及与旧知识的联系上，如此必能帮助学生更好地理解"函数"这一概念。

预习不可以毫无引导，没有引导的预习是盲目的。反比例函数的图像和一次函数、二次函数相比是不连续的，这对于初次接触的学生来说，难以理解，从而忽略了其函数本质。而函数是学生到了高中之后数学学习的重要内容，研究函数的方式也是相似的，学生必须要学会函数的研究方法。因此，本课在设计预习引导时，通过对比三种函数的异同，突出反比例函数的函数本质以及其不同于其他两种函数的特征；并且突出函数研究的几个着力点以及"数形相依"的重要本质，从而让学生通过新课的学习，进一步掌握一般函数的研究方法，这不仅构建了完整的知识体系，并且获得了函数的研究方法。

2. 教学生成丰富切实，因生而变

课堂中所讨论的内容，都是学生在预习中出现的问题和困惑，教学的生成丰富，并且均反映了真实的学生问题。再通过学生与教材的对话、生生对话和师生对话，又会不断产生新的火花、灵光，学生对知识的理解和接触一定比教师单方面的讲述更丰富、更深入。

本课中，学生在预习中提出的关于知识的问题是教学的生成。教学过程中，师生、生生的交流全部基于这些问题，这使得本课的讨论是真实、有意义的，其产生的教学效果一定比凭教师经验进行的教学好。

3. 芸香风格隽永突出，因生而成

"芸香"风格就是"务实、创新、治病救人"。本课基于学生自身的问题进行教学，此乃务实；引导学生在预习前进行提问，并根据学生所提问题进行知识主线的串联，从而进行教学，此乃创新；在预习的引导中，主动构建学生的知识网络，并渗透函数的研究方法，教会学生数学的学习方法，此乃治病救人。

当然，所有的课都有它的缺陷，本课最大的缺陷在于这样的教学方法要在实验班进行，对于没有参与实验的学生很难操作。我也会在这个实验的研究过程中、积累经验，积累学生出现的问题，并思考如何将此教学模式进行推广，让更多学生受惠于此。

质朴 理性 问导

● 河源市源城区啸仙中学 刘超源（初中数学）

▶ 导读语

我是河源市源城区啸仙中学的一名普通老师，大学本科学历，初中数学高级教师，现担任数学科组长。从教15年，先后荣获源城区十佳教坛新秀、源城区十佳教学能手、源城区优秀教师、河源市优秀教师、河源市初中数学

首席教师、广东省"百千万人才培养工程"初中理科类名教师培养对象等称号。任教以来有20篇论文获区级以上奖励或发表，1个课例获河源市二等奖，1个教学设计获广东省三等奖，主持河源市市级课题"初中数学课堂小组合作的有效策略研究"，于2015年7月结题，现主持广东省"十三五"规划教育科研2016年度课题"问题导学教学法在初中数学中的实践与研究"。

"勤奋、务实、创新"是我对待教育教学的态度；"自己不仅是一名教数学的教师，重要的是一名教学生会学数学的教师"是我信奉的教学理念；"教师发展了学生才能更好地发展"是我坚持教师专业发展的动力；钻研教材、理解学生与阅读、反思、写作是我成长的有效途径；导师引领、同伴互助是我成长的催化剂。我的课堂以问题为导向，引领学生参与思考、探索，注重知识的自然生成，注重思想方法的渗透。结合自身教育教学、同行与学生的评价，我的粤派教学风格提炼为：质朴、理性、问导，按照李如密教授的分类方式，属于理智型或谨严型风格。

名师成长档案

上下求索　砥砺前行

（一）默默学习的 5 年，沃土助我成长

2004 年一毕业我就应聘到啸仙中学工作，学校领导非常信任我，第一年就让我负责九年级毕业班的教学工作，可又没有促进教师专业发展的"青蓝工程"或"师徒结对"的帮扶，可想而知，对于刚毕业、经验不足的我，面临的压力有多大。但老师们都说，啸仙中学是老师成长的沃土。那一年中考我所教班级数学成绩并不理想。接着我被调到高中部，并教了 1 年高二，连续带了 3 年高三，每年都做班主任。我默默努力，认真钻研教材，研究考纲，用心备课，注重课堂教学设计，讲究条理的清晰顺畅，做了大量的高考的试题，每年都完成学校定的任务，教学态度和教学能力开始得到了学校领导的肯定。在这 5 年中，我习惯于反思自己的课堂教学，我每学年至少都会写一篇教学论文，结合自己的教学实践和教学最前沿方向，其中 2 篇荣获市一等奖，3 篇荣获市二等奖。我从没参加过课堂教学方面的比赛，只是学校里非常普通的一名教师，但客家人的纯朴、勤奋督促我努力前行。

（二）努力成长的 5 年，机遇促我进步

2009 年 9 月开始，我校与东埔中学进行资源整合，东埔中学办高中，我校办初中，我选择留在初中。当年，我接手九年（6）班数学教学工作并担任班主任。这是一个很普通的班级，纪律一般，成绩在年级排名中下。经过我的努力，在中考中实现了"逆袭"：不仅超额完成学校分配的任务，也是考取重点中学人数最多的班级，单科数学的最高分、平均分、及格率均是年级第一名。我的教学与班级管理能力得到了学校领导的高度评价。2011 年 5 月，我参加了源城区"十佳教坛新秀"竞赛，经过上课、说课两个环节的激励竞争，我荣获区"十佳教坛新秀"称号。2011 年 9 月，我开始担任学校的数学科组长，学校给予了我很多学习和锻炼的机会，教研室与兄弟学校的老师经常来听我的课。我开始接触课题，并申报校级课题。我对自己提出了更高的目标与要求，听课时会认真专注，对很多教学设计与教学环节的处理提出自己的观点，并且经常阅读教学类书籍和数学杂志《中学数学研究》《中学数学教学参考》《中国数学教育》等。通过听课、反思、读书，让自己得到了比较快速地成长，这得益于前 5 年的积累，得益于教研室徐党政主任的指导。2012 年 9 月，我申报了市级课题"初中数学课堂小组合作的有效策略研究"，通过学习与研究，我终于对课题有了较深刻的认识。2012 年 12 月，学校又推荐我参加在宝源学校举办的区"十佳教学能手"竞赛，我不负众望，以上课、说课总分第一名荣获区"十佳教学能手"称号。2013 年 12 月，在科组老师的努力下，我校数学教研组荣获了区"优秀教研组"的称号，当时全区中小学只有两个科组获得此称号，我备感骄傲。

正是由于学校给年轻教师的发展提供了良好平台，我参加了"十佳教坛新秀"竞赛，抓住了机遇，加上自己的努力，成就了现在的我。勤于实践、敢于挑战、坚持阅读反思是进步的有效方法。走在自己的能力边界、挑战自己的能力极限，是我给自己的积极暗示。

对我而言，成长仍在路上，路漫漫其修远兮，吾将上下而求索，奋斗让人生更加精彩！

（三）快速提升的5年，研修促我超越

在学校、区等地有了一定的知名度后，我就有了更多外出学习与交流的机会。2013年11月，我参加了河源市首届种子教师培训，在跟岗学校认识了一批志同道合的朋友。2014年，我参加了广东省骨干教师的培训，聆听了广东第二师范学院闫德明教授《如何形成自己的教学风格》的讲座，促动很大。我的教学风格是什么？我之前从没想过这样的问题，更没有总结过。从教11年，该反思自己的教学风格了。我历时一个月完成了初稿，经过几次修改，作为省骨干培训的一项作业上交，意想不到的是，培训处老师回稿让我认真修改，并会统一出版。后来我又看了许多关于教学风格的文章，感觉自己写得很粗糙，不敢交给培训处出版。2015年7月开始，我参加了广东省中小学新一轮"百千万人才培养工程"初中理科类名教师培养对象的培训。2016年被河源市教育局聘为河源市首席教师，我备感荣幸和骄傲。3年来我不断学习，聆听了众多教授的讲座，得到了广东第二师范学院李样明主任、陈静安教授，深圳实验中学林伟正老师等三位导师亲自指导，结识了省内多学科的许多名教师，开阔了视野，提升了教学教研能力与理论水平。

经常的外出学习让我充分认识到：名师之所以为"名师"，上课出彩是根本，善于自我反思是有效措施，注重教学研究与写作是关键，导师的示范引领是有效催化剂，坚持学习研修是保障，注重表达展示是锦上添花。这让我对课堂有了新的认识，坚定了自己原有的课堂理念，对课题研究更有方向与方法，对写作提出了更高要求，要求自己承担更大责任，在学习研修实践中不断地完善自我、超越自我。

学科教育观

教学风格是教师在长期的教学实践中形成的对教学过程的个性化理解，以及特有的处理方式在课堂教学行为中具体而稳定的体现，是教师的教学理念和教学行为相一致的外部表现特征，是富有成效的教学观点、教学技巧和教学作用的独特结合所表现出来的一种个性化的教学风貌与格调。在长期的教育教学实践中，我逐渐形成了质朴、理性、问导的粤派教学风格。

（一）我的教学风格解读

1. 质朴

质朴在词典中的解释是：一种自然状态，形容一个人的天真自然，心无旁骛。

"质朴"是对我教育教学态度的描述，也是我教育教学成绩稳定上升的保障。教育是"慢"的教育，教学需要静心，实实在在地做好每一个教学环节。我拥有的务实教育教学态度贯穿于教育教学的每一个环节。我讲课亲切自然、朴实，不刻意渲染，而是娓娓而谈、细细道来，师生之间在平等、协作、和谐的气氛下进行默默地情感交流，将对知识的渴求和探索融于简朴、真实的教学情景之中，学生在静静地思考、默默地首肯中获得知识。在平时的教育教学工作中，我教风朴实，教育教学抓得细、实，上好每一节常态课，落实好每一个知识与思想方法的教学，批改好每一次作业，扎实做好每一次单元过关测试，做好每一次作业与过关测试的反馈。我的课堂上比较少有华而不实的教学环节，我喜欢一环扣一环地带着学生邀游在思维的海洋上，喜欢和学生一道攻克一个又一个的难点。我能结合学生具体情况做到因人施教、分层辅导，借助同伴或小组长的力量做好对学习有困难的学生的帮扶。

新的时代新的教育，我倡导在秉承传统教育精华的基础上，在质朴中不断地向新课程改革靠拢。随着对新课程标准的深入理解，我在教学中进行了大胆的探索，积极倡导"自主探究、合作交流"的学习方式：重视问题的解决过程；设计学习问题，引导学生自主学习；重视学习方法的传授，让学生多想、多问、多说，鼓励学生发表自己的见解。新课程标准的核心理念是以学生的发展为本，转变学生的学习方式。我设法通过以学生为主体、教师为主导的教学方式，使学生在探究式的学习中体验到数学活动充满的探索和创造，从而获得成功的体验，提高学习数学的兴趣，提高学习的效率。质朴在新课程改革中得到了发展。

2. 理性

理性在词典中的解释是：一般指我们形成概念，进行判断、分析、综合、比较、进行推理、计算等方面的能力；另一种含意与感性相对，指处理问题按照事物发展的规律和自然进化原则来考虑的态度，考虑问题、处理事情不冲动，不凭感觉做事情。

我的教学风格"理性"具体体现在三方面：言之有理、思路清晰、问题多变。

（1）言之有理。《义务教育数学课程标准（2011年版）》中明确指出：数学是研究数量关系和空间形式的科学。数量关系和空间形式本身有其内在的因果、先后等逻辑关系，研究数学知识，是从"是什么"开始，再追寻"为什么"；从"哪里来"到"哪里去"，数学教学引导学生学会追根溯源、执果索因，特别是几何教学，引导学生看得到、想得清、讲得明、写得顺。因此，我的数学课堂是从问题情境出发或从学生的已有知识出发，让学生经历知识发生发展的过程，让学生体验从实际背景中抽象出数学问题，构建数学模型，寻求结果、解决问题的过程，从而培养学生的思维与学习能力。

（2）思路清晰。我的教学设计环节清晰、层层深入，问题设计环环相扣。我的课堂教学思路清晰、脉络清楚，板书设计重点突出，即使是外行的人，听完一节课也能听懂所学的内容。特别是复习课，教师更要给学生带来清晰的教学设计与教学环节。学生在清晰的课堂流程中学习知识，他们成长所需的思维也会得到很好的锻炼，学生所学到的不仅仅是知识，还受到思维的训练，更受到教师严谨的治学态度的熏陶和感染。整个教学的过程条理清晰，授人以鱼更要授人以渔，是我一直的教学追求。

（3）问题多变。它包含两层含义：一是问题解决方法的多样性。课堂上我注重引导学生对问题进行一题多解、多题一解，充分调动每一个学生的积极性，比较每一种思维与方法，让学生充分理解知识之间的关联，抓住问题和方法的本质。二是问题变化的多样性。对问题的条件或结论，尝试进行变化，让学生体会万变不离其宗的奥妙，问题解决时做到举一反三。通过问题多变，让学生透过变化看清本质。

3. 问导

"问导"是问题导学的简称，是教师以教学目标、学生的已有知识和经验为基础，以问题作为驱动教学的纽带，将教学内容"问题化"，教学目标指向"问题解决"，从而引导学生思考、探索并解决教学重点、难点，达到教学目的的方式。它包含了两方面：一是问题，二是引导。

问导既是一种教学方式，也是我的教学风格。我的"问导"风格贯穿于课堂，问导的课堂不仅注重课前的问题设计，也注重课中的问题生成，用问题带领学生畅游思维的海洋。我的问导课堂主要体现在：忆旧引新处设计问导、自主学习处设计问导、合作讨论处设计问导、知识形成处设计问导、知识理解处设计问导、知识总结处设计问导，它有利于培养学生课堂专注力、提升学生问题解决能力、调动学生课堂的积极性与主动性、培养学生的思维。

（二）我的教学主张

我的教学主张是知识教学问题化、问题教学活动化、知识升华思想化，简称"三化"教学。下面以北师大版八年级上册5.1《认识二元一次方程组》为例介绍我的教学主张。

1. **知识教学问题化**

问题是数学的心脏，高质量的教学问题既能充分调动学生的积极性、主动性，促进学生自主构建知识体系，改善课堂教学质量，又能激发学生的学习欲望，促进学生思维发展，提高学生解决问题的能力。具体是教师将教材中的知识点、内容以数学问题的形式呈现给学生，可设计成问题串或问题链，围绕数学问题解决核心任务。主要环节是忆旧引新问题化、自主学习问题化、知识形成问题化、知识理解问题化、知识应用问题化、知识总结问题化。具体详见后文教学现场与反思部分。

知识教学问题化的实现，关键在于提出恰时恰点的好问题，这需要教师理解教材、理解学生，需要教师不断地提升专业素养。

2. 问题教学活动化

活动促进学生主动参与，提升学生数学学习兴趣，落实学生主体地位，培养学生的创造性。具体内容是在教学过程中以学习任务为基础，在问题驱动下设计引发学生积极思考和探究的课堂活动，不仅包含外显的活动（操作、言语交流、感知等活动），同时包括内隐的思维活动（由外显活动转化而生的观念和智力活动）。活动化是学生不断经历、体验各种数学活动过程的结果，让学生在"做"的过程和"思考"的过程中积淀数学活动经验。活动化教学的本质是数学思维的活动化，主要形式有自主学习、探究讨论、朗读、师生对话、动手操作、数学游戏、课堂小测等。本节课设计的活动有分组模拟老牛与小马的对话，增加了课堂的趣味性；二元一次方程概念形成时学生合作交流，加深对知识的理解，培养学生的合作意识；应用本节所学知识设计课堂游戏"站一站"，让符合条件的学生起立，既巩固所学知识，又调动学生的参与热情。

3. 知识升华思想化

知识是思维训练的载体，知识学习的同时更要关注知识生成过程的思想方法，因此知识学习需要升华，上升到思想方法的高度，即为知识升华思想化。题海无涯，回头是岸，"渔""岸"就是数学思想方法。我们教学中在传递知识的同时，要更加注重学生思维方式的培养，注重学生对知识的规律与方法的总结，收获知识的同时思维得到提升。教学的最终目的是让学生掌握方法，能够达到举一反三的效果，不能让学生成为知识的"存储器"，而是要成为知识的"处理器"。做到此方面，需要我们注重过程教学，正如章建跃教授所言，没有过程就没有思想。学习二元一次方程（组）的关键是要理解好"元"与"次"的含义，让学生学习抓住关键，学会学习；类比一元一次方程的内容学习，让新知学习变得简单顺畅；渗透方程模型思想，不断培养学生思维能力。

"三化"教学落实了学生的主体地位，提升了学生的学习能力，培育了数学核心素养，对教师的专业发展提出了新要求。

▶ 他人眼中的我 ▶

1. 学生眼中的我

2013级学生王杰娜：你是一个严爱相济的老师，既是我们的老师也是我们兄长。你责任心强，呵护着我们的成长。你是教学上有方法，课堂上能带领我们遨游思维海洋的老师。

2016级学生黄桂玲：老师的课堂多数是以问题形式呈现的，把课本知识设计成问题让我们思考，时不时设计一些有趣的数学活动让我们参与，让我们感觉到数学课没有那么累。

2. **同事眼中的我**

数学老师罗国强：刘老师课堂教法灵活多变，与教材体系融为一体，注重学生思维能力的培养，注重解题指导，教学思路清晰，语言严谨生动、幽默，深受学生欢迎。

数学老师刘佛宝：刘老师专业知识非常扎实，经常深入研究。教学中坚持"问题导学为主线，能力提升为目标"的宗旨，让学生对问题有实质的理解和内心的体验，注重学生感受、理解知识产生和发展的过程，培养学生的探索精神和创新思维，引导学生感悟"学"的乐趣，并学之乐用。

数学老师罗景丽：刘老师的课堂思路清晰，经常实施问题导学的教学模式，充分体现了学生的主体地位，促进了学生学习的主动性。

3. **领导眼中的我**

广东省"百千万"名教师第一批培养对象巫英老师既是我的同事也是我的领导，她这样评价：刘老师具有高尚的师德修养和人格魅力，有团结合作精神，为人师表，重视、关心学生的成长，能公正、公平对待每一位学生，他的课堂是和谐的课堂；他还是一个学者型的老师，他具有现代教育教学理念，教学实践充分体现以人为本，掌握现代教育技术并与学科教学整合，在教学中突出对学生创新精神和实践能力的培养，勤于钻研教学技能，勇于创新教学方法。他的课堂是问题化的课堂，经常采用问题化教学，对教材的处理有一套。

育人故事

宽容助"00后"健康成长

担任班主任工作已经14个年头，用一句比较时髦的话来描述班主任工作就是：累并快乐着。2017年9月，我接手了新班级八（1）班，班中有45名住宿生，还有9名外宿生。在与上任班主任了解情况时，我得知这是个整体很不错的班级，但她对我说，陈和叶两个学生要特别关注，陈（外宿生）经常迟到、不交作业，班级拿不到"文明班"的称号跟她脱不了关系，而叶（住宿生）任性、以自我为中心。对于"00后"学生出现这些问题，我觉得还可以接受啊，学生有些缺点很正常！就这样我又开始了第15个年头的班主任工作。现将工作中的一些故事记录如下。

故事1

9月1日，开学第一天早上7：25，教室里已响起琅琅读书声了。我走进教室的第一件事，跟往常一样，就是目光扫视教室，看有没有空位，还真有一个！我向旁边同学了解情况，他说那是陈，并笑笑提醒我说："她七年级经常这样，您可要有心理准备啊！"我也只是笑笑，心想先了解再说吧。

过了18分钟左右，陈背着书包，脸颊微红并冒着汗，可见走得很匆忙的样子，她站在了教室门口。低着头对我说："老师，对不起，我不是故意的，是闹钟没有调好，我才睡过头的。"好吧，态度还不错，也找了非常恰当的理由，但我还是笑笑说："陈，今天可是开学第一天，老师正式做（1）班班主任的第一天哦，你可给了老师一个"烫手的山芋"，同学们都在看着我怎么处理呢。"陈赶紧解释说："老师，我真的不是故意的，真的是闹钟没有调好，相信我，我以后不会这样的了。"我等的就是她的主动保证，我心里暗喜，微微笑着说："老师相信你，你先进去吧。"就这样，开学第一天的迟到被我"草率"地处理了。

后面连续几天她都没有迟到，也没有出现未交作业的情况。

9月10日，教师节，我收到了八（1）班孩子们送我的一份特殊礼物：一本笔记本，里面写着每个同学的祝福与期望。我认真地翻看着每一页同学的留言，陈的留言写道：老师，感谢您对我的宽容。我以前经常迟到，并不是一个好学生，我以为第一天迟到您就会狠狠地批评并惩罚我，但您没有。我以后一定做到不迟到。祝老师节日快乐，家庭幸福！虽然与（1）班的孩子们只接触不到10天，但是看到他们的留言，我开心地笑了。这就是老师的幸福吧！对老师而言，幸福很简单，就是看到孩子们的成长！

我慢慢地去了解陈的家庭情况，原来她有很多的不幸：父亲病逝，母亲改嫁，她跟着爷爷奶奶生活，但是爷爷奶奶年纪大了，对她的监管是有心而无力。据了解，她原本的底子还是不错的，但就是疏于监管，缺乏父母的爱。"多么可怜的孩子"，我庆幸自己当时没有批评并惩罚她，而是理解包容她。

而后陈也很少出现迟到或不交作业的现象，即使有，我也是朋友式地与她沟通，先了解原因，有必要才委婉地批评她。我还推选她做我的数学科代表，给她一个锻炼成长的机会，也是为了更好地教育与引导她。在数学课上，她经常会主动举手回答问题，说出自己与众不同的想法，我也找准时机不断地鼓励她，同学们对她也投来赞许的目光。开学第一天第一次迟到，我"草率"地处理却收到了预想不到的效果，她还与我说："我开学前已下定决心在八年级要做个全新的自我，但没想到还是迟到了，老师的处理方式深深地触动了我，感谢老师对我的宽容。我是幸运的！"

反思：学生作为一个未成年人，难免会犯错，他们是在犯错中不断成长的人。作为老师，需要先调查了解情况，在未找到问题成因前需要有一颗包容的心、一种宽容的心态，才能在处理学生错误时更加有智慧，才能走进学生的心灵，取得更佳效果。作为老师，有时也许只是不经意的一句话、一次宽容、一次"举手之劳"，对于在成长中犯错误的学生来说，却会倍感亲切并报以感激，甚至，他会因此而转变思维或人生轨迹。

故事2

12月5日晚上，我在家给大宝检查作业。8点左右，接到了马老师（上任班主任）的电话，说班上一个学生违反纪律了，很难处理，要我马上过去。

我急忙赶往教室。在路上，我在想，会是谁呢？犯了什么错呢？我与学生接触有3个月了，以我的了解，应该不会有学生犯了错还处理不了的呀！学生整体都很遵守纪律呀！

到了办公室，马老师说是叶，可叶开学至今都表现很不错，守纪、学习认真、成绩优秀。听了马老师的说明，他说叶时不时讲话，提醒她又不承认，还理直气壮地顶撞老师，马老师叫她来办公室了解情况，她就是不承认，还哭了，马老师拿她没办法。马老师叫她来办公室后就回去看自习课了，只剩下我和叶，我暗自稳稳情绪：处理学生问题，自己可不能急呀，攻城为下，攻心为上。她心惊胆寒地站在我旁边，眼睛还红红的，鼻子时不时会抽一下。我让她在我旁边的凳子坐下，递给她一块纸巾擦鼻子。我没有直奔主题，而是先与她聊聊开学至今她给老师的好印象，末了我还说："你是一个很优秀的学生。"在聊的过程中，我发现她脸上慢慢地舒展开，会有一丝的笑容，话多了起来。时机成熟了，我话锋一转，问道："刚才发生了什么事呀？老师想听你说说。"她说道："我在自习课上讲话了，主要是问同桌一些疑难问题，我觉得没什么不可以的，马老师直接就气冲冲地批评我。她以前也是这样，好像针对我，我受不了她批评我的语气，才会顶撞她。老师，我没想到会惊动您的，我知道错了。"我接着问："那你知道自己错在哪吗？""我错在不应该自习课上讲话，即使是问问题，还有就是不应该顶撞老师。""你是知错的好孩子，自习课需要的是安静，有问题可以课后问同学呀，如果大家都在自习课上讨论问题的话，肯定会吵，大家都静不下来学习，大家需要安静的环境。老师站出来管理纪律那是应该的，是老师的工作职责所在呀，就像班上出现纪律问题，老师我也会制止呀，甚至批评大家。但老师不会针对某一位同学的呀，你不要想多了。""老师，我真的知道错了！我以后不会这么任性的了。""老师很欣慰你能很快意识到错误，能教你们我感觉很幸运，有句谚语说，知错……"我故意拉长话尾，她接着就说："知错能改，善莫大焉！""你觉得如何改呢？""我要跟马老师道歉，当面向她道歉。"事情得到了圆满解决，叶也得到了一次成长的经验教训，我心里暗暗地笑了，写保证之类的处罚，此时都是画蛇添足了。

反思：庆幸自己当时不急不躁地处理，怀有一颗宽容的心。如果我当时也气上心头，一味地批评，按照班规处罚，不去真正地了解孩子、帮助孩子，孩子就会走向逆反的状态，与老师对着干，对老师的教育不听从，为自己开展班级工作增加诸多工作量，进入教育的恶性循环，走向教育的死胡同。想想都觉得后怕！虽然有人说，没有惩罚的教育是不完美的教育，但是，我坚信，要真正地教育好孩子，惩罚绝对是下下之策。

孩子犯了错误，大多数都会后悔，希望得到宽容、谅解。有些孩子只要我们老师宽容一次，拉一拉，就能成为真正的好学生。如果稍有不慎，不注意方法，就可能毁了一个人，甚至酿成更为悲惨的结果。学会宽容，多一分宽容，多从学生角度来看问题，设身处地地去思考，还有什么比理解、信任、尊重更让人欢欣鼓舞的呢？正如名言所说，"宽容引起的道德震动比惩罚更强烈"。

教学现场与反思

北师大版八年级上册5.1《认识二元一次方程组》

【教材分析】

《认识二元一次方程组》是北师大版八年级（上）第五章《二元一次方程组》第一节，本节内容安排1个课时。二元一次方程是继一元一次方程后，又一个体现符号表示思想的内容，它是刻画现实世界的一个有效数学模型，在数学上有着广泛的应用，同时也是学习物理、化学等其他学科知识的一个重要基础。它既是一元一次方程知识的延伸和拓广，又是今后学习一元二次方程及函数等知识的基础，具有承上启下的作用。

【学情分析】

学生在七年级上册已学过一元一次方程，学生已经具备列一元一次方程解决实际问题的经验基础，为本节的学习做好了知识储备，估计学生应有能力经过自主探索和交流列出二元一次方程组，解决简单的实际问题。

【教学目标】

（1）能正确说出二元一次方程（组）及其解的概念，能正确判别一组数是否是二元一次方程（组）的解；会根据实际问题列出简单的二元一次方程或二元一次方程组；

（2）通过加深对概念的理解，提高对"元"和"次"的认识；

(3) 通过对实际问题的分析,使学生进一步体会方程是刻画现实世界的有效数学模型,培养学生良好的数学应用意识。

【教学重点】

掌握二元一次方程及二元一次方程组的概念,理解它们解的含义;判断一组数是不是某个二元一次方程组的解。

【教学难点】

从实际问题中抽象出二元一次方程组的过程,体会数学方程的建模思想。

【教法、学法指导】

基于学生对一元一次方程理解的基础,从实际问题出发,通过引导学生经历自主探索和合作交流的活动,学习二元一次方程、二元一次方程组及其解等基本概念。在学习过程中,要突出强调建模思想,展现方程是刻画现实世界的有效数学模型意义所在。

(一) 复习回顾,忆旧引新

问题1:我们在七年级上册学习了一类方程,叫一元一次方程,你能举几个具体例子吗?你能说出它的概念吗?

(学生回答后,教师提出第二个问题)

问题2:你知道一元一次方程中"元"与"次"的含义吗?

问题3:类比一元一次方程,你认为我们还可以学习什么方程?

(抓住方程概念的关键要素"元、次"让学生类比,进而引出课题:二元一次方程)

(二) 创设情境,引发思考

情境1

昨天8个人去桂山风景区玩,买门票花了34元,其中每张成人票5元,每张儿童票3元,他们去了几个成人,几个儿童?

问题4:依据情境的问题如何列一元一次方程?

(与学生已有知识一元一次方程相联系,学生解答后,教师提出下一个问题)

问题5:能不能根据题意直接设两个未知数?

(学生设成人 x 人,儿童 y 人,则可列方程 $x+y=8, 5x+3y=34$)

情境2

老牛与小马的对话。

老牛:累死我了!

小马:你还累?这么大的个儿,才比我多驮了2个。

老牛:哼,我从你背上拿来1个,我的包裹数就是你的2倍。

小牛:真的?

问题6：它们各驮了多少个包裹？

[设计全班学生分组对话，活跃课堂又不缺"数学味"。设老牛驮 x 个，小马驮 y 个，则可列方程 $x - y = 2$，$x + 1 = 2(y - 1)$]

(三) 思考交流，形成新知

问题7：上述方程有什么特点？它与你学过的一元一次方程比较有什么异同？

问题8：请你给这样的方程起个名字，并类比一元一次方程，尝试给出它的定义。

(学生合作交流，类比一元一次方程说出二元一次方程概念：含有两个未知数，并且所含未知数的项的次数都是1的方程叫作二元一次方程)

(四) 解读概念，理解应用

问题9：你是如何理解这个概念的？它的关键词有哪些？

(学生思考交流并说出自己的理解)

问题10：即学即练。

(1) 下列式子中：

①$2x + 3y = 11$；②$3x - 4y = z$；③$x + xy = 1$；④$x + \dfrac{1}{y} = 7$；⑤$4x - y = 0$

是二元一次方程的有_____（填序号）。

(2) 如果方程 $2x^{m-1} - 3y^{n+1} = 1$ 是二元一次方程，那么 $m = $ _____，$n = $ _____。

(学生自主完成后组内交流，目的是通过正反例帮助学生加深理解)

(五) 概念发展，深入学习

(有了前面问题与知识的铺垫，二元一次方程组的概念生成就自然顺畅了，在此略)

问题11：做一做。

(1) $x = 6, y = 2$ 适合方程 $x + y = 8$ 吗？$x = 5, y = 3$ 呢？$x = 4, y = 4$ 呢？你还能找出适合方程 $x + y = 8$ 的 x, y 的值吗？

(2) $x = 5, y = 3$ 适合 $5x + 3y = 34$ 吗？$x = 2, y = 8$ 呢？

(师总结生成二元一次方程的解)

(3) 你能找到一组 x, y 的值，同时适合方程 $x + y = 8$ 和 $5x + 3y = 34$ 吗？

(师总结生成二元一次方程组的解)

问题12：即学即练。

(1) 二元一次方程组 $\begin{cases} x + 2y = 10 \\ y = 2x \end{cases}$ 的解是（　　）。

A. $\begin{cases} x = 4 \\ y = 3 \end{cases}$　　B. $\begin{cases} x = 3 \\ y = 6 \end{cases}$　　C. $\begin{cases} x = 2 \\ y = 4 \end{cases}$　　D. $\begin{cases} x = 4 \\ y = 2 \end{cases}$

(2) 在方程 $3x - ay = 8$ 中，如果 $\begin{cases} x = 3 \\ y = 1 \end{cases}$ 是它的一个解，那么 a 的值为 _____。

（学生独立思考完成）

（六）运用新知，课堂游戏

问题 13：

(1) 请行数与列数的和为 9 的同学站起来；若用 x 表示行数，用 y 表示列数，可得方程 _____。

(2) 请列数是行数的 2 倍的同学站起来；若用 x 表示行数，用 y 表示列数，可得方程 _____。

(3) 请行数与列数的和为 9 且列数是行数的 2 倍的同学站起来；若用 x 表示行数，用 y 表示列数，可得方程组 _____，此方程组的解记为 _____。

（学生积极参与并思考，符合条件的学生站一站、说一说，既巩固了所学知识，又调动了学生的参与热情，此环节让课堂教学升华）

（七）课堂小结（略），作业布置

说说你对二元一次方程（组）有什么认识。你觉得以后我们还会学习什么方程？

（八）教后反思

(1) 基于学生最近发展区进行教学设计。《认识二元一次方程组》是第五单元的起始课，上承一元一次方程，下启分式方程、一元二次方程等，起着承上启下的作用。因此，教学既要与学生的"最近发展区"一元一次方程产生联系，还要引导学生领会学习方程的关键要素："元"与"次"。

(2) 基于"问题与活动"组织课堂教学。本节课在"问题"的引领下开展教学活动，在问题的解决中习得知识，获得经验；学生在问题的引领下积极主动地思考，落实了"师主导，生主体"的课程理念。同时问题 13 的设计堪称本课最大的亮点，与学生实际联系，学以致用，充分调动尽可能多的学生参与，让学生充分认识二元一次方程（组）及其解的内涵，又对课堂的生成做了点拨与引导，有趣又充满"数学味"。

(3) 课堂展现了教师的教学风格。本课中教师的教学风格得到了充分体现：质朴，教师对待教学扎扎实实；理性，知识产生自然，有其发生发展的过程，知识既来源于生活、服务于生活又高于生活，知识形象而不失理性；问导，以问题贯穿课堂教学，问题引领学生思考参与，让学生在"问题"的海洋中，在教师的点拨引导中，得到思维的训练与培养。

一线串通，智趣灵动

● 茂名市愉园中学　吕进智（初中数学）

▶ 导读语 ▶

我叫吕进智，男，初中数学高级教师，现任职于茂名市愉园中学。我是广东省中小学新一轮"百千万人才培养工程"初中理科名教师培养对象，广东省特级教师，茂名市名教师，茂名市教育局教研室初中数学兼职教研员，茂名市初中数学学科带头人，茂名市首批市直属学校名师工作室、茂名市首批教师工作室和广东省名教师工作室的主持人。我主持过一项省级和两项市级课题，主持的课题成果曾获广东省教育创新成果奖三等奖和茂名市首届教学成果奖一等

奖，作为合作者获广东省基础教育成果奖二等奖。曾获广东省青年数学教师现场说课一等奖，我所撰写的论文在《中学数学教学参考》《数学教学通讯》等期刊发表并获省市级奖励。

▶▶ 名师成长档案 ▶

经历风雨，方见彩虹

（一）生活成长经历

我的父母在20世纪60年代末70年代初响应国家的号召，从广东茂名信宜到海南去支持海南建设，当一名光荣的知青，因此，我是在海南的农场出生长大的。在农场的一个连队里，大概有几百人，都是来自广东省各个地方的知青，有粤东的潮州汕头知青，有来自广州的知青，还有粤北粤西的知青，大家来自广东省的各个地方，讲着各地的口音，但能和睦相处。

我所在的农场是以种植橡胶树割胶为主的专业化农场，大部分知青的工作是割

胶。割胶是一份很辛苦的工作，凌晨 2 点钟——一天里最黑的时候，就要起床去橡胶地，割完有着几百株橡胶树一块胶地后，天还没亮。然后回家，到 9 点多又要去帮这几百棵树收胶水，再挑胶水回到回收站，这样才算完成一天的工作。除此之外，胶工们还须练技术、做育苗、培土、养肥等很多辛苦的工作。在割胶的那几个月里，没有假日、没有周末、没有休息时间，非常辛苦。如果自己再种一些自留地，种一些农作物，那就更辛苦了。

在这种情况下，年轻的父母们总是对孩子说，以后如果想不割胶就要努力学习。因此，我在小学时，就很努力学习，希望跳出胶工的队伍，出人头地。经过努力，我在 1989 年参加中考时考到了年级的前几名，我们农场有两个中师指标，我是其中一个，考进了中师，以后终于可以不用当胶工了。在师范学校里，我继续努力学习，很幸运地被学校保送去读大专，把学历从中师提升到了大专。

（二）工作成长历程

1. 没有追求的 7 年

我在大专毕业后，跟随父母回到了茂名，被分配到茂名市第三小学任教，那时小学里别说全日制本科生，就是大专毕业的老师都很少。当时我所在的第三小学全校 80 多位老师，没有一个本科毕业生，只有那年和我一同进去的另外一个女老师是大专毕业生，其他的要么是中师，要么是工人转干的，反正除了本科以外，什么学历都有。因为我是大专毕业，学校马上委以重任，教高年级的数学，第一年教五年级，第二年教六年级，然后连续教了 5 年六年级，再教 1 年五年级。在 7 年的小学教学生涯中，我的工作中规中矩，教学成绩还过得去，但因为对教师行业还谈不上喜欢，所以总想着转行。我没有什么职业规划和在教育行业的追求，所以，在那 7 年里，除了平淡的教学，没有值得书写的地方。

2. 夯实基础的 5 年

在小学教了 7 年，觉得自己需要有所改变，刚好茂名市第三中学招考老师，我就参加教育局组织的统一考试，考进了当时地处河西，各方面都很落后的茂名市第三中学，让我感到意外但又合情合理的是，去到市三中我才知道全河东只有我一个人考去河西任教，因为没人想从河东去河西工作。

茂名河西是茂名石化炼油厂所在地，我们学校离炼油厂的直线距离还不到 2000 米，经常能闻到炼油生产中散发出来的味道。

在三中最初的 5 年里，近距离感受到石油公司工人不怕辛苦、勇于创新的精神，我重新燃起了小时候对读书的热情，想在教育行业里做出成绩，创造属于自己的辉煌。

因此，在市三中的前几年，我认真备课，认真上好每一节课。但因为刚从小学来到中学，我还没获得学校领导的信任，因此，都是上初一和初二的课。虽然我在初一、初二教的都是尖子班，成绩也排在年级 10 个班中的前两名，但都没能"上到"初三去。其间，我听到一个副校长说，如果一个老师长期只能担任初一和初二的教学工作，不能上到初三，那么他要好好反省自己了。而我恰恰是这样，5年都是初一初二，不能教初三，或许有不被领导信任能担任初三教学的原因，也或许是因为担任了级组长，如果升到初三，那么教化学的那个级组长不知道放哪里，所以直到2006年才第一次担任初三的数学课。在这5年里，我憋了一股劲去做，多读、多看、多想、多做，虽然没能教初三，但也借了初三的数学课本，自己一个人试教初三，把初三的课程全部试教了几次，并且做了很多的中考题，争取熟悉整个初中数学的内容，建立完整的知识体系。

在这期间，我做了两个尝试，一是因为我教了几年的小学，所以也研究起怎样做好小初的衔接教学，怎样利用小学的知识积累降低学生进入初中后学习数学的难度。经过几年的探索，我对小衔初的教学有了一定的理解，为现在的"一线串通"的课堂教学模式打下坚实的基础。二是我因为一次"全等三角形"的几何课而喜欢上了变式教学，这节课的教学片段在后文"教学现场与反思"中有呈现。对于变式教学，我除了自己探索，做一般的常见变式，还多方寻找资料，努力提高自己的变式教学的能力。而试教初三和大量做中考题，也让我对变式教学得心应手，教初一的某个知识点，我也知道它将会怎样在中考题中呈现，怎样改编成中考题。

3. 渐入状态的9年

在我终于有机会担任初三的教学工作后，我结合学生的实际，将之前试教得到的想法应用到真实的情境中，不断修正，寻找适合自己的教学方法和模式。我在完成了一年的初三教学工作后，在2007年8月从初三回到初一，把两个班从初一一直带上初三。2010年6月中考时，我所教的初三（4）班，全班52人有46人考上了茂名市第一中学，创了市三中的辉煌与记录。我因为成绩突出，从2011年开始就一直担任初三的数学教学工作直到2016年。从2016年起，我因为参加的各级培训比较多，特地申请担任初一初二的教学工作。市三中也因为成绩、校舍和生源的原因，于2011年7月整体搬迁至河东的新学校愉园中学。

这期间，除了做好备课和教学设计工作，我积极总结和提炼自己的想法，撰写教学论文，在2007年主持了人生第一个市级课题"新课程改革下初中数学学习方式研究"，开始了对教学模式的研究，这个课题研究的核心就是变式教学。后来这个课题成果我一直运用到课堂中，并做好推广工作，于2013年5月我获得了茂名市首届教学成果评选一等奖。

在经过最初几年的变式教学后，我更喜欢引导学生去变式，但都是作为自己的个人课题去研究。在2012年7月，我整理了前几年的一些成果，以《在初中数学教学中引导学生进行自主变式的探索研究》为题申报广东省教育成果创新奖，并于2012年12月获得三等奖。为了推广引导变式，我将"初中数学课堂中学生自主变式教学模式的研究"升级为省级课题申报，在2012年11月申报成功，被立项为广东省教育厅教育科学"十二五"规划2012年度项目中的"强师工程一般项目",经费为1.5万元。

从此,我全身心投入到引导学生变式的教学模式当中,并结合"一线串通",逐渐形成自己"一线串通,智趣灵动"的教学风格。

(三)专业发展历程

1. 遇到专业发展的领路人

在我成长的过程中,除了学校和同事的帮助,更有领路人的带领,他们是茂名市教研室主任、正高级教师黄文毓,广东第二师范学院数学系李样明教授、陈静安教授,深圳市第二实验中学正高级教师林伟。

首先,我跟随黄文毓老师从2003年开始做课题研究,一直到2009年,先后进行了两项省级课题研究,课题成果取得了广东省基础教育成果奖二等奖和广东省教育创新成果奖一等奖的优秀成绩。在这个过程中,我跟黄老师学会了怎么去做课题研究,为我自己在2007年主持第一个市级课题打下了良好的基础,这个市级课题成果后来获得了茂名市首届教学成果奖一等奖。

其次,从2012年的省骨干教师培养对象培训班,到2015年开始的为期4年的广东省中小学新一轮"百千万人才培养工程"第二批初中名教师培养对象培训班,李样明教授和林伟老师都是我的理论导师和实践导师,还有陈静安教授也是我们"百千万"数学组的理论导师。在这几年里,我跟他们学习到了很多理论和先进的教学理念,让我得以快速地成长,取得优秀的成绩。我觉得我很幸运,能遇到这几位导师,让我在专业发展的道路上越走越远,越走越好。

李教授作为我们的理论导师,治学非常严谨,每次给我们做专业理论指导,都会非常仔细地看我们的材料,批注写得非常详细,指出每个值得改进的地方,让我们发展得更好。

李教授给我的第一印象完全没有系主任的派头,因为2012年在广东第二师范学院第一次参加骨干班的理论集中学习时总是下雨,而每次见到李教授,他都穿着一双黄色的雨鞋,身上的衣服也是普普通通的,和蔼可亲,十分平易近人。我是一个"脸盲",见过的人总记不住,但李教授的记性非常好,我记得李教授在我们班的开班仪式上还点到我的名字,因为我在开班仪式前两天刚好参加了一个面试,李教授是面试官,他面试了那么多人,居然还记得我。除了记性,我更佩服李教授的处理与协调工作的能力,李教授是数学系主任和博导,还要上课和参与各种专业培训工作,身兼多职,但他总能有条不紊地处理得很好,每次看到李教授,他都是满面春风、从从容容的。见到李教授时,我经常想,我才是一个小小的办公室副主任,却常常忙得焦头烂额,而李教授从学术到行政到社会事务工作都能做得很好,这就是差距,就是值得学习的地方。

林伟老师是正高级教师,是国家"万人计划"名师,是我参加省骨干教师和省"百千万"学习的实践导师，在我参加的这两个学习班上，他跟李教授是同步的，他们分别是我的实践和理论导师，非常巧也非常难得。林老师也非常平易近人，没有架子，虽然贵为名师和学校领导，但我在2012年12月第一次到深圳第二实验学校跟着林老师跟岗学习时，是林老师亲自到汽车站接我的。彼时，我才了解到林老师的工作状态，他是学校教师发展部主任，是学术委员会委员，每天要上重点班的数学课，还有开不完的会，但林老师在他堆满书的办公室里写了很多本专著和很多篇论文。我跟其他跟岗同学讲，林老师只比我大4岁，但他的成就是我无法逾越的高峰，我要跟林老师学习的地方太多了。

在骨干班学习结束后，我认为自己在专业发展上已经到顶了，没有进步的空间了，就想放松下来，但李教授和林老师都非常关心我，他们虽然非常忙，但都会抽空打电话或发一些鼓励我继续做好专业发展的信息。也正是在他们的鼓励和指导帮助下，我的专业发展才能取得长足的进步，我才能加入省"百千万"的学习行列，才能被遴选为省名教师工作室主持人并被评为特级教师。

陈静安教授跟李样明教授一样都是我们省"百千万"数学组的理论导师，对于陈教授，我们数学组的几个同学是又爱又怕，爱和怕的都是陈教授对我们的严格和高标准的要求，无论是论文写作、课题研究，还是考核汇报和上课，她的要求都是非常高的，有了严格和高标准的要求，我们才能进步得更快，严师才能出高徒。我们很怕上课给陈教授听，陈教授听课时总是拿着两支笔，一支红色的、一支黑色的。因此，当评课时，我们可以看到她的听课本上有两种颜色的记录，把我们的每一个细节都分析得很详细，听课45分钟，评课也有45分钟，评课过程中，我们的感觉就是"体无完肤"、战战兢兢。我们还怕在陈教授面前做各种考核汇报，因为陈教授会找到我们每一个细微的错误和不足，让我们充分领略到陈教授严谨的治学态度。但无论是评课还是各种考核，陈教授的点评都让我们收获非常多，陈教授会从理论高度来指导，也会对实际的操作提出解决方案，这些都让我们受益匪浅，在教师专业发展的道路上成长得更好。陈教授在课余时间跟我们在一起的时候会展示可爱的一面，跟我们非常谈得来，师生之间没有隔阂，其乐融融。

2. 学习平台步步高

我于2012年参加为期一年的省级骨干教师培训学习，更有幸于2015年参加省"百千万"学习，还有市教育局组织的各种短期培训。这些学习平台让我跟众多省内外各学科的名家、名教师学习，开阔了视野，让我的理论知识得到加强和提升，为提升教学水平提供有力的支持。

3. 优秀的同伴激励前行

除了跟优秀的老师学习，我感到能激励我继续不断前进的，还有一群志同道合的同学，特别是省"百千万"初中班这个班级，他们充满正能量和向上进取的精神，每个人都在为做得更好而奋斗，其中涌现出了很多位正高级、特级和各级名师工作室主持人，我们这些同学互相鼓励，互相学习。至于我们数学组这个小团队也非常不简单，小组 8 个人中，有 1 个省特支名师，2 个正高，3 个特级，4 个省名教师工作室主持人，5 个市名师工作室主持人，还有一个市首席教师，个个都是精英。

4. 名师工作室平台三级跳

因为在教学教研方面都取得了显著的成绩，我于 2011 年 6 月被聘为茂名市市直属学校首批名师工作室主持人，任期至 2013 年 6 月，开启了名师工作室主持人的征程。此后，我于 2016 年 6 月被聘为茂名市首批教师工作室主持人，任期至 2019 年 6 月，于 2018 年 1 月被聘为广东省名教师工作室主持人，任期至 2020 年 12 月，实现了名师工作室主持人平台从县级到省级的三级跳。

学科教育观

（一）我的教学风格解读：一线串通，智趣灵动

1. 一线串通，底层建构

一线串通，就是从底层或基层知识开始，用以前学过的某个知识点将一系列问题联系起来，实现新旧知识无缝衔接，把它们当成一个整体来解答，好像用一根线把新旧知识串通起来，让学生明白知识的来龙去脉，在这个过程中帮助学生建立完整的知识体系和网络。这种教学模式的本质是引导学生自主变式的教学，教师通过数学问题的情境化引起学生的学习兴趣，引导学生主动地利用已经学过的知识和方法来表征问题，表述问题变式的内涵，形成不断"变样反思"的思维习惯，为学习新知识打下基础。

如进行数学概念教学时，数学概念既是一根知识线，也是底层知识，教师设计的问题都由这条线串起来，学生应该利用数学概念这条线完成数学问题的分析和解决，实现概念应用模式的识别，即借助概念符号表征来思考和加工操作对象，将概念具体化到问题解决的应用模式当中。因此，教师需要选择一些综合性的应用问题，引导学生自主探究和解答问题的变式，结合数学思想方法进行反思、感情和概念体系的图式化。教师根据学生的自主变式，设计深度合理的探究情境，让学生追求抽象模式表征而不满足于形式上的操作，逐渐找到适合自己的解题策略。

以下以北师大版八年级上册第四章第二节《一次函数》为例来加以说明。

（1）以表达式为线

不管是教师变式还是学生变式，都应该尽可能地体现"变中找不变"的原则，帮助学生形成数学概念的符号表征。此过程实质上是老师引导学生操作学习材料，由言语表征上升到符号表征，认识和理解函数知识的过程。对于一次函数概念的形成，引导学生对书上的问题进行自主变式，完成以下操作：

问题 1：某登山队大本营所在地的气温为 5℃，海拔每升高 1 km 气温下降 6℃，

登山队员由大本营向上登高 x km 时，他们所在位置的气温是 y℃，试用解析式表示 y 与 x 的关系。

问题2：有人发现，在20℃～25℃时，蟋蟀每分钟鸣叫次数 c 与温度 t（单位:℃）有关，即 c 的值约是 t 的7倍与35的差。

对于每个问题，明确其反映量之间的相互关系，利用数学知识给出关系表达式，利用正比例函数画图知识画出草图，而后进行讨论（言语表征或数字表征、图像表征之间的关系）：为什么表达式不一样，图像却都是一条直线？问题肯定出在表达式上。进一步抽象分析，可发现其表达式的共同特征都是 $y = kx + b$（$k≠0$，且 k、b 都是常数），这就是其图像表征一致的依据。到这里，学生将会从哲学的高度建立起粗糙的函数图式，大致掌握一次函数的数学意义。而学生利用不同的方式来表征函数的过程也会自然地完成一些创新，这将成为其进一步深入理解数学概念的基础。

（2）以图像为线

想要使学生掌握概念的本质属性，不能进行无目的的探究，学生有限的时间和精力也不容许做无目的的探究。教师引导学生在保持本质属性不变的前提下对概念的外延或反例进行探究，引导学生在自主变式中学会用符号表征来表达概念的属性。一次函数的性质主要有两点：一是图像为一条直线，二是 y 和 x 之间的增减关系与 k 的正负相关。在理解第一个性质时，可以给出 $y = 2x$、$y = 2x - 1$、$y = 2x + 6$ 三个函数让学生自主操作，学生会发现三个函数的图像是一样的，都是一条直线，只是在竖直方向上做了平行移动。各变式的具体一次函数表达式的作图操作，形成了对一次函数第一个性质的抽象认识：$y = kx + b$ 的图像是一条直线。在此过程中，教师要引导学生对不同类型的一次函数进行讨论，借助表达式来理解一次函数图式的性质。不管图像的位置如何变化，都是一条直线；不管表达式的形式如何变化，本质上都是符号表征 $y = kx + b$（$k≠0$，且 k、b 都是常数），图像表征的变式与符号表征的变式实质上是等价的。对于第二个性质的理解，可以引导学生举出 $k<0$ 的情形（如 $y = -x$、$y = -6x$、$y = -2x + 5$ 等）和 $k>0$ 的情形（如 $y = x$、$y = 6x$、$y = 2x + 5$ 等）。通过作图，对比函数的图像，就可以类似地得出第二个性质。不同的变式，从无序到有序的讨论，应该根据学生的不同而采用不同的策略，并利用自主变式让学生完成多元表征之间的互相转换，使其对一次函数的性质形成更深刻的理解。在此过程中，学生学习的基础是多元表征，教师有目的地引导是收到理想教学效果的重要保障。

（3）以性质为线

设置具有层次性的问题链，以概念的含义和性质为核心进行自主变式，会让学生以多元表征为基础理解题意，选择恰当的解题策略，感悟数学思想方法的作用，积累解决问题的经验，实现概念应用能力的提高。对于一次函数的性质应用，教师可以引导学生完成以下变式问题，使学生结合具体的数学问题，深入理解一次函数的不同表征形式，掌握利用函数分析数学问题的基本方法，掌握数形结合的思想和待定系数法。

问题3：已知一次函数的图像过点（3，5）与（-4，-9），求这个一次函数的解析式。

问题4：已知一次函数 $y = kx + 2$，当 $x = 5$ 时 y 的值为4，求 k 的值。

问题5：已知直线 $y = kx + b$ 经过点（9，0）和点（24，20），求 k，b 的值。

问题6：已知直线 $y = kx + b$ 经过第一、第二、第三象限，过点（2，3），且 $k = 9$，求直线 $y = kx + b$ 的表达式。

这四个问题虽然形式越来越复杂，但是本质上仍是一次函数的应用，这就使数学思想方法更加具体化了。当学生拥有了概念知识和思想表征后，结合实际问题情境进行应用，就可以培养学生的实际应用能力。在教学中，可以呈现如问题7所示的实际问题。

问题7："黄金1号"玉米种子的价格为每千克5元，如果购买量超过2千克，则超过部分的种子打8折。请写出购买种子的数量与应付款金额之间的函数解析式，并画出函数图像。

再如，设计层次鲜明的问题链，以技能操作为线，引导学生自主变式，使学生在多元表征的基础上巩固所学数学技能，体会降次和化归的思想方法，积累技能操作经验，整合一元二次因式分解法的类型、方法和步骤。因此，教师可以设计如下的问题链，由简单到复杂地引导学生分析数学问题，巩固因式分解的方法，强化不同操作表征之间的转换，进而形成解一元二次方程的因式分解法的应用策略。

问题8：$x^2 + x = 0$

问题9：$x^2 - 2\sqrt{3}x = 0$

问题10：$3x^2 - 6x = -3$

问题11：$4x^2 - 121 = 0$

问题12：$3x(2x + 1) = 4x + 2$

问题13：$(x - 4)^2 = (8 - 2x)^2$

问题14：把小圆形场地的半径增加5米得到大圆形场地，场地面积增加了一倍，试求小圆形场地的半径。

以上七个问题在形式上逐渐变得复杂，需要借助的知识越来越多，但是求解方法的本质仍是因式分解法。经过这样的变式训练，学生就会利用数字或符号的形式来表示因式分解法求解一元二次方程的操作思想，这个因式分解法就相当于是一条线，紧紧地把所有的问题串起来，而且，也相当于是一种底层的知识，把新知识构建在旧知识上去学习。

而后，可以处理一个实际问题：根据物理学规律，如果把一个物体从地面以

10米/秒的速度竖直向上抛出，经过 x 秒后离地面的高度为 $10x - 49x^2$，你能计算出物体抛出后多长时间回到地面吗？

经过这样的设计，在初中数学教学中一线串通的教学操作就打破了教材的顺序，形成了适合该教学模式的新教学顺序了。

2. 智趣灵动，变式生成

智趣灵动，指的是在学习旧知识的基础上，引导学生运用旧知识编题，根据新授内容，动态生成新的题目进行解答，在这个过程中体现了老师的智慧，生动有趣，举例灵活，学生和老师都根据上一道题目动态生成下一题，只是换了场景和数字，但题目又紧紧地跟新知识结合在一起。

生成，包含了动态生成，而动态生成是新课程改革的核心理念之一。新的课程理念认为，课堂教学不是简单的知识学习过程，它是师生共同成长的生命历程，它五彩斑斓，生机勃勃，活力无限。叶澜教授在《面向21世纪的新基础教育报告》中强调："教育活动具有动态生成性，教学过程是生动可变的。课堂的活力来自学生动态的发展，教师必须紧紧抓住课堂教学中'动态生成'的因素，使之成为学生知识、能力、情感的催化剂。"

所以，在我的教学中，我一直要求学生学习一个新的知识点后，首先要理解好知识点的意义和用途，在学习例题后，要理解知识点是如何应用，如何转变为条件和问题的，从而设计出题。简而言之，就是把自己当成一个小老师或者是出题人，要站在出题人的角度思考问题。通过实践，我构建出适合学生自主变式的教学模式：学习新知识（或例题）→初步小结解题方法→将例题简单变式（改变已知的数据）→总结解题方法→将例题进一步变式（或改变场景）→教师出示相应的试题（最好是中考题）→总结规律。

通过自主变式训练，学生明显感受到数学学习比以往更有趣，再反观自身的学习过程，对所要学习的内容与要求更清楚了，对于题目的变化有了自己的审视视角，用学生的话讲，就是"老师，我也会看题目是如何变的了，我也会让题目变化了"，反映出自主变式教学的实施带给学生自我评价的变化。

比如在对应用题进行教学时，为了使学生更好地理解应用题的解题思路和所需的知识，我首先让学生只变例题数据出一两题，使中下层的学生初步懂得如何列式或用方程解，接着让学生不改例题的数据，尝试换个场景，再出题。因为同一问题在不同的情景中呈现，在培养学生转化能力及归类解决问题上大有好处。

（二）我的教学主张

真实的课堂，是动态生成的课堂。

教师创设情境：如图1所示，为一块形状不规则的四边形草坪，每一条边的中点都栽有一棵银杏树。因为校园绿地重新规划，要求以不移植银杏树为前提，把草坪的面积缩小一半。请给出你的设计方案。

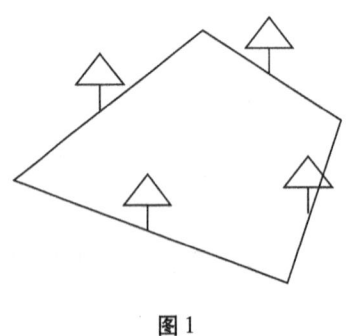
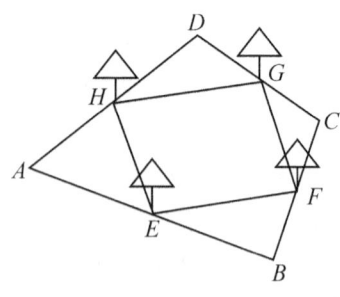

图1　　　　　　　　　　　　　图2

师生共同探索，按图2顺次连接四边形 ABCD 四边的中点组成新的四边形 EFGH，提出疑问：四边形 EFGH 的面积等于四边形 ABCD 的一半吗？学生在教师引导下自主探索，交流讨论，展示解法。教师适时给予点拨，引导学生积极地进行思考，强化对所学数学知识的理解和认识。

教师引导学生生成变式1：对于一般四边形来说，中点四边形的形状有无特殊性。

形成新的问题1：一般四边形 ABCD 的中点四边形 EFGH 是不是自己已经学过的特殊四边形？

教师引导学生独立地思考和分析，展示学习成果，得出结论：一般四边形的中点四边形为平行四边形。

教师引导学生生成变式2：如果 ABCD 就是特殊的四边形，再探究中点四边形的形状。

形成新的问题2：如果 ABCD 是平行四边形，则 EFGH 是什么形状？

形成新的问题3：如果 ABCD 是矩形，则 EFGH 是什么形状？

形成新的问题4：如果 ABCD 是菱形，则 EFGH 是什么形状？

形成新的问题5：如果 ABCD 是正方形，则 EFGH 是什么形状？

形成新的问题6：决定中点四边形 EFGH 形状的因素是什么？

师生共同进行探究之后，发现中点四边形 EFGH 的形状只与原四边形的对角线相关，跟原四边形的形状没有任何关系。

总结归纳：中点四边形的边由原四边形对角线的长度决定，中点四边形的角由位置关系决定。

在教学过程中，学生积极参与观察、猜想、交流、推理、变式等活动，积极动手实践，主动与他人讨论和合作，既解决了由实际的草坪问题到数学问题的转变，又完成了中点四边形形状的探究，使学生充分掌握了四边形的核心知识，并使该部分知识与中位线、平行四边形的判定等相关知识密切联系了起来，为学生动态生成创造了良好的氛围，同时培养了学生的创新精神。

数学学习就如同科学探究，逐渐地拨开事物的表象，使其本质呈现出来。因此，在教学过程中应该注重动态引导学生质疑和探究，培养学生探求问题本质的意识。

初中习题教学多满足于让学生回答问题，教师所做的解题总结也以解题思路的分析、需要注意的细节和所用的主要知识点及数学方法的归纳为主。即使教师做了变式训练，也只是重视问题的变形，并不注意引导学生对问题的数学本质进行深入的探究和思考。在引导学生动态生成变式的过程中，适当和适度地引导学生质疑，让他们经历提出问题、分析问题和解决问题的过程，将有助于学生从更高的层次上认识数学问题，理解数学方法，形成良好的思维品质和学习习惯。

他人眼中的我

1. 学生眼中的我

何英敏［茂名市愉园中学2014届初三（1）班］：吕老师的课堂充满乐趣，能从简单的知识讲起，引导我们将学过的简单的旧知识题目变式为运用新知识的题目，这个过程，让我们觉得有趣明白。课堂上，我们听到最多的词是"变变"。就是问我们题目还可以怎么变，还可以和哪个知识点结合变化出新的题目，让我们每刻都处于思考中。

2. 同行眼中的我

吴红梅（茂名市首批青年名师培养对象、祥和中学教师）：吕进智老师的标签就是变式教学，听过他的课的数学老师都佩服他那种不着痕迹地变式教学，学生在他的引导下很自然轻松地就编出了新的题目。我曾经和茂名市青年名师班其他科目的老师一起听吕老师的同课异构课，他们说吕老师的课一般般，还是一起上课的青年老师的课好，但我跟这些老师说，外行看热闹，内行看门道。吕老师上课虽然只用了一支笔，但他的课我听得津津有味，因为课堂中除了精心的教学设计，更有在引导学生变式中那种动态生成的难度掌握的智慧，让我对整个知识体系的理解和运用有了新的认识。

3. 专家眼中的我

张晋红（浙江省正高级教师、广东省"百千万"名教师培养对象跟岗学习实践导师）：吕进智老师的变式教学很厉害，用一个词来形容，就是"伟大"。他能从课本中的例题和练习题引导学生变式出中考题，要知道引导学生变式，老师必须要有很深厚的教学功底。对中考题的熟悉程度，课堂中随时关注学生的原有知识和新知识的接受情况，体现了吕老师的教学水平和对课堂把控的能力。

育人故事

柯子的故事

从 2014 年秋季开始,我接手的每一个班级,我都会跟学生讲柯子的故事,这是一个数学后进生"逆袭"的故事。

柯子是愉园中学 2014 届初三(1)班的学生,体育委员,他对很多体育项目都很在行,田径和球类都很好,是学校参加市直属学校运动会田径队的主力队员,并多次获奖。他非常积极努力训练,准备走体育特长生的路子,他从初一到初三,几乎天天下午都去运动场训练,比较特别的是,他总穿着一件白色或黑色紧身背心,或许是想显示肌肉。他很显眼,我在教学楼上看过两次他们训练后,就记得他,虽然不知道名字。

我是在柯子升初三时才接手他们班的数学教学工作的,当了柯子的老师后,让我对他有了新的认识。在老师面前,他跟训练场上完全不同,柯子是一个有点另类的运动健将,因为他不像其他体育特长生那样直爽,在跟同学和老师说话时反而有点害羞和腼腆的样子。我喜欢很多体育运动,球类的有乒乓球、羽毛球、篮球和足球等,还喜欢健身,所以跟体育老师和体育爱好者玩得多。接触柯子以后,我也慢慢喜欢上了这个腼腆的大男孩,经常跟他聊聊天,还能聊到健身心得等等,师生关系比较融洽。

因为柯子一直想走体育特长生的路,花了很多时间和精力在体育训练上,他的数学基础不怎么好。初三第一学期我们一直在赶进度,一个学期讲完初中阶段最难的初三上下册两本数学课本,课堂上讲课很快,也没什么时间练习,因此,他的数学成绩一直不好,初三第二学期第一次模拟考试才考了 43 分。对此,在第一次模型考试后,我专门找柯子谈话,说:"数学没那么难,你现在考试分数不高,主要是对知识点的理解认识不到位,不知道怎么运用。运动要先掌握规范的基本动作,做法是先分解动作,再组合灵活运用,然后下苦功训练,其实数学跟运动一样,也是先把公式、定理等基本知识点理解清楚,然后再运用公式解决问题,多做练习,数学成绩就可以像体育成绩那样慢慢提起来了,一定要像体育锻炼那样有信心。"针对柯子的情况,我要求他多思精练,选择有代表性的题目进行练习,在每道习题的旁边写上这道题的考点、知识点、相关的公式,慢慢地把缺漏的知识体系完善起来。这次,柯子很配合,除了在课堂上认真听讲,把当天的复习内容尽量消化,还按我的要求在每题的旁边写上知识点,老老实实地去研究这些知识点怎么运用,虽然他经常找不到知识点,很多题也不懂做,但还是去问同学,硬着头皮一题题写下来。

时间过得很快,我们迎来了第二次模拟考试。这次柯子数学考了 55 分,比第一次多了 12 分,虽然在我看来进步还不够多,但我还是第一时间找到他,鼓励他说:"这次模拟考比第一次多了12分,说明我们的方法对头,现在你一定要坚持做下去,争取下次又多十几分,这样到中考就很好了。"

后面的日子里,柯子严格按我的要求完成每天的学习任务,课间时间我也经常鼓励和辅导他。辛勤的汗水和恰当的方法给他带来了丰厚的回报:第三次模拟考他考了72分,进步17分;第四次模拟考他考了86分。他创造了一个纪录,就是每次模拟考都上一个台阶,也成了全班同学学习的榜样,为初三(1)班良好的、积极向上的学习氛围的营造做出了自己的贡献。这种在习题旁边写知识点、考点,归纳解题方法的做法也被其他同学采用。

经过几个月的努力,柯子在中考时数学考了95分,完美地演绎了一出"学渣逆袭"的好戏,一个学期从43分到95分,进步达52分,对于他来说,是完成了一项几乎不可能的任务,也让他考上了重点高中十七中。而初三(1)班的全体同学也不甘示弱,上市一中率有32%,名列全级第一,平均分、优秀率和合格率等指标也名列全级第一。

现在柯子已经是大学生了,就读体育方面的专业。自他升到高中后,放长假都经常找我聊聊,和我交换健身和运动的心得,有时候也在微信中谈谈他的情况,我们从师生关系慢慢向朋友关系转变。

而柯子这个标准的学困生进步的故事,则成为我鼓励后来学生的开学第一课必讲内容。

教学现场与反思

(一)我的教学实录——变式教学的典型应用

1. "全等三角形复习"教学设计(片段)

先复习判定两个一般三角形全等的四种方法,然后在白板上画两个全等的三角形,如图3所示。

师:在复习了判定两个三角形全等的四种方法后,看图3,如果你是老师,要出一道题证明 $\triangle ABC \cong \triangle ADC$,你会出什么条件?请独立思考,考虑题目会用哪种判定方法,出一题证明题。

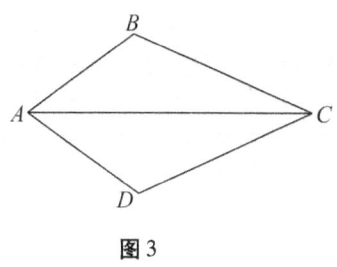

图3

学生经过思考后,很快编好了题目:(1)如图,已知 $AB = AD$,$BC = DC$,证明:$\triangle ABC \cong \triangle ADC$;(2)如图,已知 $AB = AD$,$\angle BAC = \angle DAC$,证明:$\triangle ABC \cong \triangle ADC$;等等,共出了六道不同的利用四种方法提出条件的题目,并口头解答。

学生通过编题和解答,很好地理解了判定两个一般三角形全等的四种方法。当教师表扬学生居然能当个老师来编题后,他们都很兴奋,课堂洋溢着跃跃欲试的气氛。

师：我们根据图3，编出了上面这几道证明题，现在大家看过来，图形又有什么变化了？

教师用复制和移动功能，将△ADC平移到△DFE的位置，如图4所示。

师：你们还能出一道证明△ABC≌△DFE的题目吗？

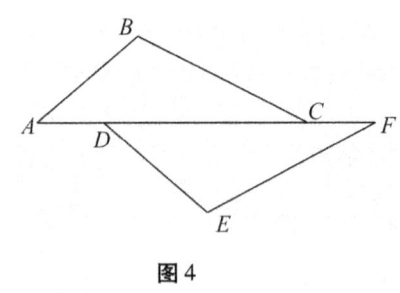

图4

学生有了图3的经验，很快又编出了题目。

师：你们现在看着图懂得编题了，再进一步，由你们来尝试对图形进行变形，再提出问题，行不行？

一名学生将图4中的△DFE翻折到AF的上方，教师利用对称功能，作出了图5。在这个学生的带领下，其他学生又相继变形出图6至图13这些图形，并口头出题和解答，过足了一把当老师的瘾。

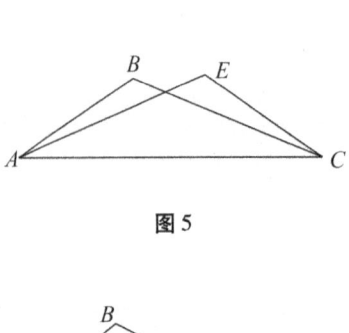

图5

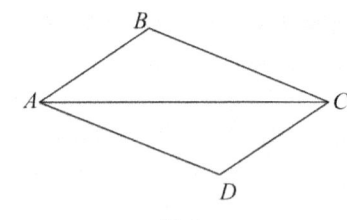

图6

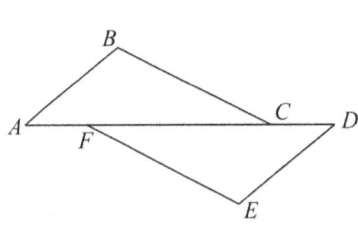

图7

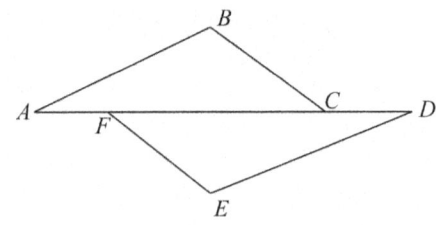

图8

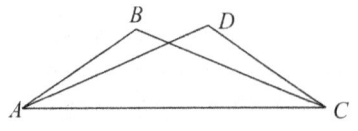

图9

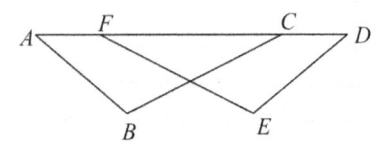

图10

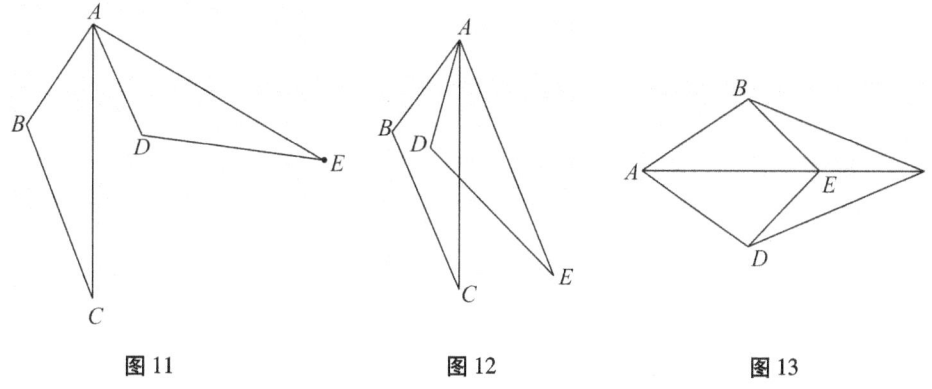

图11　　　　　　　　图12　　　　　　　　图13

2. "反比例函数复习"的教学设计（片段）

在和学生一起复习了反比例函数的有关知识点后，教师在白板上用绘图功能画了一个反比例函数的图像，在图像上标出一点$B(-2,-4)$。

师：如果你是老师，知道了这个条件，你会提什么问题？

学生都知道这是已知点的坐标求解析式，所以很快回答求反比例函数的解析式。

教师接着用画笔在原图上画一条直线，问："我们已经学习了一次函数，大家看这两个函数的图像，现在要你出题，你能不能将一次函数和反比例函数的知识结合起来，提一个问题？"有学生回答说条件是已知A点的坐标，求一次函数的解析式。

师：很好，你和我想到一块儿去了，且看题。

然后教师用调用功能调出题目，并说明它是2011年重庆綦江中考题中的一道小题，这道题值3分：如图14所示，已知$A(4,a)$，$B(-2,-4)$是一次函数$y=kx+b$的图像和反比例函数$y=\dfrac{m}{x}$的图像的交点。(1) 求反比例函数和一次函数的解析式。

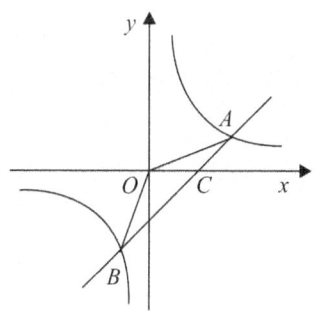

图14

教师用画笔分别连接AO和BO。

师：看图像，能在第（1）小题的基础上，站在出题人的角度，根据图像提出问题吗？

学生在经过思考后，有一个学生提出：求△AOB的面积。

师：哇，你都可以去出中考题了，大家看看。

用白板把这道中考题的第（2）小题调出来：(2) 求△AOB的面积。学生情不自禁地为刚才回答的学生热烈地鼓起掌来，让那名学生高兴不已。

教师趁热打铁，又问：大家继续当中考出题人，看这个图像，你还能提出什么问题呢？

学生考虑良久后没人回答，教师提示两个字：取值。有学生说可不可以求使一次函数值大于反比例函数值时的取值范围，也有学生说求使反比例函数值大于一次函数值时的取值范围，教师充分肯定他们的回答，用白板把题目调出来：(3) 观察图像，求使反比例函数值大于一次函数值时的取值范围（请直接写出答案）。学生看到题目后，又响起了热烈的掌声。

（二）反思——探索建立在变式基础上的数学教学

1. 注意引导学生在变式当中探究

随着课程改革的不断发展，涌现出来了越来越多的教学模式。但是不管是引导学生自主变式教学，还是其他的教学模式，都应该将学生创新意识和探究能力的培养作为目标。因此，探究式教学也应该是引导学生自主变式时必然用到的重要的教学方式。探究式教学的主要载体就是问题，主要操作环节就是要引导学生主动地探究和学习新的数学知识。要想更好地发挥自主变式的优势，取得更好的教学效果，应该在教学当中注意引导学生开展自主探究。

首先，要注意引导学生在变式问题的对应情境当中展开探究。在设计问题情境时，应该考虑到学生的认知水平，为其创设具有差异性的问题情境，形成富有层次感和梯度的情境变式，重视学生对数学知识的探索过程。数学教学过程既是学生主动探究的过程，也应该是学生之间、各小组之间进行交流合作的过程。教师引导学生对变式问题序列进行分析，先让学生独立解决较为容易的数学问题，而后通过小组交流和讨论，共同分析疑难问题，找到较难问题的解决方法。在此过程中，学生的思维得到了较好的展现，合作交流能力不断增强，良好的思维和实践创新能力不断形成。

其次，要注意通过学生自主变式，巩固所学的知识、方法和技能。变式训练将会使学生更加明确地感知到不同数学知识点之间的联系，体会到解题方法虽然不同，结果却是相同的。学生还会在自主变式的过程中，不断地对自己的学习进行反思，逐渐地形成系统化的知识体系和数学方法。将自主变式与探究式教学结合起来，将会使教学的质量和效率大大提高。

2. 注意利用变式启发学生思考

在引导学生自主变式的过程中要注意启发学生。教师在引导学生自主变式时，要根据内容与学生情况制定明确、具体的教学目标。选定的教学目标、设计的问题要在学生知识的最近发展区内，然后逐步地引导、启发学生完成目标。通过例题变式逐渐地引导学生分析问题的本质，主动地参与到变式当中。因而，在引导学生自主变式时，教师应该以情境为依据，引导学生的思考不断地走向深入。

在教学中，可以引导学生就所要解决的数学问题生成一系列的变式问题，由特殊到一般不断加深讨论的层次，帮助学生抓住问题的实际。而后启发学生对这些变式问题之间的内在联系进行思考，提炼和总结出解决该问题的方法和规则，使学生在原有的认识上得到提高，系统地掌握新知识，提高解决实际问题的能力。必要的时候，教师可以设置一些思维障碍，以激发学生的求知欲，引导和启发学生养成主动学习、勤于思考、勇于探索的学习习惯。

如"一元二次方程的根与系数的关系"可以采用如下的设计方式。

呈现研究课题：一元二次方程的根与系数的关系。

变式1：求解方程 $x^2+4x+3=0$ 和 $x^2+7x-8=0$，而后分别求两个方程根的和与积，思考方程的根与系数之间的关系。

变式2：求解方程 $2x^2-3x-2=0$ 和 $3x^2+17x-6=0$，而后分别求两个方程根的和与积，思考方程的根与系数之间的关系。

变式3：猜想方程 $ax^2+bx+c=0(a\neq 0)$ 的根与系数之间的关系。

变式4：求解方程 $x^2+x+2=0$，并判断其根与系数之间的关系是否满足前面得出的结论。

变式5：用数学语言表达你所得出的规律。

通过解答这五个问题，引导学生按照逻辑顺序层层递进地探究一元二次方程根与系数之间的关系，以问题串的形式使学生保持浓厚的学习兴趣，主动地发现、掌握并运用数学规律，避免了学习的盲目性。

3. 引导学生自主变式需要做到适度

在引导学生自主变式的教学过程中，想要达到预期的教学效果，必须根据学生的认知水平，选择最为恰当的变式问题。设置的问题既要有梯度，做到由易到难，逐步深入；也不应跨度太大，超越了学生的最近发展区。如果形成的变式较难，可以将其分解成若干个小题目，让学生逐步地解决所遇到的数学问题，逐渐地树立学习的自信心。否则，题目过难，学生就会产生较为严重的畏难情绪。当然，问题变式也不能过于简单，否则学生就会感到无趣、反感。

引导学生自主变式的教学效果如何，不在于自主变式生成问题的数量，而在于所生成的问题是否典型，是否有助于学生对概念的理解，是否有助于学生进一步地思考和解决问题。采用题海战术，会使学生产生思维疲劳。

引导学生自主变式并不是万能的教学方式，应该根据课型的不同恰当地选择，做到因课而异。如新授课和复习课的教学目标不同，教学内容和教学方式差异也较大，在引导学生自主变式时所采用的方法也应该有所区别。

如一道规律探究题，题目内容如下：将一根绳子对折1次后从中间剪一刀，绳子变成几段？对折2次、3次……，绳子又会分别变成几段？如果没有图像辅助，学生难以展开思考，如果借助计算机呈现实物变化示意图，逐步呈现题目内容，就会化难为易、化繁为简，使学生较为容易地找到问题的解决方法。利用计算机呈现剪绳子的示意图，克服了课堂教学中不可能实际演示剪绳子过程的困难，学生理解和分析起来较为容易。绳子对折 1 次，从中间剪开，可以形成两个切口，即 2×1 切口，绳子被分成了 3 段，即 $2 \times 1 + 1 = 3$ 段；对折 2 次，从中间剪开，可以形成 4 个切口，即 2×2 切口，绳子被分成了 5 段，即 $2 \times 2 + 1 = 5$ 段；对折 3 次，从中间剪开，可以形成 6 个切口，即 2×3 切口，绳子被分成了 7 段，即 $2 \times 3 + 1 = 7$ 段；依次类推，如果对折 N 次，从中间剪开，可以形成 $2N$ 个切口，绳子被分成了 $2N + 1$ 段。

按照上面的设计，逐步地展开问题，呈现出了由简到繁、由具体到抽象的基本思路。先解决简单的问题，可以使学困生保持较强的学习信心；而后解决难度较大的问题，则可以激发优秀学生的学习兴趣，激活其数学思维。这样一来，所有的学生都可以发挥出其学习的主动性，教学设计更贴近学生的最近发展区。对折 N 次，从中间剪开的问题无法用图形表达出来，具有较大的难度，但是通过对对折 1 次、2 次、3 次的问题的分析，学生已经借助图像得到了明确的结论，这时让其扔掉图形辅助的"拐杖"并不困难，学生可以顺利地通过归纳分析给出结论。

引导学生自主变式时，还需要注意教学环境和教学媒体，也需要注意与其他教学方式相融合。

以尊重、激情、致用创建魅力数学课堂

● 珠海市文园中学 宋朝华（初中数学）

▶ 导读语 ▶

我叫宋朝华，珠海市文园中学校长，初中数学正高级教师。

1993年7月，我毕业于东北师范大学数学系，成为珠海市南屏中学（乡镇中学）的一名数学教师。当年的珠海，较之省会城市长春还略显落后，但蓬勃发展中的珠海在我心目中却充满着无限生机和巨大希望。

20多年来，我先后任教于乡镇学校、区属学校、市直属学校等5所学校，担任了班主任、年级主任、教务主任及校级领导。2018年8月被任命为珠海市文园中学校长，完成了从热血青年成为经验丰富的资深教师，从新任教师成为校级领导的成长历程，同时，我也已然是"老珠海""老广东"了。但是，20多年以来，我从未离开

过教学一线，始终保持着当年选择教育的初心：一定要做一名受学生喜爱、助学生成长、担学校重任、让家长放心、获社会认可的好教师。

坚定的信念和执着的追求给了我在事业上坚持不懈的动力和克服困难的勇气，也让我取得了不俗的成绩：荣获全国优秀教师、广东省"特支人才"教学名师、广东省五一劳动奖章获得者、广东省教师工作室主持人、广东省"百千万"名教师培训对象、珠海市名教师、珠海市劳动模范、珠海市优秀党员、珠海市先进教师等称号；出版论著2部，多篇论文发表或获奖；主持或以主要成员身份参与省市级课题6项，主持珠海市精品课程1项，获得部优课例1项；等等。

▶▶ 名师成长档案 ▶

一、投入教育行业的经历

我不是"名师"。名师，即"著名的教师"，是师德表率、育人模范和教育专

家,以其突出的能力才干和良好的教育教学效果得到同行们广泛认可的业界行家。而我,只是学生心目中的好老师。

我出生于知识分子家庭,父母是中国科学院长春地理研究所的研究员和土壤分析工程师。民主、自由、和谐的家庭氛围,使我形成开朗活泼的性格、自律自信的品质和独立思考的习惯。此外,父母的工作性质和日常的耳濡目染,使我对搞科研、做学问也有了一定的认识。

还记得,年纪小小的我就经常模仿老师的样子辅导其他同学的作业,我的父亲通过观察认定我天生是做老师的好材料,促使我幼小的心灵萌生了教师梦。在填报高考志愿的时候,父亲就积极向我推荐他的母校——东北师范大学,他说将来你会成为一名非常优秀的教师!1989年我如愿考入东北师范大学,成为一名光荣的师范生,从此确定了人生的方向。

1993年,大学毕业在即,父亲再次为我指明了方向。他向我大力推荐正处于发展初期的珠海特区。因为,他对国家改革开放的方针政策充满信心,对广东的综合实力充满信心,更对珠海的未来发展充满信心。父亲希望我能够在珠海这片方兴未艾的热土上,在热爱的教育岗位上充分发挥才华、付出努力,实现自我价值,拥有圆满和成功的美好人生。父亲热切的期盼和深入的分析令我对广东、对珠海充满了好奇和期待,于是毅然放弃了省城——长春的优越生活环境和工作安排,来到尚在建设中的南方小城——珠海。

初来乍到,南粤方言的交流障碍,饮食习惯的巨大差异,湿热气候引发的皮肤过敏,集体宿舍的艰苦条件,薄弱乡镇学校的教学环境等等,都使工作、生活和身体上出现了很多的不适应。但是,初入职场的新鲜感和对教育岗位的热爱,给予我克服所有困难的决心。每天痴迷于日常的教育教学工作,与比自己小不了几岁的学生们打成一片,乐此不疲。与此同时,还收获了自己的爱情,与一位广东潮汕籍的同事相识、相恋、成婚,建立了幸福的小家庭。

不同地域、不同民族(我是朝鲜族)的两个人结合的小家庭,得到了双方父母在生活上和精神上的大力支持,加之两人在事业的互助共勉,使我们能够兼顾家庭和工作两不误,不仅在各自的事业上获得一定的发展,而且家庭和谐稳定、幸福美满,荣获"珠海市五好家庭"称号,我是幸福的。

二、专业成长经历

从走出东北师范大学的大门到成为一名广东省名师工作室主持人,是一个经历20多年的漫长过程。在长期坚持不懈地学习与实践中,我自觉主动地提高自身教育教学素质;在不断实现自我提升和自我超越的过程中,乐业与敬业是不可缺少的精神支撑。我深深地体会到,只有以乐业和敬业为前提,才可能爱业、精业、创业、直至成业。教育是我从小向往的职业,对我而言,教育工作绝不仅仅是谋生的手段,而是我自认能够发挥才能、实现个人价值的平台。多年的工作经历告诉我,人生中坚持一项自己热爱的工作,并为之努力,为之坚持,为之奋斗,为之拼搏,都不是一件难事,因为你乐在其中。

我的专业成长可以分为四个阶段:模仿适应阶段、反思提升阶段、瓶颈积累阶段、创造井喷阶段。

(一)模仿适应阶段(1993—1997年)

1993年7月,我毕业分配到珠海市南屏中学,一个城乡接合部的完全中学,先教了一年高中,而后高中部改制为职业教育,从此我开始了初中数学教学生涯。在这个阶段,我实现了两个转变:一是由师范生到教师的角色转变;二是教学认知向教学能力的转变。

"好的开始是成功的一半。"学校对新入职的新老师的培养非常重视,我得到了很多资深同行的悉心指导,在班主任管理和教学工作中,不断模仿和学习老教师的教育教学和管理经验,努力摸索教育教学规律和中学生的年龄特征、心理需求等,逐渐形成了一定的教育教学技能,站稳了讲台,为日后进一步提升专业素质打下了坚实的基础。

但困难也的确遇到了不少,记得刚刚担任班主任的我,带领学生参加学校的大合唱比赛,为了比赛获得佳绩,我兴致勃勃地连夜给20位女生做了小红裙,虽然很辛苦,但想象着孩子们白衣红裙惊艳全场的画面就更有干劲了。可是,初来乍到的我忽略了一个问题,当地的女生从不穿裙子!果然,比赛前孩子们拒绝穿,我晓之以理,动之以情,再加上一点班主任权威,终于我如愿了。当我的学生们走上舞台,台下一片嘘声和嘲笑声,他们哭着完成了比赛,我对自己的武断后悔莫及。比赛结束后,我和孩子们"抱头痛哭",现场悲壮不已,但学生没有抱怨我这个年轻的班主任,而是以更强大的凝聚力团结在我的周围,在之后的3年里,我和他们齐心协力,共同创造了耀眼的成绩。我们班的学习成绩一直保持年级总平均分第一名、数学第一名的好成绩,中考成绩不出意料,再次夺冠,并荣获区"优秀团支部"称号,我也荣获"珠海市先进教师"的光荣称号。仅仅 4 年的教学经历,让我尝到了作为教师的酸甜苦辣和小有成就的滋味。"不忘初心,方得始终!"我深深地体会到,对于青年教师而言,看似很大的困难,在坚持和努力面前都是"纸老虎"。坚持不懈地认真学习,积极主动地虚心请教,踏实勤奋地投入实践,及时深入地开展反思,才是通往成功的正确路径。

任教 4 年后,在学校的大力培养下,以个人较好的素质及刻苦努力,我已然成为学校青年教师中的佼佼者,荣获珠海市优秀团员、珠海市香洲区巾帼建功立业先进个人、珠海市先进教师等称号。

(二) 反思提升阶段 (1998—2003 年)

1998 年之后的四五年,我处于反思提升阶段,就是傅道春教授根据马斯洛的需要层次论划分的"教师需要的发展期",这个阶段教师职业成就意识的自我培养非常重要。

1997 年 7 月底,我生下可爱的女儿,女儿刚满月,因学校急需数学教师,9 月 1 日我又返校承担了一个班的教学任务,产假满打满算休了 40 天。产后印证了民间"一孕傻三年"的说法,状态着实调整了一段时间。那一年,我通过参加珠海市说课比赛等活动,促使自己多思考、多锻炼,从而促进身体及思维状态的恢复和调整,并争取进一步的提升。但是我发现自己的理论水平和教育理念已跟不上时代,专业方面亟待提升。

1996 年 4 月,国务院学位委员会通过决议设置教育硕士专业学位(Ed. M),并于 1997 年开始招生试点工作,为中小学教师获取研究生学位开辟了渠道,也为我创造了继续进修深造的机会。机不可失,我积极申报,得到了学校的大力推荐,1999 年 4 月,我考取了华南师范大学数学系数学教育硕士,并于 2003 年顺利完成答辩,获得了数学教育硕士学位。经过 3 年多的数学学科及教育教学理论的系统学习,使我的专业素养得到大幅提升,为后期成长打下坚实的基础。

从此,我的专业成长进入快车道。

很多人说我运气好,但我认为上天是公平的,是坚定的教育信念、职业理想和成就事业的执着程度决定着一个人在事业上的成就。先进的教育理念和现代教育技术的学习,使我的教学实践有了明确的目标和方向;优化的教学手段和方法,大大提升了教学质量和教研能力,我成了学校的骨干教师,撰写的论文、教学设计、教学实录等获得各级奖励。

攻读教育硕士期间,学习成果在教学工作中得到充分的实践,专业发展得到快速提升,在同行中脱颖而出,渐渐有了一定的"名气",成为学生、家长、同事公认的"好老师"。

(三) 瓶颈积累阶段 (2004—2010 年)

在快速提升之后,我的专业发展进入了一个平缓的发展期。年级组长、两个重点班的教学任务，使专心教研成了一种奢望。同时，高级职称的到位、教育界的一点小名声也逐渐消磨着我的斗志，"小成则满"的心态使我"主动发展"的根本动因减弱，进入了教师发展的"高原平台期"。

但是，上天给了我再次奋起的契机。2008年4月，我担任学校的教务处主任，负责管理教学全面工作。之前，我担任了8年年级组长，在年级管理方面好的经验和策略为任职的两所学校创下了非常突出的中考成绩，但在教学管理方面却不太了解。此时，我有幸遇到王桂莲副校长分管我的工作，她曾是一位非常优秀的教务主任，在她的悉心指导下，我的教学管理工作慢慢上了轨道。同时，由于学校教务工作的需要，我不得不大量的学习和阅读相关的文件、书籍，提升自身的业务水平和专业素养，以便具备组织和引领教师开展教研活动的能力。在这个过程中，我积累了大量的管理经验和教研经历。比如，2009年王校长申报并立项了珠海市级重点课题"初中课堂有效教学策略研究与应用系统开发"，我担任课题中心组组长。第一次学做课题，非常庆幸，我得到了课题组的专家、顾问给予的大力支持和悉心指导，从研究目标的确立、开题报告的撰写、研究步骤的制定等，事无巨细，在专家的指导下课题稳步推进，我边做边学，收获极丰！2012年课题顺利结题。学校以此课题为抓手，大力开展了中考科目课堂教学有效性的研究和改革，100多名教师参与该课题的研究和开发工作，全校教研氛围浓厚，教学质量提升很快，一跃成为珠海名校，社会美誉度得到大幅提升。另外，受此课题成果的影响，非中考科目也开展了课堂教学有效性的研究，目标定位在"让学生上了高中后不再补习初中的政历地生"，改变了这些学科原有的课堂教学模式，学生主体性得到更好的体现，教学效果得到提升。

在带领老师们做课题的过程中，我最大的心得就是："科研兴教"的力量太强大了！从此，我对科研的态度从被动参与转向主动投入，真正开始了教师专业发展的新阶段。

（四）创造井喷阶段（2009—2016年）

"机会总是留给有准备的人的。"公开课、专业培训、专业进修、教研活动、论文评比、专题讲座等等，每一次教研活动，我都会当作是一次提升的重要机遇，做到"认真把握，积极准备，全身心投入"。比如，珠海市教育局教研中心开展了学校校本教材开发的评比活动，我通过阅读大量校本课程的相关资源，对1999年《中共中央国务院关于深化教育改革全面推进素质教育的决定》中，正式提出的"建立新的基础教育课程体系，试行国家课程、地方课程和校本课程"，即三级课程、三级管理有了更深入的了解，进一步提升了对校本课程对素质教育发展的重要意义的认知。在积极动员和组织老师们开发校本教材中，我"现学现卖"，与老师们一起摸索探究，共同开发。虽然过程中遇到了很多的困难，但是在我和老师们的坚持下，20多位教师参与并开发出自己第一册有一定质量的校本教材，如一位历史教师结合珠海新建的绿道工程和对珠海历史的了解开发了《骑行绿道，图说珠海》，一位生物教师通过观察校园操场上的鸟类及珠海野生鸟类的知识开发了《珠海野生鸟类》，一位爱看电影的地理教师开发的《看电影、识地理》，一位心理教师开发的《校园人际关系》，这些校本教材都获得了市级奖励，我校也获得优秀组织奖。通过此次活动，我收获了初级中学开发校本教材的经验，并及时撰写了相关的论文，获得广东省级教育学会论文评比一等奖。

这一次的成功经历使我对自己的研究能力有了一定的认识和自信，对开展教育教学改革产生了浓厚兴趣，可以说，这是我专业发展的一个重要里程碑，从此，我的专业发展进入了"主动要求发展"阶段。

2012年，我结合一直比较关注的数学综合与实践活动课型的实践与研究，申报课题"初中数学活动课研究与应用系统开发"，被市科技局立项为市级重点课题，于2014年顺利结题；2013年担任分管德育的副校长期间，组织德育团队的成员完成了《校园安全读本》的开发；2015年本人主持并申报省级创新项目"学生参与式德育管理模式的研究与实践"，2016年顺利结题；建立和完善《学校校园安全管理机制》，受到"广东省安全文明校园"评估组好评，成为兄弟学校争相学习的样板；等等。每一项工作、每一个活动都是我开展研究活动的对象和机会，科研的习惯思维使工作质量和效果得到大大提升。我的科研活动扎根学校，扎根教学实践，具有了前所未有的创新精神和能力，教学风格和模式更加个性化。

2015年，我通过了广东省新一轮"百千万"名教师培养对象的评选，开始了为期3年的专业学习。同年，我还被评为广东省教师工作室主持人。作为省"百千万"名师培养对象，我遇到了广东第二师范学院数学系的李样明主任、陈静安教授和7位志同道合的伙伴。在专家、导师的严格要求和悉心指导下，在优秀同伴的互助互学中，孜孜不倦地学习教育教学理论，乐此不疲地深入开展课堂教学研究，提升科研成果的数量和质量。与此同时，我开始重新审视、反思和提炼自己的教学风格，进入自我提升、自我追求、自我超越的境界。

作为广东省教师工作室主持人，面对求知若渴的省级骨干教师，我只能通过不断的学习，提高自身的专业素养，为他们提供更有质量的支持与服务，而频繁的讲学、示范课和教学经验、教学论文等的分享，又很好地促进了我的专业发展，可以说，我的专业发展进入了创新井喷阶段。

回顾成长历程，我感恩于遇到的很多贵人：感恩为我指明人生方向的父母，使懵懂的我选择了最适合自己的职业；感恩一路关心和指导的领导和同事；感恩作为广东省"百千万"名师培养对象研修期间，给予严格指导与极大鼓励的广东第二师范学院及数学系专家，在他们的支持和帮助下，我走到了从未奢望过的事业高地。

学科教育观

我的教学：尊重人格，激情引导，学以致用

每位教师的教学风格与个人的性格、性别、成长经历等有着密切的关系。我是性格开朗、外向的女教师，经过20多年的教学经历，我形成了具有个人特色的教学风格，深受学生的喜爱。我的教学风格的关键词是：尊重、激情、致用。

（一）以尊重唤醒学生的人格自尊

在几千年封建思想的影响下，我国教育过分追求"师道尊严"，甚至使之成为侵犯学生人格尊严的借口。尤其是学习成绩较差的学生，在学习过程中得不到应有的尊重，日复一日，年复一年，其自信心、创造力和乐观豁达的生活态度必然受到残酷的打击，学习兴趣索然，学习中体会不到幸福感是必然的。

苏联教育家苏霍姆林斯基说过："教育者只有关心人的尊严感，才能使被教育者通过学习而受到教育。教育的核心就其本质而言，就是让被教育者始终体验到自己的尊严感。"捷克教育家夸美纽斯也指出："应当像尊敬上帝一样地尊敬孩子。"获得尊重是建立自尊、自信和乐观生活态度的基础，所以教育是建立在尊重被教育者的基础上的。

1. 尊重孩子的天性，营造充满趣味的课堂

"兴趣是最好的老师"，创设充满趣味的课堂，让学生在有趣的活动中学习数学，这符合初中生的天性。数学学科的严谨性、逻辑严密性和广泛的应用性使不少学生望而却步，从初中开始，学生数学成绩两极分化现象非常严重，放弃数学的大有人在。作为初中数学教师，我认为，初中的数学课能否让学生感兴趣是非常重要的，而根据初中生的年龄阶段，生动鲜活的情境创设、灵活多变的教学方式、与生活现实问题紧密联系的实际问题、与同伴共同探索的学习活动等都会引发学生的兴趣，让学生从中得到成功和快乐。

2. 尊重教育教学规律，构建真实高效的课堂

充分尊重规律，严格按教育教学规律开展教学活动才能构建真实高效的课堂。陶行知先生说："我以为好的先生不是教书，不是教学生，乃是教会学生学习。"

面对一个独立的个体，我们不能够代替他思考，代替他学习，而是要让他学会如何学习，找到学习的方法，形成自我学习、自我成长的能力。经过多年的教学实践，我摸索出能够实现"减负增效"教学策略，即"讲练结合，当堂反馈；高度模仿，适度拓展"，并配套开发了文园中学数学学案和四中数学学案，为两校数学教学质量的提升起到了重要的促进作用。

3. 尊重生命个体，创建温暖和谐的课堂

作为教师，我从来没有因为学生是个孩子而轻视他，只有当学生从老师的眼中找到了自己，从老师的尊重中找到了自尊，才能够为实现自我而努力，提高自己而奋斗。

我的学生娄×志，自我控制能力低，上课从来坐不住，严重影响班级正常的教学秩序，教师、同学都不喜欢他。我接管该班后，发现他被班主任安排到教室后面的角落，看着就很孤单，也很没面子。于是，每一节数学课，我都会与他有一定的交流，如轻抚他的头，提醒他安静听课，耐心地给他讲解题目，对他的提问及时给予回应和鼓励，对他的课堂违纪行为及时低调地劝阻和纠正，等等，使他充分感受到从来没有的尊重和关注。慢慢地，他的行为有了改善。我又与他约定：如果他一周内上课无违纪，我就送他一个惊喜；如果他做不到，他就做50个俯卧撑（他自己认为的极限运动量）。一周后，他以完美的表现获得了我的高度赞扬和一个礼物：一盆漂亮的植物。我希望他通过领养这盆小植物，培养耐心和责任心，从而得到成长。这位学生的转变，让我再次体会到尊重对孩子的重要性，以及尊重的教育力量。

另外，我认为，尊重要从高度关注开始，关注学生的过程就是高度尊重学生的过程，尊重学生的人格、尊重学生的需要、尊重学生的感受，用尊重唤醒学生内心深处的自尊，促进学生向上向善的内驱力，使学生能够在理解宽容、尊重欣赏的氛围中从容学习和深入思考。

（二）以激情点燃学生的学习热情

心理学研究表明，良好的情绪状态，能有效地强化人的智力活动，使人精力充沛，想象力丰富，记忆力增强，潜能得到充分的发挥。学习是高强度的心智活动，情绪状态至关重要。在教学过程中，教师以激情感染学生，激发学生的积极情感，对学生的主动性、积极性、创造性都有非常好的促进。

教师的激情，首先体现在教师良好的状态上，精神抖擞，满面春风，时刻都如冬日暖阳，温暖和感染学生，使学生处于舒适、安全和愉悦的情绪中，为学习活动营造良好的氛围。其次，深厚的专业素养使教师在课堂上充满朝气和活力，游刃有余，收放自如。另外，教师幽默的语言、讲话的技巧也能使教师更具有人格魅力，课堂更具有活力，进而具有吸引力。

数学学科，以其抽象性、严谨性易引发学生的畏难心理，感到生涩难懂，较之

人文学科更不易亲近，导致普遍存在学困生多、低分率高的现象。但是，作为一名初中数学教师，我坚信数学教师的激情定能点燃学生学习数学的热情，唯有善于运用充满激情的语言、手势和眼神去影响学生的思维、激发学生的斗志、塑造学生的人格，才能达到更好的教育效果。

（三）以致用引发学生的探究兴趣

数学的一个重要特征是其广泛的应用性，"学以致用"的过程能令学生对数学产生更大的兴趣和自信。我的课堂教学以"讲练结合，当堂反馈"创建高效课堂；课后作业则是以"高度模仿，适度拓展"加强学生对知识的巩固和对学习数学的信心，其核心就是"学以致用"。对于初中生来说，在课堂学习的过程中，能够自主参与学习全过程，以课堂同步训练和基本知识小测的方式及时对其学习成果反馈，从而得到老师积极地鼓励，是对学生建立学习自信、形成好的学习习惯的促进。

另外，数学实践活动是积累学生数学活动经验的一个重要内容，是实现"综合与实践"板块教学的主要教学形式。我非常重视数学活动与数学课堂教学的融合，积极开设数学活动课，使学生真正体验到数学广泛的应用性，从而提高学习兴趣和学习信心。

他人眼中的我

1. 学生眼中的我

每学期，学校都会以无记名的形式开展评教活动，对教师的教学进行客观评价，最近一个学期，学生对我的评教情况如下：

2014年9月—2015年7月，宋朝华老师任教我校初三（2）班数学课，在学校2014年11月、2015年4月组织的学生综合评教中她获得96.6分、95.3分的高分（满分100），在年级近50位老师中排名第六，被评为"最受学生喜爱"的教师。

学生评教认为：宋老师教学能力强，工作热情高，教学成绩好；宋老师课上、课下关心、爱护学生，她通过谈心等多种方式鼓励、帮助学困生提高成绩，全班学生把她当作好老师、好朋友，师生关系融洽；宋老师课前准备充分，教学条理清晰，能充分调动学生学习积极性，教学中善于运用多媒体等多种手段；她课堂上鼓励学生积极提问，课堂氛围融洽、活跃而有序；宋老师合理布置作业，作业量适中，批改认真，评讲及时，评讲效果好；宋老师经常对学生开展课后教学指导，效果好，学生对该科目学习兴趣浓厚。

2. 同行眼中的我

如春花般绚烂，却不张扬，美得自然，美得从容——这是导师宋朝华校长给我的印象。

宋老师是一位博学的、睿智的教育工作者，她的数学活动课实践探究模式令我们耳目一新：大胆预设，规划推进，轻松教学，导学寻根，理趣交融。她的教学风格大气而前沿：情境激趣，体验促学，理智幽默，亲切自然。她的课堂：民主和谐，平等自由，走进学生，读懂学生，层次分明，令人回味，融知识的系统性、概括性和推理性于一体，在学生实践探索过程中形成知识，豁然开朗，眼前一亮。

"独行速，众行远"，这是导师宋朝华校长给我们学员的专业发展建议，博采众长，完善我们的教学风格，如此，在教学的漫漫求索中我们才能奋然前行，相信有一天，我们将会有我们自己的风采。

3. 领导眼中的我

近期，在我申报"特支名师"的时候，我校党委对我给予了以下评价：

该同志具有坚定正确的理想信念，无私的奉献精神，勤于反思、善于探究、善于创新。从事教育事业22年来，担任过班主任、年级主任、学校教务主任、副校长，但始终没有离开一线的教学岗位，一直担任数学课的教学工作。她具有过硬的专业素质，既重视常规教学，又大力推进课程改革，努力培养学生探求问题的能力，教学效果好，学生满意度高。她积极参加教改教研，参与编写数学练习册，多篇科研论文发表或获奖，参与或主持多项省市级课题研究，从而极大地提升了学校教育教学水平。在分管工作中，她坚持"以人为本"的管理理念，坚持依法治校和以德治校相结合，开创前瞻、务实高效，管理工作成绩显著。

育人故事

一名后进生的委屈

黄××，上课迟到早退、结交损友、欺负女生、顶撞老师，根本无心学习，早已成为他所在年级级长——我高度关注的对象。他每次闯祸，我都会苦口婆心地对他进行一番教育，道理讲了一火车，收效却微乎其微，对转化他我基本绝望了。

有一天，我在年级各班巡查，在走廊的一头看到他与另一名同学从另一头儿走了过来，心情不错的我叫道"黄××，你过来一下。"他怔了一下，转身像兔子一样玩起了"快闪"。根据多年的"战斗"经验，我在另一条路上成功截住了他，正在我因此得意之时，黄同学突然大哭起来，好委屈的样子。平时再严厉的批评对他来说都是小菜一碟，从来就是一脸的满不在乎，今天这是怎么了？

因意外而略感慌乱的我很快稳定住情绪，问："你这是怎么了？"他不理我，我给了他一张纸巾，又问他："我又没说你什么，你哭什么？""你总是盯着我，你总是针对我，你总是找我的毛病，你就是不喜欢我，你就是觉得我只做坏事，我是个坏学生，呜呜……"他边哭边大声地喊着，完全不是我认识的那个油嘴滑舌、油盐不进的黄××。我着实吓了一跳："我只想问你这两天表现怎么样而已，你这是干什么？"他喊道："我去给班里搬新来的课本，一看到你我就想跑，就知道你又找我麻烦。可还是给你抓到了。呜呜……"我急忙说："你没做什么错事儿，我怎么会找你麻烦。""才不是，上次我和李×打架，你就骂我一个。还有一次，张××也从窗户向外扔飞机，你也看不到他，只看到我，反正你就是针对我，天天找我麻烦。"我回想起来，确有此事。我理直气壮地说："你这两件事中，你有错没有，我批评错了吗？"

"那你为什么不骂他们，你只会骂我。你公平吗？"他泣不成声。

"我……"

我有点迟疑了。对呀，当时不只是他一个人的错，可为什么着重批评他呢？为什么对别的学生"下不为例"的小错误对他我却是尤其苛求呢？

我来不及多想，说："今天我不是想批评你，只是想请你帮忙通知其他班去图书馆领书，你误会了。"他渐渐收到了哭声，脸朝着天，一下接一下地抽泣着，我心里不免有点自责，说道："以前级长可能与你有些误会，找个时间把所有的误会说清楚，我也好知道自己错在哪里，好吗？""嗯。"比我高出一个头的他委委屈屈地走了。今天，我第一次看到了他内心深处那个用满不在乎的外表包裹着的真实的角落。平时，他总是以玩世不恭的外表掩盖真实的内心，把自己武装得很强大、很无所谓的样子，今天看来其实他比很多人更加脆弱，更加需要别人的理解和认同。

第二天，我特意准备了好吃的零食，请他过来，与他进行了入学以来无数次交谈中最和谐、最平等的一次，发现是他的家庭问题等导致他无心学习，并导致他一系列的行为问题。另外，他也向我谈了好多年级学生中存在的问题，都是我没有关注到的，对此我对他表示了真诚的感谢。多年过去，他还一直记挂着我，经常发来一些问候信息。

此事之后，我非常后悔，以前为什么没有与后进生进行这样的谈话呢？总想先镇住他们再说道理，结果他们根本听不进去，收效甚微。其实，我一直在违背一个基本原则：人与人之间，只有平等交流，才能达成互相信任、互相理解，师生之间也是一样。我应该尊重每一个人，无论他表现得好还是不好，都要与他进行平等的沟通，我有什么资格凌驾于另一个人的人格之上呢？我汗颜。

教学现场与反思

一、教学课例

课题：瓶子里有多少粒小豆子

课型：数学活动课

教材分析：本节教学内容适用于七年级下《数据的收集、整理与描述》章节的一节数学活动课，是对用样本估计总体的一个基础探究。

教学目标：

（1）通过"广东煲汤""鱼塘鱼量"等实际生活中的例子，以及通过设计游戏、实验等活动，使学生了解用样本估计总体是生产生活中一种常用的方式。

(2) 通过猜想—探究—讨论的探究过程，在实验中明白误差产生的原因的多样性。

(3) 在团队合作中，感受分工协作，提高团队合作意识。

教学重点难点：

重点：经历猜想—探究—讨论的用样本估计总体的实验过程。

难点：鱼塘问题的归纳总结和误差产生原因的讨论。

课时安排：1 课时。

教具学具：电子平台，瓶子，豆子若干，计算器。

主要教学过程实录：

【创设情景】

师：同学们好！我们学习了统计调查的一些知识，那么，无法进行全面调查的时候，我们应该如何对数据进行调查？

生1：我们可以选用抽样调查的方式，通过抽样调查估计总体的情况。

师：广东人最爱煲汤，我也爱煲汤，我煲好之后就会舀一勺尝一尝，这样就知道整锅汤的味道，这是为什么？

生2：这一勺汤就是整锅汤的样本，通过这个样本可以估计总体。

师：非常好，今天我们就是要利用学过的样本估计总体的知识解决生活中的一些问题。

【游戏：猜猜看】

讲台上放有一个盒子，其中装着大小相同、包装不同的巧克力。

学生齐读问题内容。

问题：盒子里有20个蓝色包装的巧克力和若干个金色包装的巧克力，那么，你能估计盒子里大概有多少颗巧克力呢？

游戏规则：不能全部倒出来数，只能通过观察其中的一部分来估计盒子里巧克力总数。

请学生谈谈自己的想法。

生3：我先抓出一些巧克力，看金色的有几个，占总数的比率，然后就可以估计总体中金色的比例。

师：那请你上来试一试。

生3：到讲台上，从盒子中取出一些巧克力，10 粒中有 3 粒为金色。

(师板书：10 = 3 + 7)

师：通过这个游戏，你能估算出盒子中共有多少粒巧克力吗？

生3：$20 \div \frac{3}{10} \approx 67$（粒），总约有 67 粒巧克力。

师：大家说他说的对吗？

生齐答：对（掌声）。

师：非常好！那么，是不是一定就有 67 粒呢？

生齐答：不一定。

师：对，实际上，盒子中有 80 粒，估计的数据还是比较接近。我们这个游戏也是用样本估计总体。同学们，让我们课后一起分享这盒美味的巧克力，好吗？

学生兴奋地鼓起掌来，课堂气氛活跃。

【想一想，动动手】

师：现在各小组的桌子上都有一些豆子，请以小组为单位，目测一下，罐子里大概有多少颗豆子，并写到活动记录表中。

学生七嘴八舌地说出自己目测的数字，分别记录在了自己的活动记录表中。

设计目测数量，以便学生在实验后感受科学的统计方法的有效性，以及促进数感的形成。

师：请同学们阅读以下操作步骤，小组研究具体操作以及组员分工。

(课件展示)

第一步：取出一些豆子，记录这些豆子的粒数（m 粒）；

第二步：给这些豆子做上记号；

第三步：把这些豆子放回瓶子中，充分摇均匀；

第四步：从瓶子中再取出一些豆子，记录这些豆子的粒数（p 粒）和其中带有记号的豆子的粒数（n 粒），以上步骤多做几次，并将数据填写在表中；

第五步：估计瓶子中豆子的总粒数（q 粒）。

老师让第 2 组汇报本组分工情况，目的是给其他还没有明确分工或分工不太合理的小组以提示和借鉴。

老师巡视中了解各组进度及做法，对学生加以引导和鼓励。

在老师的引导下，学生得到豆子总量 $q = \dfrac{mp}{n}$ 的公式，并完成多次实验，以平均数反映最终结果。

通过实验，学生更真切地感受到用样本估计总体的全过程。

进一步要求：(PPT 展示)

第六步：数一数瓶子中豆子的实际数量（建议：小组分工算得快）豆子实际数量为：_____个。

第七步：比较一下实验得出的 q 平均与豆子的实际数量，实际误差有多少个豆子？

第八步：小组成员一起分析哪些因素会导致出现误差大或小？

通过全面调查，确定豆子的实际总数，学生比较全面调查与抽样调查的差别，对"估计"有了更准确的认识。

师：为什么有的小组通过样本估计总体的数据非常接近，有的小组却相差很多呢？

生6：我们组在实验中，标记的豆子数太少了。

生7：我们组样本容量太小了，不能真实反映实际情况。

生8：我们组没有把豆子搅拌均匀，所以不准确。

通过反思，各小组成员共同总结实验操作过程中的问题，并与全班同学共享。

师：总结同学们的观点，如果我们避免了以下问题，就可以使实验结果更接近真实情况。包括：标记的豆子要占总体的适当比例，不能太少；要使所有豆子充分均匀；抽样时容量也不可以太小；等等。

【问题】

问题：小红说："我从鱼塘中捞出100条鱼，尾巴上做标记，然后放回鱼塘，第二天再捕上200条鱼，其中，有2条有标记的鱼，我估计池塘里大概有10000条鱼！"小红说的对吗？

小组讨论，请学生回答。

生9：根据样本估计总体的原理，小红是对的。因为鱼的总量 = $100 \div \frac{2}{200}$ = 10000（条）。

全体学生以掌声表示认同。

【小组讨论，准备小组活动汇报】

老师巡视，解答学生的问题。

【活动报告会】

各小组全体上讲台汇报实验过程及收获。

某一组的汇报实录：

生1：我们组通过实验，估计有641粒豆子，但实际有690粒豆子，误差是49。我们小组认为误差还是比较大。

生2：我们只做了两次实验，第一次实验失败后，第二次加大了标记的豆子数和样本容量，结果获得了成功。

生3：这次活动中，我感到了团结的力量，一个人做与一组人一起做的效率不一样。豆子这么多，我们分工合作，才完成了实验。

生4：这次活动的收获是，我们小组的分工要明确，四人要齐心协力，互帮互助，才能很好地完成任务。

【课堂小结】

首先，老师对学生在数学活动的表现给予了高度的肯定，并对同学们从实验中得到的宝贵经验表示祝贺。

其次，总结了学生们提出的问题及学生们给出的解决方法，对学生的科学态度和探索精神表示赞赏。

【作业】

老师要求学生结合本节活动课的内容，完成《数学活动过程记录》。

附件1：《数学活动过程记录》

数学活动过程记录					
课题	瓶子中有多少粒豆子？		章节	第十章 数据的收集、整理与描述	
步骤	活动过程				
活动一	游戏：猜猜看				
活动二	1. 每一组都有一瓶豆子，请用目测的方式估计一下，罐子里大概有多少颗豆子？ 预估瓶子中有豆子_____个 2. 以小组为单位，先讨论该如何通过实验，用科学的方法估计瓶子中豆子的数量，明确了各自分工后，就开始你们的实验吧！				
	实验次数	标记粒数	样本容量	样本中有记号豆子数量	由样本估计得出总体值	总体平均值
	1		$p=$ ____	$n=$ ____	$q=$ ____	
	2		$p=$ ____	$n=$ ____	$q=$ ____	
	3		$p=$ ____	$n=$ ____	$q=$ ____	
	4	$m=$ __	$p=$ ____	$n=$ ____	$q=$ ____	$q_{平均}=$ ____
	5		$p=$ ____	$n=$ ____	$q=$ ____	
	6		$p=$ ____	$n=$ ____	$q=$ ____	
	7		$p=$ ____	$n=$ ____	$q=$ ____	
	8		$p=$ ____	$n=$ ____	$q=$ ____	

续上表

	数学活动过程记录
活动二	1. 数一数瓶子中豆子的实际数量（建议：小组分工算得快） 豆子实际数量为：_____ 个 2. 比较一下实验得出的 $q_{平均}$ 与豆子的实际数量，实际误差有多少个？ 实际误差为：_____ 个 3. 让我们共同来分析一下哪些原因会影响误差的大小吧？
活动三	1. 小红说：我从鱼塘中捞出 100 条鱼，尾巴上做标记，然后放回鱼塘，第二天再捕上 200 条鱼，其中，有 2 条有标记的鱼，我估计池塘里有 10000 条鱼！ 小明，你怎么看？ 2. 标记的鱼有 m 条，第二天捕获的 p 条鱼中 n 条有标记，估计池塘里 q 条鱼，那么 $q =$ _____。
活动小结	1. 通过本次数学实验，你有什么收获？ 2. 你们团队是如何分工协作，探究过程中有哪些经验和教训值得分享？

附件2：《数学活动课报告》

数学活动课报告				
课题	瓶子里有多少豆子？			
自我评价	在本次探究活动中，你收获了什么？		自评等级	
教师评价				
等级			教师签名：	

二、教学反思

（一）生动活泼的教学设计，引发学生的学习兴趣

（1）以广东人喜好的"煲汤"这一生活实际情境引入课题，充分体现南粤特色，让学生感到非常熟悉和无比亲切，从而引发兴趣。

（2）要求学生通过观察估计瓶子里的豆子数量，再与实际测量后的数量相比较，误差小的小组获胜的设计，符合初中生争强好胜的年龄特点，从而达到激趣的效果。

（3）整个探索活动，只有在小组成员充分地交流合作情况下才能够顺利完成。所以，每位学生都必须要与其他组员合作，并在合作中体会交流的快乐和幸福。

（二）在数学探索活动中引导学生发现规律，提升能力

1. 通过类比等方法，明确探索的路径，学会研究方法，提高实践能力

老师通过小游戏让学生体会用"样本估计总体"的数学统计方法。然后，提出问题：你能估计出瓶子中有多少豆子吗？这个问题引起学生的兴趣与思考，学生通过联系之前的小游戏，联想到"用样本估计总体"的知识来设计实践活动，即用一个样本来估计整瓶豆子的数量。

2. 有针对性的指导创建高效的教学，建立学生自信

在老师的引导下，学生通过独立思考和小组交流，逐步形成了对部分豆子做标记，放回瓶子中并混合均匀，然后再取出样本计算标记豆子的比例，从而估计总体中标记豆子的比例，进而计算豆子总量的解决问题的思路。对于整体薄弱小组，老师要给予及时和适当的帮助和指导。

3. 引导学生提出问题，并自主找到解决问题的方法，提高分析问题和解决问题的能力

解决方案确定之后，学生遇到了更多的问题："标记多少豆子比较合适？""如何才能尽量混合均匀？""小组几个人如何分工更合理？""方案实施的具体步骤是什么？""如何记录数据更科学？""做几次试验比较合理？""得到的数据如何处理更科学？是取平均数？还是众数？还是中位数？要不是去掉最大值和最小值？"等等。这些新问题在小组交流讨论中大部分得到解决，有一些错误的做法在实践中得到纠正，还有一些问题在老师的关注中被发现，并引导学生认识到问题并及时纠偏。

4. 明确学生的主体地位，充分发挥教师的主导作用

开题的环节结束，每位学生都明确了活动步骤、自己的任务以及活动中运用的数学原理。应该说，教师的一个问题引发了学生更多的新问题，而每一层面的问题都较之前一层面的问题更具体，更接近真理。每一层面问题的解决过程就是学生完成数学活动的思维过程。在设计方案的过程中，教师的引导是非常重要的。既不可以不理不睬，任由学生在歧途上越走越远；也不可以一开始就给学生一套完整的操作步骤，代替学生思考，只是把学生当作自己的"替身"做实践。如引导学生认真"读题"，配合学生分析和理解题意时，对学困生给予及时和真诚的帮助，鼓励学生独立思考，合作交流，通过观察、分析等活动明确题意，帮助学生准备相关的数学知识，指导学生同伴之间对提出的解决问题的方案进行反复讨论，不断完善方案，提出可能出现的问题和困难，以及解决这些问题和困难的办法。

（三）"激强扶弱"，让学生中的强者更强，弱者自信

教师在教学中，给学习能力强的学生更多的挑战和更大的责任；对学习能力较差的学生则给予更多的关注和具体的帮助，如小组分工时，正确地引导各小组合理

分工，要求将此项安排作为小组汇报的内容之一，确保让每位成员都成为活动中缺一不可的一分子，即人人都有自己的任务，人人都能顺利完成任务，有益于学生的个性化发展及自信心的建立。教师的鼓励，同伴的互助，营造出相互尊重、相互依靠的和谐融洽、紧张充实、有趣的课堂氛围。

至今，来到珠海从事教育工作已经25年了，如今的珠海早已是全国知名的宜居城市，优美恬静的生活环境，让生活在其中的人都感到无限的幸福和美好。作为一名教师，我在平凡的工作和生活中，从未对自己当初的选择——选择珠海，选择教育事业而后悔过，因为在这个美好的地方，我获得了美满的人生，实现了自我的价值。

我爱珠海，我爱教育！

当体育遇上科学——让体育科学流行起来

● 广州市增城区新塘镇大敦中学　古峻安（初中体育）

▶ 导读语 ▶

我叫古峻安，是一名中学体育高级教师，任教于广州市增城区新塘镇大敦中学，有19年教学、11年班主任的经历。我从一名农村学校普通老师，成长为骨干教师，再到广东省初中理科名师培养对象。我曾获南粤优秀教师、广州市优秀班主任等荣誉，并获多项国家级科研报会奖项及有各层次课题立项。

在广东土生土长的我，秉承红军爷爷"诚实正直，厚德而行"的为人之道。任职农村学校，不忘初心，立足体育教学、农村学生心理及农村地区骨干教师专业培养的研究；致力农村教师专业成长实践。女排、女足等体育精神鼓舞着我勇敢拼搏；在教学中也传递给学生：不忘英雄先烈，延续红军精神、女排精神，砥砺前行。

为梦想、注专业、劳筋骨。立足专业，以身作则；洞悉领域前沿、丰富自身认知。在专业道路上，拜师学艺；同时引领年轻教师破瓶颈、提学历、搭平台，运用科学思维与教学融合。"体育是身体的教育"；体育学科的"教育性"和"身体活动性"是体育不可缺少的本质属性，两者决定体育的功能。让学生在"传承"中"立德""立行""以和为贵，和而不同"；运用科学思维思考，是体育科学流行的价值取向。

信守"传承、勇敢、科学"的"育人之使命与授业之担当"教育原则，让体育科学流行起来，形成具有"传承粤派实干味道的小趋势教师团队"正是我教学风格的精髓所在。

名师成长档案

（一）与改革开放同行的昨日人生

革命传承自我茁长

爷爷是一名老红军。解放战争时期，他从湖南南下到广东，并成家立业。家人的军队经历给孩童的我带来初始对运动的理解便是军队化操练，喜爱跑步与射击便是我孩童时的最佳活动。记得当时第一次拿起气枪瞄火柴盒时，我便找到兴趣点，立志长大后，要像爷爷、叔叔那样，当一名解放军。后山的山坑月型跑、回家路上高落差的长阶梯跑、雨中跑等都为我在后期体育锻炼提供了良好的基础。锻炼中，我克服路途差异；山坑月型跑时，克服山高的恐惧心理，还要保持匀速平衡跑；阶梯跑时，克服腿脚酸累的困难。"勇敢"是最贴切的形容。在现代化高速发展的今天，除传授学生道德及行为礼仪端正外，还需传授学生"勇敢"精神。所以，无论哪节课，在学生最累、最辛苦之时，鼓励语言时刻挂在我的嘴角，目的是让学生克服个人恐惧，传承"勇敢"品质，坚持到底。

我家的家庭教育较为自由，家人们从没有过多干预我的成长。在小学阶段，我有两年担任学校少先队仪仗队的大队旗手，参加过不少欢送参军及各种欢送仪式，一路肩负着国旗手、队旗手的职责。

文化熏陶人生几何

谈到学习经历，我觉得应该从幼儿园算起。由于家人工作原因，我从小班开始，每周的星期一被送到幼儿园，星期五才被接回家，这个经历，让我养成了独立自主的习惯。

小学就读于广东省信宜市第一小学，优势便是离家近。能就读于一小的都是天资优质的学生，而我只是现在所说的地段生。入学考试后，糊里糊涂地进入了优生班。父亲、爷爷相继离去的影响，使我在入学后的学习成绩并不达意，在一至四年级都是一名成绩倒数的"忧生"。简单的一个表现就是其他同学都在一年级进入少先队，而我却是为数不多的在三年级期末，语文、数学考了及格，才能加入少先队的人。这些都让我经历与承受着同龄人不曾有过的生活与斗争。

转折点是在小学五六年级，有三位老师给予我更多的爱与关注。一位是我五年级的语文老师，他关注着我的作文写作；一位是我五六年级的数学老师，他教会我如何让数字在应用题中畅通；还有一位是我六年级的班主任，他教导我把精力全部用到学习上。这三位教师对我的教育，也是我两年内转变的关键所在。当上教师之后，我把这种爱与关注的传承贯穿在对学生的教育中。

在爱与关注中，我幸运地考上茂名市第一中学，与其说这是命运之神对我的关爱，不如说是亲人们对我的无比包容与帮助。在茂名市第一中学，我看到了同学们的拼搏，从他们身上，我学会了如何学习，学会了如何与人合作，更学会了如何通过自己的努力来实现梦想。在茂名市第二中学的高中阶段，我更看到不一样的同学，不一样的拼搏人生，可能这便是命运对我的眷恋。广州体育学院的"德厚学博、文精武杰"以及华南师范大学的"艰苦奋斗、严谨治学、求实创新、为人师表"又让我有了不一般的人生思考。

（二）师道文化的价值观养成

初师——自我领悟

"初师"分为两种理解：一种为大学毕业初任教师；另一种为教师专业发展的初级教师，我倾向于后者。两者的区别在于，前者是以工作的时间来推算；而后者则以教师专业发展的阶段来划分，可能初师阶段的时间会根据个人专业发展快慢、专业成熟程度来衡量，其跨度时间有长有短。

（1）初任教师

2000年7月，我从广州体育学院专科毕业，来到增城新塘镇大敦村——以牛仔裤制造为龙头的自然村，任职于增城唯一一间村办的公立学校——大敦中学。毕业初期，我自认为愚钝，只能靠后天勤奋来弥补，例如考 MCSE 工程师、学习日语、本科进修北京大学经济学院的国际经济与贸易专业等，但毕竟农村学校单调而封闭式的任教生活，像风沙一般，慢慢侵蚀着我的意志，我逐渐找不到方向，除了日常的教学、班主任工作外，我迷于网络游戏中，离梦想越来越远了。

（2）师道行难——敢于行

自入职以来，个人倾向于聚集式思维下的体育教学，在每学年的校级以上公开课中，我的课堂语言倾向于引导学生发现单一的解决办法或单一的概念，例如，告知学生"短跑要注意因为摆臂的影响，角度要形成90度"等等。学生在学习过程中，模仿及重现连贯性动作从而完成动作。但这种教师讲授式授课，受到很大局限,而且我教学初期只会根据体育中考的项目来进行教学。在经历了两年的惘然蜀道,真正踏入教师专业成长期是在2009—2011年为期两年的"广州市义务教育阶段农村体育学科骨干教师培训",培训习得后,才真正算得上"初师"。在广州市南武中学周艳老师的"一对一"指导学习及其他优秀体育教师的指导下,我立定决心,即便是师道难行,仍要正道直行,长风破浪,直挂云帆济沧海。

经师——科研求知

(1) 拜师学艺,教学相长

2009年至2011年,我参加了两年的"广州市义务教育阶段农村地区体育学科骨干教师培训"。

初与广州市级优秀体育教师交流时,我懵了,原来体育教师生涯还能这么精彩,这是一名农村学校教师所不曾想象的。南武中学周艳老师"一对一"结对指导以及广州市体育教研员钟卫东老师、区体育教研员柯汉基老师等不同区域、不同层次的引路人让我的学习之心再次被激发。

我深深体会到胜任体育教学,需要有扎实的基本功,还应善于语言调动,善于发现及调整学生心理;作为教师,需要积累、总结经验,潜心教学改革、尝试与实践:①2011年,承担篮球教学课获得全国三等奖;②2012年,承担教育部"国培计划"公开课,赴山西师范大学体育学院授课"触摸式橄榄球",并获优秀;③作品《第四章 篮球》系列课,在教育部2014年度、2018年度"一师一优课、一课一名师"活动中,获"区级优课""市级优课"。在个人专业成长的同时,也关注同行的教学改革。2011年至今,在广州市中小学体育与健康优课评比中,指导菊泉中学敖劲争,香江中学梁国雄,正果中学郭小鸽等8人次在体育教学话语指导入手,促进农村学校体育教师获得一等奖2人次、二等奖4人次、三等奖2人次,其中敖劲争的篮球教学课例还获广东省二等奖;指导罗耀成、敖劲争获区说课一等奖。同时与年轻教师敖劲争、黄振文、罗耀成等7人陆续考取华南师范大学研究生,共同研究生课程学习,5人已经获得硕士学位;以期达到学科教学相长。

(2) 科研搭桥,团队价值观初现

搭建课题研究之桥,浇灌教学思维转变。从教师专业化培养层面、学生层面以及体育教学话语系统改革层面展开课题研究:①主持广东省中小学教学研究"十二五"规划重点课题(J11-077)"广州市体育学科区域教研组建设的策略研究"的子课题"增城市农村体育骨干教师成长的策略研究",并通过对区内体育骨干教师培养进行问卷、访谈、个案等研究后,以"优"等级获得总课题审核结题。②借助研究生课程学习,开展"广州市中小学体育骨干教师的培养研究",以此申请广州市教育科学"十二五"规划2014年度课题,并立项;借助课题研究的机会,跑遍整个广州市11个区,深入体育骨干教师培养研究。在课题科研逐渐成熟的基础上,不断地激发独特的教学思维,为自身教学、科研、体育管理建设等方面提供了前进的动力。③从体育教师自身的专业发展研究，进而回归到学生的心理研究。2016年11月，课题"体育教学活动中农村初中生领导力培养的策略研究"获得广东省中小学新一轮"百千万人才培养工程"项目执行办公室立项，并于2018年9月结题，带领着年轻教师取经"师之道"。

以课题研究为推手，通过对教育学、心理学的学习，个人聚集式思维的教学语言也有所改变，逐步转换为发散式思维的教学语言。例如，同学们知道如何才能使短跑提速更加有效吗？学生会从单一的摆臂及步幅的大小转向各种有效动作模式的细化，包括上下臂的角度变化、抬腿的高度多少才能合理提高步幅长度等。

为师——敬业、有为、反思

清代袁牧《苔》——白日不到处,青春恰自来。苔花如米小,也学牡丹开。它完整地体现着作为农村教师专业化发展的成长梦想,也表达着我成为骨干教师后的心路。

(1) 专业成长反思

在农村学校任教,需身兼多职,接触不同学科知识,加上在北京大学的经济学专业本科学习,让我对体育教学有一个全新改变。例如,把音乐、数据化的自我监测运用到体育教学环节中;利用PPT来制作精美的课件,使学生课后对教学内容的复习与回顾,有更深刻的反思;利用经济学中所学的统计学知识来对学生锻炼数据进行处理及分析……

当在教学、科研等方面有了一定的发展时,瓶颈来了。很多知识与现实挂不上钩,知识的脱节,导致个人专业成长停滞不前。2013年7月,当大家争论着体育的概念,争论着体育课堂应该着重教授技能还是着重于项目的训练,争论着发展个性的必要时,我报考了华南师范大学在职研究生。通过两年半努力,在华南师范大学体育科学学院老师帮助与指导下,我回归到大学课程中解剖学、运动生理学、运动心理学等课程的学习中。功能性体能训练理论体系的持续学习,让我不断地在教学中融入体能训练领域最新理念,整合传统训练和体能训练,结合体育教学的课标要求,不断深化个人的教学变革。立足于骨干教师培养、体能训练两大方向的研究,为个人以后的科研课题、体育教学等方面提供了强劲的理论支撑。

(2) 科学思想反思

2016年,利用课题组外出学习的机会,我与广州市体育教研员钟卫东老师赴武汉体育学院参加了"中国体能高峰论坛"的学习。在学习后,钟老师一句"这正是我想要的",坚定了我对体育教学中融入体能科学训练的信心。从青少年"天窗"理论研究、单一的动作模式到多元动作模式渐进、运动链及运动拉伸的体能训练应用等科学知识,推动个人教学科学特色的形成,也让体育科学在农村学校体育教学中普及起来。"功能性体能训练""体能训练"科学理论的植入,使体育教学更加科学化。在钟老师的广东省重点课题推动下,体能教学也顺利地在广州各个区推进开来。

(3) 教师专业成长反思

不同层次的公开课、展示课、示范课等,遵从青少年运动阶段发展,教学语言也从当初的聚集性教学语言、发散式教学语言细化到学生个性化发展的发现式语言。以包容的心态来循序渐进地进行分层教学、小班教学,让更多不同运动水平的学生能更科学地掌握体育锻炼的原理与方法;也正是包容心,让自己逐步与学生拉近距离,让教学更加高效,学生也更加信任老师。而我也根据个人的需求,不断地加深专业知识的学习与深化。

学生个性差异往往需要教师在不同的阶段采取分层而有效的教学方法。多元性思考，为学生个性差异及发展提供有效的成功路径。

人师——人生导师（担当、诚信、自我蜕变与团队引导）

（1）勇敢面对挫折与己身诚信树德

作为一名教师，应该敢于直视个人的弱点。遴选为省"百千万人才"初中理科名师培养对象前，我承担过不少公开课，当时骄傲于自己获奖，认为在教学方面已经有很强的实力。然而不知，原来这些充分准备的公开课并不单是名师所应具备的，名师的教学水平及层次应该表现在对学科、对教材的个人理解与现场的应变上，并付之于有效的教学。

在实践导师王世勋老师的跟岗学习中，我把最薄弱的教学现场能力、教学思维、个人教学上的缺点暴露得"体无完肤"，因为这样，才有了后续更深刻的蜕变。彼时，带领我成长的许多老师都对我的行为不解，站在他们的角度来看，其一，我个人代表的是地方教师教学水平的榜样，应该把最好的、最完美的教学水平展现在培养活动中，不能丢掉地方整体教学水平的认同度；其二，当你把缺点都展露出来时，当地教师对省名师培养对象会有不良的声音出现，对整个项目及培养对象的后续活动开展会有一定的阻力……

当时，作为一名培养对象来说，这是不可忽视的声音，我在思想世界里不停地斗争着。当时我对自己说："勇敢一点。"哪个人的成长不经历过磨炼？想起我的大学恩师饶纪乐教授经常在教研中这样自诩："我永远是一名学生，每次从不同的老师身上学到不同的东西。那是我一辈子都受用的。"多么简单的一句话，把一名学者"活到老，学到老"展现得淋漓尽致。作为学习者的我又何必如此介怀呢？勇敢承认自身弱点所在，不断学习、不断完善、自我提升，那是多么"可爱"的一件事情，这不正是自己教导学生在学习中应该具备的学习精神吗？

三年培养即将结束，我没有后悔当初的选择，在培养中赴韶关乐昌、清远连州、肇庆封开等地方进行示范教学，到杭州进行跟岗的学习示范课，以及到实践导师的个人教学展示课中，从不同的教学项目（篮球、足球、橄榄球等）中都能体现出自己经过两年学习与磨炼的成果，并得到老师们的认同。作为一名学习者，从其他老师及自身的教学优缺点来对教学进行思考，是个人教学以及专业成长中不可缺失的"勇气"。

(2) 和谐、包容之道

作为一名省级初中理科名教师培养对象，各种关系的处理也是非常重要的。如家庭、学校、同事间，及各种不同的社会层面联系等都需要有一定的处理能力。"和谐、包容"是我处理这些事情的思想基础，它让我能很好地解决掉在名师成长中的各种不安因素。

和谐下的包容，才能吸取不同风格的思想。感谢钟卫东老师、周艳老师、王世勋老师、柯汉基老师、莫豪庆老师、詹前秒老师、裴玲云老师等老师们教学理念的无私传授，让我从包容式的教学理念聚集或发散地发现学生的领导能力。在未来的日子里，希望个人的所学所思亦能毫无保留地与同行分享，共同成长。

学科教育观

（一）教学风格解读

我始终坚定"传承、勇敢、科学"的教学风格，践行广东精神——"厚于德、诚于信、敏于行"。红军精神、女排精神时时引领着我，此为"传承"之源；运用科学的体育锻炼方法与理论，因人而异，此为"勇敢与科学"之道；"以身作则"，告知学生们、老师们实干才能梦想成真，这些一同汇成粤派风格。

礼仪、道德、为人忠厚等中华民族优秀传统文化自我懂事起，便从家庭以及与人交往间习得。依傍在红军爷爷身边时，爷爷捧着红军帽时的眼泪不断地鞭策着我，不能忘记老一辈给予我们美好生活的根基所在，以致在骨子里、在血液里、在我教学过程中，这种革命精神，奋勇拼搏、团结的精神传承都是我时刻放在第一位，不可替代的。

《荀子·修身》中有如下论述："礼者，所以正身也；师者，所以正礼也。无礼，何以正身？无师，吾安知礼之为是也？"这便是我选择教师职业，为"礼"之传承而为之的初衷，它也自然成为我的教学风格之源。

从另外一个方面来讲，知识需要不断地传承，从传承中修正、创新。体育学科涉及各运动项目的不同活动方式，其运动特点的不同，造就了文化精神和社会心理的差异。家庭教育、学校教育、社会教育的差别造就了每个人选择的不同，我的教学风格——传承，也是如此，让学生在教学中学习到不同的运动项目特点、不同的动作模式，以及根据自身个性特点来运用体育"武装"自己。经常从事某种运动项目，也会对自身的性格行为产生潜移默化的影响：长跑、骑车少语；体操求美；高尔夫、台球求精致……

教学中学生自主性体育锻炼的习惯养成，应与教育平行。例如，有同学在初一进行耐久跑学习中，总在呼吸极点出现后便停下来走路，不能坚持进行。为了鼓励他突破对极点出现时的心理及生理问题，我借助定向越野对其进行耐力训练，每次定点距离都在他的呼吸极点距离以上，每次都陪伴并加以语言鼓励其克服困难、坚持到底。在多次的训练后，他也逐渐克服了耐久跑的极点困难，并为其他同样问题的同学提供了经验及帮助。

个人对"科学"的理解，归类为"体育科学"体系范畴，它揭示体育与个体的外部规律，涵盖着自然科学与人文、社会科学等学科。

从学生的角度来看，一方面，科学的体育锻炼缘起于体育教师全面、系统地有效增强体质，让学生自我学习能力提升；另一方面，学校体育教学是使学生社会化成长的基础手段，通过体育运动项目的校园化体现，提供给学生更多人际交流的方式。借助功能性体能训练的理论植入，更加全面地让学生接触到既熟悉——就是个体本身，又陌生——个体较少关注的、系统的运动元素、运动链等解剖学、生理学、心理学等相关知识的内容，从而促进学生在社会化交际过程中，通过科学思维来提升学生自信心与系统的理论思考基础。

从教师的角度来看，体育教师能从专业的角度来了解学生成长的"天窗""关键期"等生理规律，更好地根据这些规律来进行教学思考、设计、实施、反思等日常的体育教学行为。例如，在学生参加比赛，临上场前，加强对学生运动链肌肉的球滚按摩，让学生在准备运动的基础上进行更有效的运动链激发，让学生能够肌肉更加舒展地投入到比赛。

（二）教学主张

当体育遇上科学，科学能为体育提供更为有效的方法，体育也为科学的发展提供了强劲的载体。因此，运用先进的科学理论来为体育教学做支撑，尤为重要。功能性体能训练是一种回归到体育学科中最原始的解剖学、生理学、心理学等学科的理论，通过运动链的通联、大小肌肉群的激发、身体康复、运动生理的机制，以及在不稳定状态下的动作模式等，最大限度地聚集到学生的身体锻炼理念中，并培养学生进行自主地、开放性地学习与成长。

学生大脑与身体肢体间联系通道的关联，科学掌握不同年龄段学生的神经发展运动特点。关键期的出现，更好地让体育教师关注学生各个时期的关键区域，掌握儿童、少年、青年成长规律，掌握少年儿童动作技能发展规律，进行体育动作模式改进与思考。例如，针对女生立定跳远薄弱，指导她们进行利用双手牵拉来带动身体及双脚的屈膝前跃的协调动作模式练习。

教学思维对每个人都有不同的意义与价值，每个人都能从中得到不同的收获。例如，动作模式的实施可以把上半身与下半身练习根据学生差异进行基本动作练习、进阶练习或退阶练习的划分。积极发现学生的学习能力，让学生释放出个人能量，为学生提供多元化的思维发展。对于老师，让同行老师学有所思，学有所长；充分发挥其个人的"小宇宙能量团"，有效地提升他们的教学水平与能力，迸发出具有个人特色的教学理念。

▶ 他人眼中的我

钟卫东老师（广州市教育研究院体育教研员）：古峻安老师，注重基础知识的教学；最大限度地发挥一堂课40分钟的效率，注重思维的培养。学教互动：共同发展。你以自己的人格魅力感染学生，总是站在学生的角度看问题，使学生亲其师信其道。你会与学生分享彼此的思考、经验和知识，交流彼此的感情、体验与观念，丰富教学内容，求得新的发现，从而达成共识、共享、共进，实现教学相长和共同发展。关注品德的培养：遵守规则，语言激励，循循善诱，引导学生坚持不放弃。

柯汉基老师（广州市增城区教育局原体育教研员）：古峻安老师有"乐教"的积极精神，把学校体育教育当作事业，把教学作为一种艺术性的事业来认识和追求，平时比较重视教育理论的学习，掌握教育教学的基本规律，刻苦锻炼教学基本功，在教学中善于总结经验、摸索教学规律，逐渐摸索出自己的功能性体能教学之路。对于内容的处理，善于变零为整。总体把握，在教的方式方法上又有自己的东西，创造性地组织教学，灵活地运用教学机智，教学质朴、亲切，貌似平淡而用心颇深，形成了"于质朴中见真功夫"的教学风格。

黄惠娟老师（广州市增城区新塘镇大敦中学）：古老师积极上进，好学乐学，教学理念先进，颠覆了我对体育教师的看法。搭档多年，他一直深受学生喜爱，起初不得其解，观摩了几节古老师的课后，一切都明白了。他的课堂可用"平等有爱""寓教于乐""激情飞扬"来形容。他平时非常关心学生的生活和学习，尊重学生意见；在技术攻关时，总是带着学生一遍遍地练习，课堂气氛和谐而温馨。关注学情，灵"活"分层，能根据教学难点的高低与学生的接受能力恰当地选择和使用教学方法，经常利用游戏来提高学生的课堂兴趣；另外，他用自己积极向上的饱满热情去带动全体学生，激励学生克服身体和学习中的各种困难。他不仅在传授技能，更是学生的青春摆渡人，很多学生深受古老师影响；他个人的魅力对学生学习态度的形成、个性特征的培养、团结合作精神的养成方面起着十分积极的作用。

李薇教授（华南师范大学体育科学学院）：本人曾于古峻安老师攻读体育硕士时担任其班主任及导师，在与古老师学习互动及完成体育硕士论文过程中，对其印象极为深刻。古老师在就读体育硕士学位课程期间，担任班长一职，能积极主动地完成班长的工作，有强烈的社会责任感。善于与老师、同学沟通，并能协助班主任处理各项学院事务工作。在日常学习中，能为班集体活动及事务出谋划策，并做了大量的工作。目前，古老师已经顺利获得硕士学位，比较熟练地掌握体育教学专业方面的研究方法，并对体育教学、理论研究等方面有较深入的思考。其广州市级规划课题"广州市中小学体育骨干教师专业化的培养路径研究"能秉承科学的精神，运用研究生阶段学习的研究方法，实事求是地进行研究。

杨子轩［大敦中学八（1）班体育委员］：古老师的课没有很枯燥的跑步、跳远，他会利用篮球、足球以及其他运动项目的教授来提高我们的体育成绩。篮球课，女生会比较薄弱，他会传授一些技能给她们，即使她们不会，他也会很耐心去教。虽然我们平时上课或是跑步很累，整身都是汗，但我们觉得很开心。而且我们和他私底下也是非常好的朋友。我们都叫他"安哥"。

▶▶▶ 育人故事

感悟　期望　让青春燃烧
抛弃偏见，勇于担当

我是一名普通的体育老师，又是一名有着10年班主任经历的体育老师。体育老师能干好班主任工作吗？还不是一个四肢发达的，以"威力""镇压"学生的武者而已。可能有太多的偏见，也极少有成功的案例，这个观念根深蒂固在其他班主任的脑海中，也影响着学生的爷爷奶奶、爸爸妈妈。在家长和学生的眼光中，总会对这位体育老师班主任抱着一份怀疑，以致新学期接手新生时，个别家长会找校长、主任要求调班。

我坚持"以德为先，以礼为辅，以行贯穿一生"的教育理念，不但体现在我的言行身教中，更体现在学生日益变化的一言一行中。"精诚所至，金石为开。"我相信终有一天，他们会看到我的学生们一种特有的、积极向上的气质所在。

新征途，新挑战

记得那是3年前，开学后2个星期，我依据个人经验，对全体学生进行了普访。这时，一个父母离异，跟随母亲生活，爷爷、父亲、叔叔因吸毒进入了戒毒中心等背景下的学生小明进入了我的视野。新学校、新学期，小明跟其他的同学一样，对新学校有着一种憧憬，对任何事物都有着新鲜感。开学一个月，一切显得那么的平静。作为班主任的我，不免有点沾沾自喜，毕竟单纯的小孩子，就像一张白纸，能描绘出绚烂的色彩。可惜时间经过了2个多月，小明就像火山爆发一样，把他小宇宙所有的能量都迸发出来了。不交作业、打架、用毛笔沾上墨水在学校男厕所里写大字……他做的这些事情，是我7年班主任工作以来，前所未闻的。为此，我多次联系他的母亲，了解小明最近的家庭情况。我想从家长及其家庭背景去突破小明的心理防线，以此进行方向性的辅导。可惜这种突防，还是沦陷了。无数次交谈过后，当天是非常有效的，小明常常泪水满脸，可三天过后，又一如既往。

自我反省，研读教论

一个学期过去了，我依然没能找到有效的方法，小明仍然是两天一小打，三天一大犯地游离在集体之外。我不断思考，对自己的教育方法进行反省。年龄差异？性别差异？……为什么我的心理突防谈话没有效？我一直不解。

在体育教学的心理学理论中有格式塔理论——顿悟（其理论认为，学习的过程不是试尝试错误的过程，而是顿悟的过程，即结合当前整个情境对问题的突然解决）和期望效应（指教师的期望能激活学生的潜能，从而使学生获得教师所期望的进步）这两个理论。我利用这两个理论方法，通过大量的实验案例，针对小明的实际情况进行了改良。通过对其心理素质的梳理，我进一步理清了小明的情感素质。通过分析，我建构了一幅素质谱系图，直观地呈现小明情感素质的破位点。在接触过程中，小明的心理社会化方面具有较高适应性，也具有较强的抗压能力；但健康素质、思想道德素质以及文化知识素质则较为薄弱。

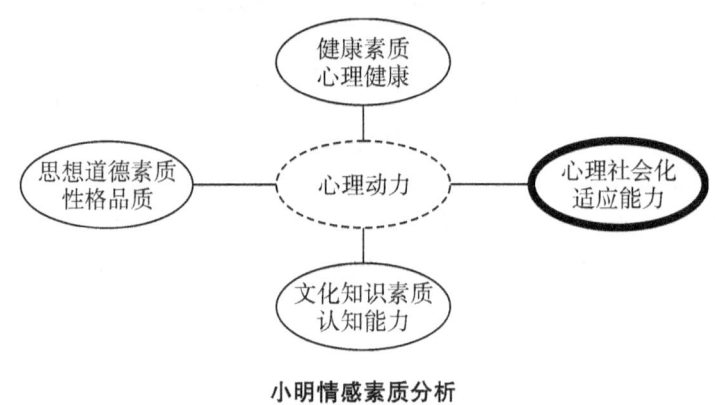

小明情感素质分析

勇气激励，心理辅导

"对，利用体育课，我能改变他。"我在脑海里不断地给自己鼓励。

课堂中，我给同学们讲述自身奋斗历程，也给他们讲述个人思想变化。无形中模拟与小明身边环境的相似情景，面对这些困惑、障碍时的做法与个人的人格道德修养形成。渐渐地把老师对他们的期望灌输给他们，利用同学们的力量不断形成同学间共同进步、团结协助的班风。

在假期期间，我多次联系小明母亲，想真实地了解小明的思想动态及活动。也多次约小明一起参与社区体育运动比赛，例如村组织针对初中年龄段的三人篮球赛等。显然他热衷参与体育活动，对我这位班主任也不再反感。小明渐渐地跟我谈起心里话："安哥（我班的学生都这么称呼我），其实听了您的教诲，我并不是没有去改，而是一直努力在改正。您曾经给我讲过的吸毒问题，我家就有一个很好的例子，我爸爸吸毒。就像老师说的'吸毒会家破人亡'。平时我见过吸毒的人，在毒瘾发作时，就像等死的人一般。我不会踏上那种不归的路。"

听到这些话时，我心里觉得是时候打开他心灵的窗口了。

"小明，很高兴你能掏心窝跟安哥讲出你的心里话。对于你的情况，我听到也很难过。毕竟每个人都希望有一个完整的家庭，每个人都希望能得到家人的爱。很可惜，现在事实已经不能容许时间的倒流。老师只是希望你能坚强地活下去，而且要活得更加精彩。安哥永远站在你的背后,支持你。"说完后,我单手像兄弟、伙伴一般搭在他的肩上,此刻,我感受到一个外表倔强、内心受伤的心灵在颤抖着。我相信,那是一个正义、坚强、自我顿悟的灵魂在苏醒着。

期望效应整合

第二学期开始,小明像春蚕脱壳,确实有大的改变。然而家庭阴影仍然笼罩着这个弱小的心灵。

我展开了期望效应攻势第二步:"皮格马利翁效应"(教师故意告知所研究的有发展潜力的学生,使教师在潜意识中形成对这些学生的高期待预测性认知,并在课堂上通过语言激励或是行为导引的方式将学生的高期望传递给学生,这在无形之中也促使学生按照教师所期望的方向来塑造自身的行为)。其形成流程如下图所示。

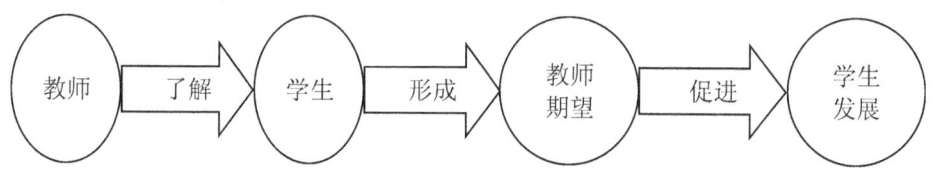

皮格马利翁效应流程

在体育课中,我鼓励小明担任小组组长。但在投票中,小明仅仅得到小组一半人的支持,他没有说话,一直低着头坐着,似乎想着什么。我单手搭着小明的肩膀对他说:"小明,安哥对你其实有很高的期望,今天虽然没有全票通过,但我希望你能在不顺意的地方,找准自己奋斗的目标和前进的方向。其实我们的生活道路总有高低不同的坎,只是看我们在遇到这些坎时,如何去面对与突破。你是一颗沾了泥巴的金子,在风雨过后,你会展现出本色,这样同学们也会逐渐认同你。"

小明听完后,站了起来,深深地给我一个礼貌的鞠躬:"老师,我会成为一颗闪闪发光的金子。"

果然,在往后的日子里,虽然还有个别不愉快的事情发生,但他的进步是大家有目共睹的。例如在每天的晨运活动中,小明总会利用他优势项目——耐久跑,领导着同学们在运动场上飞跃着;对于跑步较弱的同学,他还会做起小组长的工作,陪同他们一起进行课后锻炼,并传授自己耐久跑的经验与技巧;在校运会上,小明总会积极报名和练习,成绩几年来都是第二,他却没有放弃过。正是利用耐久跑那种锻炼毅力的项目,我不断地鼓励着他前进。在比赛后的跑道上,我们像兄弟一般,挂着奖牌,搭着肩走着、聊着、互相聆听着。

人生旅途的新启程

3年的初中生活快结束了,整个班集体的同学,通过班集体投票,要求参与两年一度的优秀班集体评比活动。在通过了级组班别竞争,并经过校内班级竞争,最后参与了地区的100多所学校的竞争。当我作为优秀班班主任,接过市长给我颁发的"优秀班集体"荣誉证书时,我哭了,一种自豪涌现的泪水。当我把证书带回学校时,大家一早就在运动场边等待着。我们搭肩围成了一个同心圆,一起欢呼着。我突然发现,在班主任成长的道路上,我终于走出了属于自己的教育之路,一名体育教师所独有的灼热之路。

 教学现场与反思

耐力跑单元第3课次教学设计
——科学与心理的化学反应

一、我的教学实录

（一）教学目标

（1）改进耐久跑途中跑的技术,掌握呼吸与步伐的节奏配合,科学分配体力。

（2）提高耐久跑素质,增强心肺功能,发展下肢力量和协调性等身体素质。

（3）培养学生勇于克服困难的顽强意志品质和团结协作精神。

（二）学情分析

八年级学生正处在青春发育初期,其生理、心理决定了他们喜动不喜静、热爱体育运动,但不愿意被束缚,喜欢张扬个性。耐久跑是一项枯燥、乏味的运动,往往由于练习方法、手段少,学生感觉单调乏味而半途废弃,还有个别学生由于参与意识薄弱、意志不坚强而容易引起厌学、怕学的心理,这就需要我们在教学中采用趣味、新颖的组织教法和多种练习手段来引导学生趣学、乐练。

我校八年（1）班在整个八年级里是一个在体育活动比赛中团队合作意识及进取心一般的班级,所以针对学生的心理特征,教师上课采用生生互动、师生互动激励的教学手段激发学生自信、团结、合作,从而发展学生有氧耐力的素质。

（三）教材分析

耐久跑是人体在氧气供应充足情况下长时间、单一的跑步。由于单一、重复,往往会使学生产生厌烦、枯燥无味的感觉,产生厌学情绪。针对这一现象,充分发挥教师的主导作用,帮助学生克服各种心理障碍和不良情绪显得尤其重要。本课设计旨在调整教学策略,改变教学语言,以激情音乐为背景,以绳子为辅助教具,力求使学生从练习中获得知识与技能、自信与成功。有了这种积极的情感体验,学生才能在练习中以苦为乐,乐在其中,使无趣的运动项目变成有趣的活动,更使学生变被动学习为主动学习。结合适宜学生身心发展的娱乐耐力游戏,加大耐久跑教学娱乐成分,改变单纯的耐久跑。使单调乏味的耐力跑课堂气氛活跃、有趣,充分调动学生学习的积极性。让学生在每次练习中感到新鲜,使学生的大脑皮层处于较兴奋状态，从而忘记疲劳，积极学习，自觉完成课堂教学任务。

（四）教学策略

本课教师根据耐久跑教学的实际情况和耐久跑技术教学的自身特点，选择耐久跑与游戏结合的教学内容，通过改变练习方式调动学生积极性，利用班歌为他们打气，使学生在多种练习的影响下，接受耐久跑的训练理念。在充分发挥教师主导作用和学生主体作用的同时，既注重对耐久跑知识与技术的传授，又注重对学生学习认知的引导。关注学生个体差异，运用多种教学方法、手段，精讲多练。教学过程中以"引导、启发、教育、鼓励"的个性化发展的发现式语言，将"言、行、意、情"贯穿到教学的全过程，更把学校的校风、学风贯穿到学生的分组中，让学生能更深地认识母校。关注学生的身心变化，尊重学生的人格，教师及时疏导学生的不稳定情绪，加强师生之间的情感沟通，及时进行教学反馈，利用师生互动、生生互动、评价互动的形式，激发学生学习兴趣，使学生愉快地学习，达到"玩中学，学而乐"的效果。把耐久跑和游戏、音乐有机结合进行练习，满足不同学生的不同需求。

【开始部分】

1. 课堂常规（首先安排好见习生）

师：全体同学听口令，稍息、立正！同学们好！

生：老师好！

师：稍息！同学们，今天古老师和你们一起学习耐久跑的步伐与呼吸节奏的配合，希望同学们在今年奥运年里发扬奥运健儿不怕困难、努力拼搏的精神，还记得你们的分组口号吗？

师生一起说：朝气、博学、乐学、厚积。

师：我相信同学们一定能做到最好，有没有信心!？

生：有！

师：好样的，老师相信你们一定能行！

2. 准备运动——彩绳操　（2分30秒）

师：让我们随着音乐，舞动手中的彩绳。大家跟随音乐节拍动起来，动作有力，注意节奏。

【教学环节】

1. 跑的辅助练习

师：刚才同学们大胆地展示了自己的风采，下面，同学们利用彩绳，结合我们学习过的跑的辅助练习（跨过彩绳，注意耐久跑的跑姿，绕过雪糕筒，复习弯道跑的身体姿势，教师示范），注意绳子之间的距离，注意安全。

起音乐：（3分12秒）

2. 有氧运动健康知识（2分钟）

同学们停止练习，慢慢走回，靠拢面向老师。

师：同学们！耐久跑是有氧运动，还是无氧运动？

生：有氧运动！

师：同学们回答得非常好，有氧运动是指人体在运动过程中吸入的氧气与需要的氧气处于一种相对平衡状态的运动，它的特点是运动强度低、有节奏、不中断、持续时间长。同学们能举一些有氧运动的例子吗？

生：跳绳、游泳、步行、上下楼梯、慢跑等。

师：同学们，回答得非常好，有氧运动又有哪些健身价值？

师生共讨：能增强改善心肺功能、消耗体内脂肪、预防骨质疏松、调节心理和精神状态。

师：今天老师带同学们继续去体验这种有价值的运动。

3. 教师讲解示范（1分钟）

我们回顾一下动作要领，老师先做示范……

教师讲解：由于耐久跑持续的时间比较长，跑的时候要尽量减少体能的消耗，跑的时候上体正直、全脚掌着地、摆臂轻松、步幅均匀。

4. 学生练习：变图形障碍跑（小组穿插跑，大组绕"8"字、"S"形跑）

师：下面请小组长拿好领头旗，带领队员绕场地障碍跑，带跑8字、"S"形。组长，把我们的旗帜高高举起，同学们注意上体正直、全脚掌着地，摆臂轻松，步幅均匀有节奏。加油，坚持，把旗帜传递给你的组员，加油！

师：（要求重复及激励）

（集合号15秒，持旗跑3分17秒）

5. 间歇调整：（3分钟）

师：每个同学都紧跟队伍，坚持跑到最后，好样的，慢慢向老师靠拢，边走边调整呼吸（1分钟）。

师：同学们，当你运动疲劳后，你会用怎样的方式使自己的身心尽快得到恢复呢？

学生答……

6. 教师讲解、示范（重难点：呼吸节奏与步伐配合）

师：耐久跑持续的时间比较长，既要跑出一定的速度，又要持久，内脏器官长时间、强有力的工作和连续的肌肉活动对体能要求较高，为了尽可能减少体能的消耗，尽量获取多的氧气，呼吸的节奏与步伐的配合很重要。下面请同学们自己去体会步伐与呼吸的节奏配合，你可跑两步吸一口气跑两步呼一口气，或三步一吸三步一呼。

7. 学生练习——自由跑

同学们在场地内自由跑动，体会步伐与呼吸节奏的配合。

师：可往不同的方向跑，大家要注意安全（教师与学生一起跑，与学生互动，加油打气），同学们注意摆臂轻松，步幅均匀，步伐与呼吸节奏配合。同学们加油，坚持。（口令与要求在学生跑动中不断地发出，让学生进行纠正与体会）

8. 学生自测脉搏

同学们停止练习，慢慢向老师靠拢。

师：我们来测一下自己的脉搏，请同学们用右手摸自己左颈主动脉，开始、停，多少脉搏？

学生答……

师：在平时运动的时候，我们可以通过自测脉搏，将安静时的脉搏与运动后的脉搏进行对比，根据自己的身体状况来调整自己的运动强度，从而进行科学的锻炼。（强调自测的重要性）

9. 学生示范、师生评价

师：同学们，刚才你们自己体会了步伐与呼吸的节奏配合，你在跑的时候是用鼻子呼吸还是用口呼吸？

生：口（鼻）……

师：志良同学跑的时候动作轻松、有节奏，我们请他做示范……

生：志良加油！

师：志良，你能说说你是用怎样的呼吸方法吗？

志良：口鼻一起结合呼吸。

师总结：我们把动作要领总结成4句顺口溜"轻松自如省力好，步幅开阔节奏好，呼吸摆臂配合好，快速持久成绩好"，继续体会。

10. 教师启发，学生图形跑并进行相应的队形变化

师：请同学们结合刚才我们总结的动作要领，各组发挥小组的奋斗精神，绕图形跑。充分利用场地，注意步伐与呼吸的配合，调整好跑的节奏。注意哨子后的队形变化……

11. 间歇调整：激励词语接龙游戏（音乐《阳光总在风雨后》）

师：同学们，在你进行长距离跑时，你感到很累，想放弃的时候，你是怎样坚持下去的？

生：自我鼓励。

师：对，这是一种心理暗示。下面，我们来进行激励词语接龙的游戏，从嘉英同学开始，你是怎样激励自己的？

生：坚持不懈。

生：我决不放弃。

师：你呢？（教师手势配合，掌心对学生，邀请的动作）

生：不知道。

师：大家送你一个词语，加油！

生：努力！

师：好的，同学们，就像这首歌词唱到的"人生路上难免曾经跌倒，要勇敢地抬起头，阳光总在风雨后"。（配合音乐歌词）

12. 合作跑游戏：讲解方法，组织游戏（音乐《胜利之歌》）

师：同学们在课堂上发扬了不怕困难、顽强拼搏的精神，出色地完成了任务，最后老师还想考考你们的团队合作能力。我们充分利用我们队操课的训练科目，把我们队操课的成果展现出来。

师：四列纵队手势。

师：同学们！为了团队的成功，全力以赴、勇往直前，你们是最棒的！（班的口号）

【结束部分】

1. 放松（音乐《真心英雄》）

师：同学们，让我们一起手拉手走到球场的中间来。同学们，你们的精神，让老师感动，我觉得你们战胜了自己，你们真正做到了"我朝气、我博学、我乐学、我厚积"。你们是老师心目中真正的英雄，老师要把这首《真心英雄》送给你们，也送给我们的合作伙伴，跟老师舞动起来……

"在我心中曾经有一个梦，要用歌声让你忘了所有的痛，灿烂星空谁是真的英雄……"

2. 师生评价（音乐《阳光总在风雨后》）

师：同学们，我们的求学之路就如长跑之路，"志有多高、跑有多远，志有多高、学有多高"。虽然我们的求学之路会遇到种种困难，但只要我们坚持不懈、勇往直前，就一定能到达成功的彼岸，老师要把我们耐久跑课堂的口号改一改送给你们，我朝气、我博学，我乐学、我厚积。

（宣布下课，师生再见，布置学生收拾器材）

二、教师教学风格、艺术

（一）教学话语的改变

语言是知识传递的载体之一，言语间能让人倍感亲切，能让人倍感愤怒，更能让人展现出内心世界。毕业初期，从体育院校实习出来，往往是一种聚集式思维下的体育教学语言，在课堂中的语言会倾向于引导学生发现一个单一的解决办法或一个单一的概念。满堂灌的教学思维始终影响着我们这一代，这种教学词语的形成，让教师感觉到"任务终于完成，学生应该明白"。但学生可能迫于老师的威严不敢表态，而自身并没有明白，在练习及课后实践中才发现错误动作或没有很好地完成相应动作。例如，教学实录中的行进间运球投篮，由于只关注口诀，并没有很好地进行跨步与持球投篮的结合，使空中投篮动作不协调，而影响了投篮质量。虽然通过告知学生分解动作来进行练习（聚集式思维），但分解后，学生并不能很好地解决相应的动作连贯性问题，进行考核时相应的动作仍不能完成。

因此，我修改了课程的语言，先让学生通过自我体验来进行跨步，通过小组的形式，鼓励学生如何设置障碍来进行跨步的协调练习。学生各抒己见，纷纷实践不同方式来修正跨步与上身、四肢的协调配合能力，学生对跨步后持球的动作模式的调整，并加以练习。发散式思维的教学语言，让学生自主性提升，能在学习过程中进行相应的思考。

教学语言应细化到学生个性化发展的发现式语言，这样才能针对学生不同的特质来进行分层教学。在实录课中，个别同学的展示，如志良同学在跑步中呼吸自然，并没有展现出较为难受的表现，让他把课堂中教师不能体验到的感受，用语言来进行表达，更能体现学生自身所感受的、所要解决的切身问题。教师对语言的调动也要针对大多数个体的表现来进行语言激励。

教学风格的思想传承：其实就是从思想出发为学生价值观的形成而服务，而其中的载体便是课堂语言的传播。通过语言的传递，而让学生对教学内涵有更深刻的理解。

（二）如何让体育科学流行起来

作为一名体育教师，自从进入体育院校，便接受体育学科专业的学习，例如，解剖学、运动生理学、运动心理学、教育学等专业学科。这些是体育运动之本，是作为体育教师务必要掌握的。但往往在毕业后数年，学科的研究不断发展，很多老师却连本有的体育科学知识都丢于脑后了。在大数据时代下，科学信息瞬息万变，很多科学前沿的知识都没有很好地与基础学科知识相接应，致使不能较好地使体育教学得到有效的改变。

回归运动基础学科知识，结合多元学科的知识，结合课标改革的风向标，加强对学生体能、运动模式、天窗等理论的实践与研究，加强体育科学知识在年青一代中传承。让学生在耐久跑的过程中学会对自身的脉搏测量，时刻监测自身的运动强度、量化是否合适；通过针对自我运动调节，初步形成运动处方的小概念思维。我想假以时日，教师团队能运用科学方法来修正体育教学思维、方法；学生也能运用科学方法来进行运动锻炼，再加以激励，无忧其体质不能提升。体育科学定会带来另一种意想不到的时髦。

教学风格中的勇敢：勇于探究、敢于言行；建立具有"传承粤派实干味道的小趋势教师团队"。

教学风格中的科学：即方法论。思想—价值观—行动—方法论。

做温暖而有力量的体育人

● 深圳市龙华区教育科学研究院　裴玲云（初中体育）

▶ **导读语**

"做一名温暖而有力量的体育人"——我的座右铭，如同点亮的一盏明灯，一直照亮并指引我不断努力前行！

我的教学生涯已经走过二十三载春秋。深圳是一座"没有方言"的城市，"来了就是深圳人"，包容、文明、创新、多元、激情是深圳的代名词。16年与深圳朝夕相处，这个城市陪伴着我成熟与成长。这座温暖有爱的城市与我的教学风格的形成有很深的关联。

23年来，我一直为成为一名品德高尚、专业过硬的优秀体育教师在不懈努力着。正是因为勇敢的坚守，所以，如今的我收获了诸多荣誉：广东省"南粤优秀教师"、广东省"百千万人才工程"名教师培养人、深圳市"名师工程名教师"、深圳市名师工作室主持人、深圳市教师专业发展基地优势学科带头人、南山区"精英教师""卓越教师"等。同时，我还承担了众多职责：深圳市体育学科兼职教研员、深圳市中小学教师继续教育培训讲师、深圳大学师范院校体育系校外指导教师、广东省中小学体育教师联盟常务理事及专家、广州体育学院研究生院实习导师等。

"做温暖而有力量的体育人"一直是我的追求，多年一线教学的执着坚守和默默耕耘，我逐渐形成了自己独有的教学风格，我用诗意凝练我的教学风格：激情似火、灵动似云、细腻如雨、和美如风。

名师成长档案

怀揣梦想阳光下前行

身高不足 160 厘米的我，很少有人会把我与体育教师的形象画上等号，可就是这样小小个子的我，因为有着坚强的韧性和永不服输的精神，克服和战胜了一个又一个困难，取得过一项又一项荣誉和成绩，最终成长为了一名有影响力的体育学科"名教师"。当然，能获得成功，还源于小小个子的我有着大大的梦想和情怀！我身上有股取之不竭的能量源泉，支撑着我的梦想和情怀——我希望促进并改变常态体育课"一只口哨两只球"的不良现状；我希望每一位老师的体育课都能做到公开课常态化，常态课公开化；我希望每一节常态体育课都可以是高质量、高效率的；我希望自己原创的"自主·协同"体育课堂教学模式能帮助更多的年轻体育教师进步成长；我希望所有的体育教师都能成为温暖而有力量的体育人；我希望自己能成为一名拥有正能量并传播正能量的体育教育教学的践行者和引路人……

在这个社会上，也许很多人会看轻体育这个学科，甚至瞧不起体育教师，可我从来没看轻过自己的职业和自己的专业！在这 23 年里，因为有了这些大大的梦想和情怀，我工作起来总是那么精力充沛。不管别人怎么看怎么想，我永远身体力行，坚持不忘实心，怀揣梦想在阳光下前行，坚持扎扎实实地做最好的自己。

1995 年大学毕业后，我在江西成了一名中职院校的教师，2002 年我从内地来到深圳从事中小学体育教育事业，我在不同的学校教授过不同年龄段和不同学龄段的学生。无论时代如何变迁，无论外部环境如何变化，我一直坚守在教育第一线，勤奋拼搏，坚持不懈，勇于突破，大胆创新，以一丝不苟、全力以赴的精神对待每一项工作，努力实现在教育教学、教育科研、服务育人等方面起模范带头作用；我一直坚守着自己的教育梦想和情怀，以高度的爱岗敬业精神从事着热爱的体育教育工作。

（一）在一次次的公开课、示范课、展示课的磨砺中，坚强成长

"水本无华，相荡乃成涟漪；石本无火，相击而发灵光。"

我的成长是从一次次的公开课、示范课、展示课开始的。无论是什么级别、哪种类型的课，要上好它，都必须要认真仔细地进行"磨课"。而"磨课"的过程是艰辛和痛苦的——从学习目标的设置到教学环节的推敲；从学生活动的预设到教法学法的辅助；从课堂动态的生成到教学细节的斟酌；从教案的设计到课堂效果的展示……我常常时而苦思冥想，思虑阻塞；忽而又灵感突来，柳暗花明。然而最可喜的是随着一次次艰辛与痛苦的磨砺，被同时"磨"出来的还有我的严谨与欣喜，成熟与顿悟，成功与收获……伴随多年磨砺，我变得越来越扎实、坚强、厚重，就像蚌壳最初选择沙粒进入身体，过程虽千辛万苦，但最终能磨砺出最闪亮的珍珠。

现在的我，无论是在教育教学、教育科研还是服务育人等方面，都是行家、能手。

（二）在理想和信念的鼓舞下，创新突破成长

"坚持做温暖而有力量的体育人。"

"坚持做好平凡的本职工作就是优秀。"

我的人生信念是：在体育教育教学的坎坷之路上，坚持不懈、永不放弃，做一名拥有正能量、传播正能量的体育教育践行者和引路人。

我的职业理想：成为一名品德高尚、专业过硬的体育学科名教师。

在我职业理想与人生信念的鼓舞下，我一边享受着我的教学历程，一边认真总结、质疑、反思我的教学历程。在每一次取得了一些成功与收获之后，在每一次遇到了教学困难之后，我都会沉下心来，认真思考：体育是什么？体育课应该带给学生什么？什么样的体育课是真正高效有价值的课？我的体育课怎样才能吸引学生？……接着是一次次的尝试、创新、探索，续而又是不断的自我反思与质疑……

多年的教学生涯中，我不断地经历着反思、质疑、尝试、探索、实践——再反思、再质疑、再尝试、再探索、再实践的过程，伴随着这样思考与实践的反复，周而复始，我心中的体育课逐渐明晰起来：简洁而又丰厚，扎实而又灵动，激情而又睿智。我学会了真正关注每个学生的差异；我明白了尊重学生生命个体的价值和意义；我设定了自己的教学目标：公开课常态化、常态课公开化；我坚定了自己的教学理念——"六化"理念：教学内容问题化、教学问题思维化、课堂思维活动化、学习活动主体化、主体活动趣味化、教学方法多元化；我打造了自己的教学特色——六大特色：教学结构主次分明、教学形式丰富多彩、音乐元素课堂融入、团队协作体现充分、激励鼓舞时刻反馈、德育渗透丝丝入微。

（三）在教育知识与教育智慧的引领下，科研实践成长

"木无本则枯，水无源则竭。"

我喜欢学习，我一直坚持各种形式的学习，保持与时俱进的学习，在学习中获取知识和智慧，在知识和智慧的引领下，提升教育教学理论水平。

我在《学记》《叶圣陶教育论集》中汲取着先哲前辈的教育智慧；在《体育课程标准解读》《体育课程与教学论》中重新审视着体育学科的课程性质与特点；在《教师如何做研究》《第56号教室》《彼岸的教育》中不断思考研究如何选择更科学的教学内容与策略。

我在一次次的培训交流中，认真地汲取新知识、新理念，深刻地反思自己的不足，学习借鉴他人的经验，总结积累自己的经历。

我关注全国各学科名教师的教学风格，从模仿学习到形成自我特色，我努力做到教得巧妙、教得有效、教出美感、教出特点，让教学成为艺术。

多年来，将理论付诸实践，在坚持理念学习和实践探索相结合的成长中，我取得了一些科研成果——我独立或与他人合著出版著作 5 本；论文发表及获奖 20 多篇；主持和参与各类课题研究 8 项。

（四）在帮助他人反哺自我的过程中，互助成长

"赠人玫瑰，手有余香！"我深知给予时，收获一定会更多。

1. 帮助学生成长的同时成长自己

我的课堂是快乐的课堂、高质效的课堂。在课堂中，我引领学生们学习知识、技能；引导他们相互帮助、共同合作；指导他们学会学习、学会尊重；鼓励他们坚持、拼搏、勇敢、顽强，用"野蛮其体魄、文明其精神"的体育品质传递学生们的正能量，帮助学生成长为身心健康的 21 世纪合格公民。同时，我作为学校德育方面的负责人之一，紧扣"立德树人"的宗旨，充分尊重学生，组织开展丰富多彩的活动，为学生的成长搭建了一个个平台、设计了一个个舞台……帮助学生成长为具有"阳光心态、强烈社会责任感和服务意识"的新时代国际小公民。

我很爱我的学生——我是学生们的好老师，更是学生们的好朋友。学生们对我的称呼是"裴姐""裴妈"；学生们对我的评价是：最美体育老师！

我何其幸福！我只付出给学生一缕春风，学生们却回报我整个春天！

2. 帮助青年教师成长的同时成长自己

"一枝独放不是春，百花齐放春满园。"

作为学科名教师，我特别热衷于积极帮助年轻教师进步和成长。我希望通过我的引领能帮助更多的教师快速成长，涌现出更多的优秀教师。

我以裴玲云名师工作室为平台，积极为青年体育教师专业成长创建机会。例如：经常定期为体育教师作体育理论知识的培训和专题讲座；带领青年教师认真学习和研究新课程标准，研究探讨教材教法；教青年教师学习先进的教学方法；学习如何机智地处理课堂问题、巧妙地过渡教学环节、新颖地设计教学内容；和他们一起讨论新课标下的授课方式方法；研究探讨新课标下如何真正实实在在地上好每一堂体育课；指导他们参加各种教学赛课、技能大赛等，帮助他们斩获各级各类奖项近百次。

2014 年，我参加了市教育局组织的深圳市名师赴新疆喀什送教工作，为喀什地区几百名体育老师上示范课、开专题培训课和讲座，深受当地老师们的欢迎和肯定。现在还经常在网络上帮助他们答疑解难。2015 年 7 月，我被评为南山区首批十大"精英教师"，2015 年 9 月至 2016 年 7 月，我前往北部教育薄弱片区学校支教一年，在那里帮助更多需要帮助的体育教师成长，以实际行动为推动教育均衡优质发展贡献应有的力量。2015—2018 年，我作为深圳市中小学教师继续教育培训讲师，每年为市、区两级的教师们开设培训课程，所开设并主讲的课程深受学员老师们的欢迎并获得高度评价。同时，每个学期我都以名师身份示范带学进校园，为

老师们上示范课、样板课，设专题讲座等，积极发挥名师的榜样、示范和辐射作用。

"不是槌的打击，乃是水的载歌载舞，使鹅卵石臻于完美！"

教师职业生涯中慢慢前行的我，亦师亦生，亦水亦石。我愿意——为了臻于完美，或欢快地载歌载舞；或尽情接受水的歌舞洗礼，直至永恒！

学科教育观

"双育"并重，立德树人

为了实现我的职业梦想——成为一名品德高尚、专业过硬的体育学科名教师，在我的职业生涯中，我努力坚持并追求三大"最真原则"：①坚持做最真的自己——温暖而有正能量；②坚持上最真的课——常态课公开化，公开课常态化；③坚持育最真的人——身心健康的学生。

为了实现体育学科的真正价值功能——立德树人，注重引导学生成为全面发展的人、身心健康的人，在我的课堂教学与活动中，我始终选择"欲文明其精神必先野蛮其体魄"，引领体育教学"育体"与"育心"双向并重。

（一）风格解读——注重体育学科"育体"与"育心"价值并重

"体者，载知识之车而寓道德之舍也。"

"完全人格，首在体育。"

身为一名体育教师，我深刻地懂得：体育不仅可以强健身体，更可以磨炼意志，健全人格。所以在我的教学中，在教授学生学习掌握体育知识和技能的同时，我更注重德育与人文的渗透。在我的课堂教学中，学生们能深深地感受到我尊重他们、关心他们、重视他们，学生们也会很快地接纳我、认同我、信任我。在我的课堂上，我会让他们在我不断地鼓励中、坚持中学会勇敢地面对挫折与困难；学会勇敢地战胜挫折与困难；学会勇敢地挑战自我、突破自我、提高自我；学会强健自我的身体和心理。

案例一：尊重规则就是尊重我们自己

踏着上课铃声，体育委员已经整理好队伍向我报告："老师，全班除了小石同学，其他到齐。"我问："他去哪了？""在楼上换裤子。"学生们齐声告诉我。"来了，老师，他来了。"几乎同时，看到小石跑着冲了过来。

我示意他进入队伍，低头看了看手表，并微笑着环视了所有学生一眼，沉默了片刻。学生们都睁大眼睛看着我，似乎在问"老师怎么回事？""小石一定要挨骂了。"

"同学们，我首先要表扬小石同学，请把掌声送给他。"我首先鼓起了掌，在我的带动下，学生们的掌声也稀稀落落地响起。我知道他们更疑惑了。

"我表扬小石同学,是因为他为遵守我们的约定和规定——必须穿运动短裤上体育课,而专门去换短裤。为他的守信,必须给予掌声。同时也把掌声送给今天所有遵守约定,穿短裤的同学,感谢你们遵守规则。"这时掌声再次响起,这次响起的是整齐而热烈的掌声。

"小石同学,你守信是值得表扬的,如果你还能守时,就更好了。老师建议你现在向全班同学说声对不起,请大家原谅你的迟到行为,因为你的迟到影响了其他同学正常的上课,你觉得如何?"

小石很肯定地点了点头,"对不起,同学们!我迟到影响大家上课了。"

"同学们,请遵守上体育课穿短裤的要求,请遵守上课守时的约定,请遵守所有我们在第一次共同约定的上体育课的规则,这是我们共同约定的,尊重规则就是尊重我们自己。"

…………

规则,是运行、运作规律所遵循的法则,规则是为了得到承认和遵守而存在的。正所谓"没有规矩不成方圆",人是离不开规则的!国有国法、家有家规、校有校纪、班有班律、课有课制……无论是大规则还是小规定,制定出来就是供大家共同遵守,都是为了更好地维护公正公平。

初中学生,尤其是八年级的学生,他们处于青春期发育阶段,是人生观、世界观形成的关键时期。他们个性彰显,性格叛逆,喜欢自由,不愿意被约束。也正因为如此,我们为人师者,更加应该循循善诱,教导学生明辨是非、清晰对错,帮助他们建立正确的规则意识。

有人将"自由"和"规则"做了这样的比喻:"自由"是车轮,"规则"是方向盘。方向盘虽然限制了车轮,但却保证了车轮正确的前进方向。规则也如此!它是为了大家更好地享受自由而存在的。它像一名卫士,保护着真正意义的自由。

教育是滋养,教育是渗透,"体者,载知识之车而寓道德之舍也!"借助这堂课的小小插曲,我引导学生们从一点一滴做起,学会遵守规则、学会尊重他人、学会尊重自我。

案例二:欲文明我精神　先自蛮我体魄

今天是周末,这节课仍然是耐久跑单元的学习。

通过前几次课的学习和多次的练习体验,学生们已经能较好地掌握耐久跑的呼吸方法和节奏控制;知道了正确的摆臂技术,并努力纠正之前的错误摆臂。这次课我为学生准备的主要练习内容有:① 10 分钟体能课课练;② 3 组 2 分钟不间断模拟原地跳绳;③ 10 分钟不间断团队集体跑。要求所有的练习以小组为单位自主协作完成,组员要相互提醒同伴认真地按时按量完成练习,下课前小组长要向我反馈任务完成情况,以及组员配合情况。如果有没有完成练习的,或不认真完成的,我会课后问清原因,只要不是身体健康问题的,我会陪其完成本次课的学习任务。

学生们在完成10分钟体能课课练和3组2分钟不间断模拟原地跳绳之后，体能消耗已经较大，所以，当我宣布要进行在最后的10分钟不间断跑时，多数孩子都跟我撒娇似的直喊："老师，好累呀！""老师，跑不动了。"……

我微笑着示意大家安静，认真地说："同学们，还记得裴老师第一次上课时送你们的那句话吗？'野蛮其体魄，文明其精神。'"学生们点点头，我接着说："体育就是用来锻炼体格和意志的，体育的价值不仅在于强身体，更在于强意志。老师知道你们累了，但我相信你们还能坚持完成，只要你们相信自己，告诉自己'我可以的，我再坚持一会'，你们是可以完成的。老师要求你们必须保证团队集体跑完成，不能脱离团队，速度要兼顾到每一个组员，不用太快，相互照顾、相互鼓励。同学们，请相信老师，也请相信你们自己，你们是可以做到的。当然，在你真的坚持再坚持后，还是感觉身体不舒服时，请举手示意我，裴老师会照顾你的。"

在我的鼓励下，孩子们接受了任务，认真地开始了练习。

八（6）班的孩子总是能给我惊喜，这堂课除了瘦弱的小林因为身体原因，在6分钟后中途退出，其他学生全部完成学习任务。"老师，我们组全完成任务。""老师，我做到了，我坚持跑完了。"……孩子们都很高兴，甚至有点小兴奋，一个个满头大汗、红扑扑的脸上写满了自信。我坚定地点着头，给予他们肯定。

"同学们，平时你们在书中看到的词语'勇敢''坚强''坚持'，你们知道它们的意思也可以背出它们的名词解释，但今天你们所经历的，就是用自己的身体具体而真切地感知了什么是'勇敢''坚强''坚持'，这就是体育课的价值，也是我期望你们做到的：欲文明我精神，先自蛮我体魄。"

最后，我让完成任务的学生们彼此给予拥抱和掌声，这是对同伴支持和照顾的感谢，也是增进组员间彼此情感的互动。

我知道这节课，学生们是有收获的，因为我看到了他们坚持的力量。

我的心愿：借助每一节体育课给我的学生们注入适当成长养分，帮助他们健康成长。

（二）教育主张——坚持教育教学改革创新，促进学科教学高质高效

1. 积极构建"自主·协同"教学模式，提升中小学体育课堂教学质量

在课改的大背景下，从2002年开始，我便开始积极探索课堂教学改革的路径。渐渐地，我摸索出一套体育课的"高效课堂"教学模式，我命名为"自主·协同"体育教学模式，并逐步形成了一系列较成熟的理论与实践案例。

提升课堂质效是教学之本，向常态体育课要质量，保质保量上好每一节常态体育课，才能真正有效促进广大青少年学生的身体健康和全面发展。我们可以清晰地看到，课程改革至今经历了10多年的历程，各种规模的体育公开课、示范课、竞赛课比比皆是，质量也越来越好，的确给体育教学带来引领、示范作用。但这些课

毕竟不是每天进行的，也不是每个人都能参与的，对大多数体育老师来说，是有距离的。现实状态下，我们的多数常态体育课却非常不容乐观。很多常态下的体育课可以概括为"自由课""放羊课""一言堂课""不出汗的课"……许多时候为"3分钟集合，35分钟放羊""一只哨子两只球，学生老师都自由""集合—跑圈—游戏—解散—下课""基础队列式老师一言堂"……

为了积极地改善常态体育课的不良现状，求真务实抓常态体育课改革，保证促进学生健康成长。多年来我一直专注而执着地做着一件事——公开课常态化、常态课公开化！为此，我积极探索与实践，自创了"自主·协同"模式，该模式很大程度上帮助我实现了"公开课常态化、常态课公开化"的教学愿望。

"自主·协同"模式。该模式是我根据学生身心特点和发展需要，针对常态体育课建构的一种科学、高效的教学模式，它突破性地改革创新了中小学体育常态课中的课堂常规、组织形式、教学内容、教学方法等方面的固有模式，明显提高了体育常态的教学有效性。

这种教学模式以小组合作为最基本的组织形式，一个班的学生被分成七八个小组，每组设常态行政小组长一名和多名动态学习小组长。学生在老师的引导下自主锻炼，在组内和组间学习协同合作。"体育课上，没有一个学生是'局外人'，每一个人都要得到锻炼"，她说。

"小组"在我的教学中是常态存在，每一节课的每一个环节都是以小组为单位进行的。每组的行政小组长负责管理和组织小组学习，督促学习任务的完成并反馈。组内的所有成员根据自己的优势项目都可能成为动态学习小组长或小助教。学习小组长在学习自己擅长的运动项目过程中，为其他组员提供学习指导或帮助，同时提升自己，因为"教别人"学习是最佳的主动学习。

跟传统体育课最大的区别是有效地打破了教师"一言堂"，充分调动了学生的学习主动性和积极性，由学生自主管理，鼓励组员之间的互帮互助，不会过多地在技能方面对学生进行横向比较，而着重学生的学习进步，肯定学生个人的自我提升和进步。学习评价以组为单位，通过每一节学习任务的完成性评价，以及单元学习的发展性评价，给整个小组评分，小组得分既为个人的得分。这样就能够很好地培养团队精神和协作意识，也能让每个学生个体没有太大的压力和负担，形成阳光心态。

在这种模式下，老师只是课堂的引领者，这种引领不是高高在上的权威姿态，而是良师益友的身份。采用"自主·协同"模式开展教学的老师们一定要从几个维度进行角色和观念的转变：愿景比管控更重要、团队比个人更重要、授权比命令更重要、平等比权威更重要。这样才能真正把课堂时间还给学生，让学生成为课程的真实主人。当然，这绝不是说老师就什么也不管，让学生们自由活动。模式使用初期，老师一定要有耐心，帮助每一个组员逐渐形成团队意识，帮助组长协调管理小组。

"自主·协同"教学模式目前在南山区的不少学校已经推广，而且得到高度认同。2015 年，深圳市裴玲云名师工作室正式成立，我借助深圳市教育局搭建这个平台，积极主动在深圳全市范围内甚至全国范围内与更多的体育教师们分享"自主·协同"模式，我希望更多的体育教师们能够参与到体育常态教学的改革之中，尽职尽责地为体育学科教学发展贡献力量，担当使命与责任。现在，"自主·协同"模式在深圳市其他多个区、广东省其他市，甚至全国其他省市体育教师范围内都已经产生了较好的影响力和一定的辐射效应，并被许多同行认可和采用。

事实证明，无论是在提高课堂质效，还是提高教师教学水平等方面都有非常显著的效果。它令每一节常态体育课，成为真正有意义、有价值、有收获的体育课；令每一节常态体育课真正成为培养学生"终身体育"意识、增强学生体质的主阵地。

2. 整合多方资源，探索建设学校体育特色课程

为了能有效解决体育教师、运动场地、器材等资源不足问题，同时为了满足学生学习兴趣，帮助学生掌握至少 2 项体育技能，真正为终身体育奠定坚实基础，我大胆地尝试了体育分项课程和特色校本课程的探索与实践。

我有效地整合社会、家长、学校周边运动场所等多方资源，借助校外丰富场地及教练师资资源，积极与华润深圳湾体育馆、海岸城冰场、五星体育等机构进行体育分项目教学和创设体育社团等形式的合作。依靠社会力量的大力支持与帮助，在全新的体育教学理念下共同打造了全新体育课程形式，突破现有体育课程形式单一现象。

我们借助深圳湾等机构先进场地、设施、设备、教练团队，采用把优秀教练请进学校、让学生走出校门上体育课等多种形式，实施并开展学校体育分项课教学及丰富体育社团，足球、羽毛球、游泳、跆拳道、拉丁舞、滑冰……项目丰富多彩，学生们积极参与，欢笑开怀。

这样的体育课和体育社团，不仅师资力量有了更专业、更规范的保证，还能让学生零距离感受先进的体育场馆和分享高科技成果。先进的教学场地、丰富的教学资源和优质高效的体育课堂满足了学生们身心健康的发展和个性需求。我期望将校园体育文化打造成校园文化百花园中最炫、最亮、最美的那一朵。

▶ **他人眼中的我** ▶

做一名教师，和学生们在一起，有教育事业为伴，我一直很幸福、很快乐、很满足！

在众多朋友、同事、家长们的眼中，我是一个很特别的体育教师。同事们笑称我是"铁人""超人"的同时，更夸赞道："裴老师，她肯吃亏、能吃亏、肯奉献、能奉献，工作积极主动、不给自己留余地，像拼命三郎。""裴老师打破了我之前对体育老师的认知。"（南山二外吕小平、陈凤兰、李彦）共事过的领导们的评价："裴老师是位特别优秀的老师，她的组织管理和沟通能力超强，无论管理层、科组、年级、班主任以及学生，协调、高效、顺畅，所到之处，无往不利。"（南山二外李女欢书记）"裴老师能量足、能力强、能合作、能辐射、能引领，是不可多得的优秀老师。"（南山区教育局教师发展中心银艳琳主任）同行的专家们肯定我："裴老师是一线教师的践行者，学校体育的教育者，课堂学子的领跑者。"（深圳名师周其贵）同行的青年老师称赞我："裴老师她就是一个小太阳，散发着光芒，传递着正能量，是我们的榜样和楷模！"（包慕昌）家长们评价："用心的老师，孩子们的福气！"（范嘉楷妈妈）"中国好教师。"（连羽萱妈妈）"有此师长，学生福也，家长安也。"（谈丽华）我深爱的学生们对我称呼是"裴姐""裴妈"；学生们对我评价：最美体育老师！

▶▶▶ 育人故事 ▶

平时的我喜欢天马行空地"想"，喜欢扎扎实实地"干"，喜欢随时随地地"写"。我经常会认真反思平时教学过程中遇到的各类问题，我经常会将思考过的教学事件用文字记录下来，慢慢便积累了我与学生们各种有趣、有意义的小故事。

故事一：把春天带进课堂

连着几天的春雨，唤醒了万物，勃发了新的生机，世界变得清新而亮丽，满眼都是枝头吐出的嫩绿和花儿绽放的姹紫嫣红。沐浴着柔柔的春光，深深地呼吸着新鲜的气息，不禁感叹：哦，春天真美！我的心情也因此而格外爽畅、格外阳光。

【故事情节】

上课铃响了，这节是初二（5）班的课。来到了教室门口，学生们居然还没静息，整个教室似乎都在跳动，还有几个"好动分子"公然跑前蹿后。这场面可是绝对禁止的，按惯例我一定是板起脸孔，大声喝止，严厉批评。大概是因为美丽的春天带给我美丽的心情，心想：几天的雨，学生们的体育课都在室内上，今天天气这么好，也难怪学生们会这么兴奋，连我都有一份跳动的情绪在暗暗涌动，更何况是这么大的孩子。心里这么想着，走进了教室。学生们看见我，马上安静了许多，刚才那几个乱蹿的学生露出了不安的神情，怕我批评。在学生们的安静和不安中，我还是明显感觉到了那份抑制不住的兴奋和喜悦。因为他们盼望上体育课，盼望走出教室，盼望自由地奔跑。我用温柔的目光环视了一周，送给学生们一个轻松、明亮的微笑。"今天天气这好，我好高兴，终于可以到室外去上课了，待会我们可以痛痛快快地跑一跑，尽情地玩一会，OK？"学生们露出诧异的表情，有点怀疑，我依然微笑着，整个教室停滞了几秒，突然间就像炒豆子似的，炸开了锅。"哦，太棒了！""好棒哦！"……"别浪费时间了，赶快排队。"在我的提醒下，学生们快速地排好队伍前往操场。这次的队伍排得又快又整齐。

前段时间，学校举办英语节，我创编的英语歌舞表演操要在开、闭幕式上由全体学生进行表演，所以这一段时间的体育课教学计划都做了调整，一直在教新操。加上这几天连续下雨，我已经很久没跟学生们一起做游戏了。虽然二年级的学生们都很喜欢这套新操，但他们更喜欢有趣的体育游戏和快乐地奔跑。今天我给学生们准备的内容是多种形式的跑和游戏"拉网捕鱼"。

课堂常规刚结束，有学生终于按捺不住了，"老师，今天我们上什么内容？""有没有游戏？"……我笑了笑（我一直在微笑）。"同学们，想不想跑步？""当然""老师，我们今天跑步比赛好不好？""好啊，今天我们不仅要比谁跑得快，还要比谁跑得花样多。""老师，花样多是什么意思？""就是多种多样的跑，平时我们跑步都是向前跑，那还能不能用其他方法跑呢？"我启发着学生们。"可以向后跑。""侧着身跑。""可以像骑马一样跑。""翻跟头跑。"……学生们七嘴八舌。"老师，还可以闪电跑。"这是平时最不爱说话的小杰说的（小杰胆子很小）。"闪电跑，怎么跑？"我不禁追问道，"你能跑给我看看吗？"我微笑地看着小杰，用目光鼓励他，旁边有学生叫嚷起来："老师，我会。""那你们一起跑吧。"马上就有不少男生跑了出去，小杰也在其中。"哦，我知道了，就是弯弯曲曲地跑。"我哈哈大笑起来，学生们也都笑了，小杰也笑得特别开心。……

真奇妙，快乐原来是可以感染的。我微笑着面对学生，快乐地享受着他们的快乐；学生们天真无邪，快乐地享受着我的快乐。在课堂里，快乐就这样传递着、感染着我和每一个学生。

学生们似马儿一样自由而尽情地奔跑着、快乐着、创造着。望着一张张红扑扑的小脸，我惊讶，原来学生们的思维这么开阔，他们表演着各种各样的跑，比我预想的多了许多。

"现在，我们一起'拉网捕鱼'。"我宣布了游戏内容。"好，太好了。"学生们又跃跃欲试。"老师，我们做'老鹰捉小鸡'的游戏，行吗？"小宇小声地问我。我感到很意外："'老鹰捉小鸡'已经玩过很多次了，今天老师安排的是'拉网捕鱼'。""哦。"小宇低下了头，我看见他眼中闪过的失望，心想：这应该有什么原因。我俯下身，柔声地问："小宇不喜欢'拉网捕鱼'吗？""不是。""那为什么还想玩'老鹰捉小鸡'？我们不是玩过很多次了吗？""可你从来没让我当过老鹰，老师，我想当回老鹰。"噢，是真的，每次做游戏时，我总是安排那些运动能力强的学生做老鹰。是啊，不经意中我居然让学生们感觉到我不公平，虽然我从未想过不公正地对待他们，但我的的确确地造成了"不公正"。惭愧的同时，我突然萌生灵感：为什么每次课必须完全按我们老师的意愿安排执行？学生不是学习的主体吗？我应该把主动权交给学生们。对啊，我可以把决定上课做什么游戏的这个权利交给学生，让学生们自己做主。我决定试试。

"同学们，刚才小宇建议我们玩'老鹰捉小鸡'，还勇敢地要求做老鹰，老师现在同意了。以后上课做什么游戏可以由你们决定，游戏可以是老师教你们的，也可以是爸爸妈妈教的，当然，你们也可以动脑筋。

"自己创编新游戏，然后再教老师和同学们一起玩，好不好？"

在一片欢呼声中，我做"母鸡妈妈"，带领"鸡宝宝们"同"老鹰"作战。"老鹰"很勇敢、很顽强，没多久就捉了我好几只"鸡宝宝"。"老鹰"很满足、很骄傲地笑着，又一次飞快地绕过我跑向"小鸡"们，我没来得及转身，"哇……"后面传来哭声，我跑上前，原来是小宇想捉小丹时，两人撞到一起摔倒了。我先摸了摸小宇的额头，只是有点红，没大碍。"别哭了，老鹰是很勇敢的，对不对？"小宇点点头，马上止住了哭声。我搂住仍在大声哭泣的小丹："我的鸡宝宝别哭了，都怪鸡妈妈不好，没保护好你，让老鹰伤到你了，来，让鸡妈妈给你吹吹，吹吹就不疼了。"我轻轻地吹着她那微微红肿的膝盖，帮她拭去脸上的泪水，"还疼吗？""不疼了。"小丹抱住我的腰，仰着头看我，"谢谢你，裴妈妈，我以后叫你裴妈妈，行吗？"我笑着点点头，"裴妈妈"——让我感觉好温馨。其他学生看我抱着小丹，好羡慕。小宇也悄悄地抱住了我，接着是小珊、小华、小意、小艳……我被围得紧紧的。"裴妈妈，我好喜欢你。""裴妈妈，你笑起来好漂亮。""裴妈妈，我也要抱你。"……

那一刻，我的眼中有泪在涌动，我不能呼吸，不是因为被孩子们抱得太紧，是因为我好感动、好幸福、好快乐。我惊诧，幸福就这样唾手可得。带着春天、带着微笑，我走进课堂，只是付出作为一名教师应该付出的——微笑、关怀、宽容、尊重，我只是付出这么一点点，可纯真的孩子回报给我整个春天——快乐、真情、信赖、尊敬、爱和所有……

【我的思考】

教育是需要爱的，我们总是说——教师要爱学生。但我们的许多老师很有爱心，却往往不会表达爱、不善于体现爱，便无法让学生感受到你的爱。这时，学生可能就不能接纳你，更不会喜爱你。其实老师对学生的爱可以很简单。

教育不正是需要孕育爱的吗？爱是付出也是拥有。"为人师者"的我们不仅应该自己学会，更应该教学生们学会——爱自己、爱他人、爱自然、爱社会、爱生命。

春天里，我们和孩子们一起在心田播下爱的种子，期盼着这粒小小的种子快快生根、发芽、茁壮成长。秋天到来的时候，我们便能和孩子们一起收获、一起分享——享受快乐、享受爱、享受生命！

故事二：着眼于每一个细微处让体育与德育相互滋养渗透

今天的课，给学生安排了10分钟力量练习，需要使用小体操垫。接下来便有了我们与小体操垫的故事……

【故事情节】

"同学们，练习时间到了，各组完成情况，一会小组长要反馈给我信息。现在把体操垫放回架子上，动作要快，我们还有下面的练习。"（由于初中学生练习仰卧起坐，需经常使用小体操垫，所以在走廊的角落里，学校安放了一排架子，放置小体操垫，方便学生取用）

在我的提示下，学生快速结束了练习，陆续去放垫子，然后很快回到我身边站成集合队形。我看到了学生们放垫子集合的速度都很快（在近段时间的要求和训练下，学生们已基本养成课堂上不拖拉、不浪费时间的好习惯）；我还看到了垫子堆放得并不整齐，但也不是特别零乱，只是其中分别有三块垫子放置时没有摆整齐。但有趣的是，在这三块没摆整齐的垫子上方紧挨着的那块是整齐的，再上面的也都是放置整齐的，最后造成三组垫子整体是不整齐的（我意识到，眼前这个细微处我是有事情可做的）。

"全体，向后——转。"下达口令后，学生全部面向了体操垫方向，我也走到了堆放的体操垫前。

"同学们，仔细观察一下这些垫子。看到了什么吗？"我问道。

"没什么呀？""怎么啦？""你看到什么了？我没看到什么！""是不是没放整齐？"……

学生们七嘴八舌的讨论起来。我听到了我想要的答案后，示意学生们停止讨论。

"同学们，回想一下，拿垫子之前，垫子们是怎么摆放的？我记得，摆放是很整齐的，对吗？同学们，有没有注意到，有三组垫子没放整齐。任何结果都是有原因的，让我们看看哪块垫子是导致这种结果的原因。"（其实分别只有三块垫子没放整齐，而它上面的垫子又都是按这块不整齐的垫子的摆放情况，整齐摆放的）我直接指出了那三块垫子。接着，我用手直接指到最突兀一组垫子中第一块不整齐的垫子说道："老师有几个假设：第一，假设放置这块垫子的同学摆放是整齐的，会出现怎样的情况？第二，假设放这块垫子上面的第二块垫子的同学，看到这块垫子没放整齐，把它调整好后，再整齐放置，情况会怎样？"有学生似乎想回答，我阻止了："同学们，不要急着回答我，自己多想想，认真思考后，把答案告诉你自己。"

"很多情况下，我们都善于发现社会存在的种种现象，然后是一片声讨、指责。但有多少人会认真地问问自己，我做到了吗？我还能做得更好吗？我能为此做些什么？其实比指责和声讨更重要的是行动。比如说，看到地上乱扔的垃圾，有人会指责：是谁没公德心乱扔呀！而此时更需要的是弯腰拾起它，这比指责更有力量；比如说，看到水龙头前面有人使用没有关，马上关上它比指责更具正能量。现在，时间关系，我们还要上课，但裴老师希望一会下课后，有同学能够帮忙动动手，把没放整齐的垫子调整好。记住，在很多时刻，我们更需要行动的力量。"

接下来是有序的上课，课堂内容需要转移练习场地到运动场的跑道，近半个小时下课后，我真的太健忘了，居然完全忘了之前的垫子事件，准备回办公室。走到走廊转角处，我被眼前的一幕感动了：七八名学生在整理小体操垫。

....

【我的思考】

对于学校教育而言，大体可浓缩为"德、智、体、美、劳"。但凡说到体育、德育、智育等之间的关系时，大家都清楚地明白：无论是德育、智育、体育，它们都非常重要，要达到最好的教育效果，则各育之间应相互渗透，相互融合，相互配合。

"智育不好，是次品；体育不好，是废品；德育不好，则是危险品。"这是著名教育家斯霞老师说的话。的确，假如一个人的道德品质败坏了，书读得越多，对国家、对社会、对他人的危害可能就越大；如果身体不健康，就受制于身体状况，无法很好地为国家、为社会做出更大的贡献。

于我而言，我感悟最深刻的是"体育之道，配德育与智育。而德智皆寄于体，无体是无德智也。""体者，载知识之车而寓道德之舍也。""完全人格，首在体育。"体育不仅可以强健身体，更可以磨炼意志。20年的教学经历，我也深深感受到：体育其实是最自然、最生动、最具体的德育。

德育教育无小事，德育教育关系着一个人成为什么样的人，这个人往哪个方向发展，所以是非常重要的大事；但德育教育也无大事，因为德育这个大事是由许许多多的小事组成的，贯穿于学习和生活的点点滴滴。学校的每一件事物、每一个教职员工、每一项活动都被赋予德育的含义。

但德育最不需要的就是空洞的说教，最需要的是具体的活动参与、鲜活的事件体验以及参与和体验后的分析与感悟等。而体育正具备这些条件，每一次体育竞赛、每一次运动训练、每一次体能练习、每一次获胜、每一次失败、每一次与队友的合作、每一次违例、每一次超越、每一次突破……

这样的一个个体育活动瞬间、这样的每一个体育活动细微之处，都成了最自然、最生动、最具体的德育教育。

体育因为有了德育，变得更加有思想深度，更为理性和规范。德育因为有了体育，变得更为灵动自然，更富有生命力和朝气。

体育老师们，请做个有心人，着眼于每一个细微处，以小见大，让体育与德育相互滋养渗透，这样，你的学生会受益匪浅、获益终生。

教学现场与反思

单肩后滚翻成单膝跪撑平衡技巧课教学设计
——八年级（水平四） 技巧单元第4次课

（一）教学设计

【设计理念】

本课依据《义务教育体育与健康课程标准》的基本理念，以"健康第一"为指导思想。在教学内容的选择和教学方法手段运用过程中，始终以学生的发展为本，充分发挥学生的主体作用。培养学生自主学练、自主探究及终身体育意识，学会学习、学会创造、学会合作。在运动中寻找快乐、体会成功，最终促进学生身心健康发展。

教学内容及教材分析：（技巧单元第4次课）

技巧项目是一项初中女学生比较喜欢的运动项目，它能很好地帮助学生提高协调、灵敏、柔韧等身体素质及能力，但同时它也是学生在学习过程中，容易产生恐惧心理而抵触学习的运动项目。学生产生害怕情绪后，会严重影响学习的效果。如何利用学生的身心特点，根据学校现有的条件和器材，在不影响学习效果的前提下，创造性地设计教学方法、教学内容，科学合理地降低学习难度，帮助学生克服紧张、恐惧心理，在课堂中更巧妙地开展技巧项目的教学，是体育老师必须考虑的因素。根据以上考虑，我在技巧单元学习中选择了"单肩后滚翻成单膝跪撑平衡"为主的技巧组合动作作为主要学习内容。这一动作对女生的柔韧性、身体姿态控制以及练习中的安全都有一定的要求，对女生形体的发展有很好的促进作用。

【学情分析】

本课的授课对象是八年级（水平四）的女生，她们的学习能力和接受新事物能力强，敢于表现自我，喜欢美的事物，更喜欢展现美的运动。我校八年级的女生，在初一阶段已经学习过前技巧的前滚翻和后滚翻技术动作，学生们有一定的技能基础，同时在之前的学习过程中，多数学生都表现出较大的学习兴趣。因此，课堂设计我更加注重充分给学生自主与合作的空间，调动学生学习的参与、体验、比拼、展示的积极性与热情。在教学过程设计中充分体现以学生为主体、教师为主导，同时兼顾学生动作技能的掌握与学习兴趣的提高。采用多种有效的教与学方法，如自主学习、合作学习、探究学习、尝试练习、讲解示范等；变换多种组织模式激发学生学习的兴趣；整节课在不断地提出问题、分析问题、解决问题、反馈问题、总结问题中将教学推进深入，最终达成学习目标，提升学习效果。

【教学目标】

1. 学生进一步理解并掌握单肩后滚翻成单膝跪撑平衡动作的知识要领、保护帮助的方法。

2. 80%以上的学生能独立完成单肩后滚翻成单膝跪撑平衡技术动作，100%的学生能在同学帮助下完成此动作，50%以上的学生能完成完整的技巧组合动作。

3. 学生们在练习中逐渐养成勇敢、自信的优良品质和团结协作、密切配合的集体主义精神。

【教学方法】

本次课在教学过程设计中充分体现以学生为主体、教师为主导，同时兼顾学生动作技能的掌握与学习兴趣的提高。采用多种有效的教与学方法，如自主学习、合作学习、探究学习、尝试练习、讲解示范等；变换多种组织模式激发学生学习的兴趣；根据动作技术的特点，采用循序渐进的教学方法，在不影响动作技能学习的情况下，开始分解动作的反复练习，帮助学生巩固和加强对动作技术的理解，然后进入完整技术动作的学习，帮助学生顺利完成学习任务；整节课在不断地提出问题、分析问题、解决问题、反馈问题、总结问题中将教学推进深入，最终达成学习目标，提升学习效果。

【教学过程】

本次课主要分为四个环节。

第一环节：自主准备　协同热身

本环节须进行跑跳组合、健身操和专项准备活动——肩、颈、腰部位活动操三项准备活动练习。以多种形式的学生自主活动进行课前准备活动，不仅能做好充分的热身活动，同时也调动了学生的学习兴趣，为学生们进行下一环节的学习做好身体、心理上的准备。

第二环节：自主探究　协同学习

本环节是本课的中心环节，主要解决学习目标是否达成的问题。本环节的主要目标是解决本次课学习的重点和难点问题。本次课针对学生情况设计了不同层次的2个教学重点和难点。重点1：举腿、翻臀、分腿、落脚、屈头、放臂及推手时机的准确配合与把握；重点2：滚动圆滑方向正、展髋挺身倒立直、经肩滚翻推撑快、跪撑平衡姿势美、展髋挺身落地稳。难点1：推撑及时有力，动作连贯，姿态优美；难点2：连贯、正确、优美、协调、自然地完成组合动作。设计通过自主探究——提出问题——教师讲解——学生自主练习——竞赛、游戏贯穿主教材——学生结伴合作互帮互学——教师巡回指导的过程，使教材层层深入，稳步提高学生对动作技能的掌握，循序渐进地帮助学生提高身体素质。学生自主学习、协同进步意识的培养也是该教学环节的另一个重点。在教学中既注重自主学习、协同进步的形式，也注重指导学生了解自主学习与协同进步的意义，掌握自主学习的技巧，反馈自主学习的效果。本环节分为三个步骤：一是复习上次课内容——单个动作及分解动作练习；二是学习新内容——完整技术动作的学与练；三是组合动作的学与练。

三个步骤都是通过学生的自主管理、自主学习、教师讲解示范、小组协作学习,合作探究、学生分组讨论对练、教师巡视辅导并帮助,共同提高动作技能水平,完成学习任务,实现有效教学,达成学习目标。

第三环节:自主游戏　协同提高

本环节安排了游戏——"踏石过河、跨越挑战"。以游戏形式结合本次课主要学习内容,通过小组竞争、比赛,学生进一步提高主要学习内容的技能水平,即提高学生们单肩后滚翻成单膝跪撑平衡动作的准确性、熟练性;同时,检验小组协作学习的学习效果,真正体现小组共同进步;并且促进培养学生胜不骄、败不馁的优良品质,以及团结一致、密切配合的集体主义精神。

第四环节:自主反思　协同进步

本环节是课的结束部分,该环节老师引导学生评价、反馈学习情况与存在问题,通过多元性评价,促使学生清楚地了解自己本次课学习表现,知道自己的学习收获——取得的成绩、存在的不足,为下次课的进一步学习奠定了技能与情感的良好基础。同时在轻松的旋律伴奏下,老师带领学生们一起,充分伸展身体的肌肉与关节,缓解疲劳、放松身心。

最后结束部分安排:

(1) 身心放松:跟随音乐,局部拉伸,身心放松,师生同做。

(2) 下课、回收器材。有组织地结束教学活动,逐渐恢复学生机体功能,放松身心,从而顺利完成本节课的教学任务。

本次课预计运动负荷与运动密度:平均心率130次/分钟左右,运动密度50%左右。

【安全隐患及防范措施】

本次课存在的最大安全隐患就是有可能造成颈、肩部扭伤。为了做到将安全隐患降到最小,我在课前准备、课堂教学过程中,认真做到以下几点:①检查场地器材,避免有尖、硬等物体存在造成对身体的伤害;②充分做好准备活动,特别是针对头、颈、肩、腰部做充分的拉伸和伸展;③在分组练习前,我一定要先教会学生掌握正确的保护帮助方法;④合理地安排练习场地、练习次数、练习时间;⑤学生练习时,一定要2人或多人一组,在保护帮助下进行练习;⑥在学生的练习过程中,我会适时地用言语给予学生安全提示;⑦在练习结束后带领学生做身心调整,拉伸并放松肌肉和关节,为下次课学习做好准备。

（二）教案

"自主·协同"体育课堂教学模式课案

年级：八年级（水平四）学生人数：32

单元：技巧　课次：4　任课教师：裴玲云

教学目标	1. 学生进一步理解并掌握单肩后滚翻成单膝跪撑平衡动作的知识要领、保护帮助的方法 2. 80%以上的学生能独立完成单肩后滚翻成单膝跪撑平衡技术动作，100%的学生能在同学帮助下完成此动作，50%以上的学生能完成完整的技巧组合动作 3. 学生们在练习中逐渐养成勇敢、自信的优良品质和团结协作、密切配合的集体主义精神
教学内容	技巧：1. 单个动作：单肩后滚翻成单膝跪撑平衡 　　　2. 组合动作：前滚翻成直腿坐—肩肘倒立—单肩后滚翻成单膝跪撑平衡—挺身跳
重点难点	重点：1. 举腿、翻臀、分腿、落脚、屈头、放臂及推手时机的准确配合与把握 　　　2. 滚动圆滑方向正、展髋挺身倒立直、经肩滚翻推撑快、跪撑平衡姿势美、展髋挺身落地稳 难点：1. 推撑及时有力，动作连贯，姿态优美 　　　2. 连贯、正确、优美、协调、自然地完成组合动作
流程	复习已学内容——→学习新技能——→游戏PK、竞争提高——→多元评价

结构	教学内容	教学要求	教学过程	组织形式	时间
自主准备　协同热身	集合整队	要求： 1. 体育委员、小组长自主管理 2. 快、静、齐	教学常规： 1. 师生问候 2. 清点人数 3. 简单说明要求	集合队形：	1分钟

续上表

自主准备　协同热身	准备活动：（配乐） 1. 跑跳组合 2. 健身操 3. 专项准备活动，肩、颈、腰部位活动操	要求： 1. 积极主动参与，充分热身 2. 小组长负责制	1. 教师讲解要求 2. 学生自主进行练习和游戏 3. 老师参与、指导、评价、反馈	跑跳队形： 做操队形：（分10组） 组内站位：	2分钟 4分钟
自主探究　协同学习	学习技巧： 1. 复习单个动作 ①前滚翻成直腿坐3次 ②肩肘倒立5次 ③挺身跳3次	要求： 1. 认真学习，发挥想象力，大胆尝试 2. 小组协作探究，互帮互学，共同进步	1. 学生分享动作，教师布置内容及要求 2. 学生分组进行合作练习，相互纠错 3. 教师巡回指导，激励、反馈、评价 4. 师生评价、总结	学生练习： 以8组为单位在指定区域	5分钟

续上表

自主探究 协同学习	2．学习单肩后滚翻成单膝跪撑平衡 ①复习分解动作 ＊举腿翻臀练习5次 ＊分腿落地练习5次 ＊屈头放臂练习3次 ＊跪撑踢腿练习5次 ②学习完整动作 ③学习保护帮助方法	3．复习内容的顺序可以由小组长自己安排决定 4．结合挂图和问题进行学与练 技术动作要点： 放腿垂直，方向正 脚背着地，支撑稳 屈侧偏头，直侧转 屈臂推撑，直臂压	1．学生分享动作、教师布置内容及要求 2．老师讲解、纠错、示范 3．学生分组进行合作练习，教师巡回指导	两人为一小组，相互保护帮助，完成练习	15分钟
	3．学习组合动作 前滚翻成直腿坐—肩肘倒立—单肩后滚翻成单膝跪撑平衡—挺身跳	斜后举腿，平衡稳 垂直支撑，姿态美	1．教师讲解、示范 2．学生分组进行合作练习，相互纠错 3．教师巡回指导，激励、反馈、评价	老师讲解、示范：	8分钟

续上表

		要求： 1. 明确游戏规则 2. 学生积极参与，体验快乐 3. 互帮互学，加油助威	1. 教师讲解游戏规则、方法和要求 2. 师生评价反馈，教师言语鼓励	组织：分组竞赛 要求：站在垫子上的同学，身体任何部位不允许接触地面	6分钟
自主游戏 协同提高	游戏：踏石过河				
自主反思 协同进步	1. 放松与整理	要求：放松身体，愉悦心情，感受快乐	在音乐伴奏下，充分伸展身体，放松身心		2分钟
	2. 反思与评价	要求：多元评价，反馈及时	评价与小结		2分钟
场地器材	空旷运动场、小体操垫40张、大体操垫1张、CD机1台、图板1个、挂图若干				

续上表

预计运动负荷	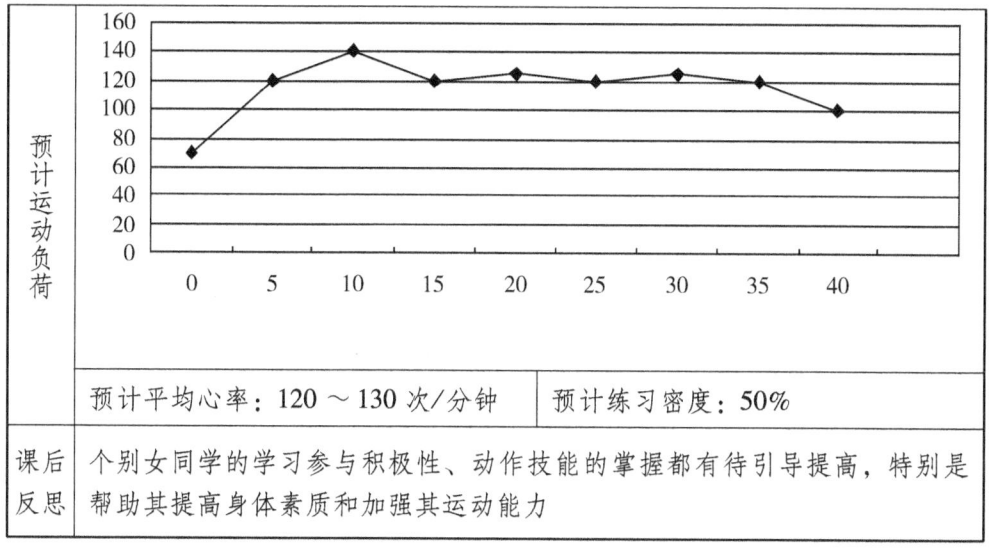	
	预计平均心率：120～130次/分钟	预计练习密度：50%
课后反思	个别女同学的学习参与积极性、动作技能的掌握都有待引导提高，特别是帮助其提高身体素质和加强其运动能力	

（三）课堂实录

单肩后滚翻成单膝跪撑平衡技巧课

八年级（水平四）　女生技巧单元　第4次课

师：同学们！这节课我们继续学习技巧垫上运动。先开始准备活动，今天的准备活动和上次课一样，依然是跑跳组合加健身操和专项部位练习。好，请各组到达相应位置，开始准备活动。

（学生在指定区域分组进行准备活动练习，老师参与其中）（6分钟）

师：（学生集中）同学们的准备活动应该都做得很充分了，现在进入我们本次课的复习环节。前几次课，我们已经学习了前滚翻成直腿坐、挺身跳、肩肘倒立。那我们一起来分享学习成果，我想请三位同学分别展示这三个动作，并说出它的动作要点。

（老师请出三名学生示范、讲解）

生1：（示范前滚翻成直腿坐动作）前滚翻成直腿坐动作由蹲撑开始，两腿蹬直，同时曲臂、低头、提臀、团身向前滚翻。前滚时，头的后部、肩、背、臀部依次着垫，直腿落垫，上体与大小腿成90度。滚动时，一定要做到团身紧，滚动圆滑。

生2：（示范肩肘倒立动作）肩肘倒立由直角坐开始，向后倒肩、举腿、翻臀，当向后滚动至小腿超过头部时，向上伸腿、夹肘、立腰、展髋、直膝、绷脚、挺直身体，保持稳定停3秒。

生3：（示范挺身跳动作）挺身跳这个动作分为预备、跳起、落地三步。预备姿势从屈膝半蹲开始，脚尖点地，两臂后摆；跳起时，两臂从后向上摆动，脚尖用力蹬地，展体挺身。

师：谢谢你们的分享，掌声送给他们。其他同学还有补充意见吗？

生4：挺身跳动作跳起至最高点时，在空中要尽量保持稍停顿；然后屈膝缓冲落地，两臂控制平衡。

生5：肩肘倒立动作完成挺直身体后应保持稳定停留3秒。

师：同学们补充得很完整，谢谢你们！经过对这三个动作的复习，我们对动作要领应该更明确了，现在开始，请大家练习这三个动作。练习的次数可以根据自己的掌握情况，有针对性地选择，每个动作不少于5次。练习时间5分钟。开始吧！

（学生们分组在指定区域积极练习，老师在各组间巡回指导练习。5分钟后，学生停止练习不集中，站在各自的体操垫前）

师：同学们的练习很认真，完成的质量比上节课有很大程度的提高。接下来，我们要继续学习垫上动作——单肩后滚翻成单膝跪撑平衡。上节课我们学习过这个动作的分解动作，同学们还记得吗？

生（齐）：记得。

师：好，我们来测试一下，我说动作名称，同学们做出动作。

（老师说出一个动作名称——举腿翻臀、分腿落地、屈头放臂、跪撑后踢腿，学生们根据名称做出动作）

师：好，请同学们完成这些分解动作的练习，每个动作5次/人，练习时间14分钟。

（学生们分组在指定区域积极练习，老师在各组间巡回指导，及时纠正错误动作。14分钟后学生集中）

师：同学们练习得很好，接下来，我们要学习完整的单肩后滚翻成单膝跪撑平衡动作。其实完整动作就是将前面我们练习的分解动作组合起来，我们需要解决的问题就是如何将分解动作组合得连贯、协调。

好，请同学们带着这三个问题看老师的示范。

（老师在题板上出示问题，老师正确动作示范2～3次）

问题：（1）跪撑腿如何下落？

（2）跪撑腿下落后，脚的哪个部位触垫？

（3）头的侧屈方向如何确立？

师：同学们，在我的示范中找到答案了吗？

生6：跪撑腿下落时要直。

生7：脚背着地。

生8：头的方向与控制腿一样。

师：同学们的回答很好，但一定要注意说完整、说动作术语——跪撑腿直腿垂直下落；跪撑腿下落后脚背着地；头的侧屈方向与控制腿同侧。
(老师出示动作挂图和动作要领口诀)

放腿垂直，方向正；脚背着地，支撑稳；偏头侧屈，直侧转。
屈臂推撑，直臂压；斜后举腿，平衡稳；垂直支撑，姿态美。

师：请同学们大声朗读一下动作要领口诀。
师：很好，动作要领我们都清楚了，但在练习之前，我们还必须得解决一个问题？是什么？
生9：保护帮助。
师：对了，所有的体操动作练习之前一定要先学会保护帮助的方法。×××同学，请你来配合一下老师，我保护你完成这个动作。同学们，仔细看老师是如何保护帮助的。

(老师和学生配合：学生做动作，老师示范保护帮助方法)
师：保护帮助方法要点：①站在练习者的控制腿同侧，举腿时，两手握其脚踝，顺势后引，帮其维持平衡；②单膝跪在练习者控制腿同侧的后侧，一手扶推其肩，另一手托其大腿。
师：哪位同学来试试？在正确的保护帮助下，能很轻松地完成动作。
生10：老师，我们试试。
师：好样的，来吧！
(二名学生配合完成完整的经单肩后滚翻成单膝跪撑平衡动作，一人做动作，一人保护帮助)
师：(在学生们的掌声中) 完成得很不错，谢谢你们！
师：同学们，为了方便快速地确立保护帮助的位置，请大家将课前分发给你们的小丝带，绑在你的控制腿的脚踝处。这样可以帮助你们快速确认控制腿。
师：好，现在请各组开始练习吧，组内一定要相互保护和帮助。在练习过程中，有不清楚的可以来找我，还可以去看挂图和动作要点提示。
(学生们分组在指定区域积极练习，老师在各组间巡回指导，及时纠正错误动作。有部分学生提问，老师针对性解答。8分钟练习时间)
师：同学们，停一下，老师一直在观察，已经有一部分同学能很好地掌握单肩后滚翻成单膝跪撑平衡动作，老师再给你们提高要求。已经能很好地掌握单肩后滚翻成单膝跪撑平衡动作的同学，请开始练习技巧组合动作。(前滚翻成直腿坐—肩肘倒立—单肩后滚翻成单膝跪撑平衡—挺身跳) 请看我的示范。组合动作的要点：滚动圆滑方向正、展髋挺身倒立直、经肩滚翻推撑快、跪撑平衡姿势美、展髋挺身落地稳。请同学们参照这个要点进行练习。我相信你们当中的很多人一定能很出色地完成任务，开始吧。

（学生们根据自己的学习情况分组在指定区域积极练习，老师在各组间巡回指导，及时纠正错误动作。有部分学生提问，老师针对性解答。8分钟练习时间）

师：同学们，今天大家都学得很认真，练习状况也很好，接下来是竞赛考验时间，一起来玩个游戏，PK一下——"踏石过河、跨越挑战"，游戏规则和上次课要求一样，请同学们本着公平原则参加竞赛，注意安全。游戏开始前，各组先讨论下，如何安排队员对争取获胜是最有利的。

（学生们分组讨论——学生积极而热烈地参加游戏竞赛）

师：现在，我宣布比赛结果？第××组获胜，掌声祝贺你们。

（学生们一片掌声、叹息声、埋怨声……）

师：同学们，这堂课，你们有收获吗？收获了什么？还有什么困难吗？组员之间配合得怎么样？哪个小组代表说说？

生11：老师，我开始动作总是做不好，有点怕，但在我们全组其他组员的帮助下，我现在可以基本完成了。我觉得很开心，谢谢同学们！

生12：老师，我们全组都可以完成今天的学习内容，我们是不是很出色？

生13：老师，我很生气，×××总是埋怨我，我已经尽力了。

生14：老师，本来今天的游戏我组应该是第一的，可是我太急，没考虑到其他同学的情况，垫子放太远，所以导致失败，我是组长我有责任。

生15：……

师：不同的体验都是收获，同学们，你们说得非常好。大家一定要记住——在团队学习过程中，大家不要相互埋怨，要相互鼓励，这样的团队力量是最大的。你们觉得我说得对吗？

生（齐）：对，谢谢老师！

师：同学们，这节课，因为你认真参与了学习，各组同学都很出色，动作质量有不同程度的进步，而且大家会互帮互助，团队精神、协作意识都体现得蛮充分，继续努力吧！

师：如果哪位同学还有疑问，可以找时间在组内讨论解决，解决不了的可再找老师。

生（齐）：好的，老师。

师：现在快速围成一个圆，跟我一起放松。

（在音乐伴奏下，学生和老师一起进行放松练习）

师：今天的课就上到这里，同学们，再见！

生（齐）：老师再见，谢谢老师！

（体育委员和当值小组长整理、归还器材）

（四）教学反思

单肩后滚翻成单膝跪撑平衡技巧课，这是一节八年级（水平四）女生技巧单元的第 4 次课。我为本次课设定了可操作、可执行、可检测的三个学习目标：①学生进一步理解并掌握单肩后滚翻成单膝跪撑平衡动作的知识要领、保护帮助的方法；②80% 以上的学生能独立完成单肩后滚翻成单膝跪撑平衡技术动作，100% 的学生能在同学帮助下完成此动作，50% 以上的学生能完成完整的技巧组合动作；③学生们在练习中逐渐养成勇敢、自信的优良品质和团结协作、密切配合的集体主义精神。通过教学验证，本节课的学习目标达成情况很好。课后我将本次课认真进行全面的梳理与反思。

技巧项目是一项初中女学生比较喜欢的运动项目，它能很好地帮助学生提高协调、灵敏、柔韧等身体素质及能力，但同时它也是学生在学习过程中，容易产生恐惧心理而抵触学习的运动项目。学生产生害怕情绪后，会严重影响学习的效果。如何利用学生的身心特点，根据学校现有的条件和器材，在不影响学习效果的前提下，创造性地设计教学方法、教学内容，科学合理地降低学习难度，帮助学生克服紧张、恐惧心理，在课堂中更巧妙地开展技巧项目的教学，是体育老师必须考虑的因素。根据以上考虑，我在技巧单元学习中选择了"单肩后滚翻成单膝跪撑平衡"为主的技巧组合动作作为主要学习内容。这一动作对女生的柔韧性、身体姿态控制以及练习中的安全都有一定的要求，对女生形体的发展有很好的促进作用。

本节课的授课对象是八年级（水平四）的女生，她们的学习能力和接受新事物能力强，敢于表现自我，喜欢美的事物，更喜欢展现美的运动。我校八年级的女生，在初一阶段已经学习过前滚翻和后滚翻技术动作，学生们有一定的技能基础，同时在之前的学习过程中，多数学生都表现出较大的学习兴趣。因此，课堂设计中我更加注重充分给学生自主与合作的空间，调动学生学习的参与、体验、比拼、展示的积极性与热情。

本次课在教学过程设计中充分体现以学生为主体、教师为主导，同时兼顾学生动作技能的掌握与学习兴趣的提高。采用多种有效的教与学方法，如自主学习、合作学习、探究学习、尝试练习、讲解示范等；变换多种组织模式激发学生学习的兴趣；根据动作技术的特点，采用循序渐进的教学方法，在不影响动作技能学习的情况下，开始分解动作的反复练习，帮助学生巩固和加强对动作技术的理解，然后进入完整技术动作的学习，帮助学生顺利完成学习任务；整节课在不断地提出问题、分析问题、解决问题、反馈问题、总结问题中将教学推进深入，最终达成学习目标，提升学习效果。

第一环节：自主准备　协同热身

本环节须进行跑跳组合、健身操和专项准备活动——肩、颈、腰部位活动操三项准备活动练习。以多种形式的学生自主活动进行课前准备活动，不仅能做好充分的热身活动，同时也调动了学生的学习兴趣，为学生们进行下一环节的学习做好身体、心理上的准备。

第二环节：自主探究　协同学习

本环节是本课的中心环节，主要解决学习目标是否达成的问题。本环节的主要目标是解决本次课学习的重点和难点问题。本次课针对学生情况设计了不同层次的2个教学重点和难点。重点1：举腿、翻臀、分腿、落脚、屈头、放臂及推手时机的准确配合与把握；重点2：滚动圆滑方向正、展髋挺身倒立直、经肩滚翻推撑快、跪撑平衡姿势美、展髋挺身落地稳。难点1：推撑及时有力，动作连贯，姿态优美；难点2：连贯、正确、优美、协调、自然地完成组合动作。设计通过自主探究—提出问题—教师讲解—学生自主练习—竞赛、游戏贯穿主教材—学生结伴合作互帮互学—教师巡回指导的过程，使教材层层深入，稳步提高学生对动作技能的掌握，循序渐进地帮助学生提高身体素质。学生自主学习、协同进步意识的培养也是该教学环节的另一个重点。在教学中既注重自主学习、协同进步的形式，也注重指导学生了解自主学习与协同进步的意义，掌握自主学习的技巧，反馈自主学习的效果。本环节分为三个步骤：一是复习上次课内容——单个动作及分解动作练习；二是学习新内容——完整技术动作的学与练；三是组合动作的学与练。三个步骤都是通过学生的自主管理、自主学习、教师讲解示范、小组协作学习、合作探究、学生分组讨论对练、教师巡视辅导并帮助，共同提高动作技能水平，完成学习任务，实现有效教学，达成学习目标。

第三环节：自主游戏　协同提高

本环节安排了游戏——"踏石过河、跨越挑战"。以游戏形式结合本次课主要学习内容，通过小组竞争、比赛，学生进一步提高主要学习内容的技能水平，即提高学生们单肩后滚翻成单膝跪撑平衡动作的准确性、熟练性；同时，检验小组协作学习的学习效果，真正体现小组共同进步；并且促进培养学生胜不骄、败不馁的优良品质，以及团结一致、密切配合的集体主义精神。

第四环节：自主反思　协同进步

本环节是课的结束部分，该环节老师引导学生评价、反馈学习情况与存在问题，通过多元性评价，促使学生清楚地了解自己本次课学习表现，知道自己的学习收获——取得的成绩、存在的不足，为下次课的进一步学习奠定了技能与情感的良好基础。同时在轻松的旋律伴奏下，老师带领学生们一起，充分伸展身体的肌肉与关节，缓解疲劳，放松身心。

总之，本节课以"健康第一"为指导思想，在教学内容的选择和教学方法手段运用过程中，始终以学生的发展为本，充分发挥学生的主体作用。培养学生自主学练、自主探究及终身体育意识，学会学习、学会创造、学会合作。在运动中寻找快乐、体会成功，最终促进学生身心健康发展。

用勤实与果敢坚守从教初心

• 中山市阜沙镇丰联小学 詹前秒（初中体育）

导读语

我叫詹前秒，来自广东省中山市阜沙镇教育事务指导中心，籍贯广东饶平，1970年8月生，1992年7月参加工作，中共党员，华中科技大学在职研究生，教育管理硕士学位，中学体育高级教师，国家级社会体育指导员，中山市第三、第四届教育督学，中山市学校体育学会副秘书长，中山市学校体育核

心领导小组成员，中山市体育学科带头人。多年来，先后有《经济较发达地区体育特色学校创建策略研究》等8篇体育论文获国家、省、市论文评比奖一等奖，还有《中小学体育教师核心竞争力培养模式研究》等4篇论文在《体育学刊》等国家级核心刊物发表，主持过1个国家级子课题，1个省级重点课题和2个省级子课题，曾参与广东省高中体育教材的编写工作，著有《学校特色管理方略》专著一书。现任中山市阜沙镇教育事务指导中心体育教研员兼丰联小学校长。

名师成长档案

不识庐山真面目，只缘身在此山中

当我拿到"我的教学风格"这个题目时，我真的有点茫然，不知道怎样来向大家汇报。虽然从教已有26个年头，但是由于平时少有总结反思，所以真的不知道自己的教学风格是什么。为了更好地回答这个问题，我认真请教了我的理论导师李建军教授，也认真拜读了由闫德明教授所著的《如何形成教学风格——基于实践智慧的理论审思》这本书，通过请教和学习，让我对何为"教学风格"、如何形成自己的"教学风格"、如何提炼自己的"教学风格"等问题有了答案。让我了解到：一个教师的教学风格形成与一个人的性格和成长历程具有最直接的关系。故此，想想自己的性格和成长历程，再回想多年的从教经历，其实我的教学风格就体

现在"勤实""果敢""坚守"这了个关键词里面，只是身处其中，不知罢了！

饱饮"三江"水，浓浓"大粤"音

俗话说得好，一方水土养一方人。我出生在广东省饶平县北部山区，这个地区属于客家地区，在12岁之前，生于斯，长于斯，不但具有正统的客家血脉，母语讲的是客家话，而且从小就接受"刻苦耐劳，勤劳实干，韬光养晦"的客家文化的熏陶；12岁之后，我进入饶平体育运动学校，并在那里渡过初中和高中的生活与学习，大学也是在潮汕地区的韩山师范学院就读，我身边的人讲的是潮汕话，过的是以"工夫茶"度日的潮汕式生活，所以，潮汕话自然就成了我的第二语言，而"精神团结，敢创，敢拼，勇于担当"的潮汕文化自然也深深地印记在我的脑子中。大学毕业后，我被分配到了以讲白话为主的中山市阜沙镇工作，而且一干就是26年，这里的人是以"包容创新，开放务实，揾着数，叹世界"的广府人为主。由于我生于东江文化的客家地区，成长于韩江文化的潮汕地区，工作于珠江文化的广府地区，可以说是饱饮"三江"水长大、发展起来的地地道道的广东人，从而也造就了"勤劳务实，敢创敢拼，坚韧创新"的广东人性格，这样的性格决定了我"勤实果敢"的处事风格，再加上不忘初心，坚守三尺讲台，从而形成了"勤实、果敢、坚守"的教育教学风格。

第一阶段：珍惜机会，立志从教

《汉书》中有这样一句话："成也萧何，败也萧何。"对我的成长历程来说，用"成也体育，败也体育"来比喻再恰当不过了。在上大学之前，我是一名在广东省田径队集训的跳远运动员，成绩在6.5米以上，并已取得了国家一级运动员的称号，若不是命运弄人，我有可能成长为一名高水平的健将级专业运动员。在一次训练中我意外地受伤了，左腿膝盖月小板粉碎性骨折，从此，我想当专业运动员的梦想破碎了。此时，摆在我面前只有两条路，要么继续留在队中混日子，等待退役；要么离开运动队，转去就读普通高中，之后参加高考，或许还能凭已有的体育特长考个大学，最终我还是选择了后者。但是，由于过早进入运动队集训，没有好好学习文化知识，最终只能凭借当年的特招政策，进了我的母校韩山师院就读体育教育专业。尽管这样，当时对我来讲也是一个难得的机会，所以，我特别珍惜来之不易得学习机会，也从那一刻起，我从心底里对自己说："高水平的运动员今生做不成了，但是我可以做一个高水平的体育教师。"从此，成为一名好老师就成了我的人生追求。

第二阶段：勤实工作，初尝业果

1992年7月至1995年7月，我在阜沙中学任专职体育教师。这3年是我一门心思上好体育课的3年，也是从专业体育教师慢慢成长为体育教研员乃至兼职体育管理干部的关键3年。

在阜沙中学担任体育教师时，学校共有18个教学班，却只有3名专职体育教师,人均每周都有12节课。虽然每天晚上,累得两脚都迈不开步,但是,第二天回到学校、回到课堂,当见到学生时,就好像打了鸡血一样,又是充满激情地上课和训练,当时同事们给我起了一个"詹铁人"的外号。这3年虽然是十分辛苦的,但是,3年后阜沙中学的体育中考成绩获得全市76所初中的第三名,校男、女子篮球队获得中山市中学生篮球赛的第四名,田径队获得团体总分第二名,一下子改变了人们的"阜沙中学体育工作落后"的看法,我个人也被中山市教育局体卫科评为中山市学校体育工作先进个人,并在中山全市学校体育工作会议上面向全市体育同行作了工作的经验介绍。

当时我的想法只有一个:"想做出点成绩,只能靠一个'勤'字和一个'实'字,在不计较个人得失的情况下,实实在在地、勤勤恳恳地多做一点事情。"为此,每当别人在休息时,我在加班训练;每当别人在训练时,我更加努力地训练。后来,由于我勤劳务实的工作作风和显著的业绩得到学校和上级领导的认可,在1995年8月被镇里选中,成为阜沙镇的体育教研员和体育管理者,并成长为阜沙镇年轻的教育管理干部。

第三阶段:敢为善容,磨炼成长

1995年8月,我由阜沙中学调任阜沙镇教育办公室担任镇中小学体育教研员,作为一名年轻的体育教研员,面对各项工作都相对滞后的镇区,如何带领广大体育教师"杀出一条血路",树立阜沙学校体育的特色与品牌是摆在面前的一道难题。此刻,我想起了"没有做不到的事,只有想不到的事"这句话。于是,我率先开展了两项工作,一是在全市范围内率先举行"体育专业和非专业教师基本功培训和基本功大赛",二是举办阜沙镇"首届学校体育节"。这两项活动在当时遇到了许许多多的困难,因为全市都没有几个镇区开展这些活动,而且当年我镇学校的办学条件和办公经费相当有限;此时,"敢为善容"的工作风格给了我无限的勇气和力量。在征得当年镇政府领导的大力支持下,我一个人跑去北京大学附属中学学习了一个星期,回来之后争取到了三家企业,每家企业每年资助8万元的活动经费。之后,在各学校的大力支持下,我们终于顺利开展了这两项工作,而且一直坚持了5年,最后成为我市的常态工作,并形成了品牌。这5年是我专心做好体育教研员,服务引领体育老师专业发展的5年。在这5年里,我的努力付出不但将教师基本功培训与基本功大赛和学校体育节做成了一个教育品牌,而且还不断地完善和健全了我镇各中小学体育学科建设与人员的配备,成为中山市北部片区学校体育工作的一张名片。

从2000年至2014年,又开启了我的另一个专业成长历程——多岗锻炼,磨砺成长的15年。2000年8月至2006年8月,我被任命为阜沙镇体委副主任兼管学校体育工作;2006年9月至2013年12月,任阜沙镇教科文卫办副主任兼职中山市督学;2014年1月至2015年8月,任阜沙镇文体教育局宣传文体中心副主任兼管学校体育工作。在这 15 年中，我的身份与角色已经变化，所做的工作也是非常繁杂多变，有人叫我"老师"、有人叫我主任、有人叫我校长，甚至有人叫我局长，但是不管角色与工作怎么变化，对我而言，做好一名"体育老师"的初心始终没变。回想这十几年，我的成长就是一个"四不像"。既不像政府官员，又不像社会人员，既不像专业教师，也不像全职领导，但是有一点是肯定的，不管我的工作岗位怎样变化，我一直记得我是一个体育教育专业的毕业生，体育教育专业化是我安身立命之本，所以，一直以来我都不愿意离开体育教育这一领域，尽管有许多的择业机会，我都不为所动。因此，做好学校体育工作，参与各项学校体育活动和体育教学研究成为我工作中的最大乐趣，也正是多重角色、多个岗位的历练，让我对教育有了多一层理解、多一个认识，促使自己慢慢地变得成熟起来，并逐步形成了相应的管理风格。

第四阶段：躬身践行，品悟教规

从 2015 年 8 月至今，我非常庆幸自己能成为广东省"百千万人才工程"第二批初中名师培养对象，同时，也经过竞争上岗成为一所乡村小学的校长，这样的一个机会和平台，不但可以促使我不断学习更多的理论知识、更好的管理经验，而且还可以通过办学实践，将自己的办学理念、办学举措变为现实，并通过实践检验我的理念、举措、方法、策略的正误，从而能更快、更好地提升自己的专业能力和水平。作为"省百"的学员，由于平台不一样、机缘不一样、人群不一样，可以让我有更多的机会向大师学习、向身边的优秀人才学习，向许多办学成功者和成功单位学习，通过兼收并蓄、包容创新，来实现做和善而坚毅的教育人的美好愿景。这一阶段是我深入办学一线，以亲身管理学校的体验，来品尝教育管理的酸甜苦辣和教育发展规律的阶段。

▶▶ 学科教学观 ▶

教育是培养人的社会活动，教育活动离不开人，人既是教育的出发点，也是教育的归宿，故此，一切教育活动都要按照人的生长发育规律来进行。教育的真谛在于帮助学生成为既能适应社会又能改造社会的人，实现对自身、对前辈的超越，而体育学科在帮助学生成长、适应社会、改变社会、超越自我、超越前辈的过程中，起到了基础性、决定性的作用。正如伟人毛泽东同志所说"无体便无德智"，所以我的学科教学观是：体育必须以人为本，以师生的身体练习和品德养成为基本内容，以"和善而坚定"的教育态度，秉持"敢为善容，唯勤唯实"的教学风格，通过身体锻炼享受运动带来的乐趣，通过长期的身体练习形成良好的运动习惯，以期达到增强体质、健全人格、锤炼意志的教育目的，培养适合社会主义事业发展需要的建设者和接班人。

(一) 我的教育教学风格——勤实、果敢、坚守

"勤实"是指勤劳而务实的教学行为;"果敢"是指果断勇敢与善容敢为的处事风格;"坚守"是指坚定而有毅力的从事教育教学工作的态度。粤派文化决定了我勤劳务实的性格,而性格又决定了我对教育教学的处事风格,成长经历决定了我对教育教学的工作态度。若没有南粤多元文化的熏陶,也许我不可能形成勤劳而务实的性格;若没有南粤教育教学改革所面临的机遇和挑战,也不可能造就了我果断勇敢和善容敢为的处事风格;若没有把握住机会,磨砺成长的工作历程和做一名好教师的初心,更不可能对教育教学工作这么热爱和执着追求。有了"勤实"的教育教学行为,才有一个较好的教育教学成绩;有了较好的教育教学成绩,才有难得的机遇和挑战;而面对挑战,必须要有"果敢"的处事风格,事业才能得到进步。再因教育事业是个"慢"工夫,所以它也要求从业者长期的坚守,才能看到开花结果,他们三者是一个逐渐递进、相辅相成的发展过程,有了这样一种风格,才造就了今天的粤派名师。

1. **有了勤劳而务实的教育教学行为,才有较好的教学业绩**

古话说:"天道酬勤,勤能补拙。"多年的从教经历告诉我,与其他老师相比,我从教的先天条件并不好,若想要在教育事业上有所作为,唯有"勤"字当头,从"小事、实事"做起,无论是自身素质还是教育教学能力的提升,都必须做到既勤劳又实在,即平常所说的勤勤恳恳、实实在在。在我的成长历程中提到的每周上24节体育课,若没有勤劳刻苦做实事的工作作风是难以做到的。还有一件一直令我引以为傲的事情就是:2008年,在中山市与知名高校合办的在职研究生班中,考前辅导时我是唯一的一位体育专业的行政管理班干部,但在全国统招考试中,在自身条件劣势的情况下,通过努力,变不可能为可能,以优异的成绩取得了华中科技大学在职研究生班的入学资格,并在2011年顺利取得了硕士学位。能做到这点,是"勤能补拙"起到关键的作用。

当然,一件事情的成功与否,勤于实践的行动力很重要,而求真务实的工作作风也必不可少。例如,在推进教师信息能力提升工程时,当人们还在怀疑它的作用有多大时,我已身先士卒,学在前,用在前,甚至比很多信息技术科的老师还主动地学用,引领全校教师最大化地运用现代信息技术服务于学校的教育教学工作。

2. **有了果断勇敢与善容敢为处事风格,才有难得的机遇和挑战**

作为一线乡村教师,能慢慢地成长为一名"省百千万名师培养对象",我认为主要是中山"敢为人先"的城市特质和"人道、博爱、包容、创新"的城市精神激励着我。因为做一名好教师是我一生的选择和热爱,有了这份热爱,我所想的就是如何做好教师,教好学生,将教育作为我毕生的事业追求来做。所谓教育无小事,处理任何一件教育事情都必须果断敢为。我信奉"没有做不到的事,只有想不到的事"的处事风格,一件事情你敢不敢想、敢不敢做是决定成功与否的关键

一步。以下两个教育小故事算是我这种办事风格的典型吧！

故事一：给你当一回"龙船头"你敢做吗？

每逢端午节来临，举行赛龙舟是岭南水乡最常见的节目，但是，由于是水上项目，并伴随有几千年的"封建迷信"色彩的活动，给龙舟赛的组织者带来了巨大的挑战。每一次比赛，不仅要考虑比赛经费的筹集、比赛规模、参赛队伍、比赛奖品奖金、比赛的氛围以及比赛的观赏性等问题，还要考虑比赛的线路，群众放龙、收龙、逗龙的时间、地点，沿线观赛舒适度等情况，同时还要顾忌几千年留下的风俗习惯。因此，每次比赛的组织者一般需由有一定的年纪，而且是德高望重的、具有一定影响力的乡贤来担任。因为这是一项吃力不讨好的工作，一般人都不太愿意组织这样的比赛和担任这样的角色，然而人民群众对于传统体育文化的需求却是与日俱增。2000年恰逢千禧之年，党镇委、政府决定在这一年的端午节一定要举办一场具有相当规模和影响力的"龙舟"大赛。于是从当年3月份就开始筹划这项比赛，其中寻找龙舟赛的组织者，即我们农村话所说的"龙舟头"就被列上了议事日程。

由于当时我已担任了镇体委副主任之职，所以，这个任务自然而然就落到了我的身上，可是当年我只是一个30岁出头毛头小伙，当时领导对我说："今年让你当龙船头，你敢不敢做？"说实话，从心底来讲，我是一百个不愿意。因为当地有这样一句歇后语："人生第一牛，姐夫借钱给阿舅（有借无还之意）；人生第二牛，龙舟头（只有辛苦活，没有半点好处之意）。"但是，明知山有虎，偏向虎山行，咬咬牙我就认了！当时我只想："职之所在，责之所存啊，你不作为谁作为呀！"于是，果断勇敢地接受了这项任务。后来事实证明了，我能，我行！

故事二：体育老师当校长能做些什么？

2015年，我镇举行校长竞争上岗，我是第一位以体育教研员身份竞争上岗的校长，当时镇党委书记找我谈话，关切地问我体育老师能当好校长吗？我没有正面回话，只是说，南开大学的校长张伯苓先生曾说过"不懂体育的人不应该当校长"，行不行看今后的实际表现吧！

任校长至今已整整3年了，3年来，我带着一股体育人特有的"不服输"的气质，根据学校的实际情况，开创性地做了几个镇内的办学"第一"甚至"唯一"的工作。例如，我校是镇内第一所开展新生家长及新生入学培训的学校，第一所统一师生着装参加集体活动的学校，第一所开展"我是诵读者"书香校园建设的学校，第一所开展校本"教师大讲堂"的学校，第一所开展师生"三笔字"书写的学校，第一所有校本课程科研成果的学校，第一所有队伍参加全国赛事的学校，镇内唯一一所实行午餐配餐的学校，唯一一所开展"小眼睛，看大世界"研学活动的学校，唯一一所拥有3个省市级金字招牌的学校（市武术传统学校、市技巧特色学校、省校园足球推广学校）。

这些"第一"或者"唯一"通过3年的实践,使我们的学校发生了巨大的变化。一是学校变得更大更美了,学校占地面积由原来的8334平方米扩大到现在的16367平方米,建筑面积由原来的2685平方米扩大到现在的7803平方米,在校学生数从三年前的289人增长到现在的558人;二是教师的素质变得越来越高了,在校专任教师由原来的20人增加到32人,本科率达100%,研究生率20%,教师能力变得越来越强了,现在出版专著的人有了,发表论文的人多了;三是"文武双修的优美乡村学校"的特色更强了,校园的环境更美了,学生更棒了,获奖更多了,成绩更好了,本地生不再外出找学校读书而是不断回流了。

今年教师节庆祝大会上,镇党委书记笑着说:"詹校长,你不仅是管理体育工作的一把好手,而且还是管理学校的能手呀!是一位教育的全才啊!"回想起来,这些成绩的取得,我想和我果断决策、敢作敢为的办学风格有直接的关系,是它在助推着我努力前行!

在我的办学实践中,我的主要做法是将"容""融""荣"这3个同音不同义的字赋予不同的教育内容和教育方式、方法。比如,在处理学生与学生、学生与教师、教师与教师之间的关系时,我讲究"生生相容、师生相容、政师相容",允许和容忍学生或教师犯小错误,允许与包容学生之间、教师之间的发展水平存在差距,在课堂上或在工作中尽量做到有教无类而又不失因材施教与分类指导。在处理个人与集体、个人与单位之间的关系时,我要求老师一定要以教好学生为荣,以成为名师为荣,以为学校做贡献为荣。可是现在的社会,人心比较浮躁,人与人之间的包容之心不太好,融会贯通能力也比较欠缺,甘于平凡,不愿成名、成才,不想做一流的人才、一流的教师现象比比皆是。这是一种不正常的现象,所以,我在日常教育教学管理过程中特别强调荣辱观,例如对教师开展"身边榜样教师"评选,对学生开展"我是班级'小明星'"评选活动,在校园文化建设方面设置"师生共容笑脸墙"和"三róng并存"文化宣传栏,等等,在体育课堂上把培养集体荣誉感作为重要内容贯彻在整个教育教学的过程中。

在这种善容敢为的校园文化的影响下,老师的爱心饱满,人际关系融洽。有两个典型的案例让我感触很深。前一个学期,一位五年级的学生偷了好几个老师的钱物,后来被派出所抓到了,按以往的校纪校规,她一定会被学校开除。但是,其家长找到学校领导说,念其只是一个11岁的小孩,若将其开除,可能她的人生就荒废了,因此希望学校不要开除她,也希望被偷老师们能够原谅她,其他的善后工作由家长和班主任来处理。在求得广大教师的原谅的情况下,学校同意了她的教育方式方法,最后让一个有问题的学生变成了一个好学生。另一个故事是,有一名教师由于家庭原因和自己的工作态度不端正,多年来教学成绩一直不太好,所以被上级从中学分流到我们学校。到学校2年多了,他的成绩还是不太好,学校知道情况后,采用师徒结对的方式,安排一名有经验的教师进行一对一的帮扶,并由我亲自做这位老师的思想工作，帮助他解决家庭的实际困难。经过1年的扶持，他这学期的教学成绩终于有了大幅度的提升，整个人也变得活泼开朗了，从而也找回了职业自信。

3. 有了坚定而有毅力的工作态度，才能看到开花结果

教育是一种"慢"活，必须具有坚定的毅力才能做细、做实、做好，才能守得住梦想和初心。有人说，一件事情坚持做5年，你就有可能成为能手，坚持做10年，你就可能成为专家。在我的成长历程中，曾有3次机会可以转到其他岗位，但最后我还是选择了坚持从教之路。

第一次是1995年，曾有机会转到省教育厅的教育装备中心，从事教育装备工作。但由于对教育事业和体育事业的热爱，而且刚刚经过3年的努力奋斗，体育教学业绩初显，舍不得离开学生与热爱的体育事业，而放弃了到省城工作的机会。

第二次是2000年，在兼职镇团委书记时，由于学校团队工作表现出色、成绩优秀，被中山团市委看中，希望我能到市青少年宫担任副主任，开展青少年的培训工作。但此时，经过近5年的努力，我镇学校体育工作已从落后的镇区慢慢步入先进行列，许多项目已经发展起来，不甘将多年的心血因一个岗位变动又回到从前，所以还是决定留下来从事我自己所热爱的体育教育工作。

第三次是2004年，有一位老领导找到我，希望去帮他的忙，到市计生服务中心担任主任，主持计生服务工作。但那完全是与教育没有多大联系的工作，出于对教育事业的热爱，毅然拒绝了领导的盛情邀请，宁可继续留在原岗位从事学校体育和教育管理工作。

这种坚持与执着，在许多人看来或许是很"傻"，但我却无怨无悔，因为坚持，我慢慢体会到了学校体育工作在育人工作中的重要与艰巨；也因为坚持，我慢慢地成长为中山市学校体育的学科带头人、学校体育工作核心领导小组骨干成员、学校体育工作的评估专家。虽然这些荣誉没有什么值得炫耀的地方，但它却是对一项工作执着坚持的最好肯定。这种坚持是要有一定毅力的，所以我称之为坚毅。

现代管理法则告诉我们，从想法到产品，还差多远？答案是，只差做一遍！而要做一遍，不只是口头讲讲而已，它必须要有"勤实敢为、善容坚毅"的处事风格，我这么想，也这么做的目的只有一个，就是让我的想法变成产品，让我的学子拥有实实在在的获得感。

（二）我的教学主张

作为学校教育的管理者，又是学校的体育学科教师，所以，如何将自己的教育教学风格落实到具体的学科教学中是一个非常值得思考的问题。多年的实践，形成了以下的几个教学主张。

1. 关于体育课程

我主张学校应将体育课程作为基础课程，按国家的要求，不但要开齐开足体育

课,还要将体育工作纳入学校的日常管理工作中,将其开发出符合国家要求,又具有本校特色的校本体育课,并与其他学科有机融合在一起来贯彻实施,而不能将其划入无关紧要的所谓"小三门"课程之中。毛泽东同志早在 1921 年时就说"无体便无德智,德智皆系于体也",所以,体育课程的育人功能是其他学科没法替代的。

作为校长,对学校的体育工作主张有:第一,体育工作要先做起来;第二,体育工作要为学校添彩而不是添堵;第三,体育工作要发挥学科的育人功能;第四,体育工作要对人的终身发展负责。

作为体育教师,在我的体育课堂上要紧紧抓住体育的"增强体质、发展能力、培养情感"这三大核心功能来开展教育教学活动。以精讲多练为课堂准则,以练代教、以赛代训为主要方法,秉持"锻炼不辛苦,纸上画老虎"的教育信条,让学生在课堂上得到最大程度的体验与学习。

2. 关于体育课堂

我主张首先是让学生动起来,其次是要学会按规则来运动,再次就是要学会合作地运动,并且运动要达一定的量,最后达到学以致用的效果。教学时,老师必须为学生的发展提供机会,带给学生生理、心理成长的挑战,教学必须服务于完整人格的成全,充分利用现有的场地设施,创造丰富多彩的课堂形式,教会学生学会学习,并且帮助学生形成完整的认识框架。

3. 关于运动技术教学

我主张技术是练出来的而不是教出来的,但适当的技术指导必不可少,因此,对于运动教学,应该实现精讲多练的教学原则。运动技术的形成也有一个"百千万"原理,每一个动作练习一百次,就能形成动力定型;练习一千次,就能达到娴熟程度的水平;练习一万次以上,就能达到较高水平;两万次以上就能达到高水平。无数的事实证明运动技术对于个人来说没有好坏之分,只有是否合适之别。例如投篮,如果你想投得又好又准,必须经过无数次的练习,并且从中找到适合自己的感觉,你才能控制好球,在不同的状况下将球投进篮筐;若没有反复多次的练习,你对投篮技术原理掌握得再好,动作做得再优美,也难以将球投进篮筐。因此,对于运动技术的教学,我一直主张在适当的提点之后,让学生不停地练习,之后自然而然地就会了。

4. 关于体育锻炼

我主张"苦练+巧练=功夫"的锻炼模式。俗话说"锻炼不辛苦,纸上画老虎",正所谓"功夫一担,口诀一捻"。所以说,没有一定运动量和科学方法的锻炼是无效的锻炼,因为孩子们根本没法尝到汗水的苦涩,哪能品尝到成功的甘甜。因此,体育课的锻炼必须追求一定的运动密度和强度,才有可能促进人体的心肺功能的发展,才会有利于提高身体素质。同时,要向更高的水平方向发展,还要掌握一定的锻炼诀窍，这样，在保证运动量的前退下，可以少走许多弯路而取得理想的锻炼效果。体育是以身体练习为主要手段的学科，没有百炼成钢的实践行动，是难以有所长进的，所以它必须讲究勤练、苦练和巧练，不能有半点虚假。

5. 关于体育评价

我主张客观公正，因势利导。学校体育评价是一个常谈常新的话题。由于体育范畴广阔、历史悠久、人文差异等因素的影响，虽然从国家到地方都制定了一系列的体育评价标准和体系，但是，还是存在着许许多多值得探讨和研究的问题，所以，我主张对于学校体育评价的问题应该根据各地的实际情况，以客观公正为原则，因势利导、以评促教，进行有效的、可操控的评价。例如体育长中考试，同样是 800 米和 1000 米，各地市的满分标准就各不相同。有的说广州的标准高了，有的说广州的标准低了，究竟是如何，只有广州市的考生和家长知道。因为，他们制定这样的标准是符合广州市中学生的体质标准要求的，也是符合国家体质标准要求的，所以，我认为他的评价是客观、公正、有效、科学的评价标准，他是有利于广州市初中生提升身体素质和参加中长跑的运动热情的，这就是我所主张的因势利导。

▶ 他人眼中的我 ▶

温刘军（中山市东区朗晴小学体育科组长）：詹前秒校长是一个性格外向，能吃苦耐劳，忠诚稳重，坚守诚信正直原则，勇于挑战自身潜力，做事积极主动，工作热情膨胀，为了实现目标而全身心投入的人；他的人品极好，乐于沟通，具有极强的团队管理能力和与人合作的精神，能够积极互动，善于学习，勤奋务实，刻苦钻研，具备广泛的兴趣和很丰富的知识，适应能力强，能够在很短时间内融入一个新的领域，适应它并且把它做好。

蔡陈（中山市石岐区员锋小学体育科组长兼蹦床队教练）：首先介绍一下自己，我是一名体育教师。在追求体育教研教学以及教书育人道路上结识了詹前秒这位亲和睿智的兄长。要是说他在我眼中的形象，可以说出很多关于优秀的形容词，但是，我觉得再好的形容词也只能表达他综合素养中的冰山一角。如果一定要谈，从性格特点、为人处事和管理策略这几方面来说明一下，也可以由细微处观其全面了。

可以说，他性格温和又具备刚毅，细腻中凝聚着果敢，认准的事情，总是能够执着坚毅地完成。而要是从为人处事方面来说呢，他对人性的敏感可以说是有经历的人才能从故事当中体会的，不论是在领导的位置、基层行政，或者说作为下属，他都将自己的定位和所需要表现的个人人格正直中和地展露出来，这或许就是古人说的中庸之道吧。我接触他的学校管理其实并不多，基本上都是在兄弟层面的交流，或者是听他说一些决策与管理方面的事例，尽管如此，也可以以点见面洞察一些其管理能力与水平了。詹校长本身就是一名业务能力很强的市中心教研组核心成员、学科带头人,更是"百千万工程"的杰出代表,所以在教书育人方面已经是无须多言了,其管理策略绝对是经深入调查了解,根据需要和政策要求综合分析,集思广益,掌握第一手信息资源后,采用协调整合、多元创新的组织与决策实施且执行教书育人的根本。在他的管理下,镇区体育的成长、学校教书育人氛围的蜕变,这些,相信都是有目共睹的了。

张晓华(中山市阜沙中学团委书记、体育教师):詹校长给我的印象是带着金边眼镜,头发梳得很整齐,颇具创新思维,很有责任心,敢闯敢拼,他就是我眼中的"名校长"、教育改革的"开拓者"。他有"两把刷子"(志于道,游于艺),一大宏愿(为教育改革注入文化因子)。

据我了解,他平时爱看哲学类书籍,并把所学所想运用到了学校管理之中。他秉着"和善而坚毅"的办学理念,开展以"诗意童年、幸福童年、多彩童年"为主题的活动,推动学校先后获得市文明校园、市健康促进学校等荣誉;他诠释"体育达人"理念,促使学校成为省足球特色推广学校、市武术传统学校。小学校,大作为,更彰显了他宽广的改革视野和笃定的管理魅力。

谈及小学教育改革,詹前秒直言:"教育的艺术不在于传授的本领,而在于激励、唤醒和鼓舞。"2015 年 9 月,他从阜沙镇教育事务指导中心调到丰联小学任校长一职,突显了他志在千里的改革情怀。深化"文武双修"特色学校、创建优美乡村特色小学,成为他当前的改革目标。

崔卓戈(中山市体育和教育局教研室教研员):他把体育人的"教育改革的情怀"带到了丰联小学。他是出身体育界的文人,却走上了轰轰烈烈的教育改革道路。他管理创新,兼容并包,缔造了丰联小学之辉煌。他饱含情怀,致力"做有故事的教师,办有温度的学校",用品德智慧启示后人。他就是中山市阜沙镇丰联小学校长詹前秒。

育人故事

学生成长是教育人一辈子的事。

时至今日,有一件让我值得高兴与骄傲的事情,那就是所教的第一届体育生的成长故事。1992 年在我刚毕业时,我曾带领过阜沙中学的学生篮球队,男子 12 人,女子 12 人,这一批学生从初一教到高三,直到他们从阜沙职业高中毕业,都是由我担任篮球队主教练。6 年的相处,让我们师徒结下了深厚的感情。他们毕业后,由于各种原因,我们分开了,而且有几位男同学从事了不正当的非法行业。恰好那时,我镇公安分局刚要成立保安公司,而我也调到了镇教办任体育教研员,当我知道这些情况后,主动与阜沙公安分局联系,希望他们将我带的那批球队的队员全部收编到镇保安公司,并让他们成立篮球队,我愿意担任他们的业余教练,让他们不但有了工作,而且又可以继续打篮球,同时边工作边学习。我利用训练和工余时间,帮助这支篮球队的同学复习高考知识,让他们考取公安院校。时至今天,这批人高中毕业已20多年,他们中大部分已成为正式的公安干警,并有几个已成长为公安分局的局长,但是,我们还是经常一起打球,一起探讨人生。这件事情告诉我,学生成长是教育人一辈子的事,我也更加坚信"坚守"对教育工作的重要性!

教学现场与反思

案例一:课堂教学实践——让学生汗流浃背的体操课

一、教学实践

以小学六年级(水平四)技巧模块单肩后滚翻成单膝跪撑平衡第一次课为例进行教学实践。

(一)学习目标设计

(1)了解并初步掌握单肩后滚翻成单膝跪撑平衡的技术动作。

(2)发展力量、柔韧、协调等身体素质,提高学生自我锻炼的能力,掌握保护与帮助的方法,提高安全意识。

(3)启迪思维,加强参与,培养学生的探究合作精神。

(二)教材与学情分析

技巧不仅可以发展学生的柔韧、协调、力量等身体素质,而且能提高学生的身体控制能力、处理突发事件的应变能力,塑造良好的形体和培养高雅的气质。本次课为单肩后滚翻成单膝跪撑平衡组合单元的第一次课,教材内容是学习单肩后滚翻成单膝跪撑平衡。主要是使学生了解并初步掌握单肩后滚翻成单膝跪撑平衡的技术动作,掌握保护和帮助的方法。

六年级学生正处在生长发育期,朝气蓬勃、追求形体美,关注瘦身、塑形的方法,这是我引导六年级学生学习技巧的切入点,并通过游戏、健美操、瑜伽、技巧与音乐的互相融合,培养学生的兴趣,提高练习的积极性和主动性。同时,初中生已具备基本运动能力,有独立思考、分析判断、综合概括的能力,因此,在教学中应引导学生积极思考、努力探索,提高发现问题、解决问题的能力。

二、教学理念与教学体验

(一)教学理念

以落实"健康第一"为指导思想,全面提高学生身体素质,以提高身体运动技能和培养学生的社会适应能力为目的,以学生的身体练习为主要手段,以练为主,以教为辅,循序渐进,自主学习,从而激活课堂的各种元素,形成严肃认真,活泼向上的课堂。

（二）教学体验

教学目标	1. 初步掌握单肩后滚翻成单膝跪撑平衡的技术动作 2. 发展力量、柔韧等身体素质，掌握保护与帮助的方法，提高安全意识和技能 3. 启迪思维，培养学生合作探究和反思学习能力 4. 培养运动兴趣，分解、降低难度，提高完成率，体验成功喜悦			场地器材	体育馆、体操垫21张、录音机一台	
教学内容	热身游戏—拍手操—分解动作学习—完整动作学习—素质练习—瑜伽放松					
重点难点	重点：举腿、翻臀、头侧屈、屈臂支撑、控腿 难点：动作连贯、协调					
顺序	时间	达成目标	学习内容	教师活动	学生活动	组织与方法
开始部分	2分钟	1. 集合：快、静、齐 2. 集中精神、认真听讲	课堂常规	1. 集合整队，师生问好 2. 宣布上课内容，安排见习生	1. 体育委员在指定地点整队 2. 向教师问好 3. 明确学习目标与要求	1. 学生在指定地点集合 2. 组织：
准备部分	8分钟	培养学生运动前做好准备活动的良好习惯	游戏： ①风火轮 ②上下翻飞	1. 讲解游戏规则和安全要求 2. 参与游戏中，激发学生兴趣和积极性 3. 教师巡视，并进行安全提示	认真听取教师的游戏要求，并积极投入游戏中	组织：

续上表

准备部分	8分钟	1. 培养学生注意力和调动学生情绪 2. 充分做好热身活动，防止拉伤、损伤	拍手操：以单肩后滚翻成单膝跪撑平衡单个肢体动为元素创编简单拍手操，结束后抢占垫子	1. 教师领做拍手操动作 2. 教师口令，学生围绕垫子进行拍手操练习，指导学生快速抢占垫子	1. 学生观看并跟随教师的示范，原地模仿练习拍手操 2. 行进间拍手操练习，充分活动各个关节，并听取老师的安全建议 3. 快速抢占垫子	组织：
基本部分	10分钟	体验单肩后滚翻成单膝跪撑平衡技术分解动作，了解用力部位	分解动作体验： ①前后滚动 ②罗汉滚翻 ③斜坡滚翻 ④举腿翻臀 ⑤风车滚翻	1. 教师讲解或示范动作及辅助保护要求 2. 请学生代表示范动作 3. 教师巡视，纠正学生错误动作	1. 认真听老师讲解并仔细观察动作 2. 学生代表认真示范动作 3. 合作练习，体会动作感觉并互相指导	组织：

续上表

基本部分	10分钟	1．体验单肩后滚翻成单膝跪撑平衡完整技术，学会控制空中身体的平衡 2．激发学生不断挑战自我，树立学习的自信心，克服心理障碍，挖掘自己的潜能 3．通过学生自主、合作及探究学习，培养学生良好的学习习惯	学习单肩后滚翻成单膝跪撑平衡： 1）教师示范完整动作 ①动作要领：以右肩滚动为例，左手屈臂，头左侧屈，右臂伸直，翻臀成单膝跪撑 ②重点：屈臂，头侧屈 ③难点：动作连贯协调 ④保护与帮助：在侧面托肩、托腿，助其完成 2）学生两人一组练习 3）典型代表展示 4）改进动作练习 5）集体动作展示	1．教师讲解、示范完整动作 2．两人一组进行帮助学习，教师巡视指导，纠正错误动作 3．巡视，进行个别学生动作指导 4．请典型代表做示范动作，并点评 5．对学生的集体展示进行点评	1．认真听老师讲解并仔细观察动作 2．完整动作练习，自主探究合作学习，互帮互助 3．听取老师的个别指导，并积极改进动作 4．学生典型示范动作，学生评价动作、反思自我、改进自我动作 5．集体听口令展示动作	组织：
	5分钟	提高身体素质，促进身体的健康发展	素质练习： ①推小车 ②仰卧起坐	1．带动学生素质练习 2．提示动作要领及安全防护	1．积极进行素质练习 2．听取老师的建议，做好安全防护	组织：

续上表

| 结束部分 | 5分钟 | 1. 跟教师做放松操
2. 放松身体，促进身心的恢复，消除疲劳 | 瑜伽放松 | 1. 教师领做放松操
2. 课堂小结
3. 师生道别 | 1. 认真放松
2. 听取教师小结
3. 归还器材
4. 师生道别 | 组织： |

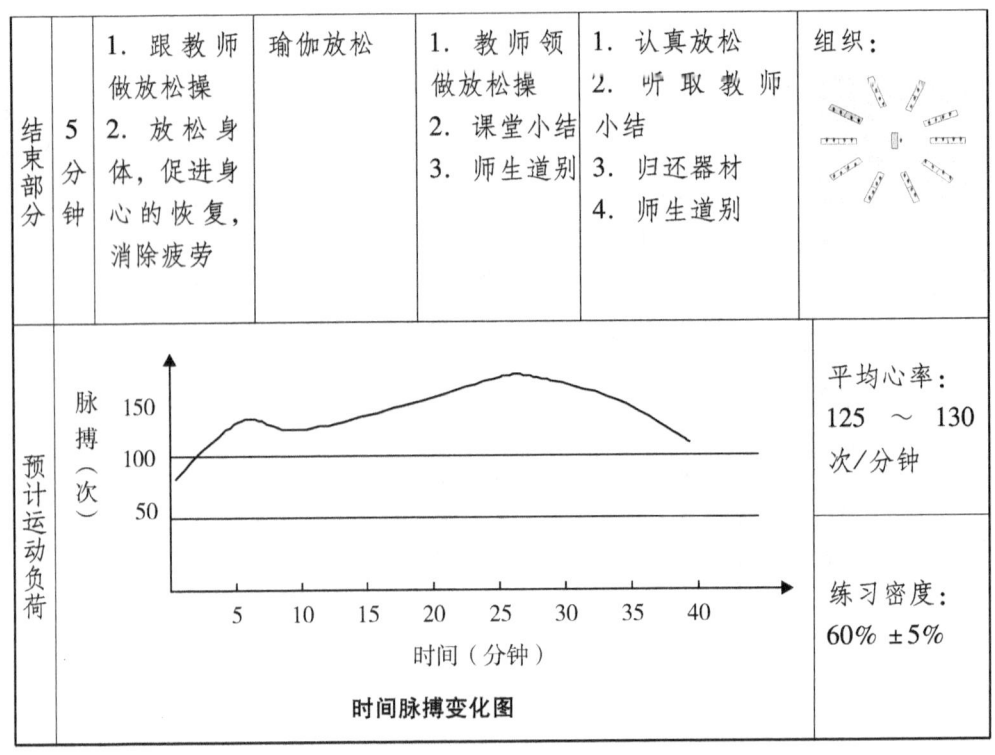

时间脉搏变化图

平均心率：125～130次/分钟

练习密度：60%±5%

三、对教学问题的分析和审视

面对当下学生一怕苦、二怕累、三怕脏的现象，针对当前学校体育课注重形式而忽视运动技术教学的问题，特别是危险系数较高的体操课教学，在学校中几乎没有老师愿意上课。因此，为了起到名师引领示范作用，应市教研室之邀，以小学六年级学生为授课对象，为全市体育教师上了一次技巧教学示范课，为体现"勤实、果敢、坚守"的教学风格，本节课以让学生多流汗，而又具有一定技术含量的教学过程为指导思想，通过各个教学环节的有效连接，加强课的练习密度和运动强度，课的练习密度达60%以上，以游戏教学法提高学生的学习兴趣，克服对体操练习的恐惧心理，养成不怕苦、不怕累、不怕脏的优良品质，课后反思结果如下：

第一，自我评价。通过本次课的学习，大部分的学生初步掌握了单肩后滚翻成单膝跪撑平衡的技术动作。学生体验到成功的乐趣，整堂课都绽放着灿烂的笑容，淌下酣畅淋漓的汗水。本次课正确处理了教师主导和学生主体的关系，正确处理了基本知识、基本技能和强身健体的关系，创设了轻松、愉快、自主、合作、探究的学习氛围，使学生不仅掌握了单肩后滚翻成单膝跪撑平衡动作的技术特点，同时发展了灵敏、柔韧、协调等身体素质，促进了思维能力与身心的健康发展，培养了学生创编动作的能力。

第二，本课亮点。作为全市性的研讨课，我觉得本课有以下几个亮点：

一是整节课凸现了老师扎实的教学基本功和高超的课堂驾驭能力，正确处理主体和主导、双基和育人的关系，将复杂的技术简单化，循序渐进、水到渠成，提高了学习效率，表现了当代体育教师的风貌。

二是教学组织严密流畅，教学手段丰富多样，运动负荷合理；大胆尝试、勇于创新，营造了浓厚的自主、合作、探究的学习氛围；学生整堂课都洋溢着富有朝气、充满活力、勤奋好学、勇于探索和敢于展示的精神面貌。

三是这节课突出的特点——"创新意识"。首先利用体操垫进行游戏，内容新颖，由两人一组到集体游戏，既提高了学生学习的兴趣和积极性，又培养了学生团结协作的精神；其次是教师采取抬高体操垫的方法，帮助学生体验和完成技术动作，是教法的创新。

四是在学习中，学生一直处于一种合作探究的氛围中，从课的效果看全体学生都在轻松愉快的氛围中，在原有的基础上有所收获，体验到成功的喜悦，绽放如花般灿烂的笑容。这是在新课标的理念下，转变学习方式的结果。

总体来看，本节课较好地体现了"勤实、果敢、坚守"的教育教学风格，起到了引领示范作用。

第三，不足之处。本节课还有以下三点需要加强：一是具体指导，统筹兼顾所有的学生。二是主动参与学生的活动，提高学生的兴趣，密切师生关系。三是对个别人学习困难的学生，还要进一步加强辅导，并在课前设计好针对学习有困难或随班就读学生的管理与指导计划，并及时调整。

案例二：办学实践——教育应该促进每个生命健康成长

2015年9月，通过竞争上岗，我非常荣幸地担任了阜沙镇丰联小学校长和镇兼职体育教研员。回首这几年来的工作历程，让我对教育工作又有了一个新的认识。

一、管理实践得与失

（一）勇于实践，注重实效，创造多个区域内的办学"第一"甚至"唯一"

自从我任丰联小学校长以来，在传承的基础上，重新规划学校5年发展，大力推进教育教学改革。从实际情况出发，在本人的带领下，我校在阜沙镇成为第一所开展新生家长及新生入学培训的学校，第一所统一师生着装参加集体活动的学校，第一所开展"我是诵读者"书香校园建设的学校，第一所开展校本"教师大讲堂"的学校，第一所开展师生"三笔字"书写的学校，第一所有校本课程科研成果的学校,第一所有队伍参加全国赛事的学校,还是唯一一所实行午餐配餐的学校,唯一一所开展"小眼睛,看大世界"研学活动的学校,唯一一所拥有"市武术传统校、市技巧特色校、省校园足球推广校"等三个金字招牌的学校。

(二)外引内拓,增色添彩,再次擦亮"市武术传统项目学校"这个金字招牌,让"武术传统学校"这张名片变得更加靓丽

阜沙早在6年前就提出"一校一品牌,一校一特色"的办学要求,但是,由于学校受到各种因素的制约,没有办法达到这一要求。我来到丰联小学之后,充分利用我的人脉资源和专业优势,先聘请了一位社会上的"武林高手"任我校武术队的课余教练,让其训练一支武术运动队参加全市、全省乃至全国的各级各类比赛和表演,使丰联小学武术队有了一定名声,之后成功申报了市级的传统项目学校。在上级的大力支持下,经多方争取,我们又招聘专职武术教师,专门负责学校武术工作。经过多年的努力,去年再次被评为"市武术传统项目学校",不但保住了这一金字招牌,而且让中华国粹也得到了更好地普及和传承。

(三)立足特色,发展特长,让学生的兴趣爱好多点开花

担任校长以来,在努力抓好教学质量的同时,想方设法,全面开发第二课堂的兴趣小组和学校社团工作。虽然我校只有530多名学生,30位教师,但是我校现有武术队、功夫技巧队、围棋队、田径队、定向越野队、篮球队、足球队等多个业余运动队,同时还建有"小百灵"音乐、"达芬奇"美术、"诺贝尔"科学、"王羲之"书法等13个社团,进一步发展同学们的课外兴趣和创新能力。每年,这些团队都代表学校参加各级各类的比赛,成绩一年比一年强,尤其是学校田径队、篮球队和"诺贝尔"科学社团成绩增长明显。学校功夫技巧队连续3年参加了全国技巧大赛,并取得过儿童二级组团体冠亚军的良好成绩,去年我校又被评为广东省"校园足球推广学校"。

这些活动的开展对于具有良好基础和深厚办学底蕴的学校来说是没有什么了不起的事情,但对于相对落后的丰联小学来讲,实属不易,而且对改变我校的办学状况带来了巨大的变化。具体表现在以下方面:

提着提着,学校的环境更美了!"一训三风"变得更好了!不但学校的规模在不断扩大,而且我们终于有了200米环形跑道运动场。

讲着讲着,教师的素质更强了!我个人专著《学校特色管理方略》出版了,梁梅基、吴惠萍、梁耀全、吴镇昌等老教师的论文也在《广东教育》《基础教育研究》等省级以上的教育刊物上发表了。

管着管着,学生成绩更棒了!获奖更多了!在镇里近3年的期末统考中,我校的教育质量有1年获二等奖、2年获一等奖,5年来共有430多人次获得全国、省、市各级各类比赛的个人或单位集体奖励。

办着办着，本地生不外出找学校读书而是不断回流了！我刚到校时，在校学生只有289人，而现在将近550人，这是因为我们的办学条件好了，教学质量提升了，原来外流到别的学校就读的丰联学子都开始回归了。所以，我们坚信这就是在"和善而坚毅，包容与创新"的办学风格引领下所带来的变化与成效。

二、管理理念与体验

（一）我的管理理念

在制定学校5年发展规划时，通过大量的调查和我校的办学实践，我们确定了"做和善而坚毅的教育"为学校的办学理念。因为"和"是人生的最美诗篇，"和"代表着团结、幸福、美满。"善"是人性的最高品行，"善"代表着完好、圆满、共同满足，正所谓"上善若水，水善利万物而不争"。"和善"既是待人的一种形象描绘，更是人的内在品行的体现；既是对弱者的同情、怜悯、慈悲，对他人的关心、付出、贡献，也是对自我价值的肯定与主动鼓励，即温和而善良。"坚"是指坚定、坚固，"毅"是指坚决，"坚毅"就是指坚定而有毅力。因为教育是一种"慢"活，必须具有坚定的毅力才能做细、做实、做好。"和善"强调的是教育过程中的平等、尊重、沟通、友善和合作，"坚毅"强调的是着眼于学生良好的综合素质与长远发展的教育目标和方向。教育过程中，如果只有"和善"而不"坚毅"就是骄纵；只有"坚毅"而不"和善"就是压制。前者带来被宠坏的小淘气，后者制造反叛与抗拒，两者都是教育的失败者。

恰好我校地处中山市北部水乡，这里的人民"民风淳朴，善良厚道"。人们崇尚"上善若水，顺势而为"的水乡品格。因为水有"泽万物而不争"的特性，能很好地诠释"和善而坚毅"的风格，所以，在这种理念的引导下，尽管现在学校的条件十分有限，可作为校长，我非常乐意和这里的师生共同生长。

（二）我的管理体验

1. 从管理策略上讲究"三róng"并存，师生幸福

让包容与创新内化在具体的工作实践中。"三róng"并存，是指让"容""融""荣"这三个字共生共长。"容"：是指容允与兼容，学生之间生生相容，师生之间师生、行政与教师互相包容。"融"：是指融入与融会贯通，治教与治学都应做到善学有融，融为自派，融会创新，人与人之间融洽相处。"荣"：指荣立战功、荣辱与共、以校为荣。老师要以教好学生为荣，以成为名师为荣，以为学校做贡献为荣。学生要以校为荣，以做优秀学生为荣，以做杰出人才为荣。

在工作实践中，有许多例子可说明这一点，有两个典型的例子让我印象特别深刻。其一是有位班主任老师抓到了一个偷钱的学生，她没有要求学校将学生开除或处分，而是耐心地教育学生和家长，不但消解了学生的心理障碍，而且得到了家长的大力支持，使这名学生后来成长为一位品学兼优的好学生（这个事例已登在

《广东教育》杂志德育篇中）。另一个例子是，有一名从中学分流下来的老师，之前由于心理上的问题，不但教学成绩不行，人际关系也很差，但是通过我们学校领导班子和同事们的共同帮扶，最终变成了一名优秀教师。

2. 从办学行动上做到"三干三用"

三干即指"肯干、敢干、能干"，三用是指"有用，会用，能用"。自从确立了新的办学理念之后：

在学校德育中，我们以"三 róng 并存，师生幸福"为主题，从校园文化建设着手，建设"上善若水"主题文化园、"师生共容"笑脸墙和"三 róng 并存"文化宣传栏，将理念形成物化的东西，以达到环境育人之功效。

在教育教学上，通过开展"七彩人生，诗意童年"的主题活动，辅之诗歌创作大赛、经典诵读大赛、三笔字书写大赛、珠心算与解题能力大赛、英语演讲大赛、科技创新大赛等一系列的活动，让全校师生内强素质、外树形象，使学校的教育教学质量得到了质的提升。

在促进学生特色特长方面，我们以"精武少年，巧夺天工"为主题，要求学生不但要在武术课上学会十八般武艺，强身健体，而且还要学会吟诗作对、琴棋书画等基本素养，从而为建设"文武双修"特色明显的优美乡村小学增色添彩。

通过开展"三 róng 并存、师生幸福、学校发展"的一系列实践活动，让我们"和善坚毅"的办学理念得到了更好的体现。

三、我对教育教学问题的分析和审视

（一）存在问题

在几年的工作实践中，我学到了许多宝贵的经验，也取得了一定的成绩，但是对"勤实、果敢、坚守"的教育教学风格，我也发现还有许多问题和不足。一是对学校的管治水平和能力有待进一步提高；二是对学校的管治风格提炼不够，提升教育质量的方法和能力还有待进一步提高；三是处事不够灵活果断，辐射引领不够，管理中的制度意识、责任意识还要进一步加强。

（二）努力方向

反思过去，展望未来，我将在以下三方面加强和改变自己。

第一，加强学习，努力提升教育教学的管理水平。俗话说："活到老，学到老。"面对新形势、新教育，我需要进一步学习先进管理和教育教学理论，不断提升专业素养。积极参加各级各类的培训，拓宽视野，增长见识，使自己具备特级教师应有的教育教学管理水平和专业素质，做到教学相长，出色地完成上级交给的各项工作任务。

第二，总结凝练，形成鲜明的教育教学管理风格。要以开拓创新的精神，促进学校教育事业向特色化、品牌化、内涵化的方向发展。加强总结凝练，促使自己尽快形成较为丰富和成熟的管理和教学风格。

　　第三，示范引领，促进区域教育教学全面发展。作为广东省新一轮"百千万"名师培养对象，不但要以身作则，当好校长，管治好我们的学校，而且更应该利用"百千万"这个平台，为我镇乃至我市的学校和教师发展起到引领示范作用，促进区域教育水平全面发展。要以科学的方法和实践探索教育教学规律，为促进教育改革和发展多做贡献。

感性与理性并存，严谨与创新共生

● 肇庆市高要区第二中学　陈宝莲（初中物理）

▶ 导读语

一、教师肖像

陈宝莲，女，初中物理高级教师，肇庆市高要区第二中学教研处副主任，广东省新一轮"百千万人才培养工程"初中名教师培养对象，广东省特级教师，肇庆市首批名教师培养对象，肇庆市拔尖人才，肇庆市优秀教师，高要区第一届"最美教师"，高要区第一届"高要雄才"，广东教育学会科技教育专业委员会常务理事，全国中学生数理化学科能力展示活动广东赛区学术专家顾问委员会成员。曾作为广东省初中物理教师代表去北京参加"第二届全国中学物理教学名师赛"现场比赛并获二等奖，曾被聘为广东省中小学"百千万人才培养工程"初中名教师培养导师组物理学科专家（实践导师），主持两个省级课题研究和一个市级课题研究，参与一个省级课题研究，其中三个省级课题已结题。在各级各类报纸杂志发表了十多篇教育教学论文，其中有三篇发表在国家级核心刊物，参与编写和修订义务教育课程实验教科书《物理实验册》八年级下册（广东教育出版社）。

二、教师成长要素

"专家引领""虚心学习""实践反思""同伴互助""科研提升"。

三、学科特色

物理学是一门科学、一种智慧、一种文化。"判天地之美，析万物之理"是物理学的真谛，是对物理学的高度概括。物理学对客观世界的规律做出了深刻的揭示，它在发展、成长的过程中，形成了一整套独特而卓有成就的思想方法体系，是人类智慧的结晶、文明的瑰宝。物理学家在长期的科学实践中创造的大量物质与精神财富，构成了物理文化，它是科学文化的重要组成部分。而且，物理学是以实验为基础的科学，它在客观上表现为"真"；物理学创造的成果是为造福人类，它在目的性上体现为"善"；物理学的规律、现象、图形等多方面都反映出它的"美"。由此可见，物理不仅是文化，而且是一种具有严谨逻辑，彰显大自然"真、善、美"，体现人类智慧的科学文化。

四、教学风格归类

主体性教学风格的情感型。

▶▶ 名师成长档案 ▶

且行且思，成长永远在路上

我生活在风景秀美的砚都——肇庆。肇庆的手工业非常有名，端州的砚雕、四会的玉雕、高要的花席、广宁的竹业、怀集的木业等等，都是历史悠久、美名远扬的手工业，已经成为肇庆的一种品牌文化。肇庆人勤奋、求精、善思、创新。作为肇庆人，我也拥有这些优秀的品质，在不断的学习和思考中进步。我的专业成长历程分为起步期、发展期、提升期和风格形成期四个阶段。

一、专业成长的起步期——原来上课可以这样上！

1991年毕业后我被分配到乡镇农村中学——高要市金利镇第二中学任教（现已撤并），金利镇是一个以小五金为产业的镇，家庭作坊式的小五金厂有几千家，最初大多是以手工为主作业的。那时候教师的收入很低，因此，很多老师课余时间都忙于做手工补充家用，学校教研氛围不浓，也没有对外交流，当时的我对教育教学没有深入的思考，这一阶段的教学是"教知识"，把教材内容讲给学生听，就算是完成教学任务了。改变我的是在广东教育学院（现广东第二师范学院）学习时，到广东省实验中学的观摩听课活动。我听了一节初二物理课"声音的产生与传播"和一节班会课，课堂设计新颖巧妙，通过一系列的生活小实验来得出"声音是由物体振动产生的"和"声音的传播需要介质"。学生积极活跃，这跟我平时只教知识有很大的不同，让我有一种顿悟的感觉——原来上课可以这样上！可以说，这一次的听课是我专业发展的起点。

二、专业成长的发展期——由"怎么教"向"怎么学"转变

从广东教育学院学习毕业后，我调到高要二中工作。虚心学习的我深入研究教材、研究教学，课堂教学由原来研究"怎么教"向研究学生"怎么学"转变，备课时更多地站在学生的角度去看知识的呈现过程，看方法是否易于接受，给学生的

印象是否深刻等。那时候的我，想方设法把教材向学生解析清楚，通过知识的应用让学生懂得解决问题的方法。这一阶段的教学可以说是一个"教方法"的阶段，也是由"教"向"学"的一个转变过程。

三、专业成长的提升期——由"教教材"到"用教材"

2009年下半年，学校开始了课堂教学改革，因此我有了较多的外出学习机会，有了接触专家和名师的机会，通过听专家报告学习了更多的理论知识，更新了教学理念；通过听名师课堂学习别人的长处，反思自己的不足，发现自己之前的课堂教学还是停留在学生"学"的表面，没有站在学生能力发展的角度去设计课堂。作为我校课堂教学改革的引领者，为了更好、更专业地指导别人，勤奋好学的我每天都深入课堂听课，物理学科的课去听，其他学科的课也去听，听多了，对教学的理解更深入了，发现各个学科的教学，排除学科知识和学科特点外，其实都是相通的，核心理念都是为了学生的发展。

那时候，我对自己的课堂教学有了更高的要求，上课不能过分依赖课本和参考书，教材只是其中的一个例子而已，教学设计应有自己的思想，应有所整合，也要有所创新。于是，我由原来研究教材转向研究课程标准，自行购买几种版本的教材，在备课时采用几套教材来备，整合相关内容，同时加入自己的理念和思想。也就是说，由原来的"教教材"变为"用教材"，这一时期，在课堂教学中更多的是自己对教材理解后的二次开发，站在学生"学"的角度去设计教学环节，使学习更高效，课堂更有活力，更能培养学生的创新思维能力。

"当学生把学校所学的学科知识全部忘掉后，留下来的才是老师所给的"，这是某位专家说过的话，我觉得很有道理。教与学，不但要学生学好学科知识，更重要的是让学生懂得思考问题的方法，懂得寻找解决问题的方法，提升能力、发展思维。若干年后，学生会把所学的学科知识忘记，但思考问题的方式、解决问题的方

2010年在北京比赛的现场

法不会忘记，学科素养不会消失，这些对学生才是真正有用的。这一阶段的教学，我更多的是思考我会给学生留下什么。培养学生的学科素养、培养他们探究问题和解决问题的方法是我课堂教学的主要目标。在这一时期，我作为广东省初中物理教师的唯一代表去北京参加第二届全国中学物理教学名师赛，并被聘为广东省中小学

新一轮"百千万人才培养工程"初中理科类名教师培养的学科专家（实践导师），所以在成长的道路多了很多跟我一样有梦想、有追求的同伴，也有了近距离接近专家的机会，有他们在前面引领，让我在教师的专业道路上走得更稳更快！

全省"百千万人才培养工程"初中物理
名师培养研修活动留念

在提升自己的同时，也带领我校学科组年轻的物理教师迅速成长：李明华和吴坤艳老师被评为高要区的"教坛新秀"，吴坤艳老师在2015年参加肇庆市教学改革创新大赛获一等奖，多位老师在各类教学教研活动中获奖。悉心指导下，我校初中物理教研组在2013年被评为广东省示范教研组。

四、教学风格的形成期——感性与理性并存，严谨与创新共生

生在肇庆长在肇庆，从小受肇庆人勤奋好学、善思创新精神文化的熏陶，所以我不断反思自己，完善自己，努力追求卓越，凝练出具有特色的教学风格——感性与理性并存、严谨与创新共生，努力追求有温度、有态度、有深度的课堂，这一阶段更多的是"教自己"，如何充实自己、丰满自己，让自己满足现代教育教学的

2013年在全省初中物理骨干教师培训会议上做报告

需要，引导学生适应未来社会的需要。我有幸在2015年被选为广东省中小学新一轮"百千万人才培养工程"初中理科类名教师培养对象（第二批），在广东省教育厅、广东省"百千万人才培养工程"项目办和广东第二师范学院的精心计划和培训下，我参与了自主研修、集中研修、省内跟岗、省外跟岗、国外培训、示范带学等系统的培训学习。2014年我被选为肇庆市名教师培养对象，也在同一年评上了肇庆市拔尖人才，同时参加了肇庆市名教师培养对象为期三年的培训和肇庆市拔尖人才在清华大学的高级研修班的学习，了解了国内外教育现状，更新了教育教学理

念，加强了实践能力，进一步提高了专业素养。

在导师的悉心指导下，用理论引领实践，凝练自己的教学风格，在成长的过程中经历了"教知识""教方法""教思想"到"教自己"的历程。本人还利用节假日多学习、多看书、多思考，汲取适合自己的理论、理念和方法，增强自己的专业素养，并运用理论来指导实践工作，修正自己的教育行为，修炼自己，形成特色，凝练风格。在这一阶段，我根据物理的学科特点，潜心研究培养学生能力发展和创新精神方面的教学改革，经过多年研究和提炼，形成独具特色的课堂教学——"尝试"教学。"尝试"教学是以学生发展为核心，以培养学生综合能力为宗旨，以尝试为手段的教学方法，其教学理念主要体现在"先试后导、先练后讲、先学后教"，教师采用一些素材，设计一些环节，让学生在课堂上先经历一个自我学习、自我探究、自我发现的过程，老师再根据学生学的情况引导学生归纳总结，点拨提升。"尝试"教学有利于培养学生学习能力和创新思维，采用"尝试"教学，学生学习成绩有明显提高。

努力追求，做一名"进得课堂的研究者，出得礼堂的实践者"。在研究"尝试"教学的同时，我也深入研究评析课的教学，如"拓展式"评析课、"议馈式"评析课。不管是什么课堂，我都坚持以学生为本的教学理念，始终把学生的"学"放在第一位，充分激发学生的学习兴趣，引导他们积极思考、主动探究，追求"感性与理性并存，严谨与创新共生"的课堂教学风格。

2015年肇庆市拔尖人才颁奖（右二）

近几年，我在省内外很多的学校上过课，如杭州建兰中学、杭州青春中学、韶关乐昌市关春中学、清远市阳山县青莲中学、清远市连山县北山中学、东莞市可园中学、广州番禺象达中学、汕头朝阳区后溪中学、肇庆市怀集县第一中学、肇庆市封开县封川中学等，以及本地区的很多乡镇中学，如高要区小湘中学、高要区活道中学、高要区金利一中等学校。也在不同的场合、不同的地方做过专题讲座，如2013年在广东省教研室组织的全省初中物理骨干教师培训会议上做了专题报告。我把每一次上课和讲座都看作是一次修炼和完善自我的机会，每一次我都认真对待、认真反思，所以，每一次上课和讲座后我都有很多的体会，很大的提升，在一次次的修炼过程中完善自我、提升自我，让自己在教师的道路上不断前进。

学科教育观

万物存在都是有它的道理的

万物存在都是有它的道理的，也是可以被认知的。在教育别人时，不是把某种新的东西强塞进他们的思维，而是把这种东西从他们思维中引导出来，让它从潜意识进入意识。生活中见到的现象、存在的事物都有其物理原理。所以，我在物理课堂上引入新知识时，很少从理论到理论、从知识到知识，而是从学生鲜活的生活例子、丰富的生活经验中引入，再抽象出物理的思维和知识，导入物理概念，通过动手、动脑探究物理规律。

一、我的教学风格解读

我追求的是"感性与理性并存，严谨与创新共生"的课堂风格。

感性：属于感觉、知觉等心理活动，对外界事物的感觉和印象。在康德《纯粹理性批判》中，感性是指通过我们被对象所刺激的方式来获得表象的这种能力（接受能力）。课堂上的"感性"是指被对象所刺激而获得的情感体验，如信任、愉快、幸福、热情、激情等。

理性：属于概念、判断和推理阶段的认识，与"感性"相对，把握事物内在联系的认识阶段，也指判断和推理能力。课堂上的"理性"是指学生建构概念和规律的过程，有着严密的分析推理而建立系统的知识结构，是科学的、理性的。

严谨：严密、谨慎、细致、周全、完善、追求完美。

创新：以依循现有的思维模式提出有别于常规或常人思路的见解为导向，利用现有的知识和物质，在特定的环境中，本着理想化需要或为满足社会需求而改进或创造新的事物、方法、元素、路径、环境，并能获得一定有益效果的行为。是人类主观能动性的高级表现，是推动民族进步和社会发展的不竭动力。

"感性与理性并存，严谨与创新共生"是指课堂既是"感性"的，又是"理性"的，既是"严谨"的，又是"创新"的，即科学性与人文性统一，感性与理性兼顾。具有肇庆人"热情好客"的我，要求自己在课堂上要充满激情，努力使学生愉快、热情、充满信心地投入学习中，而物理概念、原理、规律又是严谨的、科学的，来不得半点马虎，因此要理性分析，培养学生严谨的理性思维。物理来源于生活又应用于生活，物理教学注重实验操作，注重科学探究，因而需要拓宽学生视野，拓展学生思维，培养他们多角度、多方法地思考问题。教学活动既是科学活动，同时也是人文艺术活动，学生对内容的掌握，不仅通过系统严谨的逻辑思维方式，也通过形象感觉、情感体验的方式，教学过程既是遵循科学规律进行的活动，又是富于情感技术创造的活动，从而培养学生的创新意识和创造能力。"以知识为载体，以活动为纽带、以问题为索引"，充分激发学生的学习动机和内在动力，引领学生在最近发展区通过意义建构和自我完善的方式，学习物理知识和科学方法，提高科学素养和学习能力。

物理教学中，情感与智慧要和谐统一，做到"教学活动既是情感、兴趣的激发和再生的体验活动，同时也是思维锻炼与发展的训练活动"。教学要以学生逐步拓展的生活为基点，以打动学生为切入点，精心设置教学情境、问题，突出探究体验，激发学生学习的情趣，培养学生学习的情智。教学要通过物理知识与技能的情趣引发学生的深入思考和探究，从而增长学生的物理素养，提升学生的综合能力。

二、我的教学主张：课堂要有温度、有深度

泰戈尔说：教育的目的是向人类传递生命的气息。教育应基于生命，点燃生命，促进生命。教育教学过程是实现师生生命成长的过程，是师生生命提升和彰显的过程，课堂教学应是有激情、有热情的生命点燃和智慧增长的过程。因此，我主张课堂教学要有温度、有深度。

1. 课堂要有温度

教师要有激情。课堂是教育教学理论的实践场所，是老师教学构想与措施的实施阵地，唯有课堂的优质才有教育的优质，唯有课堂的激情才有教育的高效。有激情才有创造，有创造才有活力，有活力才有生命力，激情能使老师和学生充分展现生命力。

学生要有热情。在教学的过程中，教师要拿出激情去点燃学生学习的热情，引起学生的兴趣，让每个学生在学习活动中得到心理上的满足感，体验到由自己的学习活动带来的快乐，继而用更大的热情去学习，从而形成一个良好的循环。教师时刻保留那份对学生的温暖，适时鼓励学生，充分调动学生的学习积极性，让课堂"活"起来，让学生"动"起来，全身心投入学习中来。要使学生热情，教师必须有激情！

在上"认识浮力"一课中"探究影响浮力大小的因素"时，给出多种实验器材让学生自己选择，如橡皮泥、金属块、石块等。学生可以选择多种器材探究，其中橡皮泥由于性软，既可以探究"物体浸入液体的体积""物体浸入液体的深度""液体的密度"三个因素，还可以用来探究学生有疑惑的"物体的质量""物体的形状""物体的空心实心"等因素，给予学生较大的自主空间，从而增强学生对实验的兴趣，激发他们主动思考、主动探究、主动交流，他们在实验"忙得不亦乐乎"。

2. 课堂要有深度

课堂有教育思想。课堂教学要能体现出授课者有教育思想。教育思想是人类特有的教育活动现象的一种理解和认识，这种理解和认识常常以某种方式加以组织并表达出来，其主旨是对教育实践产生影响，如教育教学理论、教育学说、教育信念、教育主张、教育言论、教育理想等。

课堂有思想教育。课堂教学要能体现出对学生的思想品德教育，紧紧围绕核心

素养的四个维度的目标：物理观念、科学思维、实验探究、科学态度与责任。教学不但要关注学生物理观念的建立，更要关注科学思维的培养，关注实验探究的过程，关注科学态度与责任的教育。还包括以辩证唯物主义的世界观、人生观、价值观为中心内容的思想素质教育；以爱国主义、集体主义、社会主义为基本线索的政治素质教育；以社会公德、职业道德、家庭美德为基本内容的道德素质教育；以自尊、自爱、自强、自律为主要内容的个性心理素质教育。

课堂有学科方法。认识物理学思想是学好物理的前提，因此，我们在学习物理的过程中，始终要领会物理学思想，并能逐步将其转化为自己的思想。掌握科学方法，提高解决物理问题的能力是极其重要的。我们在了解物理学发展史的同时，不仅要学习物理学家的精神，而且要学习他们研究物理的方法。努力汲取物理学家的精华，推进物理教学的改革。掌握物理思想和研究方法（转换法、控制变量法、类比法、极限法、假设法、理想法、放大法等），对学习好物理具有重大的意义。教学过程必须始终贯穿物理思想和物理方法，这是授之渔和受之渔的根本。所以，在教学中务必有意识地贯穿物理思想和物理方法、思想指导方法、方法体现思想。

如在"认识浮力"一课中，本人先用弹簧测力计测出物体在空气中的重力，再把它浸入水中称重，结果发现弹簧测力计的示数减小了，老师问："什么原因使示数变小呢？"学生大多数都会答："浮力"。学生虽然能回答，但还是不能理解。接着我再一次在空气中称重，然后用手把物体往上托一下使弹簧测力计的示数减小，学生从两次的示数变化很容易就理解了浮力的概念和用称重法测量浮力的公式，接着分析浸入水中物体的受力，通过受力分析再次得出浮力的称重法公式。既有实验探究也有理论分析，通过建立浮力概念的过程使学生领会物理学科的两种研究方法——实验探究和理论分析，从而培养其学科素养和学科思想。

他人眼中的我

1. 专家、领导眼中的我

唐祥云（高要区教育局物理教研员）：陈宝莲老师是一位积极上进的老师，其教育教学教研能力都很强，课堂教学注重培养学生的思维能力和创新精神，课堂自然和谐、生动有趣，注重课堂的生成和学科方法教育，注重激励学生，既严谨又有创新，有自己的教学风格。

陈星强校长：陈宝莲老师师德高尚，专业水平高，谦虚好学，勇挑重担，责任心强，教育教学能力强，业绩突出，处处是师生的表率。

2. 同行眼中的我

吴玉萍（省百实践导师）：陈宝莲追求卓越，不断创新，形成一套有自己特色的课堂教学风格。教学功底深厚，对教材的理解准确，对课标把握到位，教学设计有自己独到之处，处处彰显教育智慧。

吴坤艳：陈宝莲老师悉心指导我们每一个同事，给予我们莫大的帮助，使我们得以快速成长。其课堂教学注重物理实验探究，在实验设计上很有新意，注重学科方法的教学，培养学生的创造性思维和发散性思维，善于激励学生，善于以任务驱动引导学生动手动脑思考问题和解决问题。

朱尹华：陈宝莲老师善于用实验突破学生的认知难点，积极创设情景引导学生分析问题，培养学生解决问题的能力。课堂上师生互动效果好，积极调动学生学习情绪，让学生在愉悦的环境中通过活动收获知识。

李燕婷：陈宝莲老师善于引导启发、注重实验教学，教学设计巧妙，善于挖掘知识后面的学科思想和学科方法，用尝试教学法让学生经历一个个学习过程来建构知识。

3. 家长眼中的我

莫子倩家长：陈老师是一位有教育情怀、教育理想的老师，严中有爱，注重培养学生的各方面能力，深受学生喜爱，学生都亲切地称她为"宝莲姐"。

邓旭能家长：陈老师为人和善、谦虚、无私奉献，不仅授予学生知识，更如父母般教学生为人处世，是一位非常优秀的老师。

4. 学生眼中的我

李可健：您是我们班公认的"女神"，是您带领我们到物理的知识海洋里"耍水"，您那一节节生动有趣的课堂我将铭记心中。

何树恒：您是一位非常敬业的老师，非常风趣、可爱、讨人喜欢，总把每一节课都渲染得活泼有趣，您的教学方法也很独特，注重培养学生的思维，开发我们的脑洞，让我们在物理的海洋里欢快畅游，使我们受益匪浅。您也是一位关心他人、体贴学生的好"家长"，偶尔给我们传授人生哲理，犹如一盏明灯，是我们前进的动力。如果将来踏上人生巅峰，我第一个想到的导师必定是您。

冯钲杰：幽默、严谨、有丰富教学经验和有效的教学方法，富有创新精神，懂得学生的心思且与学生为友，课堂上总能弄出"新"的乐趣，使我们对物理学产生极大的兴趣。

杨榅：您是一位教学认真、为人着想、乐于助人的好老师，也是关心我们生活、与我们分享快乐的好朋友，您设计的一个个生动有趣的实验，让我们跟着您走进丰富多彩的物理世界。

▶ 育人故事

改变，从自信中开始

2017年，对我来说是一个不寻常的一年。由于国家"生二胎"的政策，很多年轻的老师都在怀孕或休产假，而七年级又多招收了6个班，共18个教学班，在这种特殊情况下，找不到合适的老师来做班主任。因此，已经担任四个班的物理科教学的我（对一个中层管理者来说教学任务已偏重了），只好主动承担七年级的班主任工作，物理老师做七年级的班主任，在我校是首例，对我来说也是第一次。

我班有一位"特别内向"的孩子，平时很少跟同学交流，显得不太合群。在开学初，我安排一个主题为"我是谁"的主题班会，让每一位学生都走上讲台介绍自己。当这位学生走上讲台，站了很久都不说一句话，两脚一直在颤抖，老师和部分同学给予他鼓励，鼓掌叫他大胆说出来，他几次张嘴还是说不出一句话，不但颤抖得更厉害，还哭了起来。我见状马上说"这位同学叫'某某某'，对你们给他的鼓励太感动，我知道他很想说'认识大家很开心'的，只是由于太激动了说不出话来，课余时间大家可以多跟他交流交流。"给了他一个台阶下，让他回到自己座位上。

那一次他的上台给我和同学们留下很深刻的现象，让我对他额外地关注。初一的学生从各个地方集中到我校来，大家从最初的陌生渐渐地熟悉起来，慢慢地发现他跟其他同学不同，而班中几位调皮的男生经常取笑他、欺负他，也不跟他玩。这让我既心疼又头痛，多次找那几个调皮的学生来做思想工作，但收效甚微，欺负现象还在继续。

因此，我精心设计了"有礼""友善""团结"三节主题班会，引导他们该如何对待身边的同伴，如何才能相处愉快，让他们具体说出哪些行为是礼貌的，哪些行为是没礼貌的；哪些行为是友善的表现，哪些行为是不友善的表现；哪些行为是有利于团结的，哪些行为是不利于团结的。同学们列出很多，其中一些行为就是那几位调皮的学生做的，如取笑同学，给同学取花名，说同学缺点，故意拦阻同学，故意把同学的书藏起来……大家你一句我一句，越说越激烈，那几位调皮学生的脸渐渐的红了起来，头低了下去……

三节主题班会课后，"欺负"行为渐渐地减少了，同学们对特别内向的"某某某"有了一份特别的照顾和包容，主动跟他交往和交流，对他给予很多的鼓励，"某某某"同学也开心好多，时不时也看见他面上露出微笑，比开学初的时候活泼了很多。

看到这些改变，我倍感欣慰。为了让他更好地融入班集体，我又策划了一节"向榜样学习"的班会课，让每位同学都说出自己的榜样，说出要学习榜样哪一方面，榜样一定要选自己班的同学。班会课上，同学们都积极发言，把大部分同学的优点都说出来了，整节课满满的正能量。轮到"某某某"同学发言时，他不再颤抖，很平静地站起来说："我都不知道向谁学习，我不了解他们"。他说完全班哗然！我见势立即说："我们每位同学都有很多的优点，大家以后多观察。我们同学也觉得你有很多的优点，大家说是不是？"同学们非常配合地说："是！"我马上说："请同学们说说'某某某'同学的优点。"同学们一个个轮着来说："他很善良""他的普通话很标准""他很有爱心""他画的画很好"……他听着听着眼泪就出来了，伴随着他灿烂的笑容。

他真的改变了，连他妈妈都觉得他开朗了好多，在期末的家长会上，我没想到他会自荐做主持人，虽然是简单的语言表达，但能顺利地与另外一位同学合作完成整个家长会的主持，已经是一大进步了。

欺负，在主题教育中纠正；改变，从自信中开始！

教学现场与反思

"认识浮力"教学设计

一、教材分析

1. 教材的地位和作用

浮起的物体受到浮力是小学自然课和生活经验中所熟悉的，这一节课在结合前几节所学知识的基础上，综合应用液体的压强、压力、二力平衡等知识来展开。浮力知识对人们的日常生活、生产技术和科学研究有着广泛的现实意义，体现了它的实用性，由于浮力知识在工业、农业、国防等各方面都有广泛的应用，理论联系实际，是初中生走向社会的必备知识，因此，把浮力内容放在初中学习，并要求一次性过关，高中教学中不再重复。显然，学好这章知识非常重要。这一节是本章的重点和关键，为学习阿基米德原理、浮沉条件、浮力的利用奠定基础。

2. 重点和难点

浮力概念贯穿本章始末，与人们的生活密切联系，所以，浮力概念的建立和探究浮力大小与哪些因素有关是本节课的重点。对探究浮力大小与哪些因素有关，以及浮力产生的原因，需要综合应用旧知识来解决新问题，对学生的分析推理能力、动手操作能力要求较高。因此，这两个知识点是本节课的难点。

3. 教学目标

知识与技能：

(1) 知道什么是浮力及浮力产生的原因。

(2) 知道浮力的大小跟哪些因素有关。

(3) 学习用"称重法"测浮力的大小。

过程和方法：

(1) 通过实验与探究，感受浮力，认识浮力，并掌握用"称重法"测浮力的大小。

(2) 经历浮力概念的建立过程，认识理论分析和实验探究是科学探究的两种方法。

(3) 经历探究浮力的大小与哪些因素有关的过程，进一步熟悉控制变量法。

情感、态度与价值观：

（1）经历探究浮力的过程，感受大自然的神奇，培养学生热爱科学、热爱物理的情感，激发学生探索大自然的兴趣。

（2）学会在实践中验证知识，建立学生应用科学知识的意识，认识科学技术对社会发展和人类生活的影响。

4. 学情分析

浮力现象是学生在生活中比较熟悉的，也是他们容易产生兴趣的现象。教学中要注意培养学生对物理的兴趣，充分发挥实验的作用，迎合他们好奇、好动、好玩的心理特点，调动他们学习的积极性和主动性。

初中生的思维方式正逐步由形象思维向抽象思维过渡，因此在教学中应注意积极引导学生应用已有的认知，以一些感性认识作为依托，借助实验、图片、视频加强直观性和形象性，通过实验探究和理论分析获得新知识，发展抽象思维能力。

5. 教学思路和教学方法

"认识浮力"是一节概念课，教材的编写思路是：

实验探究建立浮力概念：大小（"称重法"）和方向（竖直向上）→ 理论分析浮力形成原因：上下两面的压力差 → 实验探究影响浮力大小因素（运用"称重法"测浮力）

我对教材处理做了大胆的探索，教学思路是：

实验探究和理论分析建立浮力概念：大小（"称重法"）和方向（竖直向上）→ 实验探究影响浮力大小因素（运用"称重法"测浮力）→ 实验探究和理论分析浮力形成原因：上下两面的压力差

整节课用到的方法有：类比法、建模法、控制变量法、实验探究法、理论分析法等。

浮力方向：地面上的轮船受力 —类比法→ 浮在水中轮船的受力 —迁移→ 水中弹簧测力计拉着的物体受力 —二力平衡→ 竖直向上。

浮力大小：手的托力使弹簧测力计示数减小 —类比法→ 水的浮力使弹簧测力计示数减小 → 两次测力计示数差值（"称重法"求浮力：$F_浮 = G - F_示$）。

探究影响浮力大小因素：

猜想 → 设计 —控制变量法→ 实验探究 → 展示。

浮力形成原因：

实验探究—建模法→建立模型———→理论分析————→形成结论。

6. **教学过程**

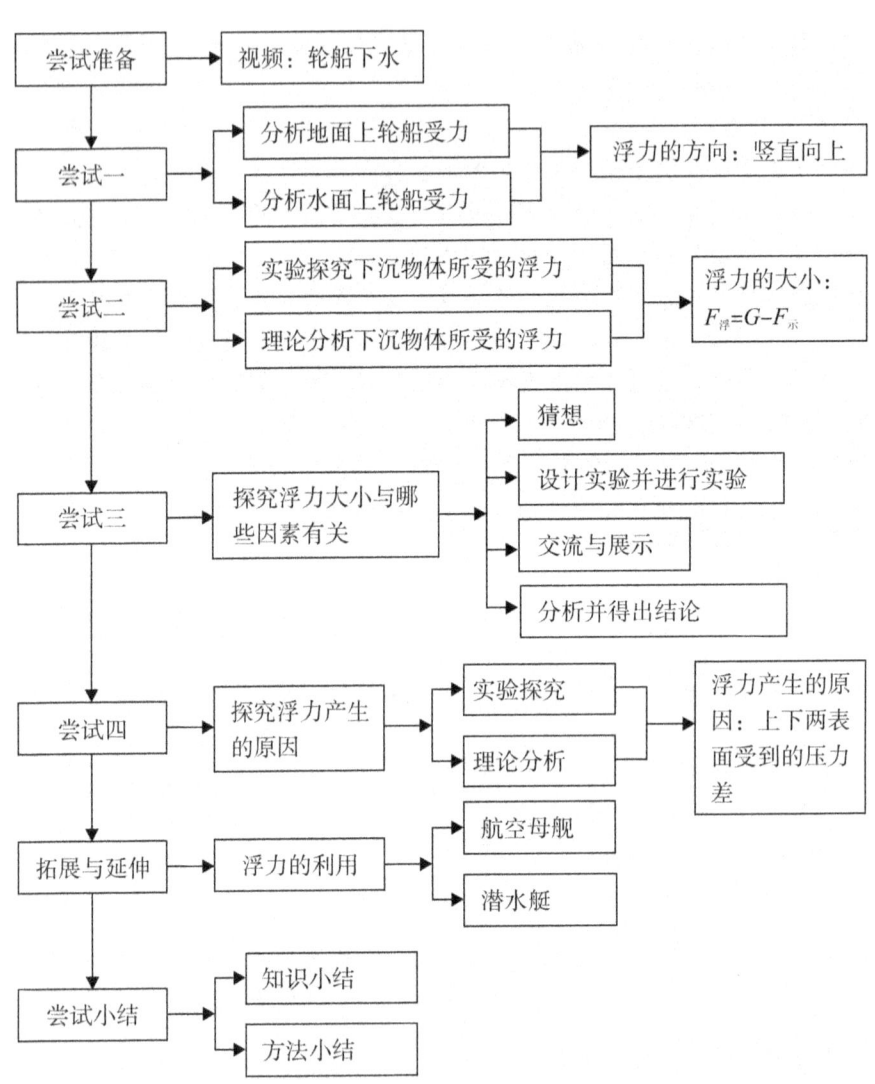

具体教学过程

教学内容	教师活动	学生活动	设计意图
新课引入	播放视频：轮船下水	观看视频	引起学生兴趣，同时为建立浮力概念作铺垫
浮力概念	1. 以木块代船，把木块从水平面放入水中 2. 用弹簧测力计测量物体的重力，再用手向上托物体，然后把物体放入水中称量 3. PPT展示情景图片，并要求学生作受力分析	1. 分析两种情况木块的受力，得出浮力的方向 2. 观察弹簧测力计示数变化，得出浮力的大小 3. 作出受力示意图，得出求浮力大小的公式	1. 复习旧知识，同时培养学生的知识迁移能力 2. 运用实验探究和理论分析两种方式得出"称重法"求浮力的方法认识，加深学生的理解
探究浮力大小与哪些因素有关	1. 演示实验：用弹簧测力计吊着物体慢慢浸入水中 2. 提问学生 3. 布置学生设计实验、进行实验，并巡回了解和指导 4. 鼓励学生进行交流展示探究成果	1. 观察现象并思考 2. 提出自己的猜想 3. 小组合作设计实验并进行实验 4. 展示小组探究成果	1. 培养学生观察和思考问题的能力 2. 培养学生思考问题的能力 3. 培养学生动手操作能力 4. 培养学生实验操作规范性和语言表达能力
探究浮力产生的原因	1. 演示实验：乒乓球为什么会浮起来 2. 布置学生设计进行探究实验 3. 提问学生探究结果	1. 观察现象并思考 2. 学生小组实验探究 3. 交流探究结果	1. 培养学生观察和思考问题能力 2. 培养学生探索真知的科学精神 3. 培养学生分析问题和语言表达能力

续上表

教学内容	教师活动	学生活动	设计意图
浮力的应用	1. 播放航空母舰视频 2. 播放潜水艇视频	观察并思考	培养学生应用科学知识的意识，认识科学技术对社会发展和人类生活的影响
课堂小结	鼓励学生对本节课所学的知识和方法进行小结	独立进行小结	培养学生系统归纳和总结能力

板书设计

9.1 认识浮力
一、什么是浮力
1. 定义：液体对物体向上的托力，叫浮力。
2. 浮力的方向：竖直向上
3. 浮力的大小：$F_{浮} = G - F_{示}$（称重法）
二、探究浮力跟哪些因素有关
猜想：
设计方法：控制变量法
结论：
三、浮力产生的原因：$F_{浮} = F_{向上} - F_{向下}$

7. 教学反思

（1）对于浮力，学生是有感性认识的，但对浮力的大小和方向，对学生来说是个未知的领域。课本只是给出一个概念，因而在建立浮力概念时，应着重从这两方面让学生认识。本节课设计从实验探究和受力分析两方面使学生充分认识浮力，课堂资源是丰富的，教学设计符合学生认知规律，给学生的印象是深刻的。

（2）在教学设计上把"探究浮力大小与哪些因素有关"与"浮力产生的原因"顺序上对调一下，对学生系统认识浮力知识很有帮助。因为在"什么是浮力"时已探究得出求浮力大小的方法"称重法"，接着就应用"称重法"探究影响浮力大小的因素，学生对浮力概念的建构由浅入深，知识的生成通过学习活动一步步完成。

（3）整节课彰显"感性与理性并存，严谨与创新共生"的课堂教学风格，学生活动多，采用橡皮泥进行实验，可以对学生的多种猜想都能进行探究，充分发挥学生的想象和操作的可变性，有利于培养学生对问题的深入思考和探究意识。学生的猜想和实验是多样的，不局限于课本的三种情况，这有利于培养学生的创新思维。

激情　幽默　互动

● 佛山市惠景中学　陈治锋（初中物理）

▶ 导读语 ▶

在校园里，有位长着一张"鬼"脸：高鼻梁、鹰钩鼻、满脸胡子，在孩子们面前喜爱说笑玩耍、阳光自信的老师，他常常被初一新同学误认为是外籍教师。这位老师，就是孩子们喜爱称叫"锋哥"的物理教师——陈治锋！

本人陈治锋，中学物理高级教师，南粤优秀教师，广东省"百千万人才培养工程"名教师培养对象，广东省优秀物理骨干教师，广东省中小学教师研训专家库成员，佛山市物理学科兼职教研员，佛山市骨干教师，佛山市禅城区陈治锋名师工作室主持人，禅城区首届物理兼职教研员，禅城区名教师、课改先进教师，三水区优秀教师、十佳教师，全国物理竞赛优秀辅导老师，优秀党员等。2013年编写专著《高效课堂细节处的十个教学智慧》；撰写的论文，有二十多篇获得国家、省、市、区的奖励，有二十多篇在《中学物理》《广东教学》《广东教育》等杂志上发表，编写了十多本中考物理复习资料热销书；辅导学生参加全国物理能力竞赛，其中有胡清清、余学良等15人获全国一等奖；在教学上，参与了3个国家级、1个省级课题研究并结题，其中获国家级、省级创新成果奖各1个，现正在主持1个省级课题和1个区级课题研究；2008年至今，围绕"轻负高效"课堂教学的思考、教学风格及教育情怀等专题，分别在省、市内外各级有效教学研讨会上做过五十多场专题报告，以个性鲜明的教学风格引领着学生快乐学习、高效学习，教学成绩一直位居佛山同类学校的前茅。

在19年的教学工作中，情感丰富、热情开朗、风趣幽默的我，在课堂上，善于利用自己的真性情与孩子们进行思维碰撞和激情互动，以此激发着学生的学习兴趣和热情，点燃着孩子们心灵的火花，充分挖掘学生学习的潜能。长期养成的理科思维让我在课堂上摒弃虚无，求真务实，引领学生学中行，行中思，思中进，形成了深得学生喜欢、成效显著的课堂教学风格——激情、幽默、互动。

名师成长档案

我是一个在农村长大的孩子。在小学、初中和高中，我的学习成绩是父母"炫耀"的资本、笑容的"催化剂"。在高三那年，崇拜军人、向往绿色军营梦的我，阴差阳错地走进了师范大学的校门，与"为人师表，教书育人"结下了"姻缘"。当时，我的一位好兄弟安慰我说："相信自己的能力，是金子，总会有发光的时候。"

在大学的几年里，我很快从挫败的阴影中走出来，重整旗鼓。在学习和工作中，我可以说如鱼得水，当班干部、系学生干部、校学生干部，潜能得到充分发掘，综合能力得到全面提升。记得在参加实习前，我第一次站在大学模拟课室进行试教，在课后的点评中，我的导师、物理系德高望重的老书记陈巨光教授的一番话，我至今仍记忆犹新："治锋，你的表现非常不错，你上课时的激情，你那丰富的语言表达（包括了神态、肢体语言），对教学内容的处理及你的板书，就像一位成熟、老练的物理老师，如果在某些方面再加努力，你就是未来的名教师，比如……"（他的这番话，给我日后的成长赋予了莫大的信心和鼓励，也给我终生的发展提供了动力、指明了方向，多谢师恩啊！）

1999年9月，怀着对教育事业的憧憬和热爱，我来到珠三角的一所乡村中学任教。从此，开始了我的教学生涯。至今已有19年教龄的我，结合这些年自己在教育教学上所做的努力、付出和取得的收获，我总结了我的教学风格的形成过程，大致可分为三个阶段：第一阶段（1999年至2002年）：初始追求露端倪；第二阶段（2002年至2007年）：反思完善渐成型；第三阶段（2007年至今）：变化择优臻完美。

第一阶段（1999年至2002年）：初始追求露端倪

刚大学毕业，在一所乡镇中学任教了3年的我，可以说对"教学风格"这个名词鲜有所闻，更不要说自己的教学风格如何。身上除了一股"初生牛犊不怕虎"的干劲外，对教材、教法的研究只停留在熟悉教材和教参的层面上，对如何整合教材，在课堂上如何运用好的教学方法、教学艺术来提高课堂效率，通常没有深入钻研，师徒结对、集体备课等基本的教研活动也没有，教学活动基本处于单打独斗的局面。就这样，原本信心十足的我，稀里糊涂地，在教学生涯中的第一次检阅（中段水平测试），以失败告终。自始，我反思自己的表现，潜心钻研教材教法，主动虚心地学习同备课组童老师认真细致、求真务实的作风，学习科组长李老师上课时的洒脱自如的教风，甚至自费走出校门参加一些名师的研讨课活动，在学习中不断促使自己专业化成长。

参加工作的第二学期，我有幸被推选为承担三水区中心备课组研讨活动课的第一人。从备课到上课，我潜心钻研，用心准备，公开课的效果不错，深得听课老师的一致好评。其中有一间学校的科组长所做的评价令我很受鼓舞："陈老师的课上得很成功，作为只有一年教龄的新老师，这节物理课上得生动活泼，富有激情和感染力，我很是欣赏，很感动，也深受启发，照此发展，不用三年，他将会成为三水区一名优秀的青年物理教师。"此次研讨活动，使我开阔了眼界，增强了我做好一名物理老师的自信心。当年，精力旺盛、热情开朗的我，白天跟学生打成一片，尽管教学经验欠缺，但学生们还是在我激情互动的课堂教学活动中，兴致盎然地学习，感受到物理给他们带来的乐趣，也体会到"一分耕耘一分收获"的喜悦。我第一学年的教学成绩就跃居学校年级之首、区的前列，第二年被学校委以重任（担任一个重点班和两个普通班的物理教学，并兼任普通班班主任工作。当时校长告诉我，安排新老师教重点班，你是第一人！），那一年，我们初三物理备课组3人齐心协力，创造了一个奇迹——我们这所农村中学的学生在中考中物理平均分名列三水区第一，而我任教班的物理成绩也位居学校首位。

回首最初的3年，所教学生的成绩确实不错，特别是工作的第二年带毕业班就拿下"骄人战绩"，令很多同事赞不绝口。但想起当初的教学情境，我怎么也乐不起来，反思自己：当年除了自己在课堂上的年轻活力、教学激情和互动外，我的课堂教学是否达到了轻负高质呢？答案是否定的，更多的是在应试教育的思维支配下，"埋头拉车"，靠勤奋、靠时间去"磨"学生。

第二阶段（2002年至2007年）：反思完善渐成型

2002年8月，是我教学生涯的一个转折期，我被调到重点中学任教。从此，我走进了教育工作的新天地。在三水西南二中，良好的人文环境无时无刻不在刺激着我对教育教学若渴甘露、蠢蠢欲动的心。在这3年里，我抓住一切机会去听本校优秀老师的公开课，走出校门听外校教师的优质课，听名教师、专家们的教育教学讲座。每次参加完这些研讨活动后，我都会认真思考和反思，吸取精华，去除糟粕，并结合自身的性格特点和学生的实际，将好的教育教学理念和做法应用到自己的课堂教学实践中。当年物理科组最为年轻的我，经常代表学校参加各类的公开课和教学比赛，尽管当时任教3个班的物理课并担任班主任，工作量较为繁重，但凡是为学校争取荣誉、有利于提高教育教学能力、促进教师专业化成长的教学比赛活动，我都乐意接受，全身心投入，乐此不疲。

在那几年里，我的教育教学水平突飞猛进，教学上也逐渐有了自己的风格。我每天都以阳光自信的形象，激情洋溢的语言表达，热情互动的教学方式，严谨治学的教学作风呈现在课堂上，有效地激发了学生的学习兴趣，提高了他们学习的效率。在课堂上，充满激情的我，发声响度会情不自禁地高出很多老师的数倍。除了板书必须限制在讲台前操作外，大部分的时间我都走到学生当中去，与学生激情、快乐地互动。在我的课堂教学中，动静鲜明，当学生思考问题、课堂精练时，课堂的宁静程度连我的脚步声都成了噪音。当学生讨论、回答、评价问题时，场面非常的热烈，举手抢答的同学令我应接不暇。在新授知识点的学习、语言文字的表达、精练题的点评（包括如何审题、分析问题、思维能力的训练、有效学习方法的培养等），理科思维的我，会摒弃虚无，严谨认真，这样能很好地培养学生良好的思考、分析、解决问题的习惯。

在二中的这几年，我的教育教学水平长进不小，也收获了一定的成绩和荣誉，教学有了一定的风格，基本实现了课堂教学的高效，但功利教育的作祟，离我追求的"轻松课堂、快乐教学"理念还有一段路要走。

第三阶段（2007年至今）：变化择优臻完美

2007年9月至今，我的教职生涯进入了一个崭新时期。伴随着学校转制，从硬件设施到教学管理制度、学生素质等硬软件方面都得到了很大的提升，而我的教学事业也在良好的环境里得到了更好的发展。先后被学校任命为毕业班的年级组长、教学处主任、教学副校长等职务，并一直兼任下级行政，主持级组的全面工作。2009年至2015年，我先后被西南街道科教办和佛山市教研室特聘为"物理学科兼职教研员"，2018年担任佛山市禅城区陈治锋名师工作室主持人和禅城区首届物理兼职教研员，在佛山市物理教学研讨会上做有效教学专题分享，担任市青年教学比赛的评委组长，经常参与指导其他中学的物理教学科研工作，而且经常到异地上教学示范课的展示活动等。或许是多年来在教育教学上打下了良好的基础，或许站的高度不同，加上有省、市、区的物理教学研讨分享交流平台，我的教育教学思想和教学理念也发生了较大的变化，由原来注重结果转变到更注重学生的学习过程、学生综合能力和物理核心素养的培养。特别是2015年我成为广东省"百千万人才培养工程"名教师培养对象后，至今3年，在项目组组织的专家引领、导师指导、同伴互助等高端培训研修，以及研修期间的实践、反思和总结中，给我那"理想课堂、高效学习"的教育思想、先进的教学理念、个性教学风格的完善，起到了一个举足轻重的推定作用。可以说，这些年来，在自己的课堂教学上，我不断尝试、改良、实践、完善自己的教学风格，通过不懈的努力，最终形成了这种学生喜欢，同事称赞，并融入了我的个性魅力的粤派教学风格——激情、幽默、互动。

1. 教风独特，低耗高质

在教学中，我形成了一套风格鲜明、低耗高质的课堂教学模式——课堂教学"动起来，更精彩"的互动教学，具体操作如下：

（1）课前精心准备

在课前，深入钻研教材，参阅教辅，准确把握本节内容中有效教学三大元素：有效导入（以激发学习情感、态度和价值观使学生进入最佳学习状态为目的）、有效精讲（以落实双基和教学重点为基础，优化学习过程和方法，通过有效讲解培养学生的理解能力为目的）、有效精练（以有效指导方法，训练学生分析问题、解决问题的能力为目的）三大教学环节，并根据学生的实际情况，认真设计、备好、编写好每一节课的教案。

（2）课堂上激情互动，有的放矢

在课堂上，以健康、活泼、自信的形象，激情洋溢的语言表达，开拓创新的探究式教学模式，有效地激发学生学习的兴趣和热情，通过课堂上"动起来，更精彩"的互动教学模式，使学生整节课自始至终充满热情、干劲十足地投入到课堂学习中去。在教学过程中，始终贯彻因材施教的原则，坚持以学生为主体、教师为主导、教学为主线的原则，注重课堂教学的过程和效果。授课时深入浅出，做好有效导入、有效精讲、有效精练这三大有效教学环节，全力挖掘学生的潜能，彻底消除后进生层面。

（3）课外适时疏导

在课外，像兄长一样与他们交流、谈心、沟通，特别是一些学习成绩不理想、思想波动较大的后进生，站在他们的角度去关心、鼓励他们，并创设机会给他们去表现自我，帮助他们找出不足、克服困难、树立自信。在我用心的引导和鼓励下，每年所任教班的学生在学习上会逐渐从"填鸭式"的被动学习转变到主动学习的良好状态当中，并在物理学习中不断收获进步和成功的喜悦。

课堂教学"动起来，更精彩"的互动教学模式，这几年在我的努力探讨实践中不断完善，它在我的物理课堂教学中，大大提高了课堂教学效果，让学生在轻松、愉快、热情高涨的氛围中学到知识、培养能力，收获到成功的喜悦，深得学生的喜欢。

2. 教学幽默，风格形成

教学幽默是指教师运用各种奇巧的、出人意料的语言、动作、表情、物件等，以其唤起学生的学习动机，激发学生的学习兴趣，启迪学生的智慧，让学生在轻松和谐愉悦的气氛中掌握知识经验的心理过程。

例如，物理中很多物理量之间有严格的逻辑关系，学生往往容易混淆答案，在学习"电流跟电压、电流跟电阻"的关系时，很多学生对它们表达的逻辑顺序含糊不清，对此内容的讲授我是这样处理的：我把"电流"比作"儿子"，把"电压"比作'爸爸'，然后提问学生："先有'儿子'（电流）还是先有'爸爸'（电压）？谁像谁？"学生开心地回答："先有'爸爸'（电压），后才有'儿子'（电流）呀，'儿子'（电流）像'爸爸'（电压）。"于是，电流跟电压的逻辑关系在幽默开心的气氛中迎刃而解了。又如，在讲授"力的作用是相互的"这个重点知识时，老师突然情绪"激动"，举起手用力拍打在桌面上，随即，老师带有夸张的"痛苦"表情"诡异"地望着学生，学生在老师幽默的引领下，明白了其中的道理：物体间力的作用是相互的。再如，当学生完成课堂上精练题小测，在提问时，有时我会带着很"严肃"的表情问：请做对的同学"举脚"！总会有一些同学，以最快的反应、胜利的神情举起了"手"，哈哈……接着全班同学开怀大笑起来（善意的），而我却装着很"无辜"的样子，在"傻傻"地偷着乐！这些形象生动、丰富而幽默的教学语言，不仅有助于学生的思考、理解和掌握教材的内容，而且还可以起到打动学生的心理、吸引学生的注意力、活跃课堂气氛的作用，从而实现"轻松课堂、快乐教学、高效学习"之目的。

3. 他山之石，可以攻玉

这些年来，我在认真做好自己的本职工作之余，还多渠道、多途径地学习充电。通过观摩不同学科、不同风格老师的公开课、研讨课、示范课，听名师、专家的教育教学讲座，看全国名师的上课视频（特别是风格鲜明的全国优秀教师窦桂梅老师的上课视频），潜心钻研有效教学的实施与操作，吸取他人好的教育思想和先进的教学理念，不断地促使自己在课堂教学上去多思考、多改良、多提升。可以说，不断地学习是我不断取得进步的源泉。

学科教育观

（一）风格解读——"激情、幽默、互动"的教学风格

德国著名的教育家第斯多惠说："教育的艺术不在于传授，而在于激励、唤醒和鼓舞。"细细对照一下自己的课堂教学，"激情、幽默、互动"的教学风格所引领的课堂教学不正在诠释着第斯多惠的思想吗？

激情是一种强烈的情感，短暂迅猛爆发的情绪状态，它能让人兴奋，充满活力。而我的激情教学就是用自己的激情去感染学生和传播知识，用一种高亢的精神状态、真挚丰富的情感，通过不同的交流方式，把教学中的各个环节紧密有效地结合起来，使学生的心灵受到碰撞，智慧得到启迪，潜能得以挖掘。幽默，本是英语

"humour"的音译，它是指言语或举动生动有趣而含意较深。列宁说："幽默是一种优美、健康的品质。"有幽默感的教师能运用幽默把课堂变为师生交流思想感情、碰撞智慧火花、启迪智慧灵感的其乐融融的"磁场"，能使物理教学产生"磁力"效应，给学生带来高层次的心灵欢乐和精神享受。互动教学是在以解决课堂教学中的问题为目的，师生之间、生生之间在民主、自由、平等、开放的情境下，进行的一种心灵与心灵的碰撞、沟通的教育活动。它不是课堂简单设问、提问、答辩，更不是课堂教学之余留下十分钟等待学生提问题、教师释疑解难，而是从根本上确立改革开放、教学相长、激活思路、讲究艺术、提高效果的教学新观念。

（二）教育主张——"激情、互动"与"四个有效"引领课堂教学"轻负高质"

这些年，"激情、幽默、互动"的风格课堂在我的实践、反思、打磨、提升中，有效地助推着课堂教学的发展，伴随而至的是，我的教育教学主张也浮出水面，并渐渐地清晰起来，反作用于有效课堂教学的良好进程。

1. "激情"与"互动"是有效课堂教学的"催化剂"

我认为，要让我们的课堂教学更有效，关键在于课堂教学中，教师的"教"和学生的"学"有没有产生很好的"化学反应"。

教师在自己的课堂教学上，要善于利用自身的人格魅力和对知识传递的责任感，对教育事业崇高的使命感激发学生学习的热情，用教师课堂上的激情教学激发学生的兴趣，用课堂上师生积极的互动，心与心的沟通，使学生在轻松愉快的气氛中掌握知识，培养能力，收获自信心和成功感。当然，教师的讲解是否引人注意听，乐意听，还与教师说话的情感情绪关系密切。如果教师以饱满的热情、全神贯注于所讲的内容中，讲起来辞恳情切，兴致勃勃，神采飞扬，这种形象和状态本身就会自然产生一种诱人的魅力，激发起别人听下去的兴致。不妨说，教师说话的情感因素，是教学语言趣味性的内在要素，是教学语言的生命、灵魂。所以在授课时教师要运用简洁、精练、幽默、生动而且富有激情的语言，感染学生情感，引起学生共鸣。同时教师还要善于运用丰富的肢体语言，如手势、表情、神态等点燃学生学习的热情，引领学生全身心投入到学习的情境中去。

在多年的教学实践中，我认为新课程引导下的新课堂已不再是知识传递的课堂，而是生命发展的课堂，是充满生命活力的课堂。当孩子们全身心投入到学习中，学习就变成一种特殊的享受，变成一种精神的需要。只有把激情和互动融入课堂，让激情和互动充满课堂，才会使教与学在一种无比融洽的气氛中进行，让学生轻松愉快地掌握知识、提高能力，使课堂变得越加精彩。如果课堂上没有互动，就不存在教学，课堂上缺乏激情，课堂就缺乏生命力和创造力，显得不精彩。

2. 做好四个有效教学环节，是实现"轻负高质"课堂教学的关键

多年来，结合自己在课堂教学上的潜心钻研、用心实践，我本人对"轻负高

质"的课堂教学的理解是这样的：用教师自身良好的师德修养和精湛的专业教学素养激活课堂，最大限度提高课堂教学中"教"与"学"的效率，让学生在课堂上学得轻松有效，切实减轻学生的课外负担，实现"轻负高质"的教学效果。

要实现"轻负高质"的课堂教学效果，本人认为在课堂教学上关键要做好以下四个有效教学环节：

(1) 有效导入，激发学习状态

课堂教学中的有效导入是以激发学习情感、态度和价值观，使学生进入最佳学习状态为目标去设计的有效导入这个教学环节。它是针对学生的什么学习需求，以什么样的导入材料或情境，应用什么样的导入方式实现引入新课的导入效果，使学生进入怎样的最佳学习状态（如智能状态、思维状态、心理状态、情感状态、价值状态、学习品质状态、学习习性状态），生成什么样的学习需求和学习动力。其实，有效导入环节的设计，不只是对课前的新课导入教学的精彩导入设计，在每一个知识与知识之间的过渡环节，也要精心设计好有效地导入，让课堂如行云流水般进行，确保学生在整节课的时间里保持良好的精神状态、愉悦的心情去听课学习，提高课堂学习的效率。当然，我认为教师自身良好的教学状态，教师的"精气神"是激发学生最佳学习状态的良药，是有效导入最好的"助推器"。

(2) 有效精讲，培养理解能力

课堂教学中的有效精讲是以落实双基（学生的基础知识和基本技能）和教学重点为基础，优化学习过程和方法，通过有效讲解培养学生的理解能力，它是有效教学在实践操作中最为重要的一个环节。在课堂教学中，针对本节授课的内容，学生必须要掌握的基础知识和高频考点，教师要精讲重点内容；针对学生在学习中可能会碰到的疑难问题，教师要精讲思路和方法；针对怎样使学生生成听讲的学习热情和需求，进入此环节的最佳学习状态，教师可设计课堂设问式精讲；怎样与学生有效互动，怎样引导学生有效探究及深入思考，教师可采用启发式讲解方式；等等。

(3) 有效活动，提升综合素养

课堂教学中的有效活动是以调动学生学习的主动性、参与性、创造性为目的，通过有效活动培养学生的动手、合作和理解的能力。课堂上的有效活动环节的设计是针对教学任务、教学目标，在教师的引导下设计活动方案，并通过学生的感知、体验、实践、参与和合作等方式实现任务的目标，感受活动收获的成功。有效活动的设计流程是用学习任务驱动，引领学生活动设计、合作体验、交流互动，反思小结，以达到培养学生的动手动脑、合作探究、理解巩固的能力。

(4) 有效训练，提高分析、解决问题的能力

课堂教学中的有效训练是以有效指导方法，训练学生分析问题、解决问题的能力为目标，在备课时精选精编一些课堂上的典型训练题，让"双基"和"重点"

知识得到落实。有效训练要说明典型例题的作用及其讲解的效能；教师在课堂有效训练的过程中，要较为充分地预估到学生可能会生成什么层次性学习问题，教师应当通过怎样的有效指导，解决学生分析问题和解决问题的能力性问题，采取什么有效措施，培养学生的解题效能。在此基础上，如何运用类比思维方式，使学生举一反三，触类旁通，并有效培养学生结合体验、感悟的应用和创新精神，真正达到培养学生运用知识解决实际问题的能力。

他人眼中的我

19年的教学历程中，师德高尚、业务精湛、成绩显著的我，深得学生、同行、专家和家长的高度称赞。

1. 学生眼中的我

陈致佳（现就读清华大学）："锋哥，初三能成为您的弟子，我深感荣幸。说真的，您对待工作的热忱、激情，对我们的关爱、激励，对生活的热爱和向往，深深地影响着我做人、做事和学习的态度。初三一年紧张有序的生活，从您激情、互动的课堂教学，严谨、幽默的教学作风中，让我体会到了物理学习的乐趣，培养了我好的物理学习习惯……"（"锋哥"，是多年来学生对我的亲切称呼）。

麦学雯（2013届毕业学生）："锋哥，您好，我是初二（5）班的麦学雯。在您教我们的过程中，我慢慢地养成了学习物理的好习惯，而且对物理产生了浓厚的学习兴趣。您上课激情洋溢、风趣幽默，对工作有强烈的责任心，在课堂上能营造浓厚的学习氛围，您的任教班物理成绩总是very good……最后，我想代表全班表达我们的心声：您是我们班同学的榜样和偶像，期待我班初三的物理仍然是您任教。"

2. 同行眼中的我

谭诗清（广东省物理名师工作室主持人）：陈老师的讲座发言非常精彩，他是一位年轻有为的优秀教师！（本人在代表佛山参加完佛山肇庆物理教学研讨会的专题发言后，一位名师在我的博文后发出的评价）

刘慧媛（物理高级教师，佛山市名教师）：我是陈老师成长的见证人，在一起工作的11年，他一直刻苦钻研业务、好学进取、精益求精、业绩突出。在课堂上，性格热情开朗的他，善于利用自己的真性情激发学生的学习兴趣，用自身良好的师德和精湛的专业素养引领学生高效学习。他对专业至高的追求、为人师表的理解、永不言败的意志品格、激情互动的教学风格，使他成为一名优秀的物理教师，一个学生心中的偶像，一个青年教师学习成长的榜样。

陈志红（优秀语文教师，优秀班主任）：2013年，我有幸和陈治锋老师成为搭档，一起任教5班，由此也得以更深地了解了这位让领导放心、让同事敬佩、让学生喜欢的老师。陈校长的课堂总是充满着激情、闪烁着智慧。他用他那严谨的思维，用他那满腔的热情与幽默的语言，充分调动起学生的学习激情，在师生激情的互动中，学生能快乐地学习、主动地思考，然后产生智慧的火花。他的激情、严谨、幽默使他的课堂充满了动感和精彩。可以说，听他一堂课，胜读十年书！

伍宇军（省骨干教师班同学，顺德区骨干教师、学科带头人）：陈治锋老师的课堂教学风格鲜明，他精心地创设丰富、生动、贴近学生生活的学习情境，在激情、幽默中对学生"谆谆诱导，适时点拨"，通过师生间的热烈互动、合作探究，引导学生愉悦地学、主动地思，很好地培养学生严谨的物理学习思维，促使学生的个性得到充分的发展，形成了以引导探究为主的高效教学模式。

2. 专家眼中的我

罗质华教授（广东第二师范学院物理系主任，省百千万培养对象理论导师）：陈老师是一位热情开朗、活力四射、勤奋好学、虚心进取的优秀青年教师。在教学中，他潜心钻研、用心实践，有较高的理论水平和实践能力，有较强的求实、求活、求新精神，教学风格独具一格。最难能可贵的是他对教育的理解和践行：教育就是爱心的传递、综合能力的培养、对社会的责任和对自身价值的体现，他正向专家型的教师大踏步迈进。

郑海棠（教研员，物理教研员）：陈治锋老师是我们区物理教学界精英、骨干老师，多次承担区的公开课、示范课，他的课堂条理清晰、思维开放、激情四射、活力高效，学生积极参与、学习热情高涨。他在省、市、区教学研讨会上做过专题报告，发言内容实用、精彩，深受好评，他为区的物理教学研讨工作的开展推进作出了很大的贡献。

3. 家长眼中的我

邓晓岚的家长："锋哥，您好！我是晓岚的妈妈，真的很感谢您！我女儿在二中学习，在您的教导下，特别放心。我们对晓岚的学习成绩很是满意，当然，最令我家开心的是：在您的引导下，她的学习态度、学习的积极性、主动性提高很大。现在，她在校的学习、生活都很开心，我们家人感激万分！希望初三您继续教她物理。"

▶▶▶ 育人故事 ▶

用爱心引领孩子们温暖成长

著名哲学家苏格拉底说：教育不是灌输，而是点燃火焰。心怀浓浓的教育情怀的我，在19年的教育旅程中，无时无刻地用自己的爱心和智慧，关怀呵护着孩子们纯洁的心灵，激励着孩子们积极向上、健康成长。在我的教育字典里，爱是教育的前提，没有爱就谈不上良好的教育。也正因为爱孩子，爱教育，在我面对孩子们时，我会用温情去感应孩子们的存在，用饱满的情感和积极的态度去感染孩子们的心灵；在孩子们有良好表现时，我会用肯定的语言和欣赏的眼神让孩子们收获自信；在孩子们受挫困惑之时，我会用恰当的言语激励孩子们努力前行，让学习成为孩子们内心中洒满阳光的社会活动，引领孩子们温暖成长。

　　清楚记得，2003年在我担任班主任时，一个姓何的学生和一个姓冯的学生进入我班时，学习成绩和纪律表现都比较差，家长已经拿他们没办法，甚至对他们的前途有点失去信心了。通过谈心交流，我很快发现这两个学生接受知识的能力并不差，只要改变他们的学习态度和生活习惯，考上重点高中还是很有希望的。果然，功夫不负有心人。我从真心关心他们的学习生活入手，通过多次的谈心、激励，数月的重点跟踪与沟通，他们俩发生了很大变化，简直可以说脱胎换骨，在2004年的中考中，两人均以超出分数线十多分的成绩考上了重点高中。事后，两位家长激动不已，带着礼物前来道谢，但都被我一一谢绝了。2017年8月，在我的微信朋友圈里记录着这样一段文字——《享受学生感恩的幸福》："小肥仔"梁颖宇同学是一位父母离异、性格有点孤僻自卑，学习习惯不好，成绩差的2017年毕业生，初三接手教他时，初二升上来的物理成绩只有可怜的三十多分（100分制），当我了解他的情况后，马上结合他的实际情况，专门制定了一套先谈心育人，再辅导学习的方法，并通过长期的谈心、鼓励、辅导、展示、表扬等方式，力促他慢慢改变自己的不良习惯。经过初三一年的努力，梁同学取得了全方位的进步，人变得积极向上了，热心与人交流互动了，学习成绩也突飞猛进了，中考物理在难度较2016年大幅度提升的情况下，考了一个不错的66分，助力他如愿考上心中理想的高中。拿到录取通知书后，抱着满怀感恩的心，三番五次来电催促要单独请我吃一顿"感恩宴"，那餐饭上，他向我细细倾诉着他在初三这一年里，"锋哥"对他的关怀和鼓励，说到动情处，我们都流下了感动与幸福的泪水，同时，"小肥仔"还站在学生的角度，给我的教育教学总结了 N 个优点……这些纯洁真心的点赞和感激，让我每每感动之时，更提醒我在今后的教育教学中，努力坚持并践行发扬做"朴素、平等、鼓励、关爱"等良知教育。

当然，在19年的教育工作中，这样的故事举不胜举，因为在我的心里，教育是一门温暖的功课，教育事业是温暖人心的事业，它是用智慧启迪智慧，用激情点燃激情，用爱心浇灌爱心，用温暖传递温暖，这也是我对教育的追求，一直努力践行的教育信仰。

教学现场和反思

我的教学实录——力

授课班级：广州白云区石井中学初三（2）班

一、课程标准

通过常见事例或实验，认识力的作用效果，会用力的示意图来描述力。

二、教材分析

力是一个十分抽象的物理概念，物体间的力是看不见的，要让学生初步形成力的概念并非易事。但力的概念跟学生的日常生活有着非常密切的联系，让学生从许多与力相关的日常生活现象中经历感知、描述、测量等认识过程，对力这个概念逐步达到认识、深化的目的。教学中以大量的生活实例为学生创设情景，使学生能通过观察、体验，感知力的存在，并初步归纳、概括各个实例的共同特征，即力是物体对物体的作用，发生作用的两个物体，一个是施力物体，另一个是受力物体。通过描述和实验，引导学生认识力的作用效果，使学生更好地感知力的存在，同时引导学生从物体的形变及运动状态的改变两个方面去认识力。在充分感受力的基础上，进一步从力的作用效果出发，得出力的三要素及力的示意图，这样学生就可以较全面地描述力了。再引导学生分析常见的事例和实验，发现各实例毫无例外地都涉及两个物体，一个物体对另一个物体施加力的作用时，另一个物体同时会对这个物体施加一个力，这说明两个物体间力的作用是相互的。这样，学生对力的概念就有了一个初步完整的认识。

三、学情分析

异地授课，尽管与上课班的学生不认识，但通过跟该班物理老师的交流中了解到学生物理学习情况：因地段生源（优质生源基本去了民办名校），大多数学生虽然学习能力一般，成绩不太理想，但对物理学习的兴趣浓厚，积极参与课堂互动，对活动参与式的教学较有兴趣，并收效较好。

四、教学目标

（一）知识与技能

（1）知道力是一个物体对另一个物体的作用。能正确读写力的符号和单位。

（2）认识力的作用效果是改变物体的运动状态或改变物体的形状。

（3）知道力的三要素，了解力的三要素对力的作用效果的影响，会画力的示意图。

（4）认识物体间力的作用是相互的。

（二）过程与方法

（1）经历从许多与力相关的日常生活现象中归纳出力的基本概念的过程。

（2）通过学生亲自试验，体验并认识物体间力的作用是相互的。

（3）通过常见事例和实验，认识力所产生的效果。

（三）情感态度与价值观

（1）通过参与实验活动，培养学生积极参与主动与科学探究实践的思想和互相配合的协作精神。

（2）在经历从许多与力相关的日常生活现象中归纳出力的基本概念的过程中，体会分析和归纳在科学中的应用。

（3）体会物理与生活的密切联系。

五、教学重点

本节内容由"力""力的作用效果""力的三要素和力的示意图""力的作用是相互的"四部分组成，属于力的基础知识，是学生学习后续各部分内容如"弹力""重力""力和运动""压强""浮力""简单机械"等所必需的预备性知识。力不是维持物体运动的原因，而是改变物体运动状态的原因，这是力与运动关系的基本观点。对物体进行受力分析、正确画出力的示意图是学生学习力学知识必须具备的基本能力。所以，本节的重点是力的作用效果和力的示意图的画法。

六、教学难点

力是一个十分抽象的物理概念，物体间的力是看不见的，要让学生初步形成力的概念并非易事，根据物体的运动状态可以判断物体是否受到力的作用，这需要用到以前学过的运动知识。物体的运动状态包含运动快慢和运动方向两个方面。这些因素叠加在一起，给学生造成学习上的困难。所以，本节教学难点是力的概念和认识力的作用效果是改变物体的运动状态。

七、教学过程

（一）新课导入

1.（课前活动）老师先自我介绍，并与学生一起向前来听课的老师报以"最热烈的掌声"。

老师问：刚才大家鼓掌时，手有什么感觉？（后面简称"师问"）

学生回答：有点痛。（后面简称"生答"）

2. （学生展示）邀请一位同学上台演示：用手举起哑铃。

师问：手对哑铃是否有力的作用？

生答：有用力。

（设计意图：用学生亲身体验、展示、老师设问、学生回答，从而很自然导入"力"这节新课内容的学习——新课学习中的有效导入设计，导入的内容是否精彩，是激发学生学习热情和求知欲的有力保障）

（二）新课学习

1. 什么是力

分析实例："手举起哑铃"，引导学生归纳得出力的定义、施力物体和受力物体的区别、产生力的条件。

（板书：力是物体对物体的作用）

2. 力的单位

阅读资料：引导学生认识掌握力的单位（N），常用表示符号（F）。

3. 力的作用

（1）（看投影）一位男孩在没穿鞋子的情景下踢球。

师问：如果在踢球时没穿球鞋，会是什么感觉？

生答：脚会感到痛。

（2）（学生展示）老师邀请了两位身材高、力气大的"大力士"同学上台做游戏展示（规则：两人面向而立，听到老师的叫喊口令后，两位同学立即用双手大力推对方）。

师问：注意观察，谁会向后退？为什么？

学生讨论回答：两人均向后退，因为物体间力的作用是相互的。

（板书：物体间力的作用是相互的）

（3）（师生活动）老师和全班同学高举一只手，听指令一起用力拍打课桌，随着"啪"的一声巨响，老师带着"疼痛可怜"的表情……

师问：大家的手有什么感觉？怎样解释这种现象？

生答：很痛！因为"物体间力的作用是相互的"。

（4）学以致用：

①师问（看投影）：穿着旱冰鞋的男孩用力推墙时，会发生什么现象？为什么？

生答：男孩向后退，因为物体间力的作用是相互的，男孩的手推墙时，墙也在推他，所以他向后退。

②师问：生活中还有哪些事例可以用"力的作用是相互的"知识来解释？

学生讨论回答，老师引导归纳。

（设计意图：其中列举"游泳"这个例子时，为了更直观、生动、有趣地激发学生的学习兴趣，我模拟跳太空舞步的动作来模仿游泳动作，让他们在兴奋之中，快乐轻松地掌握了知识，培养了能力）

4. 探究：力的作用效果

提出问题：力作用在物体上，会有什么效果呢？

（1）（学生实验）用身边的器材（一张纸或一只乒乓球），用力将纸抓成一团，并建议学生将纸团对着同学扔出去。

（老师笑着说：你喜欢扔向谁就扔向谁，给你一个"发泄的机会"，说着老师自己的纸团先扔向一位同学身上，全班同学气氛高涨，相互将手中的"子弹"对准目标扔去，好不热闹……）

老师借机设问：力作用在物体上，有什么效果？

学生结合刚才情形回答，老师引导归纳得出：力可以改变物体的形状，力还可以改变物体的运动状态。

（板书：力可以改变物体的形状，力还可以改变物体的运动状态）

（2）（学以致用）结合所学知识，老师用一只排球做演示，进一步巩固所学知识，提高学生观察现象、分析问题、解决问题的能力。

（设计意图：老师巧用日常生活中的物品当作实验器材，让学生在动手玩乐中、在积极参与互动中，学到知识，培养能力，让他们体验物理学习的乐趣，实现轻负高效的学习效果）

5. 探究：力的作用效果受哪些因素的影响

（1）提出问题：力作用在物体上，效果明显与否跟什么因素有关？

（2）科学猜想：可能跟力的大小、力的方向、力的作用点有关。（学生结合生活实践等，提出自己的猜想）

（3）设计实验：①器材：选用一个排球、一块磁体。

②研究方法：控制变量法。

（4）进行实验：整个实验过程中，老师尽量激发学生学习的兴奋点，用自己精湛的专业教学素养、风趣幽默的语言、激情互动的教学风格，引领学生轻松愉快地探究实验、解决问题、掌握知识——力的三要素：力的大小、方向、作用点。

（板书：影响力的作用效果的三要素是：力的大小、方向、作用点）

（设计意图：在这个内容环节学习中，我是这样提取学生学习的兴奋点，激发学生的学习热情的。例如，探究影响力的作用效果跟力的大小的关系时，在控制力的方向、作用点相同的情况下，用大小相差悬殊的力将排球对着墙拍打过去，反弹后球尽可能落向学生位置，以此来激起学生学习的兴奋点，从而理解掌握力的大小是影响力的作用效果的要素之一。又如，探究影响力的作用效果跟力的作用点的关系时，老师用同一块磁体，在离门闩远近不同的两个位置去吸拉铁门，其中有一种情形当门即将关闭时，跟学生来个Bye-Bye的幽默场景，这样也能激起学生学习的热情，从而轻松愉快地让学生学到知识，培养能力）。

6. 堂上精练

有针对性地精选了选择、填空、看图说明、实验及开放性等题目给学生当堂训练。

（设计意图：针对学生可能出现的问题，结合教学的重点内容，精选精编课堂练习，学生通过堂上精练题练习、学生回答点评、老师的点评归纳，达成巩固知识，提高学生分析问题、解决问题的能力，最终落实教学目标和实现最佳学习效果）

（三）课堂小结

师问：这节课你学到了什么知识？掌握了什么解题方法？

学生讨论回答，老师引导归纳。

（设计意图：让学生总结本节学到了哪些知识，用到了哪些研究物理问题的方法，还要小结研究问题的思维程序，为学生的终身学习奠定基础）

八、教学反思

本节现场教学实录是我在广州市白云区石井中学上的一节较为成功的原生态课例，上完后反思小结如下：

1. 精心的准备

一节成功的课例离不开课前精心的备课，哪怕再有经验的老师，面对素质教育的社会大环境，我们于人于己都必须精心去备好每一节课例，因为我们教育的对象是人，而人是不断变化发展的。本节课教学是异地授课，授课人在不便了解学情的情况下，在备教材，备教学目标，教学重、难点等方面做到充分的准备，对掌握各个重点知识，理解教学内容，备好教学方法、策略的同时，更要做好学习问题的预设，预估学生在学习中可能会出现或生成怎样的问题，作为导师，应如何做有效引导和激发，等等。这一节课上下来，我认为课前的精心准备，很好地促进了物理课堂教学的高效。

2. 激情的互动

在我的眼中，课堂上教师良好的教学状态，会最大限度地激发学生学习的兴趣和热情。本节课的教学，在课堂上，授课人很好地借助自身良好的教学状态，以及"激情、幽默、互动"的教学风格，成功地调动了学生的学习状态，激活课堂，践行着我的一个教学主张："激情"与"互动"是有效课堂教学的"催化剂"。

3. 智慧的课堂

多年的实践提炼告诉我们，智慧实用的教学主张能引领我们走得更快，飞得更高。在我的眼中，智慧教学的"四个"有效教学环节，是实现"轻负高质"课堂教学的关键，即做好有效导入，激发学生的学习状态；做好有效精讲，培养学生的理解能力；做好有效活动，培养学生的动手探究和交流合作的能力；做好有效训练，训练学生分析问题、解决问题的能力。授课教师在这"四个"有效教学的引领下，做到促进初次见面的学生在这节课的学习中能快乐互动，高效学习，实现课堂"轻负高质"的教学效果。

4. 灵动的智慧

在课堂中，引导学生学习"力"的知识——探究"力的作用效果"的内容时，因为当时条件的限制，上课时我准备到的实验器材只有一张报纸和一只乒乓球，本来的设计是用力将报纸揉成一个纸球，来完成学习"力可以改变了物体的形状"，用力把乒乓球抛出去，来完成"力可以改变物体的运动状态"内容的学习和掌握。当我要求每位学生拿出一张稿纸，引导他们用力去揉它，观察发生的现象，学生通过活动体验，大家轻而易举得出"力可以改变了物体的形状"这个知识内容后，脑海突然一想：课室只有一只乒乓球，单单老师自己演示，学生没能参与到"力可以改变物体的运动状态"的活动体验中去学习理解，效果肯定没有那么好，这一环节的学习，能否设计让每位学生都能够积极参与，又不影响安全的学习活动（在同学之间扔乒乓球可能存在安全隐患），能让学生在物理课堂中体验到"玩中学，学中玩"的兴趣和快乐，这不就是一举两得的好事吗？此时，脑海里灵机一动：有啦，就用学生刚才揉的"纸球"做实验，建议学生把纸团对着目标同学扔去。（老师笑着说：你喜欢扔向谁就扔向谁，给你一个"发泄的机会"，说着老师自己的纸团先扔向一位同学身上，全班同学气氛高涨，相互将手中的"子弹"对准目标扔去，好不热闹……）老师向同学们提问：力作用在物体上，有什么效果？学生结合刚才参与活动的情形，积极举手抢答，就这样，在学生们的体验参与和学习理解中，轻而易举地将"力"中的重点知识："力的作用效果：力可以改变物体的形状，力还可以改变物体的运动状态"收入脑中，用于实际生活中。

九、教学启迪

在日常教学中，教师要善于开发和利用自己的专业智慧和教学机智，从学生有效学习的角度出发，巧用日常生活中的物品当作学习活动的实验器材，让学生在参与体验的学习活动中、在动手玩乐中、在互动活动中学到知识，培养能力，提升物理学习的核心素养，让孩子们真切体验到物理学习的乐趣，实现我们物理课堂教学的精彩和高效。

结束语

"教无风格，何以立教？有独特的教学风格，教师是幸福的，因为上课对这样的老师来说是一种享受；有独特的教学风格，学生也是幸福的，因为学习对他们来说也是一种享受。"再次重温孩子们给我的毕业留言，一位孩子发自内心真挚感激的话语，真心令我在充实的工作中享受教育带给我的无限快乐和幸福！

"激情、幽默、互动"的风格课堂，已成了我迸发激情，享受教育，引领学生高效学习，健康成长的幸福乐园。

创新激趣　机智幽默　严谨务实

● 中山市沙栏初级中学　史汉军（初中物理）

▶ 导读语 ◀

史汉军，男，1969年9月出生，1992年大学本科毕业，现任中山市沙栏初级中学教学副校长。初中物理高级教师，广东省特级教师，广东省"百千万人才"培养对象，中山市名师、市名师工作室主持人。多次被评为市优秀教师、先进教育工作者，省、市优秀竞赛辅导教师，在中山市初中物理教学

中有一定的影响力，多次担任市中考改卷组长、市教师教学比赛评委。多年来，在省、市教育部门组织的帮扶送教、研修交流、名师走进乡村等活动中，到西藏林芝市、工布江达县及省内广州、佛山、肇庆、梅州、潮州、韶关、江门、清远等地进行专场活动。

参与、主持多项教育科研项目工作，所主持的中山市立项课题获市教育科研成果二等奖，20多篇论文获省、市论文评比一、二等奖，十多篇论文在省级以上刊物上发表。

自1992年大学毕业后来到中山市三角镇沙栏初级中学工作，至今二十多年过去了，在改革开放的这片热土上，在广东人包容、务实、敢为人先的精神品质的影响下，本人在课堂上注重创新情境、创新实验、运用创新教学手段进行教学，课堂上机智幽默，追求高效课堂，多年来逐渐形成"创新激趣、机智幽默、严谨务实"的教学风格，浓郁的粤教经历，或许为"粤派教育"这面大旗增添了一幅色彩。

▶▶ 名师成长档案 ◀

我在农村出生，在农村长大，我们家世代贫农。本人生来性格内向，害羞，不

爱也不会讲话。小时候（小学时）我的成绩很优秀，经常受到赞赏、表扬。五年级村小毕业时考初中，整个学校只有三个同学考入中学，我是其中一个，但到中学后，我的成绩不出色，高中没能上重点学校，高考也很一般，勉强读了个普通的综合大学，对于将来的职业，自己也没有那么多的想法：因为成绩不好，只能是有什么学校录取，就去什么学校；能读什么专业就读什么专业，最后进入师范院校学习，大学毕业一年后来到广东做了一名老师。

  初上讲台，我的课堂比较杂乱，没有很完整的"复习""引入""新课讲授""例题讲解""课堂小结""巩固练习"环节，按照我从未曾见过的沿海版物理教材，我探索对教育工作的理解。新老师汇报课堂上，市初中物理教研员听了我的课后，对我说："小史老师，你的课堂很有新意（当时我自己做了一个很大的滑动变阻器模型，向学生讲解其结构，学生觉得很好玩），注意和学生的互动，利用实验将学生紧紧地吸引在自己的周围，课堂有活力。但要注意，课堂不只是要精彩与热闹，更重要的是要将知识点落到实处，要注意知识的前后连贯性……"专家的指导让我对创新、务实有了很好的认识，"创新、务实"是我对粤派教育要求的初次印象，与我自己所受到的教育和对教育的理解有着不同的理解。在改革开放走在前列的广东这片热土上，创新、开放、务实充盈各个行业，教育也深受影响，这是我初次接触"粤派教育"。在后来的岁月里，我不断参与学习、培训，不断实践总结，加深对教育本质的理解，加强对物理教学的改进，努力经营自己的课堂，认真上好每一节物理课，20多年来的不断追求，形成了具有粤派味道的教学风格，那就是：创新激趣、机智幽默、严谨务实。总结其形成过程，大致可分为三个阶段：第一阶段（1993年至1998年）：教好粤系教材，学做创新、务实的广东教师。初为人师，以课本为纲，以教材为中心，教好课本，学做人师；第二阶段（1999年至2008年）：用教材教，追求创新、开放、务实精彩的课堂。此阶段关注自己的课堂，追求活跃、精彩的课堂；第三阶段（2008年至今）：以学生发展为中心，不断完善"创新激趣、机智幽默、严谨务实"的教学风格。此阶段将课堂的中心放在学生的学上，同时逐步凝练自己的教学风格。

第一阶段（1993年至1998年）：教好粤系教材，学做创新、务实的广东教师

  大学毕业一年后我从内地来到广东从事教育工作，身处异地，语言不通，更无故人，让我的工作如履薄冰；性格内向，不喜说话，怕丑害羞，我本不适宜做教师，但最终还是选择了做教师，没办法，只好硬着头皮走上讲台。全新的教材是我的救命稻草：相比自己以前所用的教材，在广东使用的沿海版教材插图丰富有趣，实验多种多样，那时想：好在还有做实验，自己做或是学生做时，就不用我讲了；或者干脆让他们自己看书，灵活、丰富的教材内容本身就吸引人……我努力学习身边一些老师的课堂，学做广东教师：认真钻研自己从没见过的沿海版教材，一心想

着教好教材就万事大吉了,至于如何整合教材,在课堂上如何运用好的教学方法、教学艺术来提高课堂效率,是没有研究的。期末考试,学生成绩一般,虽不差,但也不好——我就糊里糊涂地过了一学年。

回想那时的工作,作为一名新教师,面对全新的广东地区使用的沿海版教材,我根本不熟悉,完全按照教材和教学参考书作为标准进行教学,教材有什么,我就教什么;教材怎么说,我就怎么教;教材有多难,我就教多难,不越雷池半步……第二年,作为当时学校物理科组里唯一的一个本科生,学校安排我做物理科组长,我更加努力地去吃透教参,研读教材,参照教学大纲,认真工作,"带领"当时科组另外4名同事以纲为纲,以本为本完成教学任务。这种把教材当成"东西",把学生当成"容器",教师起"搬运工"的教学过程,就是教师把教材这个"东西"搬进学生的"容器"里的过程,因而,"灌输式"的"教教材"是那时教学的主打方式。有没有教好教材,学生会不会做书上的题目成了那时判断课堂好坏的主要标准。

我做科组长同时,学校换了校长,新来的校长在学校里开始实施师徒结对、集体备课等活动,平时还将我们科组长召集在一起研究学校的一些工作。自始,我开始接触"校本教研"活动,学习组织科组活动、教研活动,接受市、镇专家的听课,听完课后我认真接受领导、专家的评课、指导,再在实践中不断尝试,使用一些先进的教法,不断提高自己的教学水平,所教学生的成绩不断地得到提升,第二学年下学期我就被评为学校的"十佳教师"。

参加教学工作第三年,当时的中山市教师讲师团(由退休高级教师组成)到我校指导教学工作,照例还是听了我的课,当时我上的是"机械效率",课堂上我安排了一些活动,有用铁桶和塑料桶提水比赛,有模拟起重机搬运钢铁等,还画了一幅漫画:用起重机吊一个砖头(如图所示),同时将之比喻成"大炮射蚊公"(本地的一个俗语)。漫画和比喻让同学们都笑了起来。老前辈们在听完那节课后,对我组织开展的学生活动表示赞赏,对课堂组织形式也给了较高的评价,甚至对我随手画出的这样一幅漫画都特意点评:这样的一种幽默让人忍俊不禁,笑声中又加深对概念的理解,让人难以忘怀!这节课上得很有地方特色,可多使用一些本地俗语、方言进行教学,可让孩子们感觉课程的亲切……老前辈的评价和课后的检测成绩使我大受鼓舞:学生对"机械效率"这一难点知识掌握得很好。且课堂上的新鲜、丰富的素材,多年后都有学生记得,提起"大炮射蚊公"(广东话)都记忆犹新。至此,很多诙谐、搞笑的俗语、方言进入我的课堂，它们生动形象，为物理概念、规律作出了十分贴切的诠释，既活跃课堂氛围，又能让学生增强记忆。例如："批个头落嚟畀你当凳坐"（压力、压强），"同人唔同命"（灯泡的串联与并联），"冇咁大个头唔好带咁大顶帽"（量程的选用），"刀仔锯大树"（测量工具的选用，电线、保险丝的选用），"痴线"（短路），"单眼佬睇女婿——一眼睇晒"（光的直线传播），"老鼠跌落天平——自己称自己"（天平的使用），"小鬼晒太阳——连影都冇"（影子的形成），"床下底晒谷——阴干"（影响蒸发快慢因素），"航空母舰——食水深"（排水量），"镜花水月——一场空"（虚像）……这些也为我的课堂增添好多的幽默成分，很受同学们的喜爱。

《物理课程标准》指出："义务教育阶段的物理课程应贴近学生生活，符合学生认知特点，激发并保持学生的学习兴趣，通过探索物理现象，揭示隐藏其中的物理规律，并将其应用于生产生活实际，培养学生终身的探索乐趣、良好的思维习惯和初步的科学实践能力。"这是课标提出的"从生活走向物理，从物理走向社会"的具体要求。南粤大地上的孩子，相比内地，在见识上是有欠缺的，例如学习"运动的描述"时，问起他们坐火车的经历，几乎没有；池塘里的水结冰现象从来没见过；山谷的回声从未听到……他们爱动手，但很不愿看书；他们很热情、友好，却很少主动与老师沟通学习；他们对新鲜事物很感兴趣，却少有求知的动力和欲望，例如说到考大学，回答是基本没想过，"早点出来赚钱好"是大家的共识。面对生长在改革开放前沿地区的孩子，课程教育的目标更有针对性："在义务教育阶段，物理课程不仅应该注重科学知识的传授和技能的训练，注重将物理科学的新成就及其对人类文明的影响等纳入课程，而且还应重视对学生终身学习愿望、科学探究能力、创新意识以及科学精神的培养。因此，物理课程的构建应注重让学生经历从自然到物理、从生活到物理的认识过程，经历基本的科学探究实践，注重物理学科与其他学科的融合，使学生得到全面发展。"

我认真钻研教材，学习教参，在课堂上尽量搞些活动、搞一些创新的东西出来，让学生保持一种新奇感，亲切感，让他们参与课堂，让我的物理课堂充满活力！所以我尽量多设计一些实验，还将自己从内地到珠三角地区看到的人们使用的一些不同的劳动、生活工具拿到课堂上分析，厨房的餐具、建筑工地上工具等经常会出现在我的课堂上，为我很好地解释动能、摩擦、杠杆、压强、切合珠三角农村实际，适当运用本地俗语、方言对物理概念、规律进行全方位诠释；在课堂上表演一些"魔术"，让学生在新奇与愉悦中更好地掌握所学的书本知识。

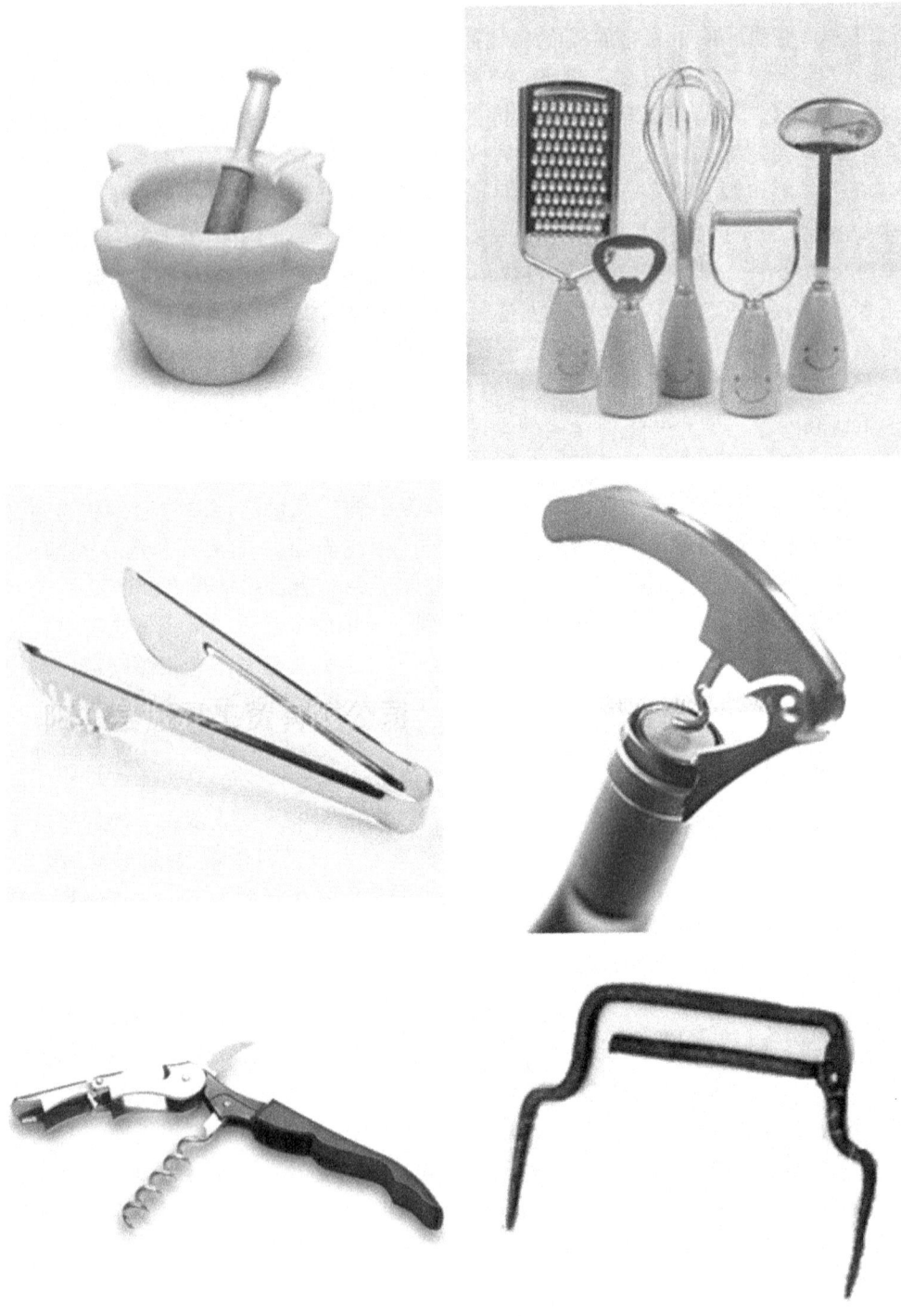

生产、生活中的工具

从学做教师，到教好教材，再结合地方特色进行创新、激趣、幽默等方面的一些做法，我渐渐得到认可，我的物理课堂渐渐地有了自己的"粤派"味道。

第二阶段（1999年至2008年）：用教材教，追求创新、开放、务实精彩的课堂

1998年9月，新一轮的教师聘任开始，行政班子也进行调整。基于科组长兼班主任工作的收获，我竞争学校团委领导岗位，2002年起不再担任物理科组长。除担任团委领导职务外，我还兼任学校学术委员会秘书长。一上任就接到学校领导布置的任务：做一次教学经验或反思的报告。结合自己的课堂，我做了《课堂上提问的艺术》，将自己的一些经历、经验融入了报告中。这是我第一次做报告，没想到收到了很好的反响。于是我又将自己的一些制作教具、开发设计实验、如何锤炼自己的教学语言等的经验和教训在不同的地方和同事分享，当然在这个过程中自己也要学习、也要寻找相关的理论支撑，而学到的一些经验、理论又指导我的实践再反思，这样努力提高自己的教学水平。担任的两个职务让我有更多的机会和更多的活动来审视自己的课堂。我思考：如何将课上得更有特色？如何实现高效减负？如何成为教学名家呢？……

2000年前后，国家实施新课程标准，掀起新课改的高潮。这次改革中，针对传统教学过分依赖教材，教师的作用就是"教教材"的弊端，教育界提出了"用教材教"这一新的教学理念，认为"用教材教"还是"教教材"乃是区分新旧教学的分水岭。大家达成共识：一节好课绝不能孤立于生活之外，而应该是学生探索生活的窗口，也就是说新课程为教师参与教材建设提供了一个无限发展与创造的空间，要结合学生的认知特点和实际创造性地使用教材而不是教教材。这些观点引起了我更多的思考：如何才能上一节高质量的课？

同年我校从外地调入一个教学副校长。在我们眼里，他是教研专家，听说已做了好多个课题，并屡屡获奖，上级将其调入我校其实也是为了提高我校的教研、科研水平。作为学术委员会秘书，我成了他的直接手下，在他的带领下，我首先参加了他主持的一个市级立项课题"发展性师生评价的实践研究"，该课题获2005年中山市教育科研成果一等奖、广东省二等奖。在课题研究过程中，对于一节课的教学理念、教学目标、教学环节设计、教学方法、教学环境、教学效果等方面进行了细化探讨，形成了在我校沿用至今的《沙栏中学发展性课堂教学评价标准》。在研制的过程中，使我对课堂教学的认识又提升了一个高度：依据课堂教学标准，我又做到了多少呢？我有实现"坚持以学生发展为本，以培养创新人才为宗旨"的教学理念吗？我的教学素材有做到"来源丰富，不拘泥于教材"吗？我的教学"语言亲和力强，口语清晰，富有吸引力"吗？自我审视，觉得自己离"发展性教师评价标准"中的A类要求还很有距离，我要努力学习，突破自我！于是，我抓住一切机会去听本校优秀老师的公开课，走出校门听外校教师的优质课，听名教师、

专家们的教育教学讲座。每次参加完这些研讨活动后，我都会进行认真思考和反思，吸取精华，去除糟粕，并结合自身的性格特点和学生的实际，将好的教育教学理念和做法应用到自己的课堂教学实践中。也抓住诸多机会上公开课、比赛课，到外校上交流课等，将所学、所思、所想在实践中应用，请大师们指点，努力提高自己。

2005年5月，我精心准备，代表镇区参加市教学技能大赛，所上内容为"内能"一节，我设计了用浸水后的棉花来实验，吸收或挤出的水表示内能的改变，课堂上形象生动的实验降低了知识的难点，同时我还制作了动画和精美的PPT课件，教案和课件评比分别获得第一名和第二名。这节课在自己学校演练时得到了很好的评价，但比赛时，只得了二等奖，专家所给的课堂教学评价分不高。这引起了我深深地反思：为什么我自己包括很多一线老师都认可的课，专家给的分却不高呢？我精心备课，课堂表现很精彩，同学们也配合得很好，回答问题正确率都很高，可结果为什么不好呢？我所追求的快乐、精彩的课堂，没有错，可是，是不是忽略了什么？回去以后我将所有自己的录像课全部认真听一次，有的课反复听，找问题；阅读大量的教育教学书籍，找原因。一堂学生兴趣盎然的课，课堂教学是成功了一半。可是，还有一半呢？关注学生本身了吗？课堂上的教学效果最终还是以学生的收获、成长为依据而不是看课堂是否好看、教师的表演是否精彩。创新、开放、务实的粤式教育绝不只能是精彩的课堂就行了的。

2006年，我校又一个课题"教学反思与教师专业发展"在市立项，我是该课题的业务主持人。课题研究过程中，我收集、学习了大量的理论，并在全校开展轰轰烈烈的教学反思活动：教学后记评比、反思教学个案分析、反思教学比赛、教学反思论文评比等等。课题研究过程中我首次知道了美国心理学家波斯纳提出的教师成长的公式：成长＝经验＋反思；学习了杜威提出的"反思"设想："教师着眼于自己的活动过程来分析自己做出的某种行为、决策以及所产生结果的过程，是通过提高参与者自我察觉水平来促进能力发展的手段"。我细心经营自己的每一节课，时常反思自己的课堂，常常问自己：这节课有没有吸引到学生？教了什么新的东西给他们？他们能力有提高吗？他们喜欢这节物理课吗？当然更重要的是：下次我该如何改进我的课堂？我全身心投入，乐此不疲。

在那几年里，我的教育教学水平突飞猛进，教学上由以前的特色逐渐形成了自己的风格。我设计出了好多精彩的小实验、小魔术，如公开课"磁现象"，我表演气功：发功以"气"推动指南针，一下子吸引了学生；根据电磁感应原理制作的"电吉他"获中山市教具制作比赛二等奖；我剪辑了很多影视短片作为我教学的素材，在我的教学素材中存贮了好多幽默的故事、笑话……我将创新、幽默、机智、严谨、务实的作风充分体现在我的课堂，有效地激发了学生学习的兴趣，提高了他们学习的效率。创新、幽默、机智、严谨、务实渐渐地成为我对粤派教育体会的关键词。

第三阶段（2008年至今）：以学生发展为中心，不断完善"创新激趣、机智幽默、严谨务实"的教学风格

一名合格的教师，必须掌握科学的教育理论，关注最新的理念。教师要努力实现由经验型向科研型教师、专家型教师的转变。在这时期，我积极参与教育科研，努力投入到教研教改活动中。2008年我主持的"初中物理学法指导的实践研究"获市立项，其成果在2011年获市教育科研成果二等奖。在该课题中，从学生学习物理情况的调查到学习兴趣的培养、学习方法的指导到高效课堂的实现，我将创新、幽默、机智、严谨、务实元素融入课题研究中，影响了一批人、带动了一批人、带出了一批人，实现了学生成绩优秀、教师发展迅速的良好局面。

2008年至今，我的教职生涯进入了一个崭新时期。2008年12月，我被评为物理中学高级教师；2009年3月，我被聘为学校高级教师，成为我校物理科组唯一一个在沙栏中学培养、成长起来的高级教师。从2006年担任学校教导处副主任到2009年已满三年，行政工作日益熟练，由原来的疲于不那么熟悉的行政工作到足以胜任，我有更多的时间思考我的教学。也由于参加课题研究、教学比赛、论文评比等一些活动，我被聘为市中心教研组成员，也有了更多的机会听课、学习、培训。至今为止，我做了三次市物理教师教学比赛（两年一次）评委，在评比、欣赏全市优秀老师的课例的同时，我也学到了很多东西。他们在比赛课上使用的创新点子让我借用，他们开发的实验也给我很多的启迪，他们严谨、务实的风格一次次给我冲击，所以做一次教学比赛的评委，我就多了一次学习借鉴的机会。这几年来外出学习的机会也多了起来，作为市、镇的教学教研骨干，作为中学管理干部，我参加了苏州大学全国物理骨干教师的国培项目学习，三次到华南师范大学接受教学、教研、管理方面的培训，两次到华东师范大学学习课程改革的新理论……2013年1月，通过竞争上岗，我开始担任学校的副校长，主管教学工作。2014年，我被认定为中山市第三批名教师。

2015年3月，我有幸被确定为"广东省新一轮百千万人才培养工程初中名师培养对象"。参加省百千万项目组组织的近三年的培训以来，我收获巨大。省新一轮百千万人才培养是我所经历的培训中最扎实、最有收获的培训，在我们初中名师班3年的培养中，很多同学都取得了很大的成就，同学基本都已成为正高、特级、南粤优秀，我也得益于此，2018年被评为省特级教师。

我时常想：作为一名骨干教师，省、市名师，我的课堂应是有一定的引领示范作用的，应是经得起广大教师点评的，我如何才能达到这样的要求呢？我只有不断尝试、改良、完善我的教学风格。著名教育家、全国特级教师于漪说过："我这一辈子有两把尺，一把尺子量别人的长处，一把尺子量自己的不足。在这种'比'和'量'的过程中，我总能找到自己的不足，总能学到别人的长处。"我觉悟，自我激励、自我追求、自我完善。常言道："有比较才有鉴别"，每个人都是在比较中成长进步的。比较是有参照物的，参照物选对了，就可能比出责任、比出觉悟、比出干劲、比出精神。就是在这种不断地学习、改进、实践中，我最终形成了这种令学生喜欢、同事称赞，并融入了我的个性魅力的教学风格——创新激趣、机智幽默、严谨务实。

学科教育观

快乐教学，求实求真

"人生没有彩排，每天都是现场直播。"课堂教学其实也是如此。叶澜教授说："把课堂还给学生，让课堂焕发出生命的活力"，具有生命活力的课堂又如何能彩排呢？所以，我认为每一节课堂实施教学都如同开发处女地，优秀的教师应该认真仔细经营自己的每一节课。

（一）教师要想方设法让学生学得愉快

"课堂教学是一门永远都充满遗憾的艺术"，虽然任何一节课都不可能十全十美，但人们总在追寻完美、高效的好课。那什么样的课才是好课呢？华东师范大学课程教材研究所崔允漷教授说："我想一堂好课没有统一的标准，但总有一个边界，是否可以这样说：'教得有效、学得愉快、考得满意。'这是指每个老师都可以围绕这个边界自己去创造。"一节好课，首先要求教师要教得有效，同时还要让学生学得愉快才行。如何才能让学生觉得愉快呢？创新的课堂、能激发学生学习兴趣的课堂能实现这一目的。创新是一个民族、一个国家的灵魂，源源不断的创新能力是一个民族和国家生存与发展的基础。一节没有创新的课堂，一个没有创意的老师，很难培养出有创新的学生，这样的老师也往往都是学生不喜欢的老师。传统的教学手段，低级的实验设计总会让人感到疲惫与无味，提不起精神，激发不了学习的热情。所以，我认为物理教师应该有一些创新的东西：设计一些有创意的小实验，营造出一个创新的情景，精选一些有创意的题目，开发利用一些新的教学用具，制作一些有创意的动画等，让自己的课堂给人以耳目一新之感，让学生在新奇中感受到知识的魅力，在好奇中行动起来，从心底产生探索、学习的欲望。所以，经营每一节课，在课堂上创新，激发学生学习的兴趣，让我们的课堂充满乐趣，让学生学得愉快，是我的课堂主张之一。

（二）教师应有足够的教学机智

教师的专业水平体现维度很多，但教师课堂驾驭能力，课堂上的灵动与"以生为本"十分重要。所以教师的"机智幽默"，就是一个教师专业水平的体现之一。

教学机智是教师面临复杂教学情况所表现的一种敏感、迅速、准确的判断能力，是教学艺术的一种至高境界，比如在处理事前难以预料而又必须特殊对待的问题时，以及对待处于一时激情状态的学生时，教师所表现出的能力就是教学机智的体现。尽管教学机智是瞬间的判断和迅速的决定，但教学机智往往是教师在教学过程中面对特殊的教学情境最富灵感的"点睛之笔"，因而成为教师专业发展的理想追求之一。

我有一个"指北针"的故事：

在《磁现象》的教学中，学习了磁铁南北指向的特性后，我拿出一个指南针，红色的那端是南极，指向南方；蓝色的那端是北极，指向北方。演示实验时，我将它放在讲台上，当它静止时出现了问题：红色那端指向了北方！这与自己刚才讲解时说的指向刚好相反。同学们看到这个不听话的"家伙"一下子哄笑开了，这让我有些尴尬起来：这个现象可是我课前没有预料到的，实验没有达到预期的效果，借用台下一个同学的说法就是：指南针成了"指北针"了！

这是怎么回事呢？首先它是有磁性的，因为它有很显然的指向性，问题是标明是南极的那端怎么成了北极呢？恐怕只有一种解释：它被强磁场磁化了。怎么给学生解释呢？"磁化"的知识还没有学习呀，我灵机一动，现在就在此基础上介绍"磁化"这一知识点，对"失败"的实验进行开发与利用，引导学生开始探究出现这个现象的原因。

根据探究的结果，我将"磁化"提前安排到这里介绍，这个失败的实验居然达到了成功的实验都很难达到的教学效果，可见教学机智对于学科教学的重要意义。

没有一个学生不喜欢自己的老师幽默一点的，课堂上会心的笑声远比教师呵斥学生的声音好听，幽默的语言、神情等往往可起到意想不到的效果。一个笑话便可以使原本沉闷的课堂变得活跃。在这种欢愉中，师生的情感得到交流，知识得到良好的传递，使学生轻松愉快而高效地消化知识。

机智与幽默，是物理课堂中的"兴奋剂"，对于搞活课堂有着良好的推动作用。曾经有学生称我为"课堂上的魔术师""风趣大师"。有同学在周记中写道，每到我的物理课时，他们都有一种"期待"，希望看到一些新奇的、有趣的实验或教学环节，而每每我都没让他们失望，所以他们都非常喜欢物理课。

（三）教师应严谨求真，务实育人

《中国学生发展核心素养》中提出，学生应具有的理性思维品质的重点包含：崇尚真知，能理解和掌握基本的科学原理和方法；尊重事实和证据，有实证意识和严谨的求知态度；逻辑清晰，能运用科学的思维方式认识事物、解决问题、指导行为；等等。物理作为一门科学学科，承担着学生科学品质教育的重任，物理教师就应该在教学中严谨求真，务实育人。我常想起一道2013年广东省物理中考题：探究"浮力的大小等于什么"的实验。

探究中，不重复操作的合理顺序是（只填字母）……

A. 测出桶和铁块排开水的重力F_1

B. 测出铁块的重力F_2

C. 测出铁块在水中的重力F_3

D. 测出空桶的重力F_4

用弹簧秤测学力

本探究实验中，是先测空桶重力，还是最后才测呢？人教版教材中是最后才测空桶的重力，而中考改卷时依据的答案是首先要测出小桶重力——先测空桶的重力，才能减小实验的误差，才能做到"不重复操作"。这就是物理学的严谨！其实这样的例子在物理学中比比皆是，而教师平时的细致与严谨对学生会有很好的潜移默化作用。

"飞得再高，也要落到实地；走得再远，也要有自己的家。"无论多么热闹的课堂，多么吸引人的实验，多么创新的设计，最终都还是要看实际效果。一节优质课的特征之一：要有"清晰的课堂教学结构（过程明了，目标明确，内容清晰；师生角色分配清楚，师生双方协商好程序及自由空间）"。所以，我的课堂总以"要务实"来要求自己，"堂堂清"（每堂课都清理知识的落实情况）是我一贯的做法，课堂上一定要有检测、反馈、反思，要看学生实际掌握的效果。多年来，我潜心钻研、用心实践，努力实现"轻负高质"的课堂教学效果，最大限度地提高课堂教学效率。

▶▶ 育人故事

贴近生活，调动情感，实现高效课堂

来源于生活的实际问题最能调动学生的积极性，它使学生感到亲切。容易激活学生已有的生活经验和知识储备。重视学生生活经验的物理教学，可以让学生真切地体验到物理和生活的密切联系，能真切感受到物理的用处，能激发学生的学习兴趣和动力，增强学习体验。我在讲授人教版初中物理八年级下册第七章第1节《力》时，在课堂中引入学生的生活经验来增强学习体验，收到很好的效果。

在这节课，我首先以学生生活导入新课激发学习兴趣：我播放学生在运动场上踢足球的视频，让学生思考：你们看到了什么？学生回答：足球飞出去。追问：为什么足球飞出去？学生答：运动员的脚对足球有作用。然后播放运动员举重时的视

频。并问：举重运动员挺举瞬间手臂的肌肉情况如何？学生：运动员用力把杠铃举起，肌肉紧张。之后教师总结导入新课：这些例子说明生活中有"力"的存在，这些"力"到底是如何产生的呢？"力"作用于物体后能产生怎样的效果呢？……这样的导入可以起到吸引学生注意力、激发学习兴趣、调动学习热情的作用。

其次，以学生生活经验为素材创设物理情景。

初中物理教学中创设的物理情景越接近真实，越接近学生的生活经验，学生学习过程中的体验就越深刻，就越能促进学生知识的建构和内化。因此，以学生生活经验为素材，着力创设"从生活中来，到生活中去"的物理情景，可以收到良好的效果。

例如，让学生用手拍课桌，左手拍右手，或两个同学握手、掰手腕等。接着引导学生分析：上述例子中"力"的出现与人有关，都伴随有肌肉收缩，所以"力"的概念最初是由肌肉紧张而来的——这样建立起来的力的概念，让学生终生难忘。

同时，还可以以学生熟悉的物品为器材开展实验探究。在初中物理教学中，教师若能因地制宜地利用学生身边的物品进行演示实验，可以增强学生对物理情景的感知和学习的体验。提升学生的科学素养，更能使自己的教学具有鲜明个性，充满智慧。

苏霍姆林斯基说过："学校里的学习，不是毫无热情地把知识从一个头脑装进另一个头脑里，而是师生间每时每刻都在进行的心灵接触。"教师必须拥有良好的主导情绪状态。如果教师忽视自身情感投入，缺乏激情，主导情绪状态平淡、低落，表现贫乏无力，不能充分把握教材中的情感因素，显得干涩、枯燥、表面化，教学内容中原有的底蕴和丰富的内涵就得不到良好的展现。创新、开放、务实的粤派教育课堂教学中，教师的主导情绪应该是快乐的，能够感染学生的。当教师自始至终板着脸讲课，学生会感到情绪压抑，造成心理闭锁，阻碍了新信息的输入。而当教师面带微笑，怀着轻松喜悦的心情进入课堂教学时，学生会倍感亲切，快乐之情油然而生。以教师自己的快乐情绪来影响和引发学生的快乐情绪，会使学生思维活跃，更有效地接受信息输入。

教师要善于挖掘教学内容中蕴含的情感因素，善于用情景来烘托教学中的情感气氛，要善于赋予某些表面上不含情感因素的教学内容以适当的情感色彩。有一次，一个星期一的晨会，德育处公布了上周"创文明班"奖扣分情况，我们班（我是班主任）由于上周五早操期间课室没有关灯，被扣了2分，全班同学听到这个消息时，情绪非常低落，因为如果没有这次扣分我们班就可以成为全校的标兵班了。晨会结束后接下来的课刚好是我的物理课，我灵机一动：按教学计划不是刚好在今天学习"电功的测量与计算"吗？原来准备的例题不要了，直接改为课间15分钟时间我们课室关灯后能节约多少电，一方面提高学习的兴趣，另一方面还可以在此基础上对学生进行思想教育。以事实为依据，加深同学们的认识，应该可以收到良好的教育教学效果。结果,从每天每班可节约0.18度电到1度电的作用,从全校全年可节约近千元的电费到希望工程,使这节课收到了双重效果。听课老师反映,学生较好地掌握了书本知识,印象深刻,思想上也受到了良好的教育,知道了节约用电的价值和意义。这较好地体现了新课标提出的"义务教育阶段的物理课程应贴近学生生活,符合学生认知特点,激发并保持学生的学习兴趣,通过探索物理现象,揭示隐藏其中的物理规律,并将其应用于生产生活实际,培养学生终身的探索乐趣、良好的思维习惯和初步的科学实践能力"的教学要求。大家对这种贴近学生生活实际、寓情于教的教学方式给予很高的评价。

我曾代表学校参加镇教学比赛,上"电功率"实验课。这节课我先做实验,让同学们观察 40 W 和 200 W 的白炽灯让电能表铝盘转动的情况,引入电功率的概念。介绍千瓦时的来历后,我布置了一项书本上没有的任务:用电能表和秒表现场测量一个电饭锅烧水的功率。当同学们看到我拿上讲台的电饭锅时都笑了:这可是他们非常熟悉、却可能从来没注意过的东西,兴趣一下子就来了,争着上台做实验,取得了良好的教学效果。

改革开放的广东,是中国小家电制造的基地,本人所在的中山市有东凤镇、南头镇、小榄镇等小家电专业镇,比起内地,这里的学生接触了更多的电子产品,让他们的生活增添了更多的经历。本节课的设计贴近珠三角学生生活实际,充分让学生参与教学活动,体现了"物理课程的构建应注重让学生经历从自然到物理、从生活到物理的认识过程"的课程标准要求。落实课程标准,在这里,有着一股优势,这或许是形成粤派教育的一个天然条件。与众不同的优势,使我感受到独特的粤派教育中的实际、开放的特性,为形成自己的教学风格提供了良好的土壤。

基于以上认识,我设计出了好多精彩的小实验、小魔术,这些成为我校物理科组资源库中宝贵的成果,我将富有粤派特色的创新、幽默、机智、严谨、务实作风充分体现在我的课堂,有效地激发了学生学习的兴趣,提高了他们学习的效率。

教学实录与反思

课题:"功率"(校内公开课)

授课班级:中山市沙栏初级中学初二(7)班

授课时间:2018 年 5 月 14 日

教材分析:本节在学习机械功之后,从做功快慢的角度认识功这个物理量。功率在实际生活中具有重要意义,也是后续学习电功率等知识的基础。

教科书通过对生产、生活实例的分析,采用比值定义的方法引入功率的概念。要求学生明确功率的物理意义,能进行简单的计算,并能利用功率的概念测量生活中功率的大小。对功率概念的认识是本节教学的重点。功率与功的关系和物体运动速度与距离的关系相似，学生在学习速度概念的基础上容易进行知识的正向迁移，所以可以结合实例采用类比的方法引入功率的概念。

学情分析：本节课教学之前，学生在上学期学习了速度、密度，功率与速度、密度类似，都是采用比值法定义的物理量，所以，本节课采用复习、回顾速度、密度概念建立的方式、方法，多让学生进行探究，经历概念建立的过程，这样既有利于学生认识与记忆，也可以渗透科学方法教育。

教学目标：

1. 知道功率。能说出功率的物理意义，并能写出功率的定义式及其单位。
2. 能结合生活中的实例说明功率的含义。
3. 能应用功率的定义式进行简单计算，并能利用功率的概念设计测量生活中功率的大小。

教学重点：

对功率概念的认识。

教学难点：

运用功率的定义式进行计算及利用功率的概念设计测量生活中功率的大小。

教学过程：

1. 新课导入：

（两个同学跑步比赛视频引入）

师：上个学期，我们学习了运动的描述，其中有运动的快慢，我们用什么描述的？

生：速度。

师：比较快慢的最后方式是速度，当时比较的过程还记得吗？

生：……（时间比较久了，学生不太记得了，回答不出）

师：好吧，我们今天看看两位同学进行跑步比赛，两位同学跑50米，请大家观看比赛情况。

（播放完整视频）

师：视频中，徐永照同学9.38秒，吴小鹏10.28秒，谁快？

生：徐永照（同班同学，大家熟悉，具有亲切感）。

师：比赛过程中两个同学跑的什么量相同？

生：路程。

师：第一种方法，就是相同的路程，我们比时间，可以比出来，两个同学都跑了50米。（板书：1. 同样的路程，比时间）

师：现在我们再来观看一次。（重播，选视频中的某一时刻暂停）

师：现在谁快？为什么？

生：徐永照快。

师：对，现在比的是什么？

生：速度。

师：哦，一下子就到速度了？是相同的时间比路程。因为徐永照同学跑得远一些。

师：我们得到第二种表示快慢的方式，即相同的时间，路程远的快。（板书：2. 相同的时间，比路程）

师：到第三次比赛时，我们当时是让一个同学跑50米，另一个同学跑100米，结果他们的时间不同，路程也不同，这时怎么比较？

生：比较速度。

师：对，比单位时间内移动的距离，最后就得到比较他们快慢的速度。（板书：3. 单位时间，移动的距离 $v=\dfrac{s}{t}$）

2. 进入新课：三个活动

师：上一节课，我们学习了做功，做功有多少之分，做功也有快慢之分。例如，我把一个重的物体举起来，做功了没有？（教师示范将粉笔盒举起）我出了力，力的方向向上，物体向上运动。我这里有一箱水，等下请同学搬上来，搬上来的过程中有没有做功？他出的力怎样？这箱水又向什么方向运动？（师生共同：做了功，出力向上，水向上运动）

师：还是请这两位同学上来，搬水，请成嘉乐、吴文轩两个同学（分别）为他们计时。

师：这两位同学，我们选择（让他俩）同时搬。成嘉乐、吴文轩两个同学发指令，3、2、1，开始！（教师录像）

师：我们来分析一下这个过程。请两位上报（记录）时间：$t_1 = 2.38$ s，$t_2 = 2.47$ s。

师：同样将水从地上搬到桌子上的过程中，要克服水的重力做功。两位同学搬同样重的水到同样高的桌子上，谁做的功多？

（学生思考）

师：现在，我们再来看看刚才他们将水搬上桌子的现场情况。

（教师播放录像——用了较长的时间才开始播放）

师：刚才他们用的力，谁的大？

生：一样大。

师：对，因为他们出力相同，都等于这箱水的重力，物体在力的方向上移动的距离也相同，所以做功相同。那我们看谁快。（用时短的快）

（教师在黑板对应的位置"1."边板书：1. 做相同的功，比时间）

师：第二次，我们想，相同的时间里，看一看功的多少。我们换两个同学来参与我们的活动。现在的活动是从箱子里将水一瓶一瓶拿到桌子上，我们设10秒钟的时间，看谁拿得多。

师：（两同学上台后）将水一瓶一瓶地拿，成嘉乐计时，你说开始他们就开始，你说停止他们就停止。我们看看他俩做功的快慢。

两位同学上台，台下安排物理科代表计时，全班同学观看。

师：比赛结束，我们看谁拿的水多。周坚伟同学8瓶，另一个同学7瓶。那么，现在是什么相同？

生：时间。

师：时间相同，都是10秒。（师板书：2. 相同时间内，比做功多少）

师：可以比出来吗？

生：可以。

师：相同的时间，周坚伟做功多。那么如果是老板请工人，就会请谁呀？

生：周坚伟。

师：为什么？——因为他做功快。

师：这是相同的功或相同的时间下，很多时候功和时间都不相同。例如，我请一个同学上台，看10秒钟拿多少瓶水上来，再请一个同学，给多3秒，看你能够拿多少水上来，然后再来比较，这个时候你怎么比较出来呢？

师：都不同了，你们要考虑一下，想一想，然后我再找人上来。

师：大家讨论一下，提一个方案。

师：有请两位同学，陈启鸣和冯结恒上台，冯结恒10秒，陈启鸣13秒或者15秒。然后下面的两个同学计时。请上台。

（安排同学计时，两个同学上台表演，记录结果）

师：现在大家看，一个同学10秒，一个15秒，有什么办法看出谁快？

生：计算每秒拿的瓶数。

师：每秒计算多少瓶水，就是功率。这节课我们学习比较做功的快慢，也就是功率。（教师板书：功率）

师：功率用来表示做功的快慢，和速度一样。这两个同学的功率是多少，我们可以按计算速度的方式计算出来。大家想，功率的概念是什么？

生：单位时间内做功的多少。（教师板书：单位时间内做功的多少）

师：这边我们用路程除以时间，这边我们就用功除以时间，得到的是功率。现在，请大家看课本。功率是表示做功的快慢的物理量，它是怎么定义的？它的公式是怎样的？单位是怎样的？（大家看书）然后完成学案上的填空题。好，现在开始。

（学生看书，做题。教师PPT展示新知识点的结构框架，巡视。老师引导学生

进行知识梳理。定义、公式、物理意义，详细讲解两个"W"的不同及对单位千瓦、兆瓦进行讲解）

3. **例题讲评**

（1）阅读课本例题，了解公式应用。

（2）学以致用：计算第三场比赛的功率。

师：刚才两个同学的比赛结果还在台上，我们来计算他们做功多少瓦？一瓶水380 mL，大约380 g，为了方便计算，我们设为400 g，因为还要加上瓶子，估计差不多。冯结恒同学一共有8瓶，总质量为多少克？8×400 g $= 3200$ g $= 3.2$ kg，而将物体举起需要出多大的力？我所出的力就等于物体的重力，所以我们算出这些水的总重力，为32 N，距离 $h = 0.8$ m，于是同学所做的功为 $W = Fs = 32$ N $\times 0.8$ m $= 25.6$ J，时间10 s，所以冯结恒同学的功率为 $P = \dfrac{W}{t} = 2.56$ W；现在同学们将陈啟鸣同学的功率算出来：13瓶水，15 s时间，同学们尝试一下。先看出力多少？每一次她要出4 N的力，13次，或者我将每一次的功算出来。

（学生计算，教师巡视）

师：算出是多少？

生：2.8 W。

师：每一瓶的重力等于4 N，每次距离0.8 m，每次做功3.2 J，13次，总功为 3.2 J $\times 13$，时间15秒，$P = 2.77$ W，所以本次比赛，陈啟鸣同学做功快一些。今天我们所学的就是功率，用来表示做功快慢的物理量。实际操作，我再提供一个场景，两个同学爬楼梯，我们计算一下两个同学爬楼梯的功率，就是周坚伟和郭洋。我们要测哪些量才能测功率？对，时间、楼高、体重，体重用弹簧测力计（学生笑），不行吧？其实我们可以测质量，用体重计，所以需要的测量工具有：尺、秒表、体重计，我们不方便现场测量，我先录制了两个同学爬楼梯比赛的现场。

（播放录像）

师：两个同学爬楼梯的时间 $t_1 = 6.66$ s，$t_2 = 7.56$ s，楼高6 m，然后还要知道他们的体重，我也带了工具来。

（教师展示体重计，学生笑）

师：时间关系，我先测好了，周坚伟体重65 kg，吴小鹏41 kg。吴小鹏体重多少？41 kg？有没有呀，如果是40 kg多好，方便计算（学生笑）。现在可以计算了吗？

生：可以。

师：那就请大家算一算。刚才谁先跑上楼的？

生：吴小鹏。

师：那是不是他的功率大？

生：不一定的。

师：对，那我们就算一算。

（学生计算，教师巡视）

师：他们上楼梯时所出的力，要克服重力，他们出了多大的力？就是他们的重力。

师：算出来没有？可用计算器。大家一起：369 W，515 W，谁的功率大？周坚伟的大！吴小鹏快，是什么快？对，速度快，而今天算的周坚伟快，是什么快？是什么大？对，（做功快）功率大。所以，这节课我们所学的就是表示做功快慢的物理量，公式：$P=\dfrac{W}{t}$，这就是我们今天所学的。回顾一下，现在开始做学案上第三部分内容。

（学生做题，教师巡视）

（下课铃响）

师：第7题作为作业，今天的课上到这里，下课！

课后反思：

1. 物理概念的建立要让学生经历科学探究过程

《中国学生核心素养发展报告》中提出：学生发展核心素养，主要是指学生应具备的，能够适应终身发展和社会发展需要的必备品格和关键能力。初中阶段，学生科学探究能力的培养，就是为他们今后需要具备这种"必备品格和关键能力"而努力的。为了这种品格和能力，教会学生学会学习显得尤为重要。初中学生掌握学习的方法，经历学习、探究的过程，是初中物理教师课堂教学上一个重要的教学目标。《义务教育物理课程标准》（2011年版）提出教学的三维目标，同样提到"义务教育物理课程是一门注重实验的自然科学基础课程。此阶段的物理课程应注意让学生经历实验探究过程，学习科学知识和科学探究方法，提高分析问题和解决问题的能力。"经历探究过程，掌握学习方法是初中物理教学中的重要教学任务，特别是物理概念的建立、规律的得出，只有学生经历了其中的过程，明白其中的原理，方能掌握知识，学到技能。

本节课从学生已有的知识开始，重演速度概念的建立过程，带领学生粗略回顾前面所学的内容，并开展与之对应的探究过程，充分让学生经历概念建立的过程，使学生掌握学习的方法，提示学生注意前后知识的对比学习，起到很好的效果。

2. 创新与激发兴趣——物理教师的责任

新高考改革，选读物理的学生越来越少了，大家都认为物理枯燥难学。义务教育物理教师要努力让学生在刚接触物理学时就喜欢上物理。我的课堂上，每节课，我都想搞一些新的东西，或者是创新的实验，或者是创新的素材，或者是创新的教学手段，这些新东西，取材于自然，取材于学生的身边，可以极大限度地激发学生学习的兴趣。本节课中，我在课前做了良好的准备，首先是录制了两个视频，其场景让学生感到熟悉、亲切，体现了物理学习是从生活走到物理，从物理走向社会的课程理念。录制视频作为物理课堂的课程资源，一方面节约时间，不用到现场；另一方面，录像可以反复观看，选取教学所需要的场景和镜头供教师分析，学生思考。例如，开始两个同学跑步比赛的视频，解决了相同路程比时间、相同时间比路程两个问题。时间在3分钟内，节省了时间；中间暂停，即可进行第二次分析，效果良好。其次，器材准备充分，良好的教具也是课堂上优质的教学资源。例如，本节课堂上教师拿出了电子体重计，虽然由于时间和事件主次的关系没有在现场使用，但却起到活跃课堂气氛的效果。

3. 用教材教，而不拘泥于教材：务实求真

作为教师，应有"用教材教"，而不是"教教材"的观念。基础教育新课程改革以来，针对传统教学过分依赖教材，教师的作用就是"教教材"的弊端，提出了"用教材教"的理念，认为"用教材教"还是"教教材"乃是区分新旧教学的分水岭。"教教材"者常常把教材、教参作为教学的唯一，书本就是权威，就是圣经，教师只是教材的忠实传授者，是被动执行教材的教书匠。新课标所倡导的"用教材教"则是把教材作为一个参考、一个借鉴、一个思路，要求教师根据学生的实际需要或者更改，或者调序，或者适当地增减相关内容能够灵活地、创造性地使用教材、处理教材。可惜还是有些老师穿着新课标这双新鞋子，走的却还是旧教学的老路。

本节课上，我没有使用教材提供的例题，而是带领学生进行了两次功率的计算：第一次是不同时间情况下的搬水比赛，赛后求谁做功快；第二次是两位同学爬楼梯比赛，计算他们的功率。两次计算题中的场景学生熟悉，而且也能吸引学生去计算：大家也确实想知道到底是爬楼速度快的同学功率大，还是爬楼速度慢的同学功率大。从现场来看，这样的处理收到了良好的教学效果。

4. 要改进的一些细节

"课堂教学是一门遗憾的艺术"，反思我的这节课，注重概念的建立，取材于学生身边熟悉的事例，运用了较多的素材，没有拘泥于教材，有较多的亮点。但还是有好多细节要进一步改进。

（1）跑步的过程可以改进。两个同学跑步的录像我是事先准备的，采用两种比较方法（相同路程比时间、相同时间比路程）都是吴同学快。如果事先安排一个同学起步时慢些，但后来追上并超过另一同学，则教学效果会更好。

（2）语言还要进一步精炼、准确。课上有的语言比较啰唆，有些说法还出现失误。例如，开始进行例题讲评时，计算第三场比赛的功率，口误出现"我们来求功为多少瓦"。还有出现"多少只水"的口语化说法。

(3) 两位同学爬楼梯比赛，计算出来的功率偏大，与实际情况不符。后来发现是教师说楼高 6 米，而实际并没有那么高：课前准备上有疏忽，不够严谨。

(4) 没有进行课堂小测。新授课的课堂上，即使不能做到"堂堂清"，也要尽量安排一些学生消化的时间和内容，再热闹、再巧妙构思、再吸引学生的课堂，都最终要落到实处：学生对知识的掌握，即注重实效、务实。本节课老师虽然多次巡视，可能对学生学习的情况有一些了解，但没有进行课堂检测，对落实教学目标、实现最佳学习效果可能还是做得不够。

此外，还有教师的教态、课堂的调动等方面，都有值得提高的地方。

细节决定成败，今后的课堂上，我要努力改进，完善自我。